全国高等教育自学考试指定教材

工商行政管理专业（专科）

工商行政管理学概论

（附：工商行政管理学概论自学考试大纲）

全国高等教育自学考试指导委员会　组编

主　编　许光建

副主编　刘晓梅

中国人民大学出版社

组 编 前 言

当您开始阅读本书时，人类已经迈入了21世纪。

这是一个变幻难测的世纪，这是一个催人奋进的时代。科学技术飞速发展，知识更替日新月异。希望、困惑、机遇、挑战，随时随地都有可能出现在每一个社会成员的生活之中。抓住机遇，寻求发展，迎接挑战，适应变化的制胜法宝就是学习——依靠自己学习、终生学习。

作为我国高等教育组成部分的自学考试，其职责就是在高等教育这个水平上倡导自学、鼓励自学、帮助自学、推动自学，为每一个自学者铺就成才之路。组织编写供读者学习的教材就是履行这个职责的重要环节。毫无疑问，这种教材应当适合自学，应当有利于学习者掌握、了解新知识、新信息，有利于学习者增强创新意识、培养实践能力、形成自学能力，也有利于学习者学以致用、解决实际工作中所遇到的问题。具有如此特点的书，我们虽然沿用了“教材”这个概念，但它与那种仅供教师讲、学生听，教师不讲、学生不懂，以“教”为中心的教科书相比，已经在内容安排、形式体例、行文风格等方面都大不相同了。希望读者对此有所了解，以便从一开始就树立起依靠自己学习的坚定信念，不断探索适合自己的学习方法，充分利用已有的知识基础和实际工作经验，最大限度地发挥自己的潜能以达到学习的目标。

欢迎读者提出意见和建议。

祝每一位读者自学成功。

全国高等教育自学考试指导委员会

1999年10月

目　录

工商行政管理学概论

附　工商行政管理学概论自学考试大纲

工商行政管理学概论

第一章 工商行政管理的任务和特点

第一节 工商行政管理的内容

一、工商行政管理的含义和特点

（一）管理的概念和功能

1. 管理的概念。

管理是一种比较普遍的社会现象。社会生产和社会活动的分工与协作，是管理产生的基础。正如马克思所说的："一切规模较大的直接社会劳动或共同劳动，都或多或少地需要指挥，以协调个人的活动，并执行生产总体的运动——不同于这一总体的独立器官的运动——所产生的各种一般职能。一个单独的提琴手是自己指挥自己，一个乐队就需要一个乐队指挥。"①

所谓管理，是指管理主体为了实现特定的目标而对管理对象进行的计划、组织、领导和控制的社会活动。这一概念包括的主要内容有：管理主体、管理对象、管理目标和管理过程。管理的主体可以是某一个企业、某一个社会团体、某一个学校或某一个家庭等微观主体，也可以是某一个国家的政府或某一个国际机构。可以说，任何一个组织都需要管理。管理对象可以是企业的生产活动，学校的教学科研活动，也可以是整个国家的社会经济活动。管理的目标依管理主体和管理对象的不同而不同。对一个企业来说，在市场经济条件下，管理的目标就是利润最大化。对一个家庭来说，就是效用最大化。而对一个国家来说，管理的目标却相当复杂，既有经济的目标，也有社会的目标，有的目标可以用统计指标来表现，有的

---

① 《马克思恩格斯全集》，中文 1 版，第 23 卷，367 页，北京，人民出版社，1972。

还无法进行数量分析。管理的过程一般包括计划、组织、领导和控制等，这些也叫做管理的功能。下面对这些职能进行具体论述。

2. 管理的功能。

对于管理的功能，人们有不同的分类和看法。最常见的提法是计划（或决策）、组织、领导和控制。

（1）计划功能。所谓计划，就是人们对未来的活动所做的预测和安排。计划功能是指管理者对要实现的目标和应采取的行动方案做出的预测和具体安排。包括对所处环境的分析，对未来的趋势的预测和判断，确定目标，制定战略和计划等。中国有句老话，凡事预则立，不预则废。计划是任何管理工作的起点，是管理的首要职能。

（2）组织功能。组织职能是管理者根据计划对管理所涉及到的各种资源和人员的相互关系进行合理地配置，包括设计组织结构，建立管理体制，制定规章制度等，使活动能够有序地进行。

（3）领导功能。是指管理者带领和指挥被管理的人员实现管理目标的过程。领导职能包括运用领导者的影响力、指导被管理者的行为、沟通被管理者之间的信息、增强相互之间的理解和联系、统一被管理者的行为、激励被管理者自觉地为管理目标而共同努力。

（4）控制功能。是指管理者在建立控制标准的基础上，衡量工作的绩效，分析可能出现的偏差，并及时采取适当的措施使活动按计划进行。控制包括监督和调节。所谓监督，就是指管理主体对管理客体某种行为的监视和督导。

管理的各项功能相互联系、共同存在于管理的全过程中。

（二）经济管理的概念和分类

1. 经济管理的概念。

经济管理是一种以经济活动为内容的管理工作，是指经济管理的主体为了实现特定的经济目标而对经济活动进行的计划、组织、领导和控制的活动。

经济管理是一种最重要的管理，这是由于经济活动是人们的最基本的活动，是一切社会活动的基础。

2. 经济管理的分类。

根据经济活动的不同内容，可以对经济管理进行多种分类。按照管理的主体划分，有企业管理、政府经济管理即国民经济管理；按照管理的层次划分，有微观经济管理、宏观经济管理；按照社会再生产的环节划分，有生产管理、流通管理、分配管理和消费管理等；按照管理的具体对象划分，有人力资源管理、自然资源管理、财力资源管理等。

（三）工商行政管理的概念和特点

1. 工商行政管理的概念。

工商行政管理，是指政府为了建立和维护市场秩序，运用行政的和法律的手段，对市场经营主体及其市场竞争行为的监督管理。

为了更好地说明工商行政管理这一概念的含义，我们需要明确以下几点：

（1）工商行政管理，是我国国民经济管理工作中的一个特有的概念，是在新中国成立以后工商行政管理工作实践中逐步形成的、有特定含义的概念。

1949 年 10 月，中华人民共和国成立之后，为了加强对私营工商企业的管理，政务院第三次会议决定在中央财经委员会下设立中央私营企业局，负责对私营企业进行监督与管理。1952 年 11 月 22 日，中央私营企业局更名为中央工商行政管理局，其主要职责是：企业登记管理、私营工商企业的行政监督管理、个体经济管理、外贸企业管理、商标管理、市场管理等。但重点仍是对私营工商企业的行政监督。在此之后，尽管工商行政管理的范围及其管理机构多次调整，但工商行政管理作为一个经济管理概念已经逐步形成。我们不能因为其他国家没有工商行政管理这一概念而否定在我国工商行政管理作为一个经济管理概念的存在。

（2）工商行政管理的主体是政府及其授权机构。可见，工商行政管理与工商管理是有着根本区别的。工商管理，是我们经济生活中常见的一个概念，它实际上指的是企业管理，即一个企业为了追求最大利润对其自身经营活动的计划、组织、协调和控制。企业管理的主体是某个企业的经营管理者，管理的对象是某个企业的生产经营活动，管理的目标是实现利润最大化。工商行政管理并不是工商企业管理，也不能简单理解为对工商企业的管理。任何一个企业的行为都可分为市场行为和内部行为。企业的市场行为主要包括：购买行为，如购买原材料、机器、设备，筹措资金，招收、聘用劳动力等。销售行为，如销售产品和服务、为产品和服务项目定价。投资行为，如投资建设工厂，收购和兼并企业，购买专利、商标等无形资产等。在这些市场行为中，都会涉及到合同、商标、广告等方面的问题。企业的内部行为很多，包括生产管理、设备管理、人力资源管理、财务管理等。工商行政管理并不涉及企业的内部管理，而是只涉及企业的市场行为。工商行政管理的范围包括所有行业的企业或其他经营主体，不仅仅是工业企业和商业企业。

（3）工商行政管理是国民经济管理体系的组织部分。我们知道，在社会主义市场经济体制下，政府对经济活动的管理是多方面的、多层次的，国民经济管理是一个复杂的系统，包括了宏观经济的计划与调控，重要产业的计划与调控，国民经济活动的监督，以及国民经济管理体制的协调等许多方面。工商行政管理从性质上看，属于政府对经济活动的监督系统的重要组成部分。工商行政管理的对象是国民经济活动。从这个意义上说，工商行政管理和一般的行政管理也有着很大的区别。工商行政管理的手段之一是行政手段，但是并不是一般的行政管理。行政管理，指的是政府对社会事务和自身事务的管理活动，它们包括的范围十分广泛，涉及到政府行政系统对国家政治经济和社会事务进行管理的全部活动，诸如外交、国防、公安、经济、文化、教育、科技等，还包括了对行政机构自身事务的管理，即所谓的机关管理。可见，工商行政管理，与行政管理既有区别又有联系。工商行政管理和行政管理的主体都是政府，这是其共同点。二者的不同之处是工商行政管理只是行政管理的一个组成部分。工商行政管理一般来说也不包括对工商行政机构自身事务的管理，即不包括对工商行政机关内部事务的管理。

2. 工商行政管理的特点。

根据以上分析，工商行政管理具有以下几个方面的特点：

（1）工商行政管理的主体是政府及其授权机构。这一特点使工商行政管理与企业管理等微观经济管理相区别。

（2）工商行政管理的对象是市场经营主体及其市场行为。

（3）工商行政管理的目标是建立和维护市场秩序。

（4）工商行政管理的性质是经济行政监督。

二、工商行政管理的内容

（一）工商行政管理和一般内容

1. 市场经营主体的资格的确认和管理。

所谓市场经营主体，是指以利润为目的，从事商品生产经营和服务活动的经济实体，也就是各类企业、事业单位和个体经营者。我们知道，在各类市场上进行经济活动的主体，主要有三个方面，即生产者、消费者和政府。生产者，即各类企业、事业单位和个体经营者，就是所谓的市场经营主体。任何个人或组织进入市场进行经营活动，都必须具备一定的能力和条件，就是说，必须具备一定的资格才能够对其在市场上活动的行为及其后果负责。这就需要政府有关部门，在我国就是各级政府的工商行政管理局，对这种资格进行审查和确认。由于市场种类很多，进入不同类型的市场所需具备的资格也不完全相同。对于某些市场，要求市场主体不仅需要具备一般的条件和能力，还需要具备这些特殊市场所要求的特殊的条件和能力，这也需要根据一定的法规予以审查和确认。通过对市场经营主体的资格确认，可以使各个市场经营主体在平等、公平、诚实、信用等原则上进行经济活动。如果不进行资格审查的确认，任何个人或组织都可以随便地进入市场，那么，将会造成严重的市场混乱乃至社会混乱，市场秩序就无从说起。

市场经营主体的变更与退出市场，也需要由政府进行确认。经营主体的变更是指在其经营活动中，因各种原因而发生的组织形式的变动，包括分立、合并等，还包括经营范围的变更、企业名称和住所的变更等。市场经营主体的退出是指在经营活动过程中或者结束经营活动后，依法或因其他原因而退出市场，例如因破产而宣告退出市场等。经营主体的变更和退出，会引起许多经济的、法律的后果，因此，需要按照一定的法律秩序由政府部门进行管理。

2. 进入市场的商品和服务的管理。

商品和服务，是市场的基本要素，是市场客体，也是工商行政管理的对象之一。对商品和服务的管理，主要包括对商品进入市场和服务的质量的监督检查，对某些特殊商品和服务进入市场的限制，对某些产品的流通渠道的管理等。在产品质量方面，政府要规定全国统一的质量标准，不符合国家质量标准的产品不允许进入市场。否则，各种质量低劣的产品就会大量出现，严重损害企业、消费者的利益，给社会带来危害。对于那些直接涉及到人身健康与安全、国家安全和社会风化的特殊产品，如某些药品、枪支、弹药、爆炸品、珍稀野生动植物都要由政府进行严格管理，有的就不准上市流通，有的需要考虑限定生产、经营单位。对于政府专营的产品，要规定专门的市场范围和流通渠道。

3. 市场经营主体的竞争行为的管理。

在市场经济中，各个经营主体，为了获取利润要采取多种形式进行竞争。为了维护市场秩序，政府要对竞争行为进行规范和管理。限制那些不正当的竞争行为和垄断行为，鼓励和保护正当竞争。这方面管理的具体内容很多，如合同管理、商标管理、广告管理、价格管理等。

4. 对各种违法经营行为进行查处。

查处市场上各种违法经营行为，是工商行政管理的一项重要内容，也是实现上述三个方面管理内容的重要手段。通过查处各种违法经营行为，就可以保护广大企业和消费者的合法权益，维护市场秩序。

（二）工商行政管理的具体内容

在我国，工商行政管理的具体内容在历史上有所变动。目前主要有以下几个方面：

第一，依法管理企业和从事生产经营活动的事业单位、社会团体、公民个人登记注册工作，核发有关执照，依法确认其企业法人资格或合法经营单位。依法监督检查登记注册单位的登记注册行为。依法核定登记注册单位的名称。

第二，依法检查市场经营主体的交易活动，查处不正当竞争和垄断行为、侵犯消费者权益的其他违法市场交易行为。

第三，依法监督管理合同。

第四，依法对国内外商标申请实行统一注册和管理，认定驰名商标，查处商标侵权行为，保护商标专用权。

第五，依法监督管理广告发布和广告经营活动。

等等。

（三）工商行政管理内容的历史演变

在中华人民共和国成立初期，工商行政管理的内容包括对私营企业和个体工商户进行监督管理、市场管理、商标管理、企业登记管理等。但总的来说，在社会主义过渡时期，工商行政管理的主要任务是对私营企业、个体经济的管理，对自由市场秩序的管理。这是由当时的经济体制所决定的。因为当时所有的国营的工商企业都归不同的业务主管部门管辖，而私营、个体经济则无法归入什么业务部门主管。但是它们的经济活动还比较重要，因此，要由一个政府机构来进行监管。从市场管理来看，当时的自由市场，即不受国家计划控制的生产和流通，在国民经济中仍占较大比重，也需要由国家来进行适当的监督管理。这就是 20 世纪 50 年代初期工商行政管理的主要内容。

1956 年之后，随着对私营、个体经济的社会主义改造任务的基本完成，随着计划经济体制的基本确立，工商行政管理的内容有了很大的变化。一方面，私营企业、个体工商户的数量急剧减少，因此，对私营、个体经济的管理相应减少。另一方面，随着计划经济的迅速发展，自由市场的范围大大减少，因此，对自由市场的管理也就相应减少了。所以，从 20 世纪 50 年代中期到“文革”期间，工商行政管理内容呈不断减少的趋势，工商行政管理的主要内容是进行市场管理，对各种违反计划经济政策和规定的行为，进行检查和处罚，以维护计划经济的运行。

从 1978 年底开始的改革开放以来，随着改革开放的不断深化，随着社会主义市场经济体制的逐步建立，工商行政管理的职能有了根本性的转变，工商行政管理的内容有了很大的扩展。从职能转变看，工商行政管理的职能从计划经济体制下为国家计划服务转变为在社会主义市场经济体制下，维护市场秩序，维护企业和消费者的合法权益。从内容扩展看，工商行政管理的范围包括了整个国民经济中所有的市场经营主体，包括了市场体系的各个方面。为了适应社会主义市场经济发展的要求，为了适应经济全球化的要求，工商行政管理的内容还将会不断地调整与扩展。从管理方法上看，随着社会主义经济法律、法规体系的不断完善，在工商行政管理工作中，法律、法规已成为管理的主要依据。

第二节 工商行政管理的任务

在社会主义市场经济体制中，工商行政管理的任务是建立和维护市场秩序，为企业等市场经营主体创造和保持公平的竞争环境，保护经营者和消费者的合法权益。

一、市场秩序的含义

（一）秩序和市场秩序

要知道什么是市场秩序，首先要了解什么是秩序，什么是市场。

所谓秩序，就是一种有条理、不混乱的情况。或者说是人或事物的一种整齐有规则的状态。

对于市场，人们有许多种定义。有人认为，市场就是商品交换的场所、渠道和领域，如商店、集市、交易所等。也有人认为，市场就是需求，是社会对某种商品的有货币支付能力的需要。还有人认为，市场就是商品交易，不管这种交易在哪里发生。这些定义都有一定道理，但都不全面。我们认为，市场既是商品交换的场所，也是商品交换关系的总和。

所谓市场秩序就是市场运行的一种有条理、有规则的状态。具体来说，就是指规范市场活动的各种市场规则以及这些规则实施的情况。也可以说是各个市场主体之间发生的商品交换行为和交换关系，市场管理者与市场主体之间发生的监督管理与被监督管理的行为和关系，在一系列市场规则的支配作用下形成的某种规范状态。这就是说，市场秩序包括两个方面的含义，即市场规则和市场规则的实施状况。

（二）市场秩序的分类

根据不同的标准，可以将市场秩序分为不同的类型。

1. 按照商品有无实体形态来划分。

可分为有形商品的市场秩序和无形商品的市场秩序两类。其中，前者包括消费资料市场秩序与生产资料市场秩序，后者则包括服务、资本、信息、劳动力、技术等商品的市场秩序。

2. 按照市场运行所涉及的空间范围来划分。

有地方市场秩序、全国市场秩序、世界市场秩序等类型。

（三）市场秩序与经济秩序的关系

经济秩序的含义非常广泛，它是指整个社会经济活动的运行的有条理、有规范的一种状态。从社会再生产的角度来看，包括生产秩序、流通秩序、分配秩序、消费秩序等。从经济运行的层次来看既包括微观经济秩序，也包括宏观经济秩序，如总供给与总需求的秩序、财政秩序、金融秩序等。可见，市场秩序是经济秩序的重要组成部分。市场秩序也就是流通秩序，即关于流通领域的秩序。

市场秩序和经济秩序的区别不仅在于包括范围的不同，而且两者还具有不同的历史含义。经济秩序出现于原始社会早期，甚至可以说，经济秩序是与人类社会的生产活动、分配和消费活动同时出现的。而市场秩序则是与商品交换相联系的。没有商品交换，没有市场，就不可能有什么市场秩序。这就意味着，经济秩序的出现要远远早于市场秩序的出现。不仅如此，经济秩序存在的时间也要长于市场秩序。因为按照马克思的观点，在生产力高度发达的共产主义社会，商品生产和商品交换将不再存在，从而市场秩序或交换秩序也将消亡，但人类的生产、流通分配和消费活动仍然存在，因而，经济秩序也仍然存在。

应当看到，在不同的经济体制中，市场秩序具有不同的含义。在过去的高度集中的计划经济体制下，工商行政管理所要维护的市场秩序主要是指国家计划管理以外的城乡集市贸易的秩序。在计划经济体制下，市场秩序主要通过国家的关于市场管理的各种政策，而不是法律法规来维持。在社会主义市场经济体制下，市场秩序包括了整个市场体系的秩序，市场秩序主要通过国家关于市场管理的法律、法规来维持。

二、市场规则的含义和内容

（一）市场规则的含义

所谓市场规则，就是指在市场中各种市场主体都必须遵循的准则，也就是约束参与市场活动的市场主体的行为规范。

对市场规则可以从不同的角度进行分类。

1. 正式规则和非正式规则。

正式规则是国家制订的一系列确立市场运行和市场活动的准则的法律和法规等。非正式市场规则是指在一定的社会价值观、社会道德观、宗教和风俗习惯中长期形成的有关市场活动的商业惯例和商业道德等的总和。一般来说，市场规则主要是指正式规则。

2. 法律规则、行政规则和市场经营主体自律规则。

法律规则是指通过国家法律的形式确立的市场运行和市场活动的准则，是市场规则的核心和基础，具有权威性、稳定性和约束力强等特点。行政规则是指通过国家的行政法规、政令和指示等形式确立的市场行为准则，是我国市场规则的重要组成部分，具有一定的时限性和灵活性。市场经营主体自律规则是指各个市场主体之间为了正确确立和调整经济利益关系、保证市场活动顺利进行而制定或形成的一些行为规范，如行业组织制定的行业规范、商品交换过程中各个市场主体所遵循的约定俗成的交易惯例等。虽然，市场主体的自律性规则并不具有法律效力，也不是通过行政权力强制执行，但这些自律性规则是在长期的商品交换活动中共同形成的，因而也具有较强的约束力。在市场规则中，法律规则起着决定性的作用，行政规则是法律规则的补充。市场主体自律性规则必须符合法律、法规的要求，不能与之违背。违反法律、法规的自律性规则是非法的、无效的。

（二）市场规则的内容

1. 市场经营主体进入或退出市场的规则。

（1）市场经营主体进出市场的规则。企业登记制度和资格认证制度，是现代企业的市场准入规则。而企业破产制度、企业兼并、收购制度和企业资格再认证制度，则是企业退出市场的规则。

（2）市场中介组织进出市场的规则。由于市场中介组织较为特殊，且又不同于一般的企业，因而，其进出市场的行为需要由一些专门的法律来规范。

2. 市场客体进出市场的规则。

（1）市场客体进入市场的规则。具体是指市场客体的入市资格认证制度。市场客体的入市资格一般具有双重性：一是市场客体本身所固有的自然属性（如性能、规格、型号、重量、技术质量指标、环保指标等），是否符合法定的或正式规定的进入相应市场领域应具备的基本标准或基本准则。若符合该标准，它就取得这种入市资格，否则，它就不能入市。这样，就可以很好地把那些假冒伪劣商品、不符合标准化生产和环保要求的产品等，都挡在“市场大门”之外，以维护买者的合法权益。二是市场客体所具有的社会属性（如政治思想取向、道德取向、价值取向、宗教取向等），是否符合法律规定的进入相应市场领域应具备的基本标准。若符合此标准，则它即取得此入市资格，否则，它就不能入市。通过这种规定，就可以较好地将下述市场客体挡在市场之外，从而很好地维护国家利益和社会公众的共同利益：反动文化商品；黄色书刊和音像制品；违反国家法律法规而生产的商品，如各种盗版光盘、软件、书刊，毒品等；国家明文规定不准进入市场进行交易的商品和劳务，如武器弹药、核材料、某些保密的尖端技术等。

（2）市场客体退出市场的规则。其具体内容就是市场客体的入市资格再认证制度。这些制度规定，每隔一段时间，比如一个月或一个季度，就对已入市的市场客体重新进行入市资格审查，若符合入市的基本标准，就重新确认其入市资格，并允许其留在市场内继续运作；反之，就应迅速将其清除出市场，以保证其他合法的具备入市资格的市场客体的正常运作。这主要有两类情况：一类是要及时、彻底地清除那些原本就无入市资格，但因种种原因现已混入市场的市场客体，如假冒伪劣商品、走私商品等；另一类是要及时清除那些原来已取得入市资格，但因各种客观原因致使其目前已不再具备该入市资格的市场客体，如过期的变质商品等。

3. 市场交易规则。

它是指用来规范和制约某一商品交换行为全过程的一系列基本标准、基本准则和基本制度。可见，这是从交换行为的纵向角度所作的考察，即从某一个别商品交换的准备、达成、结束等全过程所作的考察。市场交易规则至少应包括如下内容：

（1）交易方式规则。规范交易方式是减少市场交易随意性、提高市场交易预期性和确定性的重要保障，也是现代市场正常运行的基本条件之一。它又有四项内容：一是交割结算规则，即指交割结算的时间、地点、方式、单位等方面的统一规定。二是合同使用规则，即指关于使用合同的条件、方式等方面的统一规定。三是交易程序规则，这是指为了达成某一项商品交易而必须按顺序完成的一系列操作步骤，如证券交易程序、期货交易程序、招标投标程序、拍卖程序等。四是交易场所规则，即指关于交易场地的统一规定。

（2）交易价格规则。即指用来规范包括定价原则、定价方法、定价步骤、价格申报和价格监督等内容在内的价格形成与变动的整个过程的一系列基本原则和基本制度。这些原则和制度既可以是法律法规，也可以是行业协会自律性质的章程或条例等。

（3）交易行为规则。它是指用来规范交换双方的交易行为的基本原则与基本制度。交易应当体现自愿、平等互利的要求，反对和禁止强买强卖及欺诈交易。

（4）交易条件规则。这是指用来规范与商品交换活动有关的技术和管理方面的基本标准和基本制度。它包括计量技术标准、质量标准、检验规则、度量衡器规则、票据收发和财务会计制度等。

4. 市场竞争规则。

它是指用来规范各种商品交易行为之间的竞争活动与竞争过程的一系列基本准则与基本制度。这是从交易行为的横向角度所作的考察。现代竞争规则的目的，主要是为了规范各企业之间、各市场中介组织之间的竞争行为，并为各企业和市场中介组织提供机会均等、公平竞争的环境条件。此处的机会均等是指：对于能满足单个市场主体利益需求的各种市场机会，均向所有同性质、同类型的市场主体开放。因此，市场机会均等至少应包括以下几层意思：一是各市场主体进出市场的机会均等；二是各市场主体根据市场状况自主达成交易的机会均等；三是各商品生产经营者和市场中介组织，按照统一的市场价格获取生产要素的机会均等；四是最终消费者按统一市场价格获取消费要素（资料）的机会均等；五是各商品生产经营者和市场中介组织承担税赋和其他社会负担的机会均等；六是劳动者之间的就业机会均等和生存机会均等。

5. 保护消费者权益规则。

在现代市场经济条件下，卖方的权益一般在一项商品交换达成和正式结束时，就已能得到保障和实现；而买方权益的最终实现，只有在消费过程结束时才能知晓并体现出来。可见，消费者权益的实现，不仅依赖于商品交换过程，更依赖于商品的使用和消费过程。这一特性决定了买者在交换过程中所处的弱者地位。因为如果卖者提供的商品或服务存在质量缺陷，那么，买者的最终权益必定会受到损害，而且不能实现，但这种情况和结果在商品交换过程中是不可能完全反映出来的。因此，为了保护买方即消费者的权益，必须特别强调卖方或生产经营者的产品或劳务的质量责任。

三、市场秩序的建立和维护

（一）市场秩序的建立

1. 建立市场秩序的必要性。

在人类社会的相当长的历史时期里，市场秩序是自发形成并通过许多非正式的市场规则维持的。但是在现代社会中，市场秩序不可能自发地形成。这是因为：第一，由于不同的市场主体的价值观不同和利益不同，一些非正式市场规则并不能得到普遍认同和接受。例如，对于巨额有奖销售，有的人就认为是合理的，而有的人却不赞成，认为是不正当的行为。有些商业惯例，在一些地区可能被普遍接受，但在另一些地区就可能不被认同。第二，由于垄断、外部效应等现象的出现，公平竞争的市场秩序已经不可能自发形成。因此，市场秩序就需要通过国家干预来建立。同样，市场秩序的维护，也离不开国家的有效干预。

2. 建立市场秩序的含义和内容。

建立市场秩序，就是用法律、法规、规章、政策等对市场经营主体及其市场行为进行科学规范，并为实施这些规范进行组织管理工作。具体来说，包括三个方面的内容：

（1）通过一定的法律、法规形式制定市场规则，使市场经营主体有法可依，有规可循。例如，通过制定价格法律、法规，使经营者知道什么是合法的价格行为，什么是不合法的价格行为。

（2）为实施市场规则进行相应的组织管理工作。市场规则，需要通过一定的组织活动才能得以实施。例如，企业进入或退出市场的规则，就需要通过工商行政管理机关的企业登记工作才能实施。又如，对于市场竞争秩序，不仅需要制定各种维护竞争的规则，还需要进行市场监督检查，以及时发现违法经营行为。

（3）对市场经营主体经常进行法律、法规和政策以及社会主义市场道德观念的宣传、辅导、解释、咨询、说服、教育等工作，以提高市场经营主体执行市场规则的自觉性。

3. 建立市场秩序的原则。

（1）科学性。就是要符合社会主义市场经济的运行规律，有利于市场机制的正常运行。

（2）确定性和稳定性。确定性就是必须有明确的规范要求，不能含糊不清。稳定性是指规则的相对不变性，不能随意变动。一般说来，政策的可变性强，而法律、法规则稳定性高。因此，必须尽量减少政策性的规则。

（3）可操作性。是指规则符合市场实际，符合管理者的管理水平和被管理者的接受水平。如果有的法律、法规的内容，超越了实际可能，即使再完美，也是没有实际意义的。

（二）市场秩序的维护

1. 维护市场秩序的含义和内容。

维护市场秩序是指根据市场规则，监督检查市场经营主体的市场行为，对违反市场规则的行为依法进行查处，保护合法的市场行为，取缔和打击非法的市场行为。

维护市场秩序的内容主要有：

（1）依据市场规则，监督检查市场经营主体的市场行为，确认哪些行为是合法的，哪些是违法的。

（2）处罚、制止违反市场规则的市场行为及其主体，保护合法的市场经营主体及其行为。

（3）在监督检查市场行为的过程中，发现现有市场规则本身有无需要改进和完善的地方并及时向有关部门提出建议。

2. 维护市场秩序的原则。

维护市场秩序的基本原则是：有法必依、执法必严、违法必纠。就是市场经营主体和政府有关部门都要按照国家法律、法规进行活动，政府有关部门要严格按照法律、法规进行执法，对于各种违法的市场行为必须严格查处。如果只是建立了一整套市场规则，但企业、个人和政府部门却并不严格遵守规则，并且对违法市场行为也不严格查处，那么，再完善的市场规则都毫无意义。

3. 维护市场秩序的方法。

维护市场秩序的主要方法是对市场进行监督检查。市场监督检查是政府和有关部门对企业、个体经营者执行国家的市场法律、法规的情况实行监督，对违反市场法律、法规的行为进行检查、纠正和处罚的活动。市场监督检查的主要形式是政府的监督检查，就是政府的市场主管部门对市场的监督检查，在政府监督中，各级工商行政管理机关的监督检查起着重要的作用。但是，政府监督并不是惟一的监督形式。除了政府监督，还有社会监督，即通过社会力量，包括社会团体和广大消费者对市场的监督。社会监督可分为群众监督和舆论监督两种形式。对于成千上万的各种各样的企业、复杂多变的市场行为，仅仅依靠政府的市场监督检查机关进行监督检查，是远远不够的。必须坚持政府监督和社会监督相结合的原则，动员社会力量对市场进行监督。社会监督具有广泛性和普遍性强的特点，能够及时发现问题。在社会监督中，特别要发挥新闻舆论监督的积极作用。但是，也要看到，社会监督毕竟不是政府监督，社会团体和消费者不具有行政执法权，不可能深入企业内部进行检查，也不具有进行专业性较强的监督的能力。因此，社会监督是政府监督的一种补充形式。

四、建立和维护市场秩序的基本条件

市场秩序的形成需要一定的条件，而市场秩序的维护更需要相应的条件，可以说这两类条件基本上是一致的，而且它们还可以合二为一。这就意味着，形成市场秩序的条件，同时又可以是维护市场秩序的条件。概括起来，这些条件主要包括：市场管理法律法规的科学和健全、管理体制的合理、管理人员素质的提高和管理手段的现代化。

（一）市场管理法律、法规的科学和健全

要建立和维护市场秩序，首先就必须有一套符合社会主义市场经济规律的法律、法规。法律、法规的科学性，就是指法律、法规符合社会主义市场经济的客观规律，符合中国的国情，符合广大群众的根本利益。在这个方面，我国有过许多经验教训。在改革开放之前的较长时期里，由于对社会主义经济规律认识不清楚，对中国的国情认识不准确，在市场管理方面制定了许多限制市场经济发展的政策和法规。改革开放以来，我们逐步明确了社会主义市场经济体制就是我们改革的目标模式，逐步调整了市场管理的有关政策和法规，制定了许多新的符合市场经济规律的法律、法规，使市场运行有了合理的规则。但是，由于社会主义市场经济体制还很不完善，由于我们的经验有限，因此，现行的一些市场管理的法律、法规还需要在实践中不断加以补充、修订和完善。

（二）经济管理体制的合理

经济管理体制，是一个含义非常广泛的概念，是指一个国家或一个地区经济运行的各种制度的总和。从大的方面来说，经济管理体制，也就是我们常说的经济体制，是一定的社会经济制度所采取的具体组织形式和管理制度，包括各种经济运行的方式或资源配置方式的组合状况，即市场机制和计划机制或政府管理的关系。如果计划是资源配置的主要方式，就是计划经济体制。如果市场是主要的资源配置方式，就是市场经济体制。也包括国家管理经济的各种具体制度。我们在这里主要是研究市场管理体制问题，要建立和维护市场秩序，就必须有一套合理的市场管理体制。如果政府管理市场的部门职权分工不清楚，工商行政管理机关内部上下之间、左右之间职责不明确，市场管理的法律、法规就不可能得到全面的贯彻。例如，在工商行政管理机关实行省级以下垂直领导体制之前，由于地方利益的制约，许多市场违法行为得不到及时的查处。

（三）管理人员素质的提高

工商行政管理和其他各种管理一样，都是要通过管理人员来进行的。管理人员素质的高低，直接关系到了市场规则的制定和实施，直接关系到了市场秩序的维护。没有一支高素质的管理队伍，市场秩序是无法得到维护的。所以，要有效地维护市场秩序，就必须建立一支高水平的管理队伍。工商行政管理机关的公务员，不仅要学习经济和法律等专业知识，还要努力提高政治思想觉悟和职业道德水平。

（四）管理手段的现代化

管理手段有多种含义，这里所说的管理手段主要是指管理的技术装备手段。没有现代化的计算机管理系统，就难以对纷繁复杂的市场行为进行定量分析。没有现代化的检测手段，就不可能及时、准确、有效地发现商品的质量问题，也就不可能对假冒伪劣商品进行准确鉴定。没有商标注册的全国联网的计算机网络，就不可能提高商标注册效率。

第三节　工商行政管理的地位

一、国民经济管理体系

（一）国民经济的含义和构成

国民经济是我们经常使用的一个概念，其含义就是一个国家或一个地区范围内，所有的经济部门或社会再生产各个环节的总体。

为了分析和管理国民经济，人们对经济活动进行了多种形式的分类。目前，比较常见的是三次产业的分类，这也是许多国家通用的分类方法，它是由新西兰的阿·格·费希尔和英国的科林·克拉克创立的。这种分类方法依据的是社会生产活动历史发展的顺序。产品直接取自自然界的生产部门称为第一产业，对初级产品进行再加工的部门称为第二产业，为生产和消费提供各种服务的部门称为第三产业。对于三次产业的具体划分，即究竟哪些部门属于第一产业、第二产业和第三产业，各国的划分不尽一致。按照有关权威资料，我国的三次产业划分是：

第一产业：农业（包括种植业、林业、牧业和渔业）。

第二产业：工业（包括采掘工业、制造业、自来水、电力、蒸汽、热水、煤气）和建筑业。

第三产业：除第一产业和第二产业以外的其他行业。由于第三产业包括的行业多、范围广，根据我国的实际情况，第三产业可分为两大部门：一是流通部门，二是服务部门。具体又可分为四个层次：

第一层次：流通部门，包括交通运输业、邮电通讯业、商业、饮食业、物资供销和仓储业。

第二层次：为生产和生活服务的部门，包括金融、保险业、地质勘察业、房地产、公用事业、居民服务业、咨询服务业和综合技术服务业、农、林、牧、渔、水利服务业和水利业、公路、内河（湖）航道养护业等。

第三层次：为提高科学文化水平和居民素质服务的部门，包括教育、文化、广播电视、科学研究、卫生、体育和社会福利事业等。

第四层次：为社会公共需要服务的部门，包括国家机关、党政机关、社会团体，以及军队和警察等。

三次产业之间有着密切的联系。互相提供产品或服务，各产业之间客观上存在着一定的比例关系。从人类社会的发展趋势来看，第一、二产业在国民经济中所占比重有逐步下降的趋势，尤其是第一产业，下降的趋势最为显著，而第三产业在国民经济中的比重则是稳步上升的趋势。据有关资料，第三产业的产值和劳动力在国民经济中所占比重在西方发达国家已达到60%～70%，在中等发达国家为50%左右，而在发展中国家约占20%～30%。据统计资料，在我国，1997年的第三产业产值在国内生产总值中所占比重为32.1%。

为了更好地理解国民经济这一概念，我们需要注意国民经济与宏观经济的区别。宏观经济，是与微观经济相对应的一个概念，指的是国民经济中涉及到经济总量的活动，如经济增长、就业、价格总水平等。微观经济则是指国民经济中个别经济主体、个别商品或服务的供给与需求等经济个量的活动，如单个企业的生产经营决策活动、单个商品的价格形成和变动、单个工人的工资形成和变动等。因此，宏观经济与国民经济并非同一含义的概念，宏观经济是国民经济中的重要部分之一。

（二）国民经济管理的含义和体系

1. 国民经济管理的含义。

明确了国民经济的含义，对国民经济管理的含义就容易理解了。国民经济管理就是政府为实现一定的经济和社会发展目标，对国民经济进行的管理。可见，国民经济管理的主体是政府，管理的客体是国民经济。

国民经济管理和宏观经济管理是两个既有联系，又有区别的概念。国民经济和宏观经济的不同含义决定了国民经济管理和宏观经济管理的不同含义。宏观经济管理是政府对国民经济总体发展及其总量变化进行的计划和调控。因此，宏观经济管理是国民经济管理的一个部分，而且是一个十分重要的部分。但是，国民经济管理，不仅包括宏观经济管理，而且还包括一些重要的专业部门管理，例如政府对农业部门的管理，对国土资源的管理、对环境和生态的管理、对交通运输的管理等，还包括地方经济的管理，如省、自治区、直辖市、地（市）县（市）政府对本地经济的管理。另一方面，宏观经济管理主要是指中央政府对宏观经济的管理，省级和省级以下各级人民政府并不具有宏观经济管理权限，因此，它们对经济的管理是国民经济管理的组成部分。可见，国民经济管理的范围要比宏观经济管理的范围广泛得多，那种把国民经济管理与宏观经济管理等同起来的看法是不完全正确的。

2. 国民经济管理的体系。

国民经济管理范围的广泛性决定了国民经济管理体系的综合性、层次性和复杂性。国民经济管理可以从不同的角度进行分类。

（1）从管理的对象来看，国民经济管理包括了对所有经济活动的管理。既包括对土地、农业等传统的经济部门活动的管理，也包括对教育、科技和文化等第三产业部门的管理；既包括对宏观经济活动的管理，也包括对某些微观经济活动的管理，例如对某些重点国有企业、某些重点建设项目的管理；既包括对人口和就业的管理，也包括对自然资源和生态环境的管理。总之，国民经济管理的范围十分广泛。

（2）从管理的层次来看，国民经济管理包括中央政府对整个国民经济的管理，也包括各级地方政府对其当地国民经济的管理。

（3）从管理的过程来看，国民经济管理包括：国民经济决策，即对国民经济发展目标、经济政策和重大措施的选择与决定；国民经济调控，即通过经济的、法律的和行政的手段对国民经济活动进行调控，以实现国民经济的发展目标；国民经济监督，即对国民经济决策和调控的过程和实施进行的监督，对各项法律和政策的制订和实施进行的监督。

（三）国民经济管理的任务和目标

1. 国民经济管理的任务。

我们已经看到，国民经济管理的内容十分广泛，因此，国民经济管理的任务也是多方面的，既要促进经济的健康持续快速发展，又要促进经济、社会和人口、资源及生态环境的可持续发展；既要保持宏观经济比例关系的平衡，又要促进各个地区的协调发展；既要协调国内经济关系，又要协调国内经济与国际经济的关系。总的来说，国民经济管理的任务主要有两个方面：一是促进经济、社会和人口、资源的可持续发展，各个部门、各个地区的协调发展，不断提高全体人民的生活水平；二是为企业和其他市场经营主体建立和维护公平竞争的环境。

2. 国民经济管理的目标。

国民经济管理任务的多重性，决定了其管理目标的多元性，既有经济的目标，也有社会的目标，还有人口、资源和生态的目标，既有定量的目标，也有定性的目标。概括起来，国民经济管理的目标主要有：

（1）经济增长目标。经济增长是指一个国家或一个地区在一定时期内（如年、季度等）社会产品总量的增长幅度，一般用国内生产总值（GDP）或人均国内生产总值的增长来衡量。所谓国内生产总值是指一个国家或一个地区内所有常住单位在一定时期内生产活动的最终成果。从价值形态上看，是所有常住单位在一定时期内的最终产品价值的总和。在衡量经济增长状况时，人均国内生产总值更具有意义。

（2）增加就业目标。增加就业是国民经济管理的重要目标。增加就业，一方面，能够使劳动资源得到充分利用，促进经济的增长；另一方面，又是增加人民收入，提高人民生活水平的基础。我国人口多，劳动力资源十分丰富，如何增加就业，应当成为国民经济管理的重要问题。在考虑就业问题时，不仅要考虑城镇劳动就业问题，也要充分重视农村剩余劳动力的安排问题。

（3）价格总水平稳定目标。价格总水平的稳定，能够为市场机制的正常运行提供良好的条件，是经济稳定和社会稳定的基础。价格总水平的稳定与否，反映着社会总供给和总需求是否平衡。不论是供过于求，或是供不应求，都会导致经济的不稳定，企业效率下降。

（4）财政收支平衡目标。财政收支平衡与否，在很大程度上反映着总供给与总需求是否平衡。在一般情况下，财政收支应当保持相对平衡。但是，为了国民经济的长远发展，在一定时期，保持一定规模的财政赤字也是可以的。但无论如何，长期的保持较大的赤字是不适当的。

（5）国际收支平衡目标。国际收支平衡是指一国（地区）在一定时期内国际收入和国际支出之间基本相等的状况。国际收支出现过大的顺差或逆差，都不利于经济的稳定发展。所以，国际收支的目标应当是相对平衡，略有节余。

（6）改善人民生活的目标。不断提高人民的生活水平和生活质量，是国民经济管理的根本目标。这一目标，包括提高城乡人民的实际收入，改善人民的居住和交通条件、生活环境和自然生态，提高人民的卫生健康水平和教育水平等。

（7）降低人口增长和合理利用国土资源的目标。人口过多，是我国需要长期解决的一个大问题。人口过多，增长过快，不利于人民生活的改善，也不利于国民经济的持续快速增长。因此，对于人口增长必须坚持和加强计划管理。我国国土资源总量很大，但人均资源却较少。因此，必须合理使用。要正确处理经济、人口和资源的关系。坚持可持续发展的战略，努力提高资源的使用效率，杜绝资源的浪费。

(8) 促进科技进步的目标。邓小平同志指出，科学技术是第一生产力。在国民经济管理中，必须高度重视促进科技的进步。要通过制定法律、法规，采取各种有效政策，鼓励企业和公民进行科技创新，鼓励科技成果尽快转化为生产力和产品。

(9) 收入分配合理的目标。收入分配合理的目标是实现共同富裕。在市场经济中，由于生产要素参与了收入的分配，收入分配差距将会有所扩大。但是收入差距过大是不合理的，也不利于社会的稳定。要通过适当的税收政策，调节个人收入分配，防止两极分化。要保护合法收入，取缔非法收入，整顿不合理收入，调节过高收入。更要重视保障低收入者的基本生活。

(10) 建立和维护经济秩序的目标。国家的一个重要职能就是为企业和个人提供一个良好的经济秩序，包括安全的生产秩序、交通秩序、医疗秩序，良好的劳动秩序，公平的竞争秩序等。

(四) 国民经济管理机构

国民经济管理机构是各级政府为了履行其承担的国民经济管理职能而依法设立的专门管理机构。国民经济管理机构的设置与调整与一个国家或地区的经济体制和经济发展水平有着密切的关系。我国在经济改革之前的较长时期里，由于实行高度集中的计划经济体制，绝大部分经济资源都由各级政府，特别是中央政府直接配置，企业几乎没有什么生产经营决策自主权。在这种经济体制下，就形成了一个庞大的国民经济管理机构系统。各级政府都按产业部门设立了许多管理机构，并通过这些机构直接管理企业。这种管理机构的形成和运行在特定的历史条件下是起过一定的积极作用的。但是从根本上看，是阻碍经济发展的，是必须改革的。随着我国经济改革和对外开放的不断深入，随着社会主义市场经济体制的确立和逐步完善，对国民经济管理机构也进行了多次改革和调整并取得了巨大的进展。目前，国务院主管经济管理的部、委、行、署等有几十个。这些机构大体上可以分为两类：

第一类：综合性的经济管理机构。这类机构的工作涉及到国民经济各个部门，都与国民经济的全局有关。这类机构又可分为两类：一是宏观调控部门，包括国家发展计划委员会、国家经济贸易委员会、财政部、中国人民银行等。其主要职责是保持经济总量平衡，优化经济结构，实现国民经济持续快速健康发展。二是经济监督和行政执法和信息服务部门，包括审计署、海关总署、工商行政管理局、国家统计局、国家质量技术监督局等。其主要职责是对国家经济法律、法规和政策的实施情况进行监督，对违反国家法律、法规和政策的行为进行监督检查，为国家宏观决策提供信息服务等。

第二类：专业性经济管理机构。这类机构专门负责某一个生产流通部门的管理，其主要职责是制定本行业规划和行业政策，进行行业管理，引导本行业产业结构调整，维护行业和竞争环境。如铁道部、交通部、水利部等。

二、工商行政管理在国民经济管理体系中的地位

（一）工商行政管理与宏观经济管理的关系

首先要明确，工商行政管理的对象虽然十分广泛，不局限于某一产业，但是，工商行政管理并不属于宏观经济管理。这是因为，工商行政管理并不涉及经济总量和产业结构的调控，而且，工商行政管理与财政、货币、产业政策等宏观经济政策也没有直接关系。因为，工商行政管理机关并不能制定和实施财政、货币政策和价格政策、收入分配政策等。但是，这并不是说，工商行政管理与宏观经济管理没有任何关系。通过工商行政管理，可以维护一个较好的市场秩序，不但有利于市场经营主体的生产经营活动，有利于消费者合法权益的保护，而且也有利于宏观经济调控的实施，有利于提高宏观经济调控的效果。可以设想一下，如果市场秩序十分混乱，企业对宏观经济政策不能作出及时的、正常的反应，那么，宏观经济调控就难以实现预期的目标。

（二）工商行政管理与专业经济管理的关系。在社会主义市场经济体制下，对于少数垄断性的、基础性的产业部门，政府有必要设置专门机构进行管理。政府部门的职责主要是制订行业规划和行业政策，维护本行业的平等竞争秩序。因而，从建立和维护市场秩序的角度看，专业经济管理与工商行政管理存在着相互配合的关系。要建立和完善市场秩序，只有工商行政管理是不够的，还必须

有一定的行业管理。但是，工商行政管理的范围并不限于某几个专业部门。工商行政管理机关也不涉及某个行业的规划和政策的制定和实施。

（三）工商行政管理与其他经济监督管理的关系

1. 经济监督的含义和分类。

所谓经济监督，就是对社会经济活动的监督。对国民经济活动进行监督和行政执法，是国民经济管理的重要任务。完成这一任务，要靠许多相关的机构，不能只靠一两个机构。对国民经济监督系统，可以从不同层次进行划分。从广义上来看，国民经济监督系统有中国共产党和各民主党派的监督，各级人民代表大会及其常委会的监督，国务院和各级地方政府的监督，以及人民群众的社会监督和新闻媒体的舆论监督等。从狭义上看，就是指国务院和地方各级人民政府的经济监督。

各级政府的经济监督体系，由行业监督和综合监督构成。行业监督是指由政府的专业经济管理机构对某一行业的经济活动的监督。例如，轻工业部门承担的对食盐专营法规的监督，烟草专卖局承担的对烟草专卖法规的监督，建设部门承担的各类工程建设标准定额实施情况的监督、建筑市场的监督，铁路部门承担的国家铁路安全生产监督，信息产业部承担的对电信与信息服务市场的监督，邮政部门承担的对邮政市场与集邮市场的监督，农业部门对农产品、农业生产资料的质量监督，对外经济贸易部门对外商投资企业的监督，卫生部门对医疗质量标准和服务规范的监督，旅游部门对旅游市场秩序和服务质量的监督等。综合监督是指由政府的综合管理对涉及全局性的经济活动的监督。例如，审计机构承担的对各级政府财政预算执行情况和其他财政收支的审计监督，国家税收机构对税收法规执行情况的监督，工商行政管理部门对市场的监督，质量技术监督部门对工业产品质量的监督，中国人民银行对金融机构和金融市场的监督，国家计划和价格主管部门对价格法规政策、重要商品储备和国家订货的监督等。

2. 工商行政管理和其他市场监督部门的关系。

工商行政管理的领域包括整个市场体系，但主要是商品市场和

进行表扬或批评、发布号召等方式对有关经济主体进行规劝和引导，使其经济活动符合政府的特定目标。

以上所述的各种管理手段，都有其一定的特点，也都有其特定的适用范围。在国民经济管理工作中，应对这些手段加以综合运用。总的原则是要符合社会主义市场经济运行的客观规律，要符合中国国情。总的趋势是，要以运用法律手段和经济手段为主，以行政手段和其他手段为辅。

二、工商行政管理的手段

根据工商行政管理的性质，我们可以看到，工商行政管理的手段主要是行政手段和法律手段。

工商行政管理的任务是对市场进行监督和行政执法，这就决定了它不是运用财政、货币、价格等经济手段，而是将国家有关市场管理的法律、法规加以实施，也就是行政监管和行政执法。行政监管是指工商行政管理机构根据有关法律、法规，通过行政信息、命令等对经营主体及其市场行为进行监督、检查和规范的一系列行为。行政执法就是工商行政管理机构根据有关法律、法规，对市场经营主体的市场进入或退出、市场行为等采取行政强制措施和行政处罚等。

复习思考题

1. 为什么说工商行政管理是我国特有的一个概念？
2. 如何理解工商行政管理与工商企业管理、行政管理的区别？
3. 如何建立和维护社会主义市场经济秩序？
4. 如何认识工商行政管理在国民经济管理中的地位和作用？
5. 国民经济管理的主要手段有哪些？
6. 工商行政管理的特点是什么？

第二章　工商行政管理的对象和环境

第一节　市场体系

一、市场体系的含义和内容

（一）市场体系的含义

所谓体系就是由若干有内在联系的事物构成的一个整体。市场体系是指在一定时间和空间条件下，由各种商品市场和生产要素市场相互联系、相互制约而形成的经济系统。

市场体系有广义和狭义之分。广义的市场体系包括了市场主体、市场客体等与市场有关的各个方面构成的总体。狭义的市场体系主要是指商品市场、服务市场和生产要素市场构成的总体。我们在这里主要论述狭义的市场体系。

（二）市场体系的内容

1. 商品市场、服务市场和生产要素市场。

商品市场是指有形产品交换活动的场所和交换关系的总和。一般来说，商品市场包括消费品市场和生产资料市场。消费品是指用于个人或家庭生活需要的产品。消费品的种类特别多，所以对消费品进一步分类比较困难。如按用途来分可分为食品、衣着、家庭设备及用品、医疗保健用品、交通和通讯工具、娱乐教育文化用品、住房等。也可按来源分为工业消费品和农业消费品两类。消费品的种类如此繁多，使得消费品市场的类型非常丰富，既有传统的百货商店，又有现代的超级市场，还有农贸集市等。生产资料是指用于生产活动的产品，包括各种原材料、机器设备、燃料动力等。生产资料一般都是大宗交易，所以生产资料市场并不都表现为具体的交换场所。

服务市场主要是指无形产品交换活动的场所和交换关系的总

和。服务的范围非常广泛和不确定。有不少人把服务业与第三产业看成相同的事物。为了同生产要素市场区分开，我们把服务市场理解为生活服务的生产和消费活动，包括邮电通讯服务、交通运输服务、洗理美容服务、文化娱乐服务、教育服务、医疗保健服务、修理服务等。随着经济和社会的发展，服务在人们的消费中的地位在不断上升，服务市场在市场体系中的地位也越来越重要。

生产要素市场是指生产要素的交换场所和交换关系总和。生产要素，是指生产过程中所需要的各种要素。一般来说，生产要素包括劳动、资本和土地等自然资源，以及技术、信息等。相应的，生产要素市场包括劳动力市场、土地市场、资本市场等。

2. 现货市场和期货市场。

按照商品交换的方式来看，可以分为现货市场和期货市场。所谓现货市场，就是进行现货交易的市场。现货交易是指商品买卖双方直接见面，对欲买卖的商品的质量、价格进行谈判，并在一定时间内进行实物交割，从而实现商品所有权转移的交换方式。它包括口头交易和合同交易两种方式。口头交易是“一手交钱、一手交货，当面成交，钱货两清”的交易。大量的现货交易都属于这种类型，例如我们在百货商店购买商品，就是这种交易。另一种现货交易，是合同交易，即买卖双方通过签定合同，约定在未来某一具体时间、地点进行实物交割和货款交付的交易。所谓期货市场，是进行期货交易的市场。期货交易是指买卖双方通过期货交易所进行期货合约的交易。在期货交易中，货款的交付和商品的实物交割是完全分开的，而且，在期货交易中，实物交割的比例相当小。在国际市场上，期货市场具有重要的意义，期货市场价格是重要的国际市场价格。我国目前已在上海、大连、郑州建立了期货市场。

3. 国内市场和国际市场。

按照商品交换的空间，可把市场分为国内市场和国际市场。国内市场就是一个国家或地区范围内的市场。国际市场是国内市场的延伸，其含义有两种：一种是指国际上的商品交换关系的总和，可以说是各个国家或地区市场的总和。另一种含义是指，国际上的主要商品集散地、重要的商品交易所以及一些主要商品的进出口国。

二、市场体系的培育、发展和完善

改革开放以来，我国的市场体系迅速发展，各类市场都已建立并正在逐步扩大。商品市场发展最快。现在，除了极少数品种外，绝大部分生活消费品和生产资料都是通过市场交易实现的，企业的产品销售和原材料、机器设备的购进都不受政府的干预和限制。在现货市场发展的同时，期货市场也在进行试点，并正在顺利发展。生产要素市场也有了明显进展。在资本市场方面，到 1998 年底，上海、深圳两家证券交易所已有 851 家公司股票上市，总市值达 19 506亿元，占 GDP 的 24.46%。证券市场的发展，开辟了直接融资渠道，有利于促进产业结构优化和资源的优化配置。劳动力市场开始形成，到 1997 年，全国已有各种职业介绍机构近 3 万家，为广大劳动者提供了信息咨询、职业介绍和就业指导等就业服务。此外，技术市场、信息市场、土地市场等也有了明显发展。可以说，社会主义市场经济要求的市场体系正在形成和发展之中，为市场机制的正常运行创造了一定的条件。但是，与发达的市场经济国家相比，我国的市场体系发育还很不成熟，各类市场发展还很不平衡，今后应着重加快发展生产要素市场。

第二节　供给、需求与价格

一、市场需求

（一）需求的含义

所谓需求，就是指在一定时间内和一定价格条件下，消费者对某种商品或服务，愿意而且能够购买的数量。必须注意，需求与通常所说的需要是不同的。需求的构成要素有两个：一是消费者愿意购买，即有购买的欲望；二是消费者能够购买，即有支付能力。二者缺一不可。

市场需求是指在一定的时间内、一定价格条件下和一定的市场上所有的消费者对某种商品或服务，愿意而且能够购买的数量。可见，市场需求就是消费者需求的加总。

消费者需求属于基本需求或初始需求，与此相对应的是派生需求，即对用于生产最终产品的投入品的需求。例如，化肥用于粮食生产，所以对化肥的需求是从对粮食的需求派生出来的。实际上，基本需求和派生需求在有些情况下是很难区别的。例如，在许多农村地区，人们对小麦的需求属于基本需求，因为农民可以自己把小麦加工成面粉。而在城市，人们对小麦的需求就是派生需求，城市居民一般是不会去购小麦的。

（二）影响需求变动的因素

一种商品的需求数量受许多因素的影响，下面我们来分析一下影响需求变动的因素。

1. 商品本身的价格。

商品价格是影响需求的主要因素。在其他条件不变的情况下，价格提高，需求就会减少，价格下降，需求就会增加。

2. 消费偏好。

在市场上，即使是收入相同的消费者，由于每个人的性格和爱好不同，人们对商品或服务的需求也是不同的。如我国的南方人一般喜欢吃大米，北方人一般喜欢吃面食；有的消费者喜欢吃辣椒，有的喜欢吃甜食，等等。消费者这种不同的偏好，是在一定历史的、社会的、文化的以及自然的条件和背景下形成的，消费者的偏好还支配着他在使用价值相同或接近的替代品之间的消费选择。人们的消费偏好不是固定不变的，而是在一系列因素的作用下缓慢地变化的。比如，随着社会经济的发展和文化水平的提高，人们的需求构成发生了变化，逐步改变自己的偏好，在食物构成上降低了粮食的直接消费比例，而增加了对肉禽蛋和蔬菜水果等的消费，恩格尔系数在逐步降低。

3. 消费者的个人收入。

消费者收入的增减是影响需求的重要因素。消费者收入增加，会引起需求增加；反之，收入减少，则会导致需求减少。随着经济的迅速增长，消费者的收入水平将不断提高，在供给不变或供给增长率低于收入增长率的情况下，一方面使得市场价格徐徐上升，另一方面也将引起商品需求量的增加。

4. 替代品的的价格。

所谓替代品，是指使用价值相近，可以相互替代来满足人们同一需要的商品，如洗衣粉和肥皂、植物油和动物油、天然气和煤炭等。一般来说，在相互替代商品之间，如果某一种商品价格提高，消费者就会把需求转向可以替代的商品上，从而使替代品的需求增加，被替代的需求减少；反之亦然。

5. 互补品的价格。

所谓互补品，是指使用价值上必须相互补充才能满足人们某种需要的商品，如汽车和汽油、家用电器和电、网球和网球拍等。在互补商品之间，其中一种商品价格上升，需求量降低，会引起另一种商品的需求随之降低。

6. 对价格的预期也会影响消费者的需求。

如果消费者预期价格要上涨，就会刺激人们提前购买；如果预期价格下跌，许多消费者就会推迟购买。又如，最近几年，由于经济体制改革的进一步深化，特别是由于社会保障制度、医疗卫生制度和教育收费制度的改革，使得相当一部分的城乡居民产生了未来支出要增加的预期，因而人们就减少了当前消费。

7. 其他因素。

如商品的品种、质量、广告宣传、地理位置、季节、国家政策等。

以上分别说明了影响商品需求的各种主要因素。在现实市场上，这些因素对需求的作用是交织在一起的，需求的变化是它们相互作用后的合力所产生的结果。从一个特定的商品市场来看，它们的变化一般不是突发性的，尤其是消费者收入和消费者偏好的变化是缓慢的，而影响需求最关键的因素还是该商品本身的价格。因此，我们分析需求和价格的关系时，是以假定其他影响需求的因素不变为前提的。

（三）需求函数和需求规律

需求函数是反映需求和影响需求的各种因素的相互关系的函数。一种商品的需求数量受许多因素影响的，我们可用一个函数式来表示需求与这些因素的关系：

$$Q=f(P_e,T,I,P_s,P_c,E,A)$$

式中，Q 为对商品的需求量；P_e 为商品的价格；T 为消费者的爱好或偏好；I 为消费者的个人收入；P_s 为替代品的价格；P_c 为互补品的价格；E 为对价格的预期；A 为其他因素。

我们从市场上可以观察到，在一般情况下，需求与价格的变动成反比，即商品价格提高，则消费者对它的购买量就会减少；反之，商品价格降低，则消费者对它的购买量就会增加。价格与需求之间这种呈反比变化的关系，就叫需求规律。

我们把需求和价格的关系用曲线表示出来，这条曲线被称为“需求曲线”，如图2—1所示。图中，横轴表示需求量，纵轴表示价格，两轴之间的曲线 DD 就是一条需求曲线。从图中我们可以看到，当市场价格为 P_1 时，需求量为 Q_1；当价格从 P_1 降到 P_2 时，需求量从 Q_1 增加到 Q_2。可见，曲线 DD 反映了价格与需求量之间的对应关系。

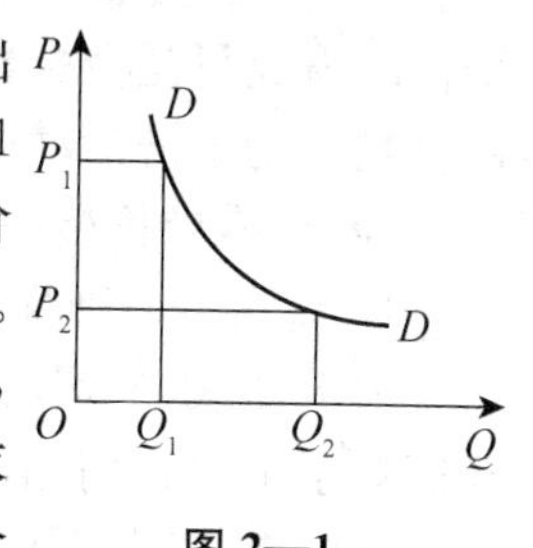

图 2—1

以上所分析的需求规律，是假定影响需求的其他因素不变，只考虑需求和价格的关系，即如果价格发生变化，需求会发生什么变化。但是，在现实生活中，需求的变动是多种因素共同作用的结果。为了区分开这两种情形，我们把第一种情形称为需求数量变动。把第二种情形称为需求变动。实际上，第一种情形是一种静态分析，第二种情形是一种动态分析。

在第一种情形下，假定其他因素不变，只考虑需求和价格的关系，需求量的变化是沿着既定的需求曲线进行的，价格上升，需求减少，价格下降，需求扩大。在第二种情形下，由于消费者收入或消费偏好等因素的变化引起需求的相应变化，这种变化表现为需求曲线的位移。

如图 2—2 所示，当价格由 P_1 降到 P_2 时，从 DD 上可以看到，需求量从 Q_1 提高到 Q_2。这属于需求数量的变动。而由于消费者收入的增加扩大了社会需求，需求曲线因此向右上方移动，从 DD 到 $D'D'$。

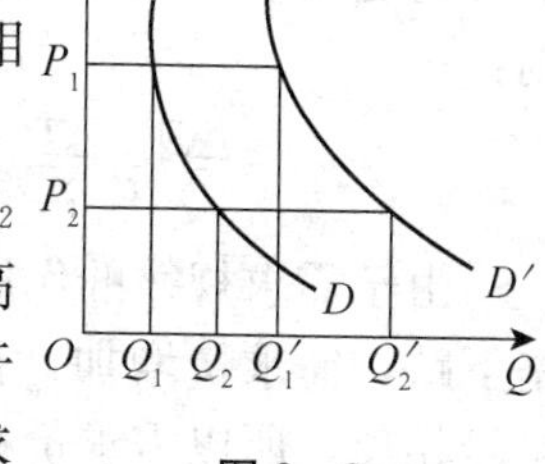

图 2—2

当价格为 P_1 时，需求量从 Q_1 上升到 Q_1'；当价格为 P_2 时，需求量从 Q_2 上升到 Q_2'。这属于需求的变动。

此外，还需指出的是，上面讲的需求规律反映的是绝大多数商品的价格和需求量之间的一般关系，但也有例外。如金刚石的价格和其需求量之间的对应关系不是成反比变化的，而是成正比变化。金刚石的价格越低，需求量越小。然而这种需求量与价格呈同方向变化的情况只是极少数商品或在特殊情况下才能成立，所以需求规律仍是市场经济活动中的一条重要的经济规律。

（四）需求价格弹性

1. 需求价格弹性的定义和公式。

需求曲线告诉我们价格和需求量之间的反向关系，并没有告诉我们对于某一种商品，需求量是如何对价格的变动作出反应的，而这种反应在不同商品上是有很大差别的。

由于各种商品的实物形态不同，因而其计量单位也不同，所以对价格变化引起需求数量的变化，在不同商品之间进行直接比较是不容易的。为了使这种比较能够进行，可以用相对数即百分数来进行比较，常见的就是需求价格弹性，或者更准确地说，是需求的自价格弹性。

需求价格弹性的定义是，需求量对价格变动的反应程度，是需求量变动百分比与价格变动百分比的比率，即：

需求价格弹性系数＝需求量的相对变动/价格的相对变动

如用 E_d 代表需求价格弹性系数，用 P 和 ΔP 分别表示价格和价格的变动量，用 Q 和 ΔQ 分别表示需求量和需求量的变动量，则：

$$E_d=\frac{\Delta Q}{Q}\div\frac{\Delta P}{P}=\frac{\Delta Q}{\Delta P}\cdot\frac{P}{Q}$$

由于需求规律的作用，价格和需求量是呈相反方向变化的，价格下跌，需求量增加；价格上涨，需求量减少。因此，ΔQ 和 ΔP 符号相反，所以需求价格弹性系数总是负数。由于它的符号始终不变，为简便起见，我们通常把负号略去，采用其绝对值。

2. 需求价格弹性的基本类型。

需求价格弹性系数的数值范围是从零到无穷小。通常可把需求价格弹性分为五种。

（1）当需求量变动百分数大于价格变动百分数，需求弹性系数大于1时，叫做需求富有弹性或高弹性。例如，价格下降2%，使需求量增加4%。

（2）当需求量变动百分数等于价格变动百分数，需求弹性系数等于1时，叫做需求单位弹性。例如，价格下降2%，需求也增加2%。

（3）当需求量变动百分数小于价格变动百分数，需求弹性系数小于1时，叫做需求缺乏弹性。例如，价格下跌2%，需求量只增加1%。

（4）当需求对价格的变动反应十分敏感时，叫做需求完全弹性。例如，价格稍有下降，需求就无限增加。

（5）当需求对价格的变动毫无反应时，叫做需求完全无弹性。

以上后两种情况并不多见。

3. 影响需求价格弹性的因素。

一种商品的弹性系数的大小取决于多种因素，其中最主要的有以下几种。

（1）替代品的数量和相近程度。

一种商品若有许多相近的替代品，那么这种商品的需求价格弹性大。因为一旦这种商品价格上涨，甚至是微小的上涨，消费者往往会舍弃这种商品，而去选购它的替代品，从而引起需求量的变化。通常的规律是，商品限制愈狭窄，则愈有弹性，如一种特定的药物牙膏比一般药物牙膏更有弹性。而把所有牙膏作为一种商品，其需求弹性要小得多。

（2）商品的重要性。

一种商品如果是人们生活基本必需品，即使价格上涨，人们还得照样买，其需求弹性就小或缺乏弹性；而一些非必需的高档商品，像贵重首饰、高档服装等，只有当消费者购买力提高之后才买得起，其需求弹性就大。

（3）商品用途的多少。

一般说来，一种商品的用途越多，它的需求弹性就越大，反之，就缺乏弹性。任何商品的不同用途都有一定的排列顺序。如果一种商品价格上升，消费者会缩减其需求，把购买力用于重要的用途上，使购买数量减少，随着价格的降低，会增加其购买数量。

（4）时间的长短。

时间越短，商品的需求弹性越小；时间越长，商品的需求弹性就越大。这是因为在较长的时间内，消费者就越有可能找到替代品，替代品多了，它的需求弹性就必然增加。

4. 测定需求价格弹性的方法。

（1）点弹性及计算公式。

它是指需求曲线上某一点上的弹性，它等于需求量的无穷小的相对变化对价格的一个无穷小的相对变化的比，即：

$$点弹性系数=\frac{需求量的无穷小的相对变化}{价格的无穷小的相对变化}$$

用公式表示：

$$E_d=dQ/Q\div dP/P=(dQ/dP)\cdot(P/Q)$$

式中，P 为需求曲线上某一点的价格；Q 为这一点的需求量；dQ/dP 为需求量对价格的变动率。

近似的计算公式为：

$$E_d=(P/Q)\cdot(\Delta Q/\Delta P)$$

式中，ΔQ 为需求量变动量；ΔP 为价格变动量。

（2）弧弹性及其计算公式。

弧弹性是指需求曲线上两点之间的弧的弹性，它等于需求量的相对变动量对价格的相对变动量的比值。由于弧弹性能表现两点之间的弹性，所以它适用于价格和需求量变动较大的场合，而点弹性表明的只是一点上的弹性，因此只适用于价格和需求量变动较小的场合。它的计算公式为：

$$\frac{\Delta Q}{(Q_0+Q_1)/2}\div\frac{\Delta P}{(P_0+P_1)/2}=\frac{\Delta Q}{\Delta P}\cdot\frac{P_0+P_1}{Q_0+Q_1}$$

式中，Q_0 为变动前的需求量；Q_1 变动后的需求量；ΔQ 为需求的变动量；P_0 为变动前的价格；P_1 为变动后的价格；ΔP 为价格的变动量。

例如，某种产品价格由 4 元降到 2 元，下跌了 50%，而需求量则从 20 件增加到 40 件。如果我们用点弹性公式来计算，则：

$$E_d = (20-40)/20 \div (4-2)/4 = -2$$

但是，这个计算结果与价格弹性在总收入上是不相符的。在弹性系数为 2 的情况下，价格下降会使总收入增加，在这里尽管价格下降 2，需求量增加 1 倍，而总收入仍为 80，并没有变。如果我们按弧弹性公式计算，则：

$$E_d = \frac{40-20}{(40+20)/2} \div \frac{2-4}{(4+2)/2} = -1$$

这个计算结果与价格弹性在总收入上的反应相符，因此是可行的。

点弹性可以根据需求方程来计算。下面举例说明。

例 1：已知某商品的需求函数为 $Q=2400-400P$，求该商品价格为 5 元时的需求价格弹性。

解：由 $E_d = (\Delta Q/\Delta P) \cdot (P/Q)$

$E_d = (-400)\ P/Q = -400\times 5/(2\,400-400\times 5) = -5$

即，该商品价格为 5 元时，需求价格弹性系数为－5。

弧弹性的计算也很简单。让我们用例子说明。

例 2：1996 年 4 月，某大型购物中心将其所经销的“飞天”牌 21 英寸彩色电视机降价，每台由2 450元降低为2 205元。降价后当月销售量为 750 台，比前一个月增加了 100 台。求该彩色电视机的需求价格弹性系数。

解：根据弧弹性的计算公式有：

$$E_d = (\Delta Q/\Delta P) \cdot [(P_0+P_1)/(Q_0+Q_1)]$$

$$E_d = (100/-245) \times (2450+2205)/(650+750)$$

$$=100/-245\times 4655/1400$$

$$=-19/14$$

$$\approx -1.36$$

即“飞天”牌彩色电视机的需求价格弹性系数为－1.36。

（3）需求价格弹性的估计。

一般情况下，可用数学公式测算需求价格弹性，但在缺乏统计资料或无须准确计算的情况下，也可以根据在市场上观察到的弹性不同的商品做出大致估计：

1）商品是奢侈品还是必需品。奢侈品弹性大，必需品弹性小。

2）商品是否有替代品。替代品越多，且其功能接近的商品弹性大，与之相反的商品弹性小。

3）商品价格占支出比重的大小。占支出比重大的商品弹性大，占支出比重小的商品弹性小。

4）商品的市场饱和程度。处于消费成长期的商品弹性大，过渡到饱和期的商品弹性小。

5）商品的耐用性。耐用性商品弹性小，易损性商品弹性大。

6）商品是普通商品还是特殊商品。前者弹性大，后者弹性小。

7）商品的应急性，是应急商品还是非应急商品。前者弹性小，后者弹性大。

8）商品是制成品还是零部件。制成品弹性大，零部件弹性小。

9）商品自身的价格。价格高的商品弹性大，价格低的商品弹性小。

10）一种商品的用途多少。用途多的商品弹性大，用途少的商品弹性小。

11）商品的款式花色的新旧。款式花色新颖的商品弹性大，款式花色陈旧的商品弹性小。

12）商品是垄断性商品还是竞争性商品。前者弹性大，后者弹性小。

13）商品价格变动后的时间长短。时间越长需求弹性越大，反之相反。

14）商品的流动性大小。流动性大的商品弹性大，如黄金；流动性小或不能流动的商品弹性小，如土地、建筑物等。

5. 需求价格弹性在企业经营和定价中的应用。

价格弹性系数的大小与销售者的收入（或消费者的支出）有着密切联系。正是两者之间具有这种联系，才使得需求价格弹性理论更富有实践意义。下面我们来研究一下弹性系数大小与收入或支出的关系。如图 2—3 所示。

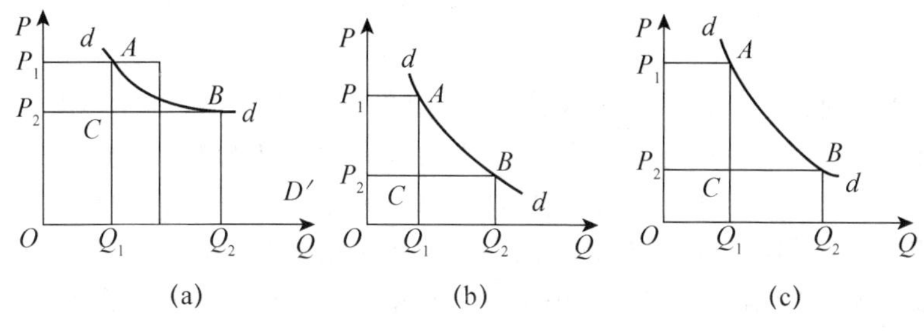

图 2—3

图 2—3（a）描绘了一条弹性系数$E_d>1$的需求曲线。从图中看出，当价格从 P_1 下降到 P_2 时，需求量从 Q_1 增加到 Q_2，但是价格下降的速度慢于需求增长的速度，所以 dd 为弹性系数大于 1 的需求曲线。当价格为 P_1 时，需求量为 Q_1，因此销售收入为 $R_1=P_1Q_1$ 即图中矩形 P_1AQ_1O 的面积。当价格下跌到 P_2 时，需求量增加到 Q_2，此时的销售收入为 $R_2=P_2Q_2$，相当于图中矩形 P_2BQ_2O 的面积。从图中可以观察到，矩形 P_1ACP_2 小于矩形 CBQ_2Q_1 的面积，因此矩形 P_1AQ_1O 的面积小于 P_2BQ_2O 的面积，即 $R_1<R_2$。这就是说，在需求弹性系数大于 1 时，价格下跌会使销售收入（购买支出）增加。同样地，我们可以得出，当$E_d>1$时，价格上涨，会使销售收入减少。

图 2—3（c）描绘了一条 $E_d<1$ 的需求曲线。从图中可以看出，在这条需求曲线上，价格下降的速度快于需求量增加的速度，所以 dd 为一条$E_d<1$ 的需求曲线。当价格分别为 P_1、P_2 时，R_1（$=P_1Q$）、R_2（$=P_2Q_2$）分别相当于矩形 P_1AQ_1O 和矩形 P_2BQ_2O 的面积，由于矩形 P_1ACP_2 大于矩形 CBQ_2Q_1 的面积，因此 $R_1>R_2$。这就是说，在 $E_d<1$ 时，价格的下跌会使得销售收入减少。同样地，我们可以推出，当 $E_d<1$ 时，价格的上涨会使得销售收入增加。

图 2—3（b）所反映的是一条 $E_d=1$ 的需求曲线。根据同样的道理，可以得到 $E_d=1$ 时，无论价格上升还是下降，销售收入保持不变。

我们可以把以上分析概括为以下几点：

（1）当某种商品的需求价格弹性较大时，通过降低价格，就会使销售总收入增加，这就是所谓的薄利多销。而提高价格则会使销售总收入减少。这是因为，需求价格弹性较大，就表明，由于价格的变动引起的销售量的变动幅度要大于价格变动的幅度。当价格下降时，由于销售量增加而增加的销售总收入要大于由于价格下降而引起的销售总收入的减少。当价格上涨时，由于销售量减少而减少的销售总收入要小于由于价格上涨而引起的销售总收入的增加。

（2）当某种商品的需求价格弹性较小时，降低价格就会使销售总收入减少，而提高价格则会使销售总收入增加。这是因为，需求价格弹性较小，就表明，由于价格的变动引起的销售量的变动幅度要小于价格变动的幅度。当价格下降时，由于销售量增加而增加的销售总收入要小于由于价格下降而引起的销售总收入的减少。当价格上涨时，由于价格上涨而引起的销售总收入的增加要大于由于销售量而引起的销售总收入的减少。

（3）当某种商品的需求为单位弹性时，价格的变动不会引起销售总收入的变动。这是因为，单位商品价格降低所减少的销售总收入与销售量增加所增加的销售总收入正好相等。

企业进行价格决策时，要正确的运用需求价格弹性。

首先，企业应根据自己所得到的数据和历史资料，计算各种商品或服务的弹性系数，为合理定价、调价打好基础。其次，不同的价格弹性与收入的关系，为企业选择正确的价格策略指明了方向。经营者只有正确地掌握了所经营各种商品或服务的需求弹性，根据既定的弹性与收入的关系，决策者就可以在“薄利多销”和“高价原则”两种价格策略中作出有利于增加销售总收入的选择。最后，价格弹性系数作为一种反映市场价格与销售变动趋势的指标，可以作为生产者安排生产计划、维持产量和生产规模的重要参考指标。

（五）需求收入弹性

需求收入弹性，是指需求量的变动和引起这一变动的消费者收入变动之比，它用以衡量需求变动对消费者收入变动的反应程度。

其计算公式为：

$$E_y=\frac{\Delta Q}{Q}\div\frac{\Delta Y}{Y}=\frac{\Delta Q}{\Delta Y}\cdot\frac{Y}{Q}$$

式中，E_y 代表需求的收入弹性系数；Q 代表原需求量；ΔQ 代表变动后的需求量；Y 代表原消费者收入；ΔY 代表变动后的收入。

收入弹性有下列几种：

$E_y=1$，表明收入变动和需求数量变动是成比例的。

$E_y>1$，表明收入弹性高，即需求数量的相应增加大于收入的增加。

$E_y<1$，表明收入弹性低，即需求数量的相应增加小于收入的增加。

$E_y=0$，表明不管收入如何变动，需求数量不变。

$E_y<0$，表明收入高时买得少，收入低时买得多。

上述五种收入弹性，除 $E_y=0$，$E_y<0$ 以外，其余三种收入弹性系数都是正的。

就一般商品而言，收入弹性的大小，可以作为划分高档品和低档品的标准。凡是收入弹性为正值的商品称为高档物品，随着收入水平的提高，其需求量相应增加。凡是收入弹性为负值的商品称为低档物品，随着收入水平的提高，其需求量反而下降。

（六）需求交叉弹性

1. 需求交叉弹性的定义和公式。

需求交叉弹性，是指一种商品价格的相对变化与由此引起的另一种商品需求量相对变动之间的比率。假如有 j、i 两种商品，那么，因商品 j 价格的相对变化而产生的交叉弹性系数由下列公式表示：

$$E_{ij}=\frac{\text{商品 i 的需求量的相对变化}}{\text{商品 j 的价格的相对变化}}=\frac{\Delta Q_i}{Q_i}\div\frac{\Delta P_j}{P_j}=\frac{\Delta Q_i}{\Delta P_j}\cdot\frac{P_j}{Q_i}$$

式中，E_{ij} 为交叉弹性；Q_i 为商品 i 的需求量；ΔQ_i 为商品 i 的需求变动量；P_j 为商品 j 的价格；ΔP_j 为商品 j 的价格变动量。

2. 需求交叉弹性的类型。

根据上述公式计算出来交叉弹性的系数的符号是不定的，它取决于 i、j 两种商品之间的关系。根据 i、j 两种商品关系的不同，需求交叉弹性有三种类型：第一种类型 i、j 两种商品为替代品，即 $E_{ij}>0$，这时的交叉弹性系数为正数。因为两种商品可以相互替代，商品 j 价格上升，就会有部分消费者不再购买商品 j，而去购买商品 i，商品 i 的需求量增加，价格变动和需求量变动是同一方向，所以 ΔP_j 和 ΔQ_i 都为正值，E_{ij} 的符号为正值。与此相反，商品 j 的价格下跌，就会有部分消费者放弃对商品 i 的购买，而去购买商品 j，商品 i 的需求量减少，ΔP_j 和 ΔQ_i 都为负值，所以 E_{ij} 的符号仍为正。E_{ij} 越接近 1，则说明 j、i 两者的替代性越强。第二种类型 i、j 两种商品为互补品，即 $E_{ij}<0$，其交叉弹性为负数。由于 i、j 为互补品，商品 j 的价格上涨，需求量下降，必然会引起商品 i 的需求量下降，ΔP_j 和 ΔQ_i 的符号相反，E_{ij} 为负号。第三种类型是当 $E_{ij}=0$ 时，表明 i、j 两种商品是无关的，即 j 涨价不影响对 i 的需求，j 跌价也不影响对 i 的需求。

二、市场供给

（一）市场供给的含义

所谓供给，是指一定时间内和一定的价格水平下，生产者愿意并可能为市场提供商品或服务的数量。关于供给量的概念，我们要注意到，它是指生产者能够销售的商品或服务数量，而不是实际销售量；它是指生产者能够销售的商品或服务数量，是一种有效的供给量。

（二）影响供给的因素

一种商品或服务的供给数量受一系列因素的影响。下面我们来分析一下影响供给变动的因素。

1. 价格。

价格是影响供给的最重要的因素。在生产成本既定的条件下，价格上升，就会使企业利润增加，价格下降，就会使企业利润减少。从而使企业的供给增加或减少。

2. 生产成本。

在产品销售价格既定的情况下，成本上升，就会使企业利润减少。成本下降，就会使企业利润增加。从而使企业的供给减少或增加。

3. 预期。

生产者或销售者的预期往往会引导起供给的变化。如一户农民储存着小麦，预期下一年小麦会涨价，他就会少出售或不出售小麦，使小麦的市场供给量减少。再如，由于预期铁路、公路等基础设施建设规模要扩大，水泥等建材企业就会增加投资，扩大生产规模，使水泥的供给增加。总之，对价格的预期往往会使供给量增加或减少，是影响供给量变化的重要因素。

我们可以用一个函数式来表示供给与这些因素的关系：

$$Q_s = f(P, C, E, B)$$

式中，Q_s 为某商品的供给量；P 为商品价格；C 为某商品成本；E 为生产者对商品价格的预期；B 为影响供给量的其他因素。这就是供给函数。

市场上商品或服务的供给量和市场价格呈正比关系变化。一般来说，市场价格越高，供给量越大；市场价格越低，供给量越小。这就是供给规律。

供给量和价格之间呈相同方向变化的关系，可以用供给曲线表现出来。用于表达供给量和价格之间关系的曲线通常被称为供给曲线，如图 2—4 所示。

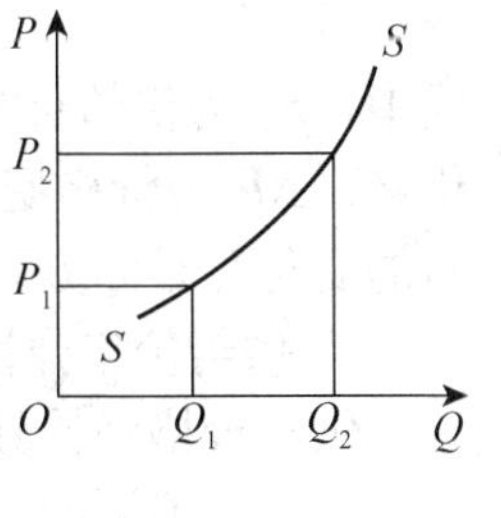

图 2—4

在图 2—4 中，以 P 代表价格，以 Q 代表供给量，分别用纵轴和横轴表示，两轴之间的曲线 SS 即是供给曲线。从图中可以看到，当价格 P_1 上升到 P_2 时，供给量从 Q_1 增加到 Q_2。

同需求分析一样，分析供给也要区分开两种情形。一种情形是假定其他因素不变，单纯分析供给和价格之间的关系，即价格变动时，供给如何变动。这种变动表现为供给沿着既定供给曲线变动，价格上升，供给增长，价格下降，供给减少，如图 2—4 所示。我们把这种情形称为供给数量的变动。第二种情形是，由于价格以外的其他因素如成本等发生变动而引起供给的变动，称为供给的变动。这种表形表现为供给曲线的位移。如图

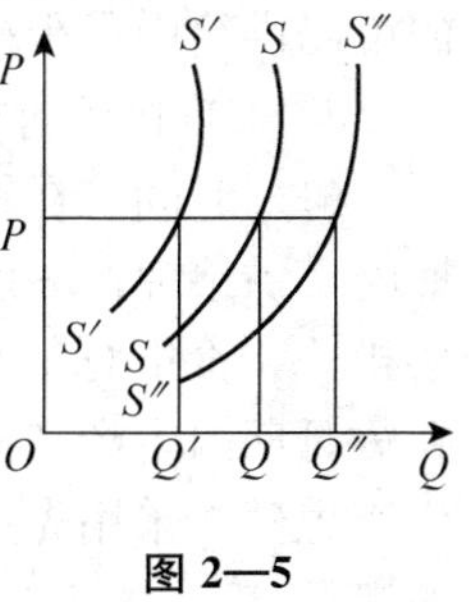

图 2—5

2—5所示。由于成本水平上升，供给曲线从 SS 向左移到 $S'S'$。对于任一价格 P 来说，供给量从 Q 减少到 Q'。在进行经济分析时，要注意把价格变化引导起的供给量的变动和因其他因素的作用引起的供给量的变动两者区分开来。

（三）供给价格弹性

1. 供给价格弹性的定义和公式。

供给价格弹性通常被简称为供给弹性，用 E_s 表示。它反映价格与供给量的关系，和需求弹性类似，它的定义为，供给弹性是价格的相对变化与所引起的供给量的相对变动之间的比率。其计算公式为：

$$E_s=\frac{\text{供给量的相对变动}}{\text{价格的相对变动}}=\frac{\Delta Q}{Q}\div\frac{\Delta P}{P}=\frac{\Delta Q}{\Delta P}\cdot\frac{P}{Q}$$

式中，E_s 为供给价格弹性；Q 为供给量；ΔQ 为供给变动量；P 为价格；ΔP 为价格变动量。由于供给规律的作用，价格的变化和供给的变化总是同方向的，所以，E_s 的符号始终为正值。

2. 供给价格弹性的类型。

供给价格弹性具体数值被称作供给弹性系数，不同商品的供给弹性系数是不同的。按照供给量对价格变动反应程度大小，供给弹性可分为五种类型；当某种商品的 $E_s>1$ 时，则这种商品的供给弹性充足；当 $E_s<1$ 时，则供给弹性不充足；当 $E_s=1$ 时，则供给弹性为 1。此外，还有两种特殊情况，即 $E_s=0$ 时的“供给完全无弹性”和 $E_s=\infty$ 时的“供给完全有弹性”。当然，这两种情况在现实的市场供给中是很少见到的。

3. 影响供给价格弹性的因素。

（1）时间。在短期内，供给弹性一般较小；相反，在产长的时期内，供给弹性一般比较大。这是因为，供给弹性的大小与生产直接相关，价格对生产者的刺激在短时期内是有限的，生产者不可以在短时期内生产和销售更多的商品；而在长期内，生产者可以扩大生产规模，采用先进技术和设备，增加生产人员，生产和销售更多的商品。

（2）投入品替代性大小和相似程度。如果用于生产某商品的投入品可由其他行业资源替代，那么该商品价格上涨（其他行业价格未变），其他行业的投入品就会转入该商品生产，从而使产量和供给量增加；反之，该商品价格下跌，又会使其投入品转入其他行业，从而使生产量和销售量减少。上述两种情况，供给有弹性。如果投入品难以加入或脱离某种特殊行业，则供给缺乏弹性。

（3）预期。当某种商品或服务价格上涨，加上生产者预期价格会保持或继续上涨才会增加供给，其供给弹性增加。反之，如果预期商品价格上涨是暂时的，不久将会下跌，生产者则会少增加或不增加供给，供给缺乏弹性。

三、市场均衡价格

（一）市场均衡价格的含义

上面我们分别研究了需求和供给各自与市场价格的关系。但是，在现实经济生活中，需求和供给不是孤立地和市场价格发生关系，市场价格是在需求和供给相互影响、共同作用下形成的。

现在，让我们把图 2—1 的需求曲线和图 2—4 的供给曲线合在一起，这样就得到了一个新图，形状如图 2—6 所示。用纵轴表示价格，横轴表示需求量和供给量。需求曲线 *DD* 与供给曲线 *SS* 相交于 *E* 点。在 *E* 点，供给量和需求量相等，其数量为 Q_0，称为均衡产量。此时的市场价格为 P_0。P_0 通常被称为均衡价格。均衡价格就是市场供给和需求平衡时所达到的价格。

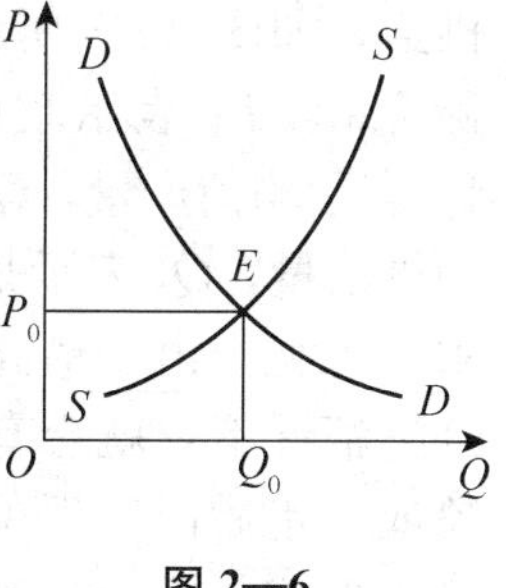

图 2—6

（二）市场均衡价格的变动

由于供求受到一系列因素的影响，每一个因素的变化都可能引起供求关系的变化，而市场供求关系的变化又会引起价格的变化。

市场均衡价格处于经常的变动之中。引起均衡价格变动的因素主要是供给和需求的变动。均衡价格的变动有以下几种情况：第一种情况是，在需求不变的条件下，由于供给的变动导致均衡价格的变动。供给增加，则会使价格下降，供给减少，则会使价格上升。

第二种情况是，在供给不变的条件下，由于需求的变动导致均衡价格的变动。需求增加，则价格上升，需求减少，则价格下降。第三种情况是，供给和需求同时发生变动，导致均衡价格的变动。这种情况比较复杂，但在实际生活中却大量存在。

（三）均衡价格理论的应用

1. 最高限价。

所谓最高限价，就是由政府规定一个最高价格，市场交易只能在这一价格之下进行。否则就属于违法行为，要受到处罚。

实行最高限价的目的是为了保护消费者的利益，因为实行最高限价可以减少消费者的支出。但是由于最高限价一般都要低于市场均衡价格，所以会引起供不应求的现象，或者说，由于过低价格的刺激，会产生过多的需求和过少的供给，如图 2—7 所示。图中 P_0 表示均衡价格，P_1 表示政府规定的最高限价，Q_0 表示均衡产量，Q_1 表示在最高限价下的供给量，Q_2 表示最高限价下的需求量，Q_2-Q_1 表示过多的需求。可见，由于最高限价低于均衡价格，导致需求大于供给。在这种情况下，就会有一部分需求得不到满足，往往会产生排队现象或“走后门”现象。如果政府监督检查不力，最高限价往往会流于形式。

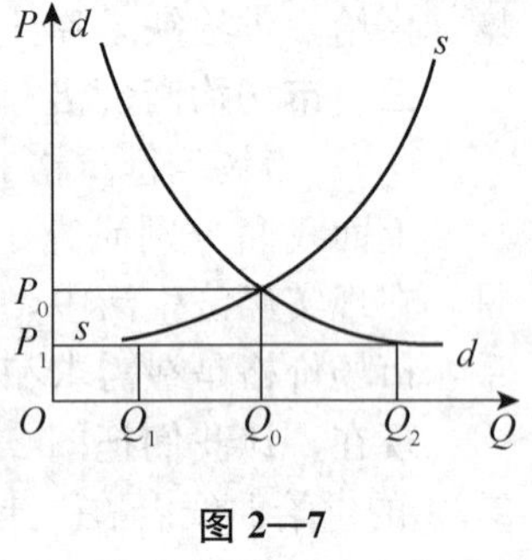

图 2—7

2. 最低保护价。

最低保护价和最高限价正好相反，是指政府为了保护某些生产者的利益，规定一个最低价格，市场交易只能在这一价格之上进行。否则就是违法行为，要受到处罚。

由于最低保护价一般要高于市场均衡价格，所以，实行最低保护价就会导致供给大于需求的结果。过高的价格一方面刺激生产者增加供给，另一方面又会限制需求，如图 2—8 所示。

图中 P_0 表示均衡价格，P_1 表示政府规定的最低保护价，Q_0 表示均衡产量，Q_1 表示在最低保护价下的需求量，Q_2 表示最低保护价下的供给量，Q_2-Q_1表示过多的供给。可见，由于最高限价低于均衡价格，导致需求大于供给。在这种情况下，就会有一部分供给销售不出去。为了维持最低保护价，政府就要收购市场上多余的产品并储存起来。否则，最低保护价也会流于形式。世界上一些国家通常对粮食等重要农产品实行最低保护价。

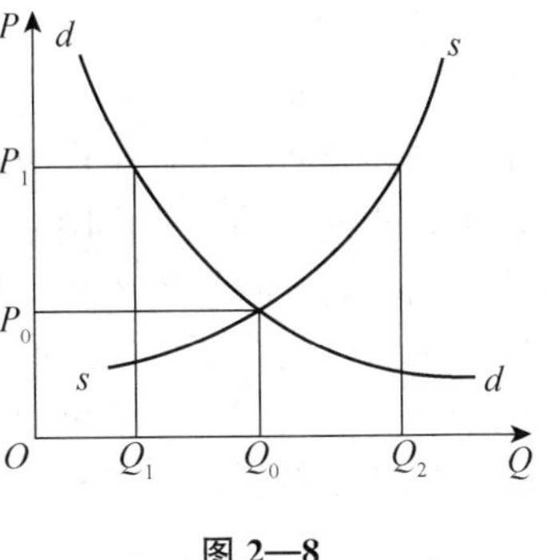

图 2—8

第三节　生产成本

一、成本的含义和构成

（一）成本的含义

按照马克思的劳动价值理论，商品价值可以划分为三个部分：已消耗的生产资料价值 C，劳动者为自己的劳动创造的价值 V，劳动者为社会的劳动所创造的价值 M。与商品价值的三个部分相适应，商品价值的货币表现——价格也分为三个部分：物质消耗支出 C、工资支出 V 和盈利 M。

企业在生产经营过程中，必须支出物质消耗和工资。在正常情况下，企业应该在出售产品或提供服务时收回这两部分支出，否则，企业的经营活动就会发生困难，企业应当努力减少这两部分支出。所以，在经济学中，就把这两部分支出划分出来，形成一个经济范畴，叫做成本。所谓成本，就是企业为生产或销售某种产品而支出物质费用和工资费用，其实质就是商品价值中的转移价值和劳动者为自己的劳动所创造的价值的货币表现，即 $C+V$ 的货币表现。商品价值中的另一部分，即劳动者为社会的劳动所创造的那部分价值——盈利 M 表现为利润和税金，并不包括在成本之中。在这里税金是指国家按法律规定对企业无偿征收的货币额或无偿征收的实物所转换的货币额。利润则是企业从事生产经营活动等所取得的净收益，是销售收入减去成本的税金之后的余额，它是衡量企业经营效益的最基本的指标。

成本有很多种形态，这里只介绍个别成本和社会平均成本。个别成本是指各个企业生产或销售某种产品或服务的成本。社会平均成本是指同一地区或全国范围内生产同种产品或同类产品的各个企业的成本的加权平均成本。社会平均成本是政府定价和政府指导价制定和调整的主要依据之一。在相同的价格下如果某个企业的成本低于社会平均成本。就可获得高于本部门平均水平的利润；反之，就只能获得较低水平的利润，甚至亏损。

（二）成本在企业经营管理和定价中的作用

在企业经营管理中，成本具有非常重要的意义。只有努力降低成本，才能增加利润。成本是制定价格最低界限。马克思说过，商品出售价格的最低界限是由商品的成本决定的，如果商品以低于它的成本出售，资本的消耗就不能全部由出售价格得以补偿，如果这个过程继续下去，预付资本价值就会消失。只有产品价格等于成本，资金消耗才能得到完全的补偿；如果价格低于成本，资金消耗就得不到补偿，预付资金就会减少，这就是企业亏损。一般情况下，企业的产品的价格应当高于成本，只有这样，才能得到利润。

从再生产的角度来看，如果产品价格低于成本，那么企业就没有足够的资金去购买再生产所需要的生产资料和支付工资，企业的再生产规模就会缩小，简单再生产就无法维持，更不可能进行扩大再生产了。因此，成本作为制定价格的最低界限是企业维持简单再生产的基本条件。但是，在实际生活中，情况并非这样简单。

（三）成本的构成

从理论上讲，成本是由物质费用 C 和工资费用 V 这两部分构成的。但在企业经营管理和定价实践中，成本的构成却是很复杂的。

按照我国有关部门的规定，企业的成本一般要分为直接成本和费用两部分。在不同的部门或行业，有着不同的具体内容。下面以工业、商业、交通运输业为例分别加以说明。

1. 工业企业成本构成。

工业企业的产品成本分为制造成本、管理费用、财务费用和销售费用四个部分。

（1）制造成本是指企业生产经营过程中实际消耗的直接材料、直接人工和制造费用。直接材料包括企业生产经营过程中实际消耗的原材料、辅助材料、设备配件、外购半成品、燃料、动力、包装物、低值易耗品以及其他直接材料。直接人工包括企业直接从事产品生产人员的工资、奖金、津贴和补贴。制造费用包括企业内部各个生产单位（分厂、车间）为组织和管理生产所发生的生产单位管理人员工资、职工福利费、折旧费、修理费和办公费等不能直接归入直接材料、直接人工的各种费用。

（2）管理费用是指企业的行政管理部门为管理和组织经营活动支出的各项费用，包括公司经费、工会经费、职工教育经费、劳动保险等，还包括房产税、车船使用税、土地使用税、印花税等税金。

（3）财务费用是指企业为筹集资金而发生的各项费用，包括企业生产经营期间发生的利息净支出（减利息收入）、汇兑净损失、金融机构手续费以及筹资发生的其他财务费用等。

（4）销售费用是指企业在销售产品、自制半成品和提供劳动等过程中发生的各项费用以及专设销售机构的各项经营费用，包括由企业负担的运输费、装卸费、包装费、广告费、销售部门人员工资费用、办公费和折旧费等。

上述四部分费用中，管理费用、财务费用和销售费用统称为期间费用。

2. 商业企业即商品流通企业成本。

其构成可以分为两部分，即商品的进价成本和商品流通费。

（1）商品的进价成本是指商业企业购入商品的价格。国内购进产品的进价成本包括国内购进商品的原始进价和购入环节交纳的税金。出口商品退税款抵扣当期出口销售商品进价成本。国内购进商品的原始进价是指按照国家规定价格或市场价格等实际支付给供货单位的进货价款。购入环节交纳的税金是指在收购不含税农副产品时所支付的税金。企业在国内购进并已用于出口的商品所收到的退税款，即出口退税款，应当冲减当期出口商品进价成本。国外购进商品进价成本是指进口商品在到达目的港口以前发生的各种支出，包括进口价、进口税金、实际支付给代理单位的进口合同价格之外的海外运费、保险费、佣金等。

（2）商品流通是指企业在进行收购、运输、保管和销售等商品流通过程中所发生的各项费用，分为经营费用、管理费用和财务费用。经营费用是指企业在整个经营环节所发生的各种费用，包括由企业负担的运输费、装卸费、整理费、包装费、保险费、保管费、展览费、检验费、广告费、商品损耗费、差旅费、经营人员的工资及福利费等。管理费用是指企业行政管理部门为管理和组织商品经营活动而发生的各项费用，包括管理人员的工资、业务招待费、技术开发费、职工教育经费、管理人员福利费、劳动保险费、折旧费、修理费、土地使用费、房产税等。财务费用是指企业为筹集资金而发生的各项费用，包括利息净支出、支付的金融机构手续费等。

3. 交通运输企业成本。

其构成包括营运成本和期间费用两部分。

（1）营运成本。是指交通运输企业在营运生产过程中实际发生的与运输、装卸和其他业务等营运生产直接有关的各项支出。具体包括：直接材料、直接人工和其他费用。直接材料费是企业在营运过程中实际消耗的各种燃料、材料、油料、备品配件、垫隔材料、轮胎等的支出。直接人工费是企业直接从事营运生产活动人员的工资、奖金、津贴和福利费等支出。其他费用是企业在营运生产过程中实际发生的折旧费、修理费、租赁费和办公费等。

（2）期间费用。包括管理费用和财务费用。管理费用包括管理人员的工资、职工福利费、差旅费、折旧费、工会经费、职工教育经费和土地使用费等支出。财务费用包括利息净支出、汇兑损失、金融机构手续费等。

4. 建筑施工企业成本。

其构成包括工程成本和期间费用两部分。

（1）工程成本。由直接费成本和间接费成本构成，直接费成本一般包括人工费、材料费、机械作用费、其他直接费。间接费成本就是间接费用。人工费是指企业直接从事建筑安装工程的施工人员的工资、奖金、职工福利费、津贴和劳动保护费等。材料费是企业在工程施工过程中耗用的构成工程实体的原材料、辅助材料、结构件、零配件和半成品的费用等。机械使用费是工程施工过程中使用自有施工机械的安装、拆卸和进出场费。其他直接费是施工过程发生的材料二次搬运费、临时设施摊销、生产工具用具使用费等。间接费用是企业内部各施工单位（如施工处、施工队、工区等）为组织和管理工程施工所发生的全部支出，包括施工单位管理人员的工资、奖金、职工福利费、行政管理费、折旧费、修理费、办公费等。

（2）期间费用。包括管理费用和财务费用。管理费用包括企业行政管理部门为管理和组织经营活动而发生的各项费用，如公司经费、工会经费、职工教育经费、劳动保险费等。财务费用包括利息净支出、汇总净损失、金融机构的手续费等。

正确地按照国家有关规定核算成本与费用，对于加强企业的生产经营管理，降低成本与费用，提高经济效益，为价格制定和调整提供正确的资料，都具有重要的作用。企业应当根据《企业财务通则》和国家有关规定，确定成本、费用的开支范围。属于成本、费用开支范围的均应计入产品的成本和费用中，不应少计、漏计；不属于成本费用开支范围的支出，不得计入成本、费用。按照国家规定，企业的下列支出，不得列入成本、费用：为购置和建造固定资产、无形资产和其他资产的支出；对外投资的支出；被没收的财产；赞助和捐赠支出；支付的赔偿金、违约金、滞纳金等和按国家规定不得列入成本、费用的其他支出。

二、成本函数和成本曲线

（一）成本函数

成本函数就是表示企业总成本与产量之间关系的公式。由于考察的时期不同，分为短期成本函数和长期成本函数。所谓短期，是指生产期间很短，总有一种或几种生产要素的数量固定不变，因而就有了固定成本和可变成本之分。所谓长期则指这样一个时期，企业在这段时间内可以调整生产要素，从而一切生产要素都是可变的，这样，长期成本中就没有什么固定成本，一切成本都是可变的。因此，短期成本函数就可写成：

$$c=f(q)+b$$

式中，c 为总成本；q 为产量；b 为固定成本。

长期成本函数可写成：

$$c=f(q)$$

可见，短期成本函数和长期成本函数的区别就在于是否含有固定成本。由于篇幅所限，这里只介绍短期成本的形态和曲线。

1. 总成本。

总成本就是企业在短期内生产一定量产品的成本总和。短期总成本可以分为固定成本和可变成本。固定成本是指在短期内不随产量增减而变动的那部分成本，其中主要包括厂房和设备的折旧，以及管理人员的工资费用等。可变成本是指随着产量变动而变的那部分成本，其中主要包括原材料、燃料和动力以及生产工人的工资费用等。

如果以 TC 代表短期总成本，TFC 代表总固定成本，TVC 代表总可变成本，则有：

$$TC=TFC+TVC$$

2. 平均成本。

平均成本也叫平均总成本，也即我们常说的单位产品成本，是生产每一单位产品的成本，是总成本除以总产量所得之商。平均成本分为平均固定成本与平均可变成本。平均固定成本是平均每一单位产品所消耗的固定成本。平均可变成本是平均每一单位产品所消耗的可变成本。如以 Q 代表总量，ATC 代表平均总成本，AFC 代表平均固定成本，AVC 代表平均可变成本，则有：

$$ATC=TC/Q$$

$$AFC=TFC/Q$$

$$AVC=TVC/Q$$

3. 边际成本。

边际成本是增加一个单位产量时总成本的增加额。如以 MC 代表边际成本，ΔTC 代表总成本的增加额，ΔQ 代表总产量的增加额，则有：

$$MC=\Delta TC/\Delta Q$$

由于短期内固定成本为一常数，不受产量的影响，因而边际成本也就是产量变动引起的可变成本的变动。

（二）成本曲线

1. 总成本、总固定成本和总可变成本曲线。

根据成本函数，可以画出总成本（TC）曲线、总固定成本（TFC）曲线和总可变成本（TVC）曲线，如图 2—9 所示。

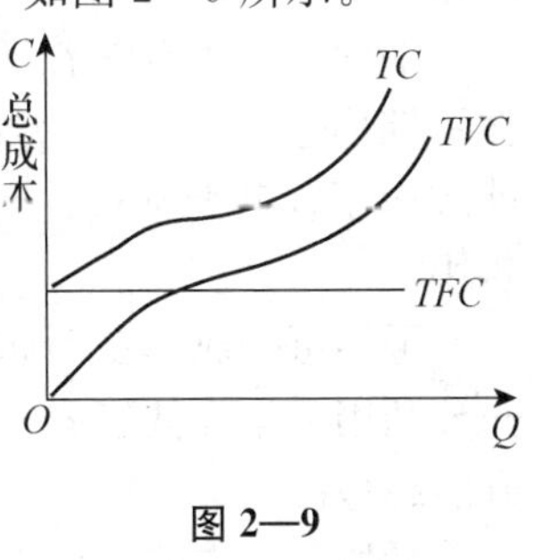

图 2—9

从图 2—9 可以看出，总成本曲线是从纵轴一个截点，即产量为零时总成本等于固定成本的那个点开始，随产量的增加而逐步上升，开始时是以递减的增长率上升，当产量达到一定水平后，便以递增的增长率上升。总固定成本曲线是平行于横轴的一条直线。产量为零时，总可变成本为零，随着产量的增加，总可变成本逐步上升，开始以递减的增长率上升，产量达到一定水平后，便以递增的增长率上升。总可变成本曲线上升的速度和总成本曲线上各项的上升速度之间存在着对应的关系，说明二者的变动规律是一致的。

2. 平均总成本、平均固定成本、平均可变成本、边际成本曲线。

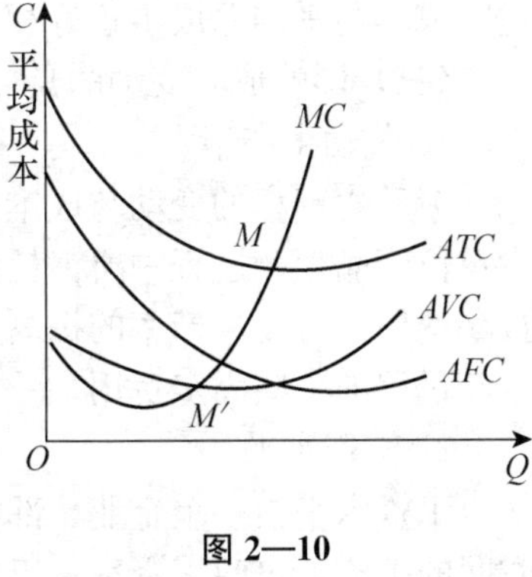

图 2—10

根据成本函数，也可画出平均总成本（ATC）曲线、平均固定成本（AFC）曲线、平均可变成本（AVC）曲线、边际成本（MC）曲线，如图 2—10 所示。平均总成本曲线开始时随着产量增加而迅速下降，M 点是平均总成本曲线的最低点，过这一点以后，平均总成本曲线又随产量的增加而上升。平均可变成本曲线开始时随产量的增加而逐步下降，M'点是平均可变成本曲线的最低点。平均固定成本曲线随着产量的增加而递减，逐渐向轴接近。边际成本曲线开始时随产量的增加而迅速下降，很快就降到最低点，过最低点以后，便随产量的增加而迅速上升，上升的速度比平均可变成本曲线的上升速度更快。边际成本曲线上升时先通过平均可变成本曲线的最低点M'，然后又通过平均总成本曲线的最低点M。

图 2—10 反映了各种平均成本和边际成本的变动规律，以及它们相互之间的关系。

平均固定成本随着产量的增加而逐渐减少，是因为固定成本在短期内不变，产量增加，则分摊到每一单位产品上的固定成本就减少了。其变动规律是开始降低幅度较大，以后降低幅度越来越小。

平均可变成本变动规律是，开始随着产量的增加和生产要素的充分利用，呈降低趋势，但是当产量达到一定水平后，又呈现出上升的趋势。

平均总成本的变动规律与平均可变成本变动规律相似，也是随产量增加先下降后上升。

边际成本与平均总成本之间存在着非常明显的关系，当平均总成本随产量的增加而下降时，边际成本必定小于平均总成本。当平均总成本随产量增加而上升时，边际成本必定大于平均总成本。当边际成本与平均总成本正好相等时，平均总成本处于最低点。

（三）影响成本变动的具体因素

1. 劳动生产率。

劳动生产率的变动与成本变动成反比。劳动生产率提高，会减少单位产品生产过程中所消耗的活劳动量，从而就有可能减少劳动报酬费用。劳动生产率的提高必然会促进产量相应提高，从而减少生产过程的一些固定费用。

2. 工资水平。

工资水平指一个企业、部门或一个地区范围内劳动者单位劳动时间的工资，也叫工资率。工资水平的提高与成本变动成正比。在劳动生产率不变时，工资水平的提高一般会增加成本，如果工资提高幅度大于劳动生产率提高幅度，成本也可能会上升。工资水平的提高会增加企业的固定费用，从而会增加产品成本。这一点对那些劳动密集型的部门或工资费用在成本中占比重较大的部门来说，影响较突出，例如煤炭、石油部门等。

3. 物质消耗。

物质消耗率即单位产品所消耗的某种原材料、燃料、动力等生产资料数量。物质消耗率同产品成本变动成正比，如果物质消耗率下降，则物质费用和成本可能会下降；反之，则可能上升。物质消耗在产品成本中所占比重较大，工业约占 3/4，运输业约占 1/2。节约原材料、能源消耗是降低成本的重要途径。

4. 原材料、燃料、动力的价格。

原材料、燃料、动力的价格与成本变动成正比，一般地，原材料价格提高，会使产品成本提高。在其他条件不变的情况下，如果原材料价格上升幅度大于物质消耗降低幅度，则成本就会上升。这一点对那些原材料、燃料、动力消耗较多的部门来说表现得比较明显。从我国过去十几年的情况来看，由于原材料和能源等价格的大幅度提高，使许多加工工业产品成本相应地上升。

5. 固定资产占用水平和利用率。

固定资产占用水平和利用率主要用固定资产产值率或固定资产占用率来表示。固定资产产值率是指企业在一定时期（一般按年计算）内运用的固定资产平均总值与所生产的产品总值的比率，用公式表示为：

$$固定资产产值率=\frac{全年企业总产值}{全年固定资产平均总值}\times 100\%$$

这一指标越大，固定资产利用率就越高。固定资产占用率是固定资产产值率的倒数，其计算公式为：

$$固定资产占用率=\frac{全年固定资产平均总值}{全年企业总产值}\times 100\%$$

这一指标越小，固定资产利用率就越高。

如果固定资产利用率较高，就会减少分摊到各种产品上的折旧费用，从而使成本可能降低；反之，就会使单位产品成本中的折旧费增加。

6. 固定资产估价和折旧率。

固定资产总额乘以折旧率就是折旧费，所以，成本中折旧费的多少取决于这两个因素。固定资产估价很复杂，从理论上说，在一般情况下，计提折旧费时应依据固定资产的原始价格。再来看折旧率，折旧率过低，同样会造成成本低估，而折旧率的提高，就有可能增加折旧费，从而使产品成本上升。这一点对那些资本密集型行业产品成本影响较大。从我国的情况看，某些行业折旧率长期偏低，今后应当逐步提高。

除了上述这六项具体因素外，影响成本变动的具体因素还有许多，例如产品质量水平、废品损失率等。而且，在不同的部门、行业，影响产品成本变动的具体因素还有很多区别，比如，原材料消耗水平是影响工业企业成本的一个重要因素，但在商业企业成本中就没有这一因素，应当根据各个行业特点分析成本变动的具体因素。

第四节　市场竞争与垄断

一、市场结构的含义和划分依据

所谓市场结构，是指一个行业内部买方和卖方的数量及其规模分布、产品差别的程度和新企业进入该行业的难易程度的综合状态。也可以说，市场结构就是指某种产品或服务的竞争状况和竞争程度。

划分一个行业属于什么类型的市场结构，主要依据有以下三个方面：

1. 本行业内部的生产者数目或企业数目。

如果本行业只有一家企业那就可划为完全垄断市场。如果只有少数几家大企业，那就属于寡头垄断市场。如果企业数目很多，则可以划入完全竞争市场或垄断竞争市场。一个行业内企业数目越多，则其竞争程度就越激烈；反之，一个行业内企业数目越少，其垄断程度就越高。

2. 本行业内各企业生产者的产品的差别程度。

这是区分垄断竞争市场和完全竞争市场的主要区别。

3. 进入障碍的大小。

所谓进入障碍，是指一个新的企业要进入某一行业所遇到的阻力，也可以说是资源流动的难易程度。一个行业的进入障碍越小，其竞争程度就越高；反之，一个行业的进入障碍越大，则其垄断程度就越高。

根据竞争程度的强弱，可以把市场划分为四种类型：完全竞争市场、完全垄断市场、垄断竞争市场和寡头垄断市场。下面分别论述这四种市场的特征。

二、完全竞争市场

（一）完全竞争市场的含义和特征

完全竞争市场又叫纯粹竞争市场，是一种竞争不受任何阻碍和干扰的市场结构。完全竞争市场具有以下特征：

1. 无数的规模小的买者和卖者。

市场上有很多生产者与消费者，或买者和卖者，而且这些生产者的生产规模都很小，没有任何一个买者或卖者能够影响市场价格，每个生产者或消费者都只能是市场价格的接受者，而不是价格的决定者。就是说，每一个生产者或消费者都只是被动地接受市场价格，它（他）们对市场价格没有任何控制的力量。

2. 产品无差别。

各个企业生产的产品是同质的，即不存在产品差别。在生产同一产品的各个企业之间，没有什么技术差别，或者说，对于不同企业生产的同一产品，消费者感觉不出任何质量和外观上的差别。

3. 进出无障碍。

生产资源可以自由流动，自由进入或退出市场。也就是说，任何一个企业都可以自由进入该市场，或自由退出该市场，没有任何进入障碍。

4. 充分信息。

买卖双方对市场信息都有充分的了解。消费者和生产者都可以及时地获得准确的市场信息，因而他们的决策都是充满理性的。

以上四个特征中，前两个特征是主要的。实际上，在现实生活中，很难找到完全符合这些特征的市场。某些农产品如小麦、玉米等的市场属于近似的例子。

（二）完全竞争市场上的价格形成

1. 行业的供求曲线和单个企业的需求曲线。

在完全竞争市场上，整个行业的需求曲线和某个企业的需求曲线是不同的。对于整个行业来说，由于有众多的生产者和消费者，而每个生产者的规模都比较小，任何一个买者或卖者都不能影响和控制价格。所以在这种市场上，价格就是由整个行业的供给和需求曲线决定的。整个行业的需求曲线是一条向右下方倾斜的曲线。供给曲线是一条向右上方倾斜的曲线，如图 2—11 所示。

在图 2—11 中，整个行业的需求曲线 DD 和供给曲线 SS 的交点 E 就是市场的均衡价格 P_0 和均衡产量 Q_0。

但对任一单个企业来说，情况就不同了。由于价格是由整个行业的供求曲线决定的，所以，企业只是价格的接受者，只能按照既定的市场价格出售其产品。在这种市场上，企业以低于或高于市场价格的价格来出售其产品都是不利的。企业要提高价格，那么，它的产品就会一件也卖不出去，因为，消费者完全可以从别的企业购买这种产品。如果企业要降低价格，只能是招致损失。因此，在完全竞争市场上，个别企业的需求曲线是一条平行于横轴的水平线，如图 2—12 所示。

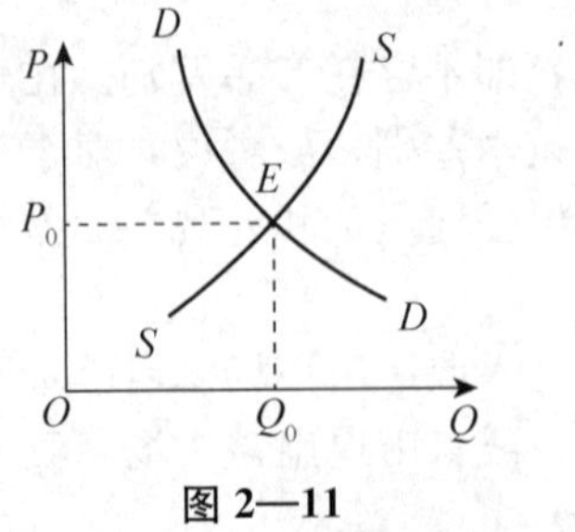

图 2—11

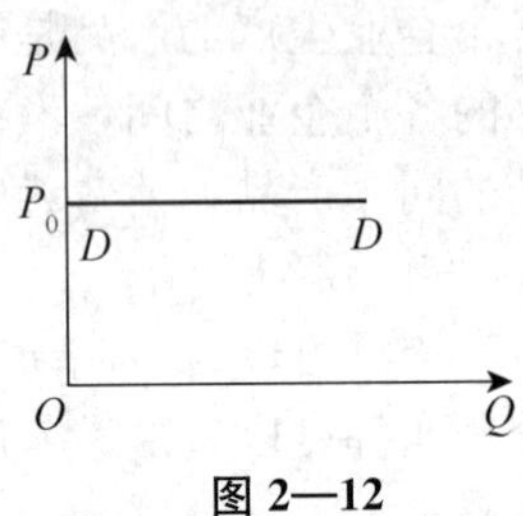

图 2—12

2. 平均收益与边际收益。

收益是指企业出售产品的收入，企业出售一定数量的产品获得的全部收入叫做总收益。也就是总销售收入。若以 R 代表总收益，P 代表单位产品价格，Q 代表销售量，则有：

$$R=PQ$$

企业的平均收益是按销售量平均计算的收益，即总收益除以销售量的商。若以 AR 代表平均收益，则有：

$$AR=R/Q$$

企业的边际收益是增加一个单位产品的销售时总收益的增加量，也正好等于单位产品的价格。若以 MR 表示边际收益，ΔR 表示总收益的增加额，ΔQ 表示总产量的增加额，则有：

$$MR=\Delta R/\Delta Q$$

因为，AR＝P，MR＝P

所以，AR＝MR

正因为价格、平均收益和边际收益都是相等的，所以，企业的平均收益、边际收益和需求曲线都是同一条线，如图 2—12 中的 DD。

3. 完全竞争市场上企业产量决策的基本原则。

在完全竞争市场上，企业只是价格的接受者，企业只能按照市场价格来调整自己的生产规模即产量规模，从而实现利润最大化。那么，企业在进行产量决策时依据什么呢？这就是边际成本等于边际收益的原则。这是因为，边际成本等于边际收益时，企业的利润最大。我们可用图 2—13 来加以说明。

从图 2—13 可以看出，当边际成本曲线 MC 和边际收益曲线 MR 相交于 A 点时，企业利润总数为 $P_0Q_0-CQ_0$，即图中的矩形 P_0CBA，此时利润最大。因为，如果边际收益大于边际成本，就表明，增加一定的产量，利润还会增加；如果边际收益小于边际成本，增加产量则会使利润减少。只有在 $MC=MR=P$ 点，企业的利润才是最大的，这一点所对应的最优产量为 Q_0。

在这里，需要强调的是，尽管企业在 $MR=MC$ 点上获得了最大的利润，但这并不是说，在任何情况下，只要企业做到了 $MR=MC$，就一定能获得利润。对 $MR=MC$ 的全面理解应该是，在 $MR=MC$ 点上，企业可能是盈利的也可能是亏损的。但是，如果

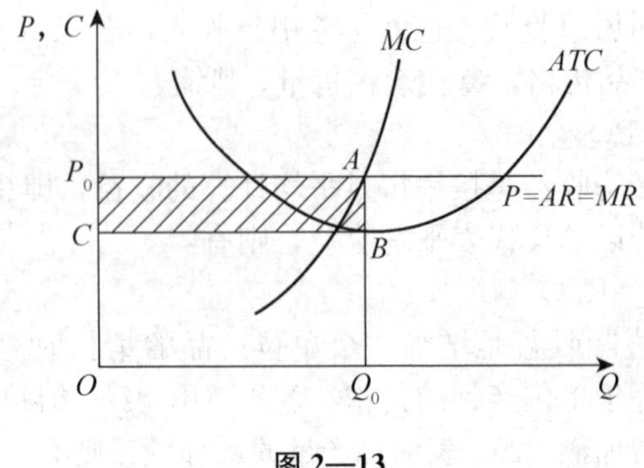

图 2—13

企业是亏损的，则这时的亏损一定是相对最小的。总之，不论是盈利还是亏损，当企业处于 $MR=MC$ 时，是最优的产量。所以，边际成本等于边际收益既可称作利润最大化的均衡条件，也可称作亏损最小的均衡条件。

三、完全垄断市场

（一）完全垄断市场的含义特征

完全垄断是指整个行业只有惟一供给者的市场结构。完全垄断是一种十分特殊的情况，形成完全垄断的条件主要包括：

1. 政府垄断。

即政府凭借其特殊地位，为了实现特定的社会经济目的，而对某一行业实行完全垄断。例如我国政府对铁路、邮电产品的完全垄断。

2. 原料垄断。

对某些特殊的原材料的单独控制而形成的对这些资源和产品的完全垄断。

3. 专利垄断。

对某些产品的专利权而形成的完全垄断。如果一个企业拥有生产某种产品的技术专利权，那么它就可以在一这时期内对这一产品进行完全垄断。

4. 自然垄断。

有些行业的生产具有这样的特点：生产的规模效益需要在很大

的产量范围和相应的巨大的资本设备的生产运行水平上才能得到充分的体现，以至于只有在整个行业的产量都由一个企业来生产时，才有可能达到这样的生产规模。而且，只要发挥这一企业在这一生产规模上的生产能力，就可以满足整个市场对产品的需求。在这类产品的生产中，行业内总会有某个企业凭着雄厚的经济实力和其他优势，最先达到这一规模，从而垄断了整个行业的生产和销售。这就是自然垄断。

完全垄断具有以下特征：

(1) 只有一个生产者，因而它是价格的决定者，而不是价格的接受者。

(2) 完全垄断者的产品是没有合适替代品的独特性产品。

(3) 其他企业进入这一市场非常困难。

在实际生活中，公用事业、电力、电话近似于完全垄断市场。

（二）完全垄断市场上的价格形成

1. 完全垄断市场的需求曲线。

按照完全垄断市场的定义，一个行业中只有一个企业，它控制了本行业的全部供给，这时企业和行业完全相同。因此，完全垄断企业的需求曲线就是行业的需求曲线，二者完全相同。这是完全垄断企业和完全竞争市场中的企业的一个重要区别，在完全竞争市场上，企业的需求曲线和行业的需求曲线是不同的。

完全竞争市场上的企业是价格的接受者，不论自己销售多少，市场价格都不发生变化，因此，它的需求曲线是一条水平线。而在完全垄断市场上，企业的需求曲线就是市场需求曲线，按照市场需求曲线，销售量和价格按照相反的方向变化，价格随销售量的增加而下降，因此，完全垄断企业的需求曲线向右下方倾斜，斜率为负。

2. 平均收益与边际收益。

在完全垄断市场上，企业的平均收益仍然等于单位产品的价格。但是，完全垄断企业的边际收益不等于其平均收益或价格，而是小于其平均收益。这是因为，单位产品价格随着销售量的增加而上降，在这处情况下，边际收益就会小于平均收益，例如，企业销售量一个单位产品价格为11元，增加一个单位销售时价格降为10元，增加两个单位时产品总收益为27元，平均收益为9元，而边际收益为7元。

我们可用图2—14来说明这一点。在图2—14中，*DD*曲线就是完全垄断企业的需求曲线，*AR*是平均收益曲线，需求曲线和平均收益曲线是完全重合的。*MR*为边际收益曲线，位于平均收益曲线的下方，而且比平均收益曲线陡峭，说明了随着销售量的增加，边际收益下降得比平均收益更快。

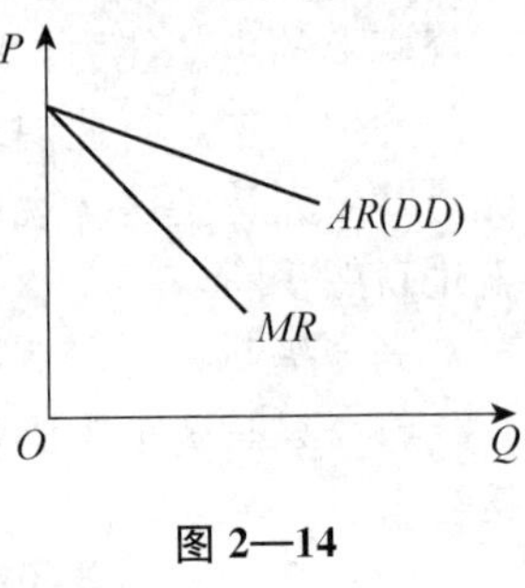

图2—14

3. 完全垄断企业进行产量和价格决策的基本原则。

在完全竞争市场上，企业只是根据既定的市场价格来调整产量，从而达到利润最大化。而在完全垄断市场上，企业不仅要通过调整产量，而且要通过调整价格来实现利润最大化。完全垄断企业进行产量和价格决策的基本原则也是边际成本等于边际收益。

完全垄断企业和完全竞争企业的成本曲线是相同的，这是因为完全垄断企业在生产要素投入和具体的生产过程方面与完全竞争企业没有什么差别。完全垄断企业根据边际成本等于边际收益的原则确定了均衡产量，根据这个产量就可以确定均衡价格。

我们可以用图2—15来说明这一过程。

在图2—15中，完全垄断企业根据边际成本曲线*MC*和边际收益曲线*MR*的交点*e*确定均衡产量为Q_0，从这一产量在需求曲线*DD*上的对应点*a*可以确定均衡价格为P_0，从这一产量在平均总成本曲线*ATC*上的对应点可以确定平均成本为C_0长方形*ab*-

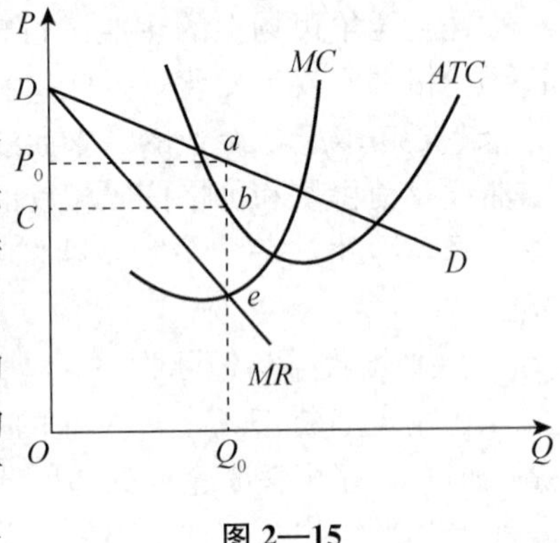

图2—15

CP_0 就是企业的超额利润总额。

从图 2—15 可以看出，与完全竞争市场相比较，在完全垄断条件下，企业向市场上供应的产品数量较少，而产品的价格较高。完全垄断企业为了获取超额利润，把价格定在边际成本之上，并且往往要对供给量进行限制。但是，这并不意味着完全垄断企业可以随意提价。因为，即使在完全垄断市场上，产品价格的高低也要受到市场需求的影响。一般说来，如果产品需求价格弹性较小，价格提高后需求量降低的幅度不大，因此企业可以制定较高的价格。相反，如果产品的需求价格弹性较大，企业制定的价格就要低一些。这就是说，完全垄断企业在价格决策时，也必须考虑到产品的市场需求状况。

4. 价格歧视。

价格歧视也叫差别定价，是指企业为了获取更大的利润，把同一产品按购买者不同而规定的不同价格，一部分购买者所支付的价格高于另一部分购买者所支付的价格。价格歧视一般可分为三类：

第一类价格歧视，是指企业按不同的价格出售不同批量单位的产量，而且这些价格还因人而异。也就是企业对不同的购买者所购买的每一个批量单位的产品收取不同的价格，这称作完全价格歧视。最典型的例子是某些个体服装经营者总是喜欢同每位购买者讨价还价，而不明码标价，结果就是同一件服装出售给不同的顾客，价格往往有很大差别，同一购买者一次购买的数量不同，价格往往也有很大差别。

第二类价格歧视，是指按不同价格出售不同单位产量，但每个购买相同数量的购买者支付的价格相同。这就是我们常说的批量作价。

第三类价格歧视，是指按不同的买者规定不同的价格。例如，在我国，火车硬座客票假期对大中专学生回家和返校的优惠票价就属于这类价格歧视。

实行价格歧视的基本条件是：

第一，必须有可能根据不同的需求价格弹性划分出两组或两组以上的不同购买者。

第二，市场必须是能够有效地隔离开的，同一产品不能在不同市场之间流动，换句话说，就是不能使购买者在低价市场上买到产品再卖到高价市场上去。正因为这一点，价格歧视在服务业较为多见。

如果这两个条件能够满足，那么，企业就可以通过对缺乏弹性的市场规定较高的价格，而对富有弹性的市场规定较低的价格，以增加总的收益。

四、垄断竞争市场

（一）垄断竞争市场的含义和特征

垄断竞争市场又叫不完全竞争市场，是指一种既有垄断又有竞争、既不是完全竞争又不是完全垄断而接近于完全竞争的市场结构。

垄断竞争市场的主要特征有：

第一，具有很多的生产者和消费者，这一点和完全竞争市场相同而与完全垄断市场不同。

第二，产品具有差别性。这是与完全竞争市场的主要区别。就是说，在垄断竞争市场上，不同企业生产的产品虽然属于同一大类，但具有一定的差别性，这种差别既可能是实际质量的差别，如成分，也可能是形式上的差别，如颜色，还可能是消费者感觉上的差别。正因为这样，所以在垄断竞争市场中，生产者可以对价格有一定程度的控制，而不再是完全的价格接受者。

第三，进入或退出市场比较容易，不存在什么进入障碍。

垄断竞争是比较符合现实生活的市场结构，许多产品都可列入这种市场，如香烟、啤酒、糖果等产品就是明显的例子。

（二）垄断竞争市场上的价格形成

1. 垄断竞争市场上个别企业的需求曲线。

在垄断竞争市场上，由于产品差别性的存在，每一个别企业都可在一定范围的消费者内形成自己的垄断地位。因此，和完全垄断市场上的企业相同，垄断竞争市场上企业的需求曲线是向右下方倾斜的，而不是一条水平线。

2. 垄断竞争市场上企业的产量和价格决策的基本原则。

从短期来看，垄断竞争市场上的企业也是按照边际成本等于边际收益的原则来进行价格和产量决策的，并且和完全垄断市场上的企业一样，垄断竞争市场上的企业在短期内可获得超额利润。

但从长期来看，情况就比较复杂了。由于垄断竞争市场不存在进入障碍，各个企业可以仿制别人有特色的产品而创造出自己的更有特色的产品，也可通过广告来形成自己的垄断地位，竞争的结果必然会使有差别的产品价格下降。

3. 对垄断竞争市场的评价。

一般认为，垄断竞争市场的经济效率低于完全竞争市场，但高于完全垄断市场。从平均成本来看，垄断竞争市场的平均成本比完全竞争市场的高，这说明由于垄断的存在，资源没有得到最有效的利用。但垄断竞争市场上的平均成本一般又低于完全垄断市场的平均成本，这说明由于竞争的存在，资源利用效率又高于完全垄断市场的利用。从价格水平来看，垄断竞争市场上的价格要高于完全竞争市场上的价格，但又低于完全垄断市场上的价格。从产量来看，垄断竞争市场上的产量一般要低于完全竞争市场而高于完全垄断市场。

五、寡头垄断市场

（一）寡头垄断市场的含义和特征

寡头垄断是指少数几个企业控制一个行业的供给的市场结构。其主要特征是：

（1）一个行业中，只有很少几个企业进行生产。

（2）他们所生产的产品有一定的差别或者完全无差别。

（3）它们对价格有较大程度的控制。

（4）进入这一行业比较困难。

在西方发达国家，寡头垄断市场在国民经济中占有十分重要的地位。例如在美国，汽车工业就是典型的寡头垄断市场。在其他国家，汽车、钢铁等工业部门也都可划入寡头垄断市场。

（二）寡头垄断市场上的价格形成

由于寡头垄断中只有少数几个企业，各个企业的产量在本行业总产量中占有一个较大的份额，从而每个企业的产量和价格变动，都会对其他竞争对手以至整个行业的产量和价格变动产生重要影响。正因为如此，寡头垄断企业的价格形成是十分复杂的，寡头垄断企业既不是一个价格接受者，也不是一个价格决定者，对于不同的竞争对手，他们要采取不同的对策。

寡头垄断市场上价格形成的模型很多，这里只简单地介绍两个模型。

(1) 协议价格制，即在生产者或销售者之间存在着某种市场份额划分协议的条件下，生产者或销售者之间共同维持一个协议价格，使得行业净收益最大。其方式是限制各个生产者的产量，使行业边际收益等于行业边际成本。但是，在生产者之间划分市场份额往往是很困难的。

(2) 价格领袖制，即行业中某一个占支配地位的企业率先确定价格，其他企业则参照这个价格来制定和调整本企业产品的价格，与其保持一致。确定领袖价格的企业称作领袖企业，领袖企业在确定产品价格时，不能只考虑本企业利益，还必须考虑到整个行业的供求状况，否则就会遭到其他寡头垄断企业的报复。

第五节　市场机制的运行

一、市场机制正常运行的基本条件

在社会主义市场经济体制中，市场机制在资源配置中具有重要的作用，这是毫无疑问的。但是，我们也应看到，市场机制的正常运行，价格在资源配置过程中作用的充分发挥，是需要一定的社会经济条件的。由于我国正处于从传统的计划经济向社会主义市场经济的转变过程中，市场机制正常运行所需要的社会经济条件并不十分完备，因此，市场机制在运行过程中还存在一些障碍，还需要通过不断深化改革，才能更好地发挥市场对资源配置的调节作用。

要使市场机制正常运行，一般来说，需要具备以下几个方面的条件：

(一) 企业产权清晰化和行为规范化

在社会主义市场经济中，企业应是自主经营、自负盈亏、自我发展、自我约束的法人实体和竞争主体，企业的行为应当规范化、合理化。如果企业不是独立的法人实体，价格的变动对其切身利益就不会产生什么影响，企业也不可能主动积极地去收集市场信息，更不可能根据价格的变动来合理地调节生产经营规模与结构。从我国当前的情况来看，随着经济改革的不断深入，随着个体、私营和外资企业等非公有制经济和混合所有制经济的迅速发展，随着国有企业经营机制的改革，企业行为正在逐步趋于合理化和规范化。现在的主要问题是某些国有企业机制还很不规范，一部分国有企业缺乏活力，经营困难。由于经营机制不规范，这些企业对价格变动反应就不够灵活及时，价格和产量决策行为也不尽合理。当市场上供过于求时，不是在努力降低成本的基础上去调整价格，而是不顾自己成本情况盲目降价，进行低价竞争。当市场上供不应求时，不是通过稳定价格去扩大市场份额，而是追求短期利益，盲目涨价。因此，必须按照党的十五大的精神，按照“产权清晰、权责明确、政企分开、管理科学”的要求，对大中型国有企业实行规范化的公司制改革，逐步改为有限责任公司和股份有限公司。国家作为出资人按照投入企业的资本额享有所有者权益，对企业的债务承担有限责任；企业依法自主经营，自负盈亏。政府不能直接干预企业经营活动，企业也不能不受所有者约束，损害所有者的权益。只有企业的产权清晰了，经营行为才可以逐步趋于规范化，企业的决策水平才可以不断提高。

（二）市场体系的健全与完善

一个企业要能够按照价格的变动来进行生产经营，必须有一个健全、完善的市场体系。当企业计划扩大经营规模时，要能够迅速地筹措到必要的资本，招聘到足够的合格员工，购买到必需的原材料和机器设备，等等。这就要求不但要有商品市场，还要有资本市场、劳动力市场和技术市场等。

（三）经济信息网络的健全与通畅

市场机制的一个重要功能是传递市场信息，而要发挥这一功能，就必须有一个健全的、通畅的经济信息网络。事实上，市场经济的发展在很大程度上与信息技术的进步相联系。电报、电话、无线电广播、电视的出现都曾极大地促进了包括价格在内的经济信息的传播，从而使市场的范围相应地扩大了许多倍。计算机及其网络的出现，则更进一步地促进了信息的传播。最近几年，我国有关部门建成了一些专业信息网络，有的省市还建成了本地主要产品价格的网络。这些都有利于信息功能的发挥。

（四）有效的市场竞争

竞争是市场机制的主要内容。只有在有效的市场竞争中，价格才能起到其应有的作用。竞争是刺激企业改进技术、改善经营管理、提高劳动生产率和经济效益的重要机制。在充分的竞争中，那些产品不符合市场需要，技术水平低下，经营管理差，个别成本大大高于社会成本的企业，必然会出现亏损，最终将会破产而被淘汰。而那些产品适销对路、技术和管理水平较高的企业，由于其个别成本低于社会平均成本，利润可以不断增长，从而在市场上的份额将不断提高，并进而不断发展壮大。所以市场竞争的过程就是一个优胜劣汰的过程，通过市场竞争，才可以形成一个同一的市场价格，"一物一价"的法则才能实现，从而迫使企业不断地改进管理，降低成本和价格。如果没有竞争，价格水平就会因垄断而被抬高，同一的市场价格也难以形成，价格也不可能灵敏地反映价值和供求的变化，价格的调节作用就无从谈起。

要使市场机制正常运行，还必须有一个相对稳定的宏观经济环境，有一个合理的市场管理体制，等等。

二、市场失灵的含义和类型

（一）市场失灵的含义

市场机制正常运行，需要具备一些基本条件。而当这些条件不完全具备时，市场机制就不能正常运行，就会影响国民经济的正常发展，通常把这种情况称为市场失灵。所谓市场失灵，就是指由于市场机制不能正常地发挥作用而使资源配置缺乏效率或资源配置失当的情况。下面我们对市场失灵的主要类型进行较具体的分析。

1. 垄断与市场失灵。

按照西方经济学的分析，只有在完全竞争市场上，企业的生产成本从长期来看才是最低的，市场机制才能实现资源的有效配置，资源得到充分利用，产量最大，价格最低，消费者获取最大满足。

但是，在现实生活中，完全竞争市场只是一种理论假设。如前所述，只有一部分农产品，如粮食，与完全竞争市场结构相似，大部分产品都是处于垄断竞争市场，或完全垄断市场，寡头垄断市场。在这些不完全竞争市场上，生产者不再是完全的价格接受者，而是完全的或不完全的价格决定者，存在着各种各样的进入障碍，资源已不可能在部门之间自由流动。生产者生产的产量不是最大的产量，市场价格也不是最低的价格。长期来看，成本也比完全竞争市场条件下的生产成本要高，消费者不再可能获取最大满足。例如，在完全垄断市场上，企业按照边际成本等于边际收益的原则选择最优产量，并按照这一最优产量来制定销售价格，有时垄断企业还要对不同的买主实施价格歧视或差别定价，这样垄断企业的产量就会低于社会的最优产量，而它所定的价格地会高于市场均衡价格，使消费者的剩余减少而生产者的剩余增加，社会福利受到损害。

因此，由于不完全竞争市场的广泛存在，市场机制就很难充分有效地发挥作用，资源就不可能实现最优配置。

2. 外部影响与市场失灵。

在经济发展的相当长的历史时期，外部影响问题并没有引起人们注意。但是，随着生产力的发展和人们对环境、生态的关注程度的提高，外部影响问题日益突出。例如，随着工业化的发展，环境污染越来越严重，外部影响问题逐步成为经济学家研究的一个重要领域。所谓“外部影响”，是指一个人或一个企业的活动对其他人或其他企业的并不直接反映在市场中的影响，可以分为外部经济和外部不经济两种。所谓外部经济就是某人或某企业的经济活动会给社会上其他成员带来好处，但该人或该企业却不能由此得到补偿。所谓外部不经济，就是某人或某企业的经济活动会给社会上其他人带来危害，但该人或该企业却不必为这种危害进行补偿。

由于外部影响的存在，市场机制就不能有效地进行资源配置。对于产生外部经济的生产者来说，由于其私人收益小于社会收益（社会收益等于私人收益与外部收益之和），而外部收益却不能为生产者通过市场价格获得，因而缺乏生产积极性，其产出水平就会低于社会最优产出水平。而对于那些产生外部不经济的生产者来说，由于其边际私人成本低于边际社会成本（社会成本等于私人成本与外部成本之和），于是倾向于扩大生产，其产出水平就会大于社会最优产出水平。我们可用图2—16对此加以说明。

图2—16描述了一个造纸厂的产量决定和外部不经济的关系。横轴表示产量，纵轴表示边际成本和边际收益，*MSC*表示边际社会成本曲线，*MPC*表示边际私人成本曲线。*A*点是造纸厂的均衡点，它要大于社会均衡点*B*。这样，在市场机制的作用下，产生外部不经济影响的生产者就会耗用过多的资源，而产生外部经济影响的生产却得不到应耗用的资源，这就是资源的无效率配置。因此，对于产生外部影响的经济活动，市场机制就不能实现资源的有效配置。

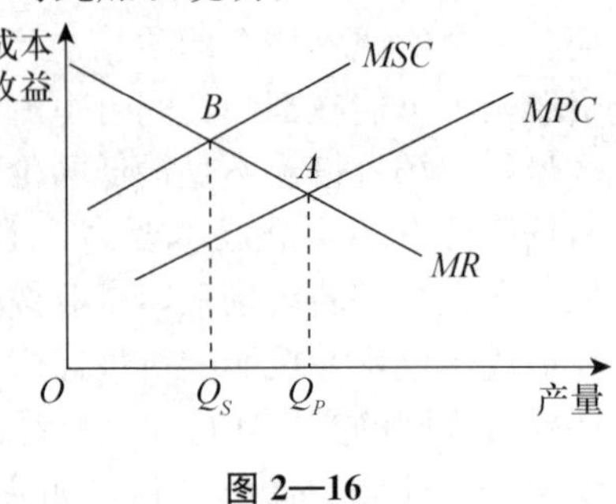

图2—16

3. 公共产品与市场失灵。

公共产品是市场失灵的又一大领域。所谓公共产品，是满足社会公共需要的物品。对公共产品的消费和使用已成为现代社会不可缺少的重要组成部分，而且，随着生产力的发展，公共产品的生产和消费具有不断增长的趋势。一般认为，国防、治安等都是最典型的纯粹公共产品，此外，还有许多“准公共产品”，典型的如教育、医疗卫生、收费公路等。纯粹公共产品的一般特征是：

（1）非竞争性。即某人对一种公共产品的消费并不会影响或妨碍他人对这种产品的消费。如某城市建立一套污水处理控制系统，使某一居民在得到改善环境好处的同时，并不干扰其他居民享受同样的好处。

（2）非排他性。也即“我的消费不影响你的消费”，即要排除某人对一种公共产品的消费是不可能的，或者是极为困难的。纯粹公共产品之所以具有这一特征，是因为纯粹公共产品具有不可分割性。

正因为纯粹公共产品的以上特征，纯粹公共产品的供应者就不可能或很难因为向社会提供了好处而收取费用。因此，以利润最大化为目标的企业就不会提供纯粹公共产品，而且，出于政治因素的考虑，某些纯粹公共产品领域，也禁止私人企业进入。因而，纯粹公共产品的提供只能由政府和非盈利性机构来完成。在这里，市场机制就完全失灵了。

当然，对于那些准公共产品来说，例如教育、医疗服务等，市场机制还是可以发挥一定作用的。因为准公共产品具有消费的竞争性但无排他性，或者有消费的排他性却无竞争性。在准公共产品领域，应当而且能够实行准市场机制来引导资源的配置。例如，通过收取学费来为公共教育提供经费投入，通过收费来维持医院系统的运行。

在市场经济发展过程中，收入分配不公平问题一直被人们所关注，在西方国家，普通劳动者和资本家的收入分配两极分化早已成为一个突出的社会现象。市场机制只能调节资源的流动和配置，至于收入分配是否平等，则不属于市场机制的调节领域。那种认为市场经济有利于实现收入公平分配的观点是不正确的。

过去很长时期，很多西方经济学家坚信，经济会自动达到充分就业，迷信供给会自行创造需求的萨伊定律，认为市场机制本身就能够保持经济经常处于稳定状态，既不会有生产不足，也不会有生产过剩。周期性爆发的经济危机充分证明了这种观点是不科学的。凯恩斯批判了传统经济学关于市场会自动处于稳定状态的观点，从而创立了宏观经济学。现在，西方经济学教科书都已普遍承认不稳定是市场经济的固有弊病。

可以认为，在现代化大生产的条件下，一个国家或地区的经济总量的平衡与否是市场机制所无力调节的。这就是说，市场机制在经济总量平衡方面是失灵的。那种认为市场经济可以使经济自动地实现稳定增长的观点是不可取的。

三、市场失灵和政府对经济的干预或调控

为了克服市场失灵，弥补市场机制的缺陷或不足，优化资源配

置，政府需要对经济进行干预和调控，用“看得见的手”来弥补“看不见的手”。政府应对某些微观经济活动进行干预，主要有以下几个方面：

1. 限制垄断。

为了保护和促进竞争，提高资源配置，政府可以通过法律手段来限制垄断和反对不正当竞争。这是西方国家早已采用的手段。例如，美国政府早在1890年就颁布了《谢尔曼反托拉斯法》，1914年又颁布了《联邦贸易委员会法》和《克莱顿反托拉斯法》，1935年又有了《鲁宾逊—帕特曼法》，建立了一整套比较完善的反托拉斯法。美国的这些反托拉斯法规定：限制贸易的协议、垄断或企图垄断市场、兼并、排他性规定、价格歧视、不正当的竞争行为或欺诈行为等，均属违法行为，并对这些违法行为通过司法部门进行处罚。政府对垄断进行干预的另一种手段是对垄断行业进行公共管制，主要是对垄断行业的产品或服务的价格进行管理，或者规定限价，或者规定利润率。

2. 解决外部影响问题。

为了解决外部影响问题，政府对那些能够产生外部经济的经济活动可以通过补贴予以支持。例如，各国政府普遍对教育，尤其是义务教育实行国家支持，对基础性科研也给予财政支持。而对那些会产生外部不经济的活动，政府则往往通过罚款或收税来加以抑制。例如，对污染者征税和罚款的措施，实行“谁污染，谁治理”。

3. 提供适当水平的公共产品。

为了提供适当水平的公共产品，政府承担了主要提供者的职责，例如国防、治安、消防和公共卫生。

4. 提供信息服务。

为了解决因信息不完全所造成的市场失灵，政府对许多商品的说明、质量标准和广告都作出了具体的法律规定。政府还通过各种方式为消费者提供信息服务。

政府对宏观经济活动的调控是现代社会各国政府的重要经济职责。在宏观层次上，由于市场机制对经济总量平衡和收入分配公平化不起什么作用，因而必须由政府进行调控。对经济总量的调控，就是制定宏观经济政策，如货币政策和财政政策，并根据经济发展的需要适时调整，使经济保持适度的增长，避免周期性的波动。

总之，为了矫正“市场失灵”，政府必须对经济进行干预和调控，换句话说，市场失灵就是政府经济干预的重要理论基础。凡是市场机制能够正常发挥作用的地方，政府就不要进行干预，只有在存在市场失灵的情况下，政府才有必要进行干预。

四、工商行政管理与市场失灵

工商行政管理是政府干预市场和解决市场失灵问题的重要内容之一。工商行政管理在解决市场失灵方面的作用主要表现在以下几个方面。

1. 限制垄断，促进竞争。

工商行政管理的主要任务是建立和维护市场秩序。在社会主义市场经济条件下，良好的市场秩序就是有利于公平竞争的秩序。工商行政管理机关通过自己的行政执法，实施国家关于限制垄断、促进竞争、反对不正当竞争的法律、法规，从而使市场机制正常的运行。

2. 促进市场信息的完善。

市场机制的正常运行需要有一个良好的市场信息提供和传播体系。信息不对称是市场失灵的重要原因之一。工商行政管理机关通过对商标、广告等的依法管理，就能在一定程度上促进信息的正确提供和传播，有利于解决信息不完善的问题。

复习思考题

1. 市场体系包括哪些内容？
2. 影响需求和供给的主要因素各有哪些？
3. 如何用需求价格弹性理论说明企业的薄利多销的经营策略？
4. 为什么说成本是定价的最低经济界限？
5. 如何理解边际成本与边际收益相等是企业决定产量的基本

原则？

6. 什么是价格歧视，其主要类型有哪些？

7. 如何理解市场机制正常运行的基本条件？

8. 什么是市场失灵，如何克服市场失灵？

第三章　工商行政管理法律、法规

第一节　工商行政管理法律、法规体系

一、工商行政管理法律、法规的概念

（一）法律、法规的概念

法律是指由国家最高权力机关及其常设机构依据法定程序制定和颁布的仅次于宪法的规范性文件。在我国，就是指由全国人民代表大会及其常务委员会依据立法程序制定和颁布的规范性文件。

行政法规是指由国务院依据法定程序制定和发布，或由国务院批准发布的规范性法律文件，一般采用“条例”、“规定”、“办法”、“决定”、“通知”等名称。

地方性法规，是指省、自治区、直辖市的人民代表大会及其常委会，省、自治区人民政府所在地的市和经国务院批准的较大市以及经济特区所在地的市（深圳、厦门、珠海、汕头）的人民代表大会及其常委会制定的地方性规范性法律文件。

自治条例和单行条例是指由民族自治地方的人民代表大会依照当地民族的政治、经济和文化的特点制定的规范性法律文件。

规章可分为两种，部门规章和地方性规章。部门规章，是国务院各部、委员会、中国人民银行、审计署和具有行政管理职能的直属机构根据法律和国务院的行政法规、决定、命令，在本部门的权限范围内制定的规范性法律文件。

地方性规章是省、自治区、直辖市的人民政府，省、自治区人民政府所在地的市以及经国务院批准的较大的市、经济特区所在地的市（深圳、厦门、珠海、汕头）的人民政府制定的规范性法律文件。

（二）工商行政管理法律、法规的概念

工商行政管理法律、法规，是指以工商行政管理为内容或工商行

政管理机关在行政执法中所依据的法律规范的总称。其形式一般包括涉及工商行政管理内容的法律、行政法规、地方性法规、规章等。

（三）工商行政管理法律、法规的调整对象

工商行政管理法律、法规的调整对象，是国家在实施工商行政管理活动过程中与各种市场主体之间发生的行政法律关系，以及相关管理主体之间的职权管理法律关系。

（四）工商行政管理法律、法规的特征

由于市场经济活动和市场主体间相互关系的广泛性、复杂性和多样性，以及参与市场管理部门的综合性和多元性，工商行政管理法规涉及的范围非常广泛。

第一，工商行政管理法律、法规并不确指一部或几部系统的、完整的、统一的法典，而是分散在大量的法律规范之中，形成结构非常复杂的法规体系。

第二，工商行政管理法规制定的主体也呈现多元化结构，国民经济管理体制中对市场的管理存在着多个政府职能部门，分别从各自的侧面对市场实行宏观调控和监督管理，所制定的法规中很多都涉及工商行政管理方面的内容。

第三，对市场的监管和调整市场主体间关系，有时需要多个政府部门共同进行，许多工商行政管理法律、法规是由多元的制定主体共同制定与发布的。因此，凡是为了执行工商行政管理职能，涉及工商行政管理内容的法律、法规，都可以归于工商行政管理法规的范畴。

（五）工商行政管理法规的性质

工商行政管理是国家的经济行政管理职能之一，是在法律授权的范围内，对进入市场从事经营活动的各种市场主体及其行为，采用法律手段、行政手段、经济手段进行监督管理的过程。工商行政管理机关在行使职能时依据的法律、法规，包括行政法、经济法、刑法、民法等法律部门的相关内容。因此，工商行政管理法规从性质上说，除具备法律、法规的一般属性外，还具备经济法、行政法等法律、法规的基本属性，同时，更具有广泛性和综合性的特殊属性，主要体现在以下几点：

1. 工商行政管理法律、法规具备法律的一般属性。

主要表现在：(1) 工商行政管理法规是国家对工商企业和参与市场经济活动的单位和个人实行监督管理的意志体现。是为了巩固和发展社会主义经济基础，保护社会主义经济制度，维护社会主义市场的正常秩序，保护社会主义全民所有制、集体所有制经济和私营经济、个体经济的经营者的合法权利。(2) 工商行政管理法规体系中各个层次的法规性文件，都是由立法机构或经法律授权的政府部门，严格按照法定程序制定和颁布实施的。(3) 工商行政管理法规对其调整的某些法律关系，具有强制执行的法律特征，如果没有强制执行的法律保证，工商行政管理机关就无法调整国家与参与市场活动的企业和个人之间所发生的关系，也无法保障合法经营和制止、取缔非法活动。

2. 工商行政管理法律、法规具备经济法的基本属性。

工商行政管理法规所调整的市场主体之间的关系，主要是市场经营活动中的经济关系，因此，工商行政管理法规中多数法律法规来源于经济法，具备经济法的基本属性。虽然，工商行政管理机关并不掌握经济杠杆权力，与市场上从事经营活动的企业也没有行政隶属和经济业务关系，又不具备完全的经济立法权，但是，工商行政管理的管理领域是市场，管理对象是进入市场的生产经营者的经济行为和经济关系，管理目的是为了建立和维护正常的社会主义市场经济秩序，这些，都决定工商行政管理机关行使职能时所依据的工商行政管理法规具有经济性。

3. 工商行政管理法律、法规是工商行政管理机关行政执法的法律依据。

在法制社会里，立法通常表现为对国家意志的表达，而行政则表现为对已经表达的国家意志——法律的执行，其执行的主体是国家的各级行政机关。而行政执法，则是指以行政机关为主体，依据行政执法程序贯彻执行法律、法规的行政行为。工商行政管理机关是国家的经济行政管理部门，主要通过行政手段行使国家赋予的管理职能，其执法手段呈多样性，包括行政命令、行政措施、行政处罚、行政强制等，另外，工商行政管理机关的执法也要受社会各方面的监督，必要时需通过行政诉讼、行政复议等法律程序。因此，工商行政管理法规同样也具有行政性。

4. 工商行政管理法律、法规具有广泛性和综合性。

工商行政管理法律、法规无论从体系构成上，还是从涉及内容上都具有广泛性和综合性。工商行政管理法规的制定目的，是为工商行政管理机关行使职能，建立和维护市场经济秩序提供法律依据。市场经济秩序实际上是综合性很强的社会经济秩序，它涵盖了整个社会经济运行中各个经济秩序方面。要建立和维护好市场经济秩序，调整好各市场主体之间的关系，就必须将市场中影响秩序的一切要素方面，都纳入到作为市场行政主管的工商行政管理机关的监督管理内容中，并以法律法规的形式予以规范。它们是作为一个综合体有机地联系在一起，绝不是简单的集合，因此，工商行政管理法规与其他部门的法律法规相比，更具广泛性和综合性。

（六）工商行政管理法律、法规的作用

工商行政管理法规在工商行政管理工作和社会主义现代化建设中具有重要的作用，主要表现在以下四个方面：

1. 规范市场主体的行为。

（1）规范各级工商行政管理机关在行使国家赋予的职能时的行为，工商行政管理机关在对市场进行监督管理和调整市场主体间关系时，必须依法行政；

（2）规范进入市场从事生产经营活动的企事业单位和个人的经济行为，它们在市场上从事商品的生产、经营和其他经济活动时，必须遵纪守法。

2. 调整市场主体间关系。

市场主体之间的关系是错综复杂的，首先是国家机关、企事业单位以及其他社会经济组织之间的纵向隶属关系和横向协作关系，其次是不同企业和个人之间的经济往来关系。工商行政管理机关在调整这些关系时，只有依据有关的工商行政管理法律、法规才能达到目的，才能得到被调整各方的理解和支持。

3. 保障工商行政管理机关依法行政。

工商行政管理机关的职能和权力是法律赋予的，工商行政管理法律、法规作为国家意志和政府权力的体现，规定了工商行政管理机关应该做什么、能够做什么和怎样做。由于法律法规所具有的命令性、执行性和强制性，使工商行政管理机关依法行政有了依据和保障。

4. 保护公民、法人和其他经济组织的合法权益。

工商行政管理法律、法规制定和实施的目的，是为了建立和维护市场秩序。为此，必须有完备的工商行政法律、法规，必须强调工商行政管理机关要依法行政，依法对社会主义市场经济秩序进行管理，这种管理还必须以维护人民利益为原则。公民、法人和其他经济组织也必须依法办事，依法服从管理。同时，还应使人民对工商行政管理机关行政执法的监督制度化，通过行政诉讼、行政复议等法律制度的建立健全，使公民、法人和其他经济组织在工商行政管理中受到损害的合法权益能够得到相应的纠正和补偿。以上情况说明，只有经过工商行政管理法律、法规的调整，社会经济关系和社会经济秩序才能有序化，公民、法人和其他经济组织的合法权益才能在这种有序状态中得到保障。

二、工商行政管理权和工商行政管理法律关系

（一）工商行政管理权

工商行政管理权应是各级工商行政管理机关依法管理国家工商行政管理事务方面的权力。

第一，工商行政管理权的主体是国家工商行政管理机关，工商行政管理权不是全部国家权力，它只是国家为实现其职能所设立的工商行政管理机关所行使的那部分权力。

第二，工商行政管理权是国家工商行政管理机关依法管理国家工商行政管理事务方面的权力，是一种法定权力。工商行政管理机关的设立、管理范围、权限，以及其行使权力的结果、责任等，都需要国家通过制定相关法律来加以规定。

第三，工商行政管理权是一种权力。权力不同于权利，权力是一种行使权力的机构、组织直接支配被管理者，而被管理者必须服从的力量。工商行政管理权只能由工商行政管理机关来行使。工商行政管理权具有命令性、执行性、强制性三个方面的重要特征。

在我国，国家的权力属于人民。其中工商行政管理权是国家权力的重要组成部分，是人民通过法律授予工商行政管理机关的一种管理、执行的权力。我国的工商行政管理权从性质上说，是人民权力的一部分，只能依人民的意志行使，时刻不能偏离为人民服务的宗旨。

（二）工商行政管理法律关系

工商行政管理法律关系是指国家各级工商行政管理机关，在依法进行工商行政管理活动时，同被管理者所发生的各种法律关系的总和。

第一，在工商行政管理法律关系中，工商行政管理机关是不可缺少的主体一方。没有工商行政管理机关参加，就不能形成工商行政管理法律关系。

第二，工商行政管理机关在工商行政管理法律关系中起一种主动、决定的作用。工商行政管理机关的管理是一种主动的管理。工商行政管理法律关系的形成、变更和最终的完成，取决于工商行政管理机关单方面的意思表示，并且可以采取措施实现自己的意志。因此，工商行政管理法律关系是一种主体之间不平等的关系，在工商行政管理法律关系中，作为管理主体的工商行政管理机关处在支配的地位。这是工商行政管理法律关系区别于一般民事关系的重要特点。

第三，工商行政管理法律关系作为一种管理与被管理的关系，它的形成和实现是以国家强制力来保障的。工商行政管理法律关系是工商行政管理机关主动作出意思表示，主动进行管理的结果。工商行政管理机关的管理行为之所以能被被管理者接受，并达到预期目的，就是因为工商行政管理机关代表的是国家，它是以国家的名义行使权力的。如果被管理者不接受这种管理，不执行命令，不履行工商行政管理机关为其设定的义务，那么，工商行政管理机关就可以对它依法进行行政处罚，或者采取行政强制措施，强迫其履行义务。这里的处罚和强制措施，都是国家强制力的表现。

三、工商行政管理法律、法规体系的构成

（一）工商行政管理法律、法规的渊源

工商行政管理法规的渊源是指工商行政管理法规来源于哪些方面，出自何处，其存在形式又是如何。工商行政管理法规根据其制定主体性质和职能的不同，以及法规本身效力和适用范围的不同，存在形式上也往往呈现不同的层次。

我国工商行政管理法律、法规的渊源有：

1. 宪法和法律。

宪法是国家的根本大法，由全国人民代表大会制定，它规定了国家的根本制度和根本任务，具有最高的法律效力。全国各族人民、一切国家机关和武装力量、各政党和各社会团体、各企事业组织，都必须以宪法为根本的行动准则。法律的效力仅次于宪法。全国人民代表大会及其常务委员会为工商行政管理所制定的相关法律及其他法律中涉及工商行政管理的内容，是我国工商行政管理法规体系的基础框架和重要渊源。如《中华人民共和国公司法》、《中华人民共和国广告法》、《中华人民共和国行政诉讼法》、《中华人民共和国企业法》等。

2. 行政法规和部门规章。

涉及工商行政管理内容的行政法规、部门规章，是对工商行政管理有关法律的具体化，涉及面广，针对性强，是我国工商行政管理法规体系的主要渊源。一般通过法律实施细则、条例、规定、决定、办法、通知等形式由有关部门颁布实施。如《中华人民共和国公司登记管理条例》、《中华人民共和国中外合作企业法实施细则》、《城乡集市贸易管理办法》、《国务院办公厅关于坚决取缔非法出版活动的通知》、《国家工商行政管理局关于进一步加强药品市场管理的通知》等。

3. 地方性法规和规章。

地方性法规和规章同样也包括大量直接为工商行政管理所制定或涉及工商行政管理内容的规范性文件，它们是根据各地方的特点和市场监督、管理的要求制定的，更具体，更有针对性，同样也是我国工商行政管理法规体系的主要渊源。一般通过法律实施细则、条例、规定、决定、办法、答复、通知、意见等形式由有关部门颁布实施。如北京市实施《中华人民共和国消费者权益保护法》办法、《北京市集贸市场管理规定》等。

民族自治地方的人民代表大会依法制定的自治条例和单行条例，也有许多涉及工商行政管理的内容，应视为工商行政管理法规的渊源。

以上我们阐述了工商行政管理法律、法规的一般渊源。此外，工商行政管理法律、法规还有一些特殊的法律渊源。(1) 法律解释，包括立法解释、司法解释、行政解释和地方解释中涉及工商行政管理的内容。(2) 中共中央和国务院联合发布的法律文件，国务院和有关社会组织联合发布的文件中涉及工商行政管理的内容。

(二) 工商行政管理法律、法规体系及其构成

法律、法规体系是由若干法的部门组成的具有内在联系、相互协调的统一体。法的部门，是指对现行法律规范，按其所调整的不同法律关系所作的一种分类。因此，凡调整同一类社会关系的法律规范的总和，就构成一个独立的法的部门。

工商行政管理法律、法规所调整的法律关系涉及许多方面，可以按不同的具体法律关系再进行分类，形成不同的法的子部门。这种由工商行政管理法规的子部门构成的、具有相互联系和协调统一的有机整体，就称之为工商行政管理法律、法规体系。

工商行政管理法律、法规体系，可按一定的标准或原则进行分类：

1. 按法律、法规的法律效力层次划分。

(1) 宪法。我国宪法中有关市场主体地位和市场监督管理的有关规定是工商行政管理法律、法规的根本法律准则。

(2) 法律。由全国人民代表大会及其常委会颁发的适用于工商行政管理的有关法律和法律条款，是工商行政管理法规体系中最重要的法律规范。

(3) 行政法规和地方法规。包括涉及工商行政管理内容的、由国务院制定或批准制定的行政法规和省级人大制定的地方性法规。这些法规的制定实施，为工商行政管理机关在不同领域和不同行政区域的执法和对市场监督管理提供了法律依据。

(4) 规章。包括国家工商行政管理局制定的部门规章和由国务

院各部、委和直属机构制定涉及工商行政管理内容的部门规章以及省级政府制定的地方性规章。大量规章的制定实施，使工商行政管理机关的执法和对市场监督管理更具针对性和可操作性。

（5）其他与工商行政管理有关的法规性文件。

2. 按法律、法规调整的法律关系划分。

（1）调整国家在实施工商行政管理活动中管理主体与其他市场主体之间行政法律关系的工商行政管理法律、法规。

（2）调整国家在实施工商行政管理活动中相关管理主体之间在行使工商行政管理职权方面法律关系的工商行政管理法律、法规。

（3）调整参与市场活动的其他市场主体间法律关系，并规范其行为的工商行政管理法律、法规。

3. 按法律、法规所针对的内容划分。

（1）针对市场经营主体的法律、法规。主要是针对市场经营主体的组织形式、登记管理程序、市场准入条件等所制定的工商行政管理法律、法规。

（2）针对市场主体经营行为的法律、法规。主要是为实现市场正常交易和规范市场合理竞争等行为所制定的工商行政管理法律、法规。

（3）针对不同市场类型的管理法律、法规。有对有形市场，即各种类型的商品交易场所和对无形市场，即各类生产要素市场，如劳动力市场、金融市场、房地产市场、技术与信息市场等所制定的工商行政管理法律、法规。

（4）针对市场管理内容的法律、法规。主要是针对经济合同、企业登记、商标、广告、市场价格、产品质量、商品计量、中介代理等具体管理内容所制定的工商行政管理法律、法规。

4. 按法律、法规制定的目的和依据划分。

（1）基础性的工商行政管理法律、法规。主要指全国人民代表大会及其常务委员会，省级人民代表大会及其常务委员会和国务院为工商行政管理制定的法律、法规，以及其他法律、法规中涉及工商行政管理内容的相关条款。基础性的工商行政管理法律、法规为工商行政管理机关行使职能和制定规章，确立了行动准则和法律基础。

（2）执行性的工商行政管理法律、法规。这种性质的法律、法规是为了直接执行法律和行政法规而制定的。其法律名称通常称为“实施办法”、“实施细则”、“通知”、“办法”等。这种执行性的工商行政管理法规，主要是对法律和行政法规在各个具体场合下的适用性作出具体规定。它只是适用原法律、法规于具体场合，其本身并不创造新的法律关系。

（3）补充性的工商行政管理法规。这种性质的法规是为了对现有法律或行政法规进行补充而制定的，往往是因为原法律或行政法规对某些情况不能预见或不能详细规定，只能在适当的时候由原发布机关或授权机关根据当时当地情况加以补充。通常以“补充规定”、“补充规则”、“补充通知”、“补充意见”等形式发布。补充性的工商行政管理法规不同于执行性的工商行政管理法规，它可以而且必须创造出部分新的法律关系和法律规范，以补充原法律规范。

（4）自主性的工商行政管理法规。这种法规是工商行政管理机关为了履行法律赋予的职权，而在其职权范围内自主制定的法规性文件。它既不是直接为了实施某项法律或行政法规而制定，也不是为了补充某项法律或行政法规而制定，而是在宪法和行政组织法允许的范围内对现有法律或行政法规所未规定的事项加以新的规定。

（5）试用性的工商行政管理法规。这种法规是工商行政管理机关基于法律的特别授权，对应由法律或行政法规规定的事项，在条件不具备或社会关系尚未定型的情况下，先用“暂行条例”、“暂行规则”等法规性文件予以规定的，经过一定时间的试验总结之后，待条件成熟，再以法律或行政法规的形式正式颁布。

第二节　工商行政管理法律、法规的制定

一、工商行政管理法律、法规制定的主体

工商行政管理法律、法规的制定，是指国家立法机关和行政机关按照法定程序制定工商行政管理法律、法规的行动。从工商行政管理法律、法规体系的构成可以看出，工商行政管理法律、法规依

制定主体和立法权限的不同，包括立法机关的法律制定和各级国家行政机关的行政立法。而依制定活动内容的不同，则不仅包括新法律、法规的创制，也包括对现存法律、法规的修改和废止。

（一）工商行政管理法律、法规的制定主体

工商行政管理法律、法规体系包括有关工商行政管理方面的法律、法规、规章和其他规范性文件，因而其制定主体应该包括：

1. 全国人民代表大会及其常务委员会。

全国人民代表大会是我国最高权力机构，有权制定和修改宪法及其他基本法律。全国人民代表大会常务委员会有权制定和修改除宪法和基本法律外的其他法律。宪法和法律是其他立法主体制定工商行政管理法规时的依据和基础，有些法律或法律中的条款就是为工商行政管理制定的。

2. 国务院。

国务院是我国最高权力机关的执行机关，是最高国家管理机关。国务院的立法权限为：根据宪法和法律，规定行政措施，制定行政法规，发布决定和命令；改变或撤消各部、委、直属机关和地方各级国家行政机关发布的不适当的决定、命令、指示和规章。

3. 国务院各部、委和直属机关。

这些部门的立法权限是：根据国务院的行政法规、决定和命令，在本部门的权限内，发布命令、指示和规章。

4. 省级地方人民代表大会及其常务委员会。

作为地方国家权力机关，在不与宪法、法律和行政法规相抵触的前提下，可以制定适合本地区情况的地方性法规，报全国人民代表大会常务委员会备案。

5. 省级地方人民政府，省、自治区人民政府所在地的市人民代表大会及其常务委员会和经国务院批准的较大的市和某些经济特区市的人民代表大会及其常务委员会。

6. 省级地方人民政府，省、自治区人民政府所在地的市人民政府和经国务院批准的较大的市的人民政府和某些经济特区市的人民政府。

作为地方各级国家行政机关，在不与法律、行政法规、地方性法规相冲突的前提下，依照法律规定的权限，制定适合本地区情况的地方性行政规章。

各级立法机构和国家行政机关依各自权限制定的行政法规、地方性法规和规章中，同样也有许多是为工商行政管理制定的，或包含涉及工商行政管理内容的条款。

国家工商行政管理局是国务院的直属机构，负责工商行政管理方面事务的职能部门，在对市场主体及其市场行为进行监督管理与行政执法的同时，也依法承担大量的工商行政管理法规的规划和制定工作。因此，有必要将国家工商行政管理局的规章制定任务和范围单独加以介绍。

（二）国家工商行政管理局的规章制定任务和范围

由于以下三个原因，国家赋予国家工商行政管理局在一定范围内制定工商行政管理规章的权力：

第一，立法部门的主要任务是制定国家的基本法律，而为了实施这些法律，行政机关需要根据宪法和法律的原则，自行制定行政管理法规，作出切合实际的具体步骤、方法和措施，这样有利于法制的实施。工商行政管理机关应该也不例外。

第二，工商行政管理涉及内容繁杂，法律、法规众多，使得全国人大和国务院无法在法律和行政法规中做到面面俱到，而只能对一些重要的基本法律和法规加以掌握，其余的只规定原则，详细管理办法授权工商行政管理局以行政规章加以规范，并通过规章审批备案制度加以控制。

第三，当前，工商行政管理工作日趋专业化、综合化，其立法内容和技术也日趋繁杂和专业，因而有必要充分利用工商行政管理系统内人员的经验和立法优势，赋予其一定范围制定规章的权力。

目前，国家工商行政管理局的规章制定任务和范围包括以下几个方面：

（1）研究拟定工商行政管理立法规划。

（2）组织和承担工商行政管理规章制度的拟定、协调和发布。

（3）研究拟定制止垄断和不正当竞争的规章制度及具体措施、办法。

(4) 研究拟定消费者权益保护的规章制度及具体措施、办法。

(5) 研究拟定规范市场秩序的规章制度及具体措施、办法。

(6) 研究拟定企业注册的规章制度及具体措施、办法。

(7) 研究拟定广告业监督管理的规章制度及具体措施、办法。

(8) 研究拟定监督管理个体、私营经济的规章制度及具体措施、办法。

(9) 研究拟定商标监督管理的规章制度及具体措施、办法。

二、工商行政管理法律、法规制定的原则

制定工商行政管理法律、法规的是一项极其严肃的工作。它们的制定必须体现社会主义国家意志，为维护社会主义市场秩序服务。同时还必须符合法的基本准则和要求。工商行政管理法律、法规的具体制定过程中主要应该遵循下列原则：

(一) 体现社会主义市场经济体制的要求

社会主义市场经济体制是市场经济与社会主义基本制度的有机结合。工商行政管理法律、法规必须体现市场经济一般规律的要求，而且还要体现社会主义基本制度的要求。按照市场经济一般规律要求立法，就是要使法规能保证价值规律、供求规律、竞争规律正常地发挥积极作用，并将其可能产生的消极后果减少到最低程度；要按市场主体关系、市场交易关系、市场主体与国家之间（主要是间接管理）关系的要求来立法；要改变传统的部门立法意识，立法的重心要从行政管理转到确立和完善市场规则上来，以建立社会主义市场秩序。按照社会主义基本制度要求立法，就要使工商行政管理法规体现以社会主义公有制为主体的多种经济形式共同发展、平等竞争；体现以按劳分配为主的多种经济利益关系的协调；体现公平与效率的兼顾，实现共同富裕。工商行政管理法律、法规是以市场经济法律、法规体系为主体的，它必须体现社会主义市场经济体制的要求。

(二) 法制稳定与因时制宜相结合

实事求是，从实际出发，结合经济发展的需要，把法律、法规的相对稳定和“废、改、立”相结合，应成为工商行政管理法律、法规制定时遵循的又一重要原则。法律规范的特点之一，是具有相

对的稳定性，不能朝令夕改，否则，会使人们无所适从，也影响作为法律、规范的权威性和严肃性。但是，这种稳定性不是僵化不变，法律、法规应该随着社会经济条件的实际变化而发展，要从实际出发，实事求是，对已过时的必须废止，对部分失效的应及时修改、充实，对新的情况、新的要求需要规范的必须创立新的法规。把规范的相对稳定和“废、改、立”有机地结合起来，充分发挥工商行政管理法规的作用。在对法规的“废、改、立”过程中，要注意保持法规的连续性。对于修改、充实法规应给予足够的重视。因为充实完善现有法规，是制定新的法规的基础，许多新的完整的法规常常也是从一些不太成熟的规章开始，逐步完善的。此外，制定一部新的法规往往牵涉面广，周期较长，而充实现有法规可及时发挥效能，同时又为新法规的出台提供必要的准备。

（三）法制统一与因地制宜相结合

法制的统一，是法制建设的基本要求。我国是一个地域辽阔、人口众多、多民族的国家，更必须讲统一，讲中央的集中统一领导，否则便只能是一盘散沙。但另一方面，各地又确有各地的特殊情况，必须照顾到这种特殊性，兼顾各地的特点。我国宪法第三条第四款规定：“中央和地方的国家机构职权的划分，遵循在中央的统一领导下，充分发挥地方的主动性、积极性的原则。”具体到工商行政管理法律、法规的立法原则，那就是既要注意立法时不与宪法、法律的精神相抵触，使工商行政管理法律、法规特别是地方性法规、规章的精神符合法制统一的要求；另一方面，又要从实际情况出发，从各地工商行政管理机关管辖范围内政治、经济、社会、文化的现状出发，在法律允许的权限范围内，有针对性地制定适合本地区特点的工商行政管理法规，使法规的内容有利于本地区的发展和人民群众的切身利益。

（四）依法而立并注意法规间相互衔接

工商行政管理法律、法规的制定，不得与宪法和相关法律相抵触，还应注意法规体系内各种法律法规在内容上的相互衔接、协调一致。工商行政管理法律、法规与民法、刑法、行政法和经济法都有着密切的关系，这些相关法律的基本原则和规定是制定工商行政管理法规的依据。工商行政管理法规是一个体系，在制定某一个规范性文件时，要考虑到已有的工商行政管理法律、法规，彼此要衔接协调，互相补充。如果其他法规的部分内容不合时宜，应及时进行调整修改，保证法律、法规体系的统一性和权威性。

三、工商行政管理法律、法规制定的基本程序

工商行政管理法律、法规的制定，通常包括编制立法规划、起草、征求意见、审查和审议、通过和发布等程序。

（一）提议和编制立法规划

工商行政管理方面法律的制定，需由全国人大代表、主席团、常务委员会以及国务院有关机构，向全国人大及其常务委员会提议；法规和规章的制定，一般则由工商行政管理机关或有关行政机关的负责人，向相应的有制定权的机关提议。当上述提议被采纳后，即可编制立法规划。工商行政管理方面法律的编制规划由全国人大常委会确定；国务院行政法规的编制规划由国务院法制局编制，报国务院审定；国务院所属部、委和直属机构行政规章的编制规划由各自的法制部门编制，报部（委、局）务会议审定。地方性法规和规章的编制规划也有相应的程序。

（二）起草法律法规

工商行政管理方面法律由全国人大专门委员会或其委托的有关部门起草；国务院行政法规一般由其指定的相关行政部门起草；行政规章则由国务院相关部、委和直属机关的有关司、局起草。地方性法规和规章的起草也有相应的程序。

（三）广泛征求意见

法律和行政法规、规章的草案一般要征求有关地方和部门的意见，涉及全体人民重要权益的法律和行政法规草案还需通过新闻媒介公布，组织公民讨论。必要时可组织专门的听证会、讨论会等。

（四）协商

对于涉及几个部门的法规，需经过协商，征得有关部门的同意；若协商达不成协议，需报上级机关决定。

（五）审查和审议

前四个步骤是工商行政管理法律法规立法的准备阶段，从审查

和审议开始，即进入正式立法程序。法律草案提交全国人大或其常委会审议；行政法规草案经国务院法制局审查后，提交国务院或国务院常务会议审议；国务院各部、委和直属机关制定的规章草案，先由其法制司、局协调并提出审查意见，再报部（委、局）务会议审议。地方性法规和规章草案的审查和审议也应履行相应的程序。审查和审议的内容包括：(1) 立法的必要性和可行性；(2) 草案的内容，包括草案文本与相关文件；(3) 起草程序。

（六）发布

工商行政管理方面的法律法律、法规经审查和审议后，应写出审查报告，报立法机构或行政立法机关通过。法律需由全国人大或其常委会讨论通过；行政法规需经国务院常务会议或全体会议讨论通过；地方性法规需由地方人大或其常委会讨论通过；行政规章、地方规章，则一般由部（委、局）务会议、地方政府常务会议讨论通过。

经立法机关和政府会议通过的法律、法规和规章，应由有关首长签署发布令，在政府公报上公布，同时也可通过新闻媒介向社会发布。涉及工商行政管理内容的法律，由国家主席签署发布。行政法规由国务院总理签署发布。地方性法规和行政规章也应由制定机关的行政首长签署发布。国家工商行政管理局局务会议通过的规章，由局长签署发布。发布行政法规的令，应包括下列内容：发布机关、序号、法规名称、通过和批准日期、发布日期、生效日期和签署人等。行政法规使用下述名称：条例，规定和办法。行政法规的内容是对某一方面的行政工作作比较全面系统的规定的，使用“条例”。行政法规的内容是对某一方面的行政工作作部分的规定的，使用“规定”。行政法规的内容是对某一项的行政工作作比较具体的规定的，使用“办法”。

四、工商行政管理法律、法规的法律效力

（一）工商行政管理法律、法规具备法律效力的条件

工商行政管理法律、法规是否具备法律效力，取决于如下条件：

1. 立法主体合法。

制定涉及工商行政管理相关法律、地方性法规的必须是各级立法结构；制定工商行政管理行政法规、规章的行政机关，必须享有法律授予的或行政组织法规定职权范围内的立法权。

2. 立法权限合法。

工商行政管理法律、法规立法活动所制定的法律、法规和规章的内容，必须限定在立法机关的权限范围之内，超出权限范围的无法律效力。

3. 内容合法。

工商行政管理法规、规章的内容不与宪法、法律以及比其效力高的法规相冲突。

4. 程序合法。

工商行政管理法规的制定程序合法。

5. 形式规范。

工商行政管理法律、法规的形式符合规范要求。

（二）工商行政管理法律、法规法律效力的具体表现

工商行政管理法律、法规和其他行政法规一样，是具有法律效力的，相关的法律、法规和规章一经颁布实施，工商行政管理机关和被管理的相对人的行为必须受其制约，只能依其规定享受权利和承担义务，否则就要担负对自己不利的法律后果。具体表现在以下几个方面：

第一，在涉及工商行政管理法律、法规的案件中，法院应当像对待立法机关制定的法律那样对待这些法规的内容，只是依法裁量的程度有所不同。凡是案件（包括民事、刑事、行政以及经济案件）涉及到工商行政管理法律、法规的，法院都必须加以考虑、仲裁和审判。事实上，法院处理的许多案件，特别是经济案件，大多是根据工商行政管理法律、法规的内容进行处理的。

第二，在我国，由于现阶段法制的不健全，适应社会主义市场经济的法律、法规体系仍不完善，因而在有些领域或有些情况下，工商行政管理法律、法规成了法律的补充，成了法律事实上的组成部分。从这个意义上说，工商行政管理法规也可以被认为是法律，具有法律的严格约束效力。

第三，工商行政管理法律、法规具有法律效力的实质，还表现在它对违反法律、法规行为者的制裁效力。法律所规定的行为准则，任何公民和组织都必须遵守，否则就要受到法律的制裁。工商行政管理法规也规定了商品生产经营者的行为准则，它也是以对违反者给予处罚制裁作为后盾。当然，其制裁并非是刑事制裁，而主要是行政性和经济性的制裁。因此，工商行政管理法律、法规如果没有这种制裁力，其法律效力也就无从实现。

第四，工商行政管理法律、法规的法律效力，还表现在工商行政管理机关具有的行政执行效力上。当当事人不履行工商行政管理法规所规定的义务时，工商行政管理机关可以加以直接的强制执行；当当事人违反了工商行政管理法律、法规时，工商行政管理机关可以依据法规自行采取相应的手段和措施加以制裁，必要时也可以请求法庭加以强制执行和制裁。这里，法律效力和行政行为的效力是一致的。

（三）工商行政管理法律、法规法律效力的范围

工商行政管理法规依其制定机关的层级差异和适用范围及对象的差异，效力也有所不同，主要有以下几个方面：

1. 工商行政管理法律、法规的时间效力。

工商行政管理法律、法规的时间效力是指其具有法律效力的时间范围，即从发布生效之日到废止或自然失效之时所存续的时间范围。

（1）工商行政管理法律、法规的生效。

多数工商行政管理的法律、法规是自发布之日起生效。有的特意专条注明，如："本条例（或办法等）自发布之日起施行。"凡不注明生效日期的，均是自发布之日起生效。有的工商行政管理法律、法规在发布后需要做一些实施前的准备工作，或者需要进行宣传解释，以使人们了解它的内容和精神实质，这样，就需要在发布时专门规定一个生效日期。例如，1994 年 6 月 24 日国务院以第 156 号令发布的《中华人民共和国公司登记管理条例》规定的生效日期是 1994 年 7 月 1 日。

工商行政管理法律、法规一般不能溯及既往，即对于在它生效

以前的事件和行为是无效的，个别情况下需要溯及既往的，也应以不损害相对人的权益为原则。

(2) 工商行政管理法律、法规的失效。

大多数工商行政管理法律、法规自涉及同一内容的新法规公布实施后自然失效，或在新法规中明文规定其废止时失效；在法律、法规清理中若发现有些旧法律、法规和规章已经过时，也可通过颁布专门法规的方式宣布失效；还有些工商行政管理法规是由于它规定的社会事实已经不存在，或效果已经达到而失效。

2. 工商行政管理法律、法规的区域效力。

工商行政管理法律、法规的区域效力是指由于法律、法规制定或执行机关管辖权限和法规内容的不同所限定的法规具有法律效力的地域范围。一般情况下，国务院及所属的部、委和直属机构（包括国家工商行政管理局）发布的工商行政管理法规，其法律效力的地域范围为全国。而各地方经授权的立法机构和行政机关发布的工商行政管理法规，则仅在本地区范围内具有法律效力。如果立法机构或行政机关制定的工商行政管理法规的内容，仅是就其管辖区域内的某一地区的问题作出的专门规定，该法规的法律效力范围也就只涉及该地区而不涉及该地区以外的其他地区。工商行政管理法律、法规的区域效力通常在法规中应有明确的规定。

3. 工商行政管理法律、法规涉及部门或行业的效力。

许多工商行政管理法律、法规是专门为规范和调整某一部门或行业内市场主体的行为和法律关系而制定的，这类法律、法规的法律效力只存在于该部门或行业内，而不涉及其他部门和行业。如全国人大常委会通过的《中华人民共和国邮政法》、国务院发布的《旅行社管理条例》、中央宣传部与国家工商行政管理局等单位联合颁布的《关于加强内部报刊管理的通知》等法律、法规，针对的都是某一特定的部门或行业。

4. 工商行政管理法律、法规涉及人的效力。

工商行政管理法律、法规涉及人的效力中的“人”指的是法规所涉及的具体行为人，包括法人和自然人。许多工商行政管理法律、法规都是针对特定的行为人制定的，这些法律、法规只对特定的行为人具有法律效力，对其他行为人则不具有法律效力。如全国人民代表大会通过的《中华人民共和国外资企业法》、国务院发布的《劳动就业服务企业管理规定》、国家工商行政管理局发布的《经纪人管理办法》等法律、法规都只适用于特定的行为人。

5. 工商行政管理法律、法规涉及物的效力。

工商行政管理法律、法规涉及物的效力，指的是法律、法规在规范市场上商品生产经营者经营某类特定商品时行为的法律效力。市场经济活动总是涉及具体的商品，商品对国计民生的影响程度差异，必然使管理方式有所不同，也必然要求制定相应的工商行政管理法规来规范某些特定商品的经营行为，这些工商行政管理法规的法律效力也只限于规范特定商品的经营行为。如全国人大常委会通过的《中华人民共和国烟草专卖法》、国务院办公厅发布的《关于取缔自发黄金市场，加强黄金产品管理的通知》、国家工商行政管理局和农业部联合发布的《关于加强肥料、农药、种子市场管理的通知》等。

6. 工商行政管理法律、法规涉及行为的效力。

工商行政管理从实质上讲就是对市场上从事生产经营活动的法人和自然人行为的监督管理。市场上生产经营活动的类型是复杂多样的，不可能只通过一部工商行政管理法律、法规全部加以规范，一定的法规只对一定的市场行为有效。如《中华人民共和国反不正当竞争法》涉及的主要是不正当竞争行为。工商行政管理法律、法规涉及行为的法律效力问题，一般在法律、法规等法规性文件中都有明确的规定。

上述关于工商行政管理法律、法规法律效力的分析只是为了条理清晰，是为了说明各个具体工商行政管理法律、法规在法律效力上的区别。事实上，在每一部工商行政管理法律、法规中，上述几个方面的法律效力都是存在的，只不过是存在的形式不同而已。

第三节　工商行政管理法律、法规的实施

一、工商行政管理法律、法规实施的概念

工商行政管理法律、法规的实施，就是指工商行政管理法律、

法规的适用和实现。法律、法规只有当它在实际生活中真正得到贯彻和实现时，它的制定才是有意义的，其作用才能显示出来。

工商行政管理法律、法规的实施是由几个相互联系的环节组成的，它们是守法、执法、司法和监督。守法指市场主体对于工商行政管理法律、法规的遵守，是工商行政管理法律、法规实施的基础，也是制定和实施工商行政管理法律、法规的目的所在。执法指工商行政管理机关及其人员对工商行政管理法律、法规的执行和对违法行为的纠正和追究，是工商行政管理法律、法规真正得以实施的关键。在现实生活中，违法现象大量存在，如果不对违法行为进行追究，守法也就成为一句空话。司法是执法的继续，对于严重违法和不服行政裁决的行为，工商行政管理机关可交由司法机关处理，只有这样才能体现工商行政管理法律、法规的强制性和权威性。监督则是为使工商行政管理法律、法规的实施更全面准确地体现人民的意志，更具有民主性、公正性和严肃性。

（一）工商行政管理法律、法规的遵守

工商行政管理法规的遵守，要求各级政府机关（包括工商行政管理机关）、企事业单位、社会团体和个人在从事市场经营活动时，都必须恪守工商行政管理法律、法规的规定，严格依法办事。所有当事人在法律面前一律平等，任何单位和个人都不得有超越法律、法规的特权。守法包括执法者守法、国家公职人员守法、企事业单位和公民个人守法等多方面的要求，尤其是要求领导干部带头守法。工商行政管理机关作为职能机关更要守法，要正确运用工商行政管理法律、法规赋予的权力，依法行使职权，该管的坚决管好，不该管的则不乱管，切忌违法乱纪、滥用职权、破坏法制。遵纪守法是市场经济秩序井然的条件，是使经济活动当事人的合法权益得到保障，提高市场效率的重要条件。强调守法，还要求敢于同违法行为做斗争，自觉抵制违法行为。工商行政管理机关及其工作人员必须牢固树立法制观念，养成依法办事的习惯，自觉接受有关法律、法规和人民的监督。

（二）工商行政管理法律、法规的运用

工商行政管理法律、法规的运用，指的就是工商行政管理法律、法规的执法和司法过程，它是国家各级司法和行政管理机关（主要是工商行政管理机关）及其工作人员，依照法定的权限和程序，将工商行政管理法规应用于具体的人或组织的专门活动，更多的是表现在工商行政管理机关贯彻执行工商行政管理法律、法规的专门活动。

工商行政管理机关依照有关法律赋予的权限进行行政执法，包括对市场活动进行监督检查和对违法行为进行查处两个部分，两部分缺一不可。执法的过程是检查守法还是违法的过程，同时也是维护正当经营和制止非法经营的过程。

工商行政管理机关和工作人员在执法过程中必须做到有法必依，执法必严，违法必究。有法必依，就是要以事实为依据，以法律为准绳，这就要求各级工商行政管理机关及其工作人员对案件进行深入调查，在详尽占有案件材料的基础上，实事求是地进行全面分析，做出正确的判断和结论。在对案件的调查、检查和处理过程中，一切活动都要符合法律的要求，不能凭直觉、凭热情处理问题，更不能感情用事。执法必严，要求工商行政管理机关及其工作人员在对案件正确定论的前提下，严格按法律、法规所规定的处罚标准进行处理，避免和克服以言代法、以罚代刑的做法，使违法行为受到应有的处罚。同时还要求在处理同一违法行为或同一严重程度的案件时，对不同的当事人要一视同仁，不能因人而异。

工商行政管理机关及其工作人员，在对市场经济活动进行监督管理过程中，遇到难以用行政执法手段解决的问题时，可要求司法机关协助或将案件转交司法机关处理，最终保证工商行政管理法规的实施。

（三）工商行政管理法律、法规实施的监督

工商行政管理法律、法规实施的监督，是指对工商行政管理法律、法规执行过程和执行情况的监督。这种监督来自上级机关、专门的授权机关、司法机关和人民群众，也应当包括各级行政机关（主要是工商行政管理机关）的自我监督。它是解决以权谋私、滥用权力的有力措施，是保证执法严肃性，保证有法必依、执法必严的后盾。

二、工商行政管理法律、法规实施的特点

工商行政管理法规主要是通过各级工商行政管理机关以行政执法的方式来实施的。工商行政管理法律、法规的实施，具有以下特点：

（一）无须执法请求

司法机关执法，其程序性原则是不告不理。而工商行政管理机关依法对市场主体行为进行监督管理，则是法定职权所规定和要求的，一般无须当事人事先请求。

（二）具有自由裁量权

自由量裁权是指在法律规定的原则和范围内的自由处置权。在法制社会里，司法机关一般很少有司法自由裁量权，但工商行政管理机关和工作人员则往往有较多的行政自由裁量权，可以根据对法律、法规和政策规定的理解，对现实环境和条件的评价，以及对行为对象的各种考虑，自行决定执法行为的内容、形式、程序、范围和方法等。但必须指出的是，这种自由裁量权是有限制条件的，主要包括以下三个方面：

第一，根据形势需要，而法律又没有明确规定，或虽有规定但对诸如行为的条件、范围、方式和手段等缺乏具体要求，在此种情况下才可依法实施自由裁量。

第二，法律、法规、规章对诸如处罚一类的行政行为规定一定的幅度和范围，则自由裁量必须在其规定的上下限之内进行。

第三，不能超越授权或法律规定的自由裁量的范围。

（三）必须发布命令

司法机关只能适用法律，不能自行制定法规。工商行政管理机关则在适用法律时必须发布命令。为了有效地执行工商行政管理方面的有关法律，工商行政管理机关通常需要另行制定命令、规定、标准等法规，有时还要发出行为执行命令，如命令市场经营主体依法登记注册、明码标价、缴纳市场管理费等。

（四）作为当事人必须接受监督

司法机关独立审判，依法办事，始终是以仲裁者身份出现。而工商行政管理机关不仅具有执法权，而且还有权处理由它在执行法

律和法规时引起的纠纷，这样它就处在法律关系中当事人的地位。在许多执法案件中，工商行政管理机关既是当事人，又被赋予审判该案的权力，判决不是由独立的法官作出，而是以工商行政管理机关的名义作出。正因为如此，工商行政管理机关作为当事人，在执法过程中必须接受监督。监督的方式有两种，一是接受行政复议监督，二是接受司法监督，即行政诉讼监督。

三、工商行政管理法律、法规实施的手段和方式

（一）行政执法

1. 行政执法的概念。

执法，是指国家机关执行、适用法律的活动。行政执法，是指行政机关执行法律的行为，既包括抽象行政行为，也包括具体行政行为。具体行政行为是指主管行政机关依法采取的具体的直接影响相对一方权利义务的行为，或者对个人、组织的权利义务的行使和履行情况进行监督检查的行为。对行政执法，可以从以下几个方面理解：

(1) 行政执法的主体是主管行政机关，执法活动是行政机关行使职权的活动，属于具体行政行为。

(2) 行政执法的主要内容是行政机关依法办事，直接影响相对一方权利义务。

(3) 行政执法是行政机关与个人、组织之间发生的法律关系，是双方关系，一般是以行政机关单方意思表示为特点。

需要指出的是，所有行政机关和行政部门，只要拥有某一方面的行政权，就都是行政执法的主体。例如，价格主管部门（计划委员会、物价局等）就是价格法律、法规的行政执法机关。卫生主管部门就是食品卫生法律、法规的行政执法机关。

2. 工商行政管理部门的行政执法。

工商行政管理部门的行政执法，是指以工商行政管理机关为主体，依照相关的工商行政管理法律、法规和行政执法程序，对特定的相对一方人，就具体的行政事务作出处理的一类行政行为的总称。行政执法是工商行政管理法制建设不可缺少的一个重要内容，从立法与执法的关系看，行政立法是行政执法的前提，但如果没有行政执法，行政立法也就失去了意义。因此，行政执法是工商行政管理法规实施的重要组成部分。

（二）工商行政管理机关行政执法的手段

工商行政管理机关在行政执法中采取的手段主要有：

1. 行政监督检查。

工商行政管理法律、法规实施中的行政监督检查，是指工商行政管理机关依法对公民、法人和其他组织遵守工商行政管理法规的状况进行了解，获取有关材料和信息，并予以督促的行为，它具有如下四个特征：

（1）从其目的来看，行政监督检查的目的是通过获取有关的信息和资料，了解公民、法人和其他组织遵守法规、履行法规所确定的义务的情况，督促相对人遵守法规。

（2）从法律关系的内容来看，行政监督检查可能会直接影响相对人程序上的权利义务和既得利益，但不会直接导致相对人实体权利义务的丧失。公民、法人和其他组织应工商行政管理机关的要求提供资料、证件和证明，积极协助检查，只能帮助工商行政管理机关弄清楚它们享受实体权利、履行实体义务的情况，保护它们的合法权益。

（3）从行政监督检查与其他行政执法手段的关系来看，行政监督检查往往作为辅助手段适用，起承前启后的作用。如工商行政管理机关在发给经营者营业执照后，还应当定期或不定期了解被许可人履行营业执照规定内容的情况，并根据获得的有关材料作出奖励或处罚的决定。再如，由于行政监督检查中获得的材料可以作为证据使用，所以行政监督检查可以免除行政机关进行调查取证的责任，但行政机关审查判断的责任不得免除。

（4）从行政监督检查的法律属性来看，行政监督检查是外部的、具体的、依职权所限的、单方的行政行为。因其相对一方是公民、法人或其他组织，因而是外部行为；所针对的事务是具体的，相对一方是特定的，因而是具体的行为；工商行政管理机关应当主动检查相对一方履行工商行政管理法规的情况，检查与否，检查什么，何时检查，都不取决于相对人的意思表示，因而是依职权的单方的行政行为。

工商行政管理机关进行行政监督检查的方法主要有：索取、查阅、调阅有关的材料，包括账册、报表、记录等；到检查事项的发生或所在地点，进行实地的检查，调取有关材料并作记录；指令检查对象于指定的时间到工商行政管理机关办公地点口头汇报其守法情况，或提交书面的汇报材料；在公安机关的协助下，对可能藏匿违法物品的场所进行搜查，并对查获的违法物品加以扣留；通过查询或询问，向与检查对象有知情关系的人员或单位，侧面了解检查对象遵守法律的情况。

2. 设定义务。

工商行政管理法律、法规实施中所说的设定义务，即要求市场经营主体为一定的行为或不为一定的行为，前者称为命令，后者称为禁止。如命令非法经营者销毁伪劣商品；禁止经营者刊播虚假广告等。

3. 赋予和剥夺。

工商行政管理法律、法规实施中的赋予，是工商行政管理机关对管理对象设定的法律上的能力或权利，因此分为赋予权利和赋予能力两种情况。前者如工商行政管理机关发给经营者营业执照；后者如核准登记某企业，使其具有法律上的企业法人资格。

工商行政管理法规实施中的剥夺也称撤消，是赋予的相反。剥夺是指工商行政管理机关依法对某类违反市场主体资格予以取缔或消灭，依法撤消管理对象某种权利或能力的行为。如对违法企业依法吊销其营业执照，撤消注则商标等。

4. 许可和免除。

工商行政管理法律、法规实施中的许可，是指工商行政管理机关应公民、法人或其他组织的申请，经审查后决定是否解除禁止并赋予申请人从事某种行为的权利的行为。许可存在的前提是法律对某种行为的普遍禁止，如对食品生产、药品制售等行业的经营活动，从保护人民生命健康的基本要求出发，必须进行事前的积极控制，以保证合格守法的经营者和质量安全可靠的产品进入市场。为此，应先对这些行业活动进行普遍禁止，然后根据法律设定的条件和程序，对打算从事这些行为活动的人进行审查，以作出是否批准其从事该类行业或活动的许可。另外，许可是应申请的、单方的、有利的行政执法行为，只有接到公民、法人和其他组织的申请后，工商行政管理机关才能发给许可证件而不是主动发给；而且，是否发给许可证件，由工商行政管理机关单方面的意思表示决定；许可的实质是赋予申请人从事法律普遍禁止的行为的权利，因而是对申请人有利的行政执法行为。

工商行政管理行政执法中许可的表现形式主要有：（1）许可证。如只有获得工商行政管理机关颁发的《广告经营许可证》的单位和个体工商户才能兼营广告业务；（2）执照。企业法人只有获得《企业法人营业执照》后，才被允许刻制印章、开立账户、签定合同和进行经营活动；（3）批准书或文件；（4）申报登记。

工商行政管理行政执法中的免除，是指对市场经营主体本应履行的义务在特定的情况下依法予以免除。如 1992 年《国家工商行政管理局关于改进企业登记管理工作，促进改革开放和经济发展的若干意见》第 37 条规定：企业申请变更登记，除变更法定代表人（负责人）、经济性质、增减独立承担民事责任的分支结构外，其他登记事项的变更，可不提交企业主管部门审批文件，向登记主管机关申请变更登记。

5. 通知。

工商行政管理法律、法规实施中的通知，是指工商行政管理机关为使相对人（市场经营主体）知悉某一事件或要求所采取的行政措施。其形式有公告、通告、通知、通报等，如进行企业登记或年检的公告。立法机构和行政机关制定的工商行政管理法规，只有及时为相对人所知悉，才能遵守或执行。通知是工商行政管理法规实施的前提条件。

6. 确认。

工商行政管理法律、法规实施中的确认，是指工商行政管理机关依职权或应申请，查明某项事实或法律关系的状况，并予以肯定的行为。确认往往构成其他行政执法行为的基础，如工商行政管理机关发营业执照，必须首先确认申请人是否符合企业成立的条件。

确认是对现有法律事实和法律关系状况的肯定，不直接产生新的权利和义务，某种已确定的法律事实和法律关系的存在，原为事实上存在或法律上所决定，工商行政管理机关的确认没有自由裁量的余地，一旦确认便发生确定力而不能随意撤消。另外，确认的约束力强度不高，确认的事实或法律关系发生变动或遭到破坏后，行为人并不一定会受到行政处罚，而许可、赋予或剥夺等行为，如果遭到违反，相对人也可能受到严厉的行政处罚或强制执行。

7. 受理。

工商行政管理法律、法规实施中的受理，是指工商行政管理机关对相对人的行为表示同意受理，是被动的行政执法行为，如接受企业的登记申请，受理消费纠纷投诉等。受理行为的直接效果，就是有义务审查、调查受理事件的内容，并据此作出处理的意见和决定。

8. 奖励。

工商行政管理法律、法规实施中的奖励，主要是对遵纪守法事迹显著或检举揭发违法行为有功的单位和个人给予精神或物质鼓励行为。其行为主体是各级工商行政管理机关，是依职权的、单方的、对相对人有利的行政执法行为；其作用是对遵纪守法者的激励，而不是补偿。

9. 行政处罚。

所谓行政处罚，是指国家特定行政机关依法惩戒违反行政管理秩序的个人、组织的一种行政行为。工商行政管理法律、法规实施中的行政处罚，是指工商行政管理机关对市场经营主体的违法行为所作出的处罚制裁。工商行政管理中处罚的种类主要有：

（1）警告。是指工商行政管理机关对违法行为的公民、法人或者其他组织提出告戒。采取口头或书面的方式，是最轻的行政处罚。

（2）罚款。是指工商行政管理机关依法强制有违法行为的公民、法人或者其他组织在一定期限内缴纳一定数量货币。罚款是一种财产罚，适用范围比较广泛。一般规定了罚款的最高和最低数额。

（3）没收非法所得、没收非法财产。是指工商行政管理机关依法将有违法行为的公民、法人或者其他组织的违法所得或非法财产强制无偿收归国有。这是一种较为严厉的财产罚。

（4）责令停产停业。是指工商行政管理机关对有违法行为的企业或个体经营户，依法在一定期限内剥夺其从事某项生产或经营活动权利。这是一种行为罚。

（5）暂扣或者吊销许可证、暂扣或者吊销执照。是指工商行政管理机关依法对有违法行为的公民、法人或者其他组织暂时扣留或者吊销其许可证或执照，剥夺其从事某项生产或经营活动权利。这是一种比停产停业更为严厉的行为罚。

行政处罚的主体是各级工商行政管理机关。行政处罚应当与违法行为的性质和情节相适应，遵循合法、公正、公开，教育与处罚相结合的原则。作出的处罚决定必须事实清楚、证据充分、手续齐全。

10. 行政强制执行。

所谓行政强制执行，是指行政机关依法强制对不履行义务的个人、组织履行义务的行政行为。工商行政管理法律、法规实施中的行政强制执行，是指当公民、法人或其他组织在市场经营活动中无正当理由不履行法定义务时，工商行政管理机关可依法采取强制力量，迫使其履行法定义务或达到与其履行义务相同状态的行为。这里，行政强制执行的主体是各级工商行政管理机关，必要时应取得公安或司法部门的协助。行政强制执行所采取的措施依其作用对象的不同，大致可分为对人身的强制执行，如强制传唤、强制拘留等；对物的强制执行，如强制扣缴、强制没收、强制销毁等；对行为的强制执行，如强制许可、强制拆除、强制停产停业、强制扣缴许可证或执照等。

11. 行政决定。

工商行政管理法律、法规实施中的行政决定，是指工商行政管理机关依职权或应申请，针对特定一方的单位和个人，单方面作出的具有实体权利义务处理内容的行政执法行为，又称行政处理决定。它也可以说是某些行政执法行为的概称。行政决定的种类很多，主要有：命令、批准、拒绝、许可、免除、赋予、剥夺等。

（三）行政处罚程序

1. 行政处罚程序的概念和种类。

行政处罚程序是指行政机关检查确认违法事实、依法对违法行为人进行行政处罚的必经过程。分为一般程序和简易程序两种。一般程序也就是正常的普通的程序。简易程序就是比较简单的程序。

2. 工商行政管理行政处罚的一般程序。

工商行政管理行政处罚的一般程序，包括立案、调查、审批、定案、监督程序和执行等阶段。一般来说，对违法行为实施处罚，都可适用一般程序。

根据有关规定，工商行政管理行政处罚的一般程序，主要包括以下几个阶段：

（1）立案。是指工商行政管理机关对案件来源进行审查，认为有违法事实发生，需要依法追究行政责任，而决定对案件进行调查处理的活动。立案是整个处罚程序的开始。

（2）调查和检查。是指工商行政管理机关依法运用各种专门方法和实施有关措施，发现和收集证据，查清违法事实，查获违法行为人过程。所谓证据是指能够证明案件真实情况的客观事实，包括书证、物证、证人证言、视听资料、当事人陈述、鉴定结论、勘验笔录和现场笔录。调查和检查的基本要求是及时、客观、全面、合法。

（3）审批和定案。审批是指工商行政管理机关按照职权的分工，对案件进行核审、批复的活动。定案是指工商行政管理机关对经过审批的违法案件的定性和处罚。处罚决定书是处理决定的书面形式，应包括以下基本内容：当事人的姓名或者名称、地址；违反法律法规的事实和证据；行政处罚种类和依据；行政处罚的履行方式和期限；不服行政处罚决定，申请行政复议或者提起行政诉讼的途径和期限；作出行政处罚决定的工商行政管理机关的名称和作出决定的日期。

（4）备案。根据有关规定，有些案件要报上级工商行政管理机关备案。

3. 工商行政管理行政处罚的简易程序。

工商行政管理行政处罚的简易程序是指工商行政管理机关对于违法事实清楚、确凿、情节简单、轻微的违法行为，给予法定的较轻的行政处罚时所适用的比较简单的处罚程序。在行政处罚中设置简易程序，即当场处罚，主要是考虑到行政违法行为的特殊性。一些比较简单明白的违法行为，不必经过比较复杂的一般程序，当场就可以处罚，以提高行政效率。根据有关规定，简易程序适用于以下违法行为：违法情节简单、事实确凿，后果轻微，影响较小，当场发现，不需要立案调查并有法定依据，对公民处以 50 元以下、对法人或其他组织处以1 000元以下罚款或者警告的行政处罚。

要注意，简易程序不等于没有程序。运用简易程序时，应严格依法进行，不能随心所欲。工商行政管理机关的执法人员，适用简易程序查处违法行为，应当出示执法身份证件；当场了解违法事实，作出笔录，收集必要的证据，并说明对违法行为人予以行政处罚所依据的法律、法规和其他规范性文件。在当场处罚时，执法人员应当按规定制作现场笔录。

按简易程序查处的案件的有关材料，应当归档保管。

（四）行政复议和行政诉讼

1. 行政复议。

行政复议是解决行政争议的一种活动。是指公民、法人或其他组织认为行政机关的具体行政行为侵害了其合法权益，而向上级行政主管机关申请撤消或变更行政措施，由该法定行政机关受理、审理、决定的活动。

工商行政管理中的行政复议，是指工商行政管理的相对一方不服主管行政机关作出的行政行为，向作出该具体行政行为的行政机关的上级机关提出申请，由受理申请的上级机关依法对该有争议的具体行政行为的合法性和适当性进行审查，并作出裁决的活动。

行政复议的特点是：行政复议是行政机关的活动；向行政机关提出行政复议申请的只能是与某一具体行政行为有利害关系的当事人；管理相对人只能对具体行政行为不服才能申请行政复议；行政机关只能在自己管辖的事项范围内进行行政复议。

行政复议的程序是指行政复议必经的阶段和步骤。包括申请、受理、审理和决定四个阶段。

国家工商行政管理机关在工商行政管理的行政复议工作中，应当严格按照《中华人民共和国行政复议法》和其他有关法律、法规的规定进行。

2. 行政诉讼。

(1) 行政诉讼的含义及其受案范围。

行政诉讼是指公民、法人和其他组织认为行政机关和行政机关工作人员的具体行政行为侵害了其合法权益，诉诸人民法院，人民法院在双方当事人和其他诉讼参与人参加下，审理和解决行政案件的活动。

行政诉讼的受案范围，是指由人民法院受理行政案件的范围和权限。《中华人民共和国行政诉讼法》第 11 条规定了人民法院对行政争议的受案范围：

第一，关于行政处罚的争议；

第二，关于行政强制措施的争议；

第三，关于侵犯经营自主权的争议；

第四，关于申请许可证、执照的争议；

第五，关于保护人身权和财产权的争议；

第六，关于抚恤金的争议；

第七，关于违法要求履行义务的争议；

第八，关于侵犯其人身权和财产权的争议；

第九，法律、法规规定的可以提起诉讼的其他行政争议。

(2) 人民法院受理由工商行政管理机关的具体行政行为引起的行政争议有以下几个方面：

第一，对工商行政管理机关作出的行政处罚决定不服的；

第二，认为符合法定条件申请颁发许可证和营业执照，而工商行政管理机关拒绝颁发或者不予答复的；

第三，认为工商行政管理机关违法要求其履行义务的；

第四，认为工商行政管理机关违法对公民、法人和其他组织采取扣押或冻结等行政强制措施的；

第五，认为工商行政管理机关侵犯其财产权的；

第六，申请工商行政管理机关履行保护财产的法定职责，而工商行政管理机关拒绝履行或不予答复的；

第七，认为工商行政管理机关侵犯其合法的经营自主权的。

（3）行政诉讼的程序。

行政诉讼程序包括一审程序、二审程序和执行程序。其中一审程序主要包括：起诉和受理、审判和裁判、执行等程序。

复习思考题

1. 工商行政管理法律、法规的特征有哪些？
2. 工商行政管理法律、法规的构成内容有哪些？
3. 国家工商行政管理局的规章制定的任务有哪些？
4. 如何理解工商行政管理法律、法规的效力？
5. 联系实际，正确认识工商行政管理法律、法规实施的主要手段。

第四章　工商行政管理体制

第一节　工商行政管理体制的内容

一、工商行政管理体制的概念

工商行政管理体制，是指工商行政管理机关的组织结构形式和工作制度。它包括工商行政管理机构的设置、中央和地方各级工商行政管理机关管理权限和管理职责范围的划分、工商行政管理基本制度等。其核心是机构设置、权责划分和领导体制。

工商行政管理体制是整个经济体制的重要组成部分之一。在不同的经济体制下，工商行政管理体制是不同的。在计划经济体制下，工商行政管理主要为国家计划管理服务，因此，工商行政管理机构的设置都严格按照行政区域层层设置。由于工商行政管理任务比较单一，所以各级工商行政管理机关内部机构的设置也很简单。而在社会主义市场经济体制下，工商行政管理机构的设置必须服务于维护市场经济秩序的目标。

二、工商行政管理体制的主要内容

1. 工商行政管理机关的机构设置。

在社会主义市场经济体制下，工商行政管理的主要任务是对市场进行监督管理和行政执法，建立和维护市场秩序。要完成这一任务，必须建立一个高效率、高素质的管理机构。工商行政管理机关，是政府主管市场监督管理和行政执法的机构。

如何设置工商行政管理机构，是建立和完善工商行政管理体制的首要问题。在设置工商行政管理机构时，基本要求是，要有利于社会主义市场体系的建立和完善，要有利于工商行政管理职能的履行，要遵循“依法设置”、“精简”、“统一”、“效能”等原则。

（1）依法设置的原则。是指机构设置必须遵循法律规定的原则和程序，并用法律（或法规、规章等）规定政府机构的性质、地位、职权、编制、工作程序和方法等。

（2）精简原则。是指机构设置必须根据任务和需要，分工合理，职责分明，层次简化，管理幅度适宜。

（3）统一原则。是指机构设置必须形成一个科学、完整、统一的组织体系，为着一个共同目标去完成管理任务。它要求必须正确处理统一领导与分级管理、分工负责的关系；要求各个部门的职权范围、重要的规章制度和条例必须统一划分、统一制定、共同实施，不能政出多门、多头领导。

（4）效能原则。是指行政组织能最大限度地发挥其功能，取得最佳行政效率、效益，从而达到一定行政目标的原则。其主要内容是：在一定的行政机构、人员、经费、物资的条件下，工作数量越多，质量越高，速度越快，效果越好，就表明行政效能越高，社会效益越好。因此，行政机构设置与行政效能有着非常密切的关系，机构设置应该以提高行政效能为原则。该原则要求机构设置精简、合理和科学，人员配备与机构职责相适应。效能原则是机构设置的一项综合性原则。按照效能原则的要求，工商行政管理机构应建立严格的从上而下的行政法规和个人负责制，使每个部门、每个人都各司其职，各负其责，提高办事效率。

根据上述原则，工商行政管理机关在机构设置方面，要考虑到管理职责划分和行政管理效能提高这两个主要因素。由于管理层次的不同，各级工商行政管理机关的职责也会有所不同，因而其机构的结构形式也会相应不同，不应强求一律、上下对口。

目前，我国工商行政管理机关是由纵向结构组织系统和横向结构组织系统两个方面构成的有机整体。

（1）纵向结构组织系统。

包括四个层次：第一层次是国家工商行政管理局，它负责对整个工商行政管理系统及其管理活动进行宏观指导，以保证国家所赋予的管理任务的实现。第二层次是管理协调层，即各省、自治区、直辖市的工商行政管理局，它负责垂直管理辖区内市、县级工商管理局，并在承上启下的过程中独立开展工商行政管理工作。第三层次是监督执行层，即市（区）、县级工商行政管理局（分局），它们是工商行政管理部门的基层机关，具体负责辖区内的工商行政管理工作。第四层次是具体执行层，包括区工商行政管理分局和县工商行政管理局下属的按经济区域设在乡镇的工商行政管理所，它作为上级工商行政管理机关的派出机构，根据上级机关的授权，依法开展工商行政管理的具体工作。如：对管辖区内的企业和个体工商户的经济活动实施监督管理，查处违法、违章行为；受理、审查、呈报管辖区内企业和个体工商户的开业申请事项，变更、歇业的申请事项；指导监督管辖区内的商标使用管理，广告管理事项；按规定收取、上缴各种规费和罚没款物；按时填报各种统计，财务报表；宣传工商行政管理方面的政策、法规和咨询服务等。

（2）横向结构组织系统。

它是指按业务功能和管理活动对象分工所设立的职能机构及其相互关系，包括对外职能与合作司管理与机关内部管理两方面的机构。经过1998年以来的政府机构改革，目前国家工商行政管理局设置的对外职能机构有：法规司、公平交易司（公平交易局）、消费者权益保护司、市场规范管理司、企业注册司（企业注册局）、广告监管司、个体私营经济监管司、国际交流与合作司。对内管理机构有：办公室、人事教育司。此外，原国家工商行政管理局商标局与商标注册中心合并，沿用“国家工商行政管理局商标局”的名称，使用事业编制，承担商标注册与管理监督等行政职能。

地方各级工商行政管理局的职能机构，基本上是与国家工商行政管理局对口设置的，但也有部分地区，根据工商行政管理活动的情况和需要，存在合并设立或增减职能机构的状况。

工商行政管理机关横向结构组织系统中，各职能机构既相对独立，又紧密联系，它们之间地位平等、业务活动相互补充又相互配合。随着市场经济的发展，经济、行政体制改革的深化，工商行政管理职能的增强和扩大，工商行政管理机关的机构设置也将得到进一步完善。

2. 工商行政管理机关的权限划分。

这里所讲的权限划分问题，主要是指上下级工商行政管理机关之间的管理权限划分问题。由于我国各地区社会经济发展水平差距较大，在工商行政管理工作中，要充分发挥中央和地方两个方面的积极性。要正确处理国家工商行政管理局和各省级工商行政管理局之间的权限划分问题，也要处理好省级工商行政管理局和省级以下工商行政管理局之间的权限划分问题。

各级工商行政管理机关的权限和职责划分的主要原则是：

(1) 分层决策和分类指导原则。国家工商行政管理局主要对涉及工商行政管理全局性、方向性、原则性的问题进行决策，以指导整个工商行政管理系统的工作。省级工商行政管理局指导省级以下工商行政管理机关正确执行国家有关工商行政管理的法律、法规和方针政策。直辖市、计划单列市工商行政管理局除承担地区性指导工作外，也履行部分直接监督管理职责。市、县级工商行政管理局负责具体的监督管理，并领导派出机构开展各项业务工作。

(2) 属地原则。工商行政管理的日常监督管理工作，一般按属地原则进行，即按区域管辖，各级工商行政管理机关在本管辖区域内，进行日常监督管理和行政执法工作。

第二节　工商行政管理机关

一、工商行政管理机关的含义和分类

(一) 行政机关的含义和种类

行政机关，是国家行政事务（包括国家内部事务和社会事务）的管理机关。对于行政机关，人们有不同的定义，有人把它理解为各种行政机构的总称，有人则把它理解为人民政府，而不包括隶属于政府的各种行政机构。我们在本书中，就把它定义为国家行政事务（包括国家内部事务和社会事务）的管理机关。

行政机关或行政机构一般分为以下五种：

1. 领导机关。

即中央和地方各级政府的行政首脑机关。

2. 职能机关。

领导机关的组成部分，并在上级机关的直接领导下，组织和管

理某一方面的行政事务。

3. 办事机关。

领导机关根据工作需要设置的内部办事机关。它协助领导机关的行政首长办理专门事项，负责整个机关的综合性工作。

4. 参谋机关。

设于中央和地方国家行政机关中，专司调查研究、出主意、做顾问、当参谋的机关。

5. 派出机关。

根据实际需要依法定程序设置在一定区域的一级政府的代表机关，它本身不是一级国家行政机关，只是作为派出机关的代表检查督促下级国家行政机关贯彻执行上级国家行政机关的决议、命令及指示，并完成上级国家行政机关交给的其他任务。

（二）工商行政管理机关的含义

工商行政管理机关，是代表国家行使工商行政管理职能、管理工商行政管理事务的国家职能机关，是国家行政机关序列中的重要组成部分。工商行政管理机关，作为国家管理国民经济的一个重要部门，其具体形式是工商行政管理局。

（三）工商行政管理机关的性质

机关的性质，是指机关在实施其职能的活动过程中所表现出的质的规定性。工商行政管理机关是政府主管市场监督管理和行政执法工作的职能机构，其性质表现在以下三个方面：

1. 工商行政管理机关首先是国家行政机关。

工商行政管理机关是国务院和省、自治区、直辖市人民政府的直属机构，是由国务院及省、自治区、直辖市政府授权的职能机关，它不同于权力机关、审判机关和检察机关。

2. 工商行政管理机关是经济监督管理机关。

国家设置的各种机关，都担负着执行国家职能，从不同方面管理国家事务的任务，其具体职能各不相同。行政机关，是作为国家权力机关的执行机关，依据宪法和法律授权，并按照法律规定，直接对国家事务进行指挥、组织和监督，以实现国家的目的和任务。工商行政管理局，是国家在行政机关序列中设立的行使工商行政管理职能的专门机关，它代表国家对市场经济主体及其市场行为实施以监督为核心的管理，履行检查、监视、督促、疏导、处罚等职责，其业务活动的本质是一种经济监督。

3. 工商行政管理机关是行政执法机关。

国家设立的各种管理机关，在它们各自的具体管理活动中采用的管理方法和手段是不相同的。工商行政管理机关主要采用依法行政的方式和依靠法律手段实施管理。它在市场监管中所执的“法”，既包括国家的法律，也包括行政法规和规章制度，还包括一些具有法律效力的规范性文件。执法的手段主要是监督检查、行政处罚、行政强制等。

（四）工商行政管理机关的法律地位

工商行政管理机关的法律地位，是指法律规定的工商行政管理机关在和其他国家机关、社会组织、企事业单位以及公民个人之间发生的法律关系中所具有的权限和责任、权利及义务关系的总和。根据《工商行政管理暂行规定》和国务院 1998 年批准的《国家工商行政管理局职能设置、内设机构和人员编制规定》，以及有关法规，工商行政管理机关的法律地位可以表述如下：

第一，国家工商行政管理局是国务院直属职能机构，地方各级工商行政管理局是地方各级人民政府的职能机构。

第二，各级工商行政管理机关，主管市场监督管理和行政执法工作。

第三，管理职责，国家工商行政管理局由国务院赋予，省级工商行政管理机关由省级政府参照国家工商行政管理局职责赋予，省级以下工商行政管理机关的职责由上级机关赋予。

第四，国家和省级工商行政管理机关设置为中央和省级政府的常设机构。

第五，管理权限由中央和省级政府依据国家有关法律、法规决定。

第六，工作人员（除工勤人员外）列入行政编制，为国家公务员序列。

第七，行政经费由国家财政预算列支。

第八，在民事法律关系中具有法人地位。法人代表为各级工商行政管理局局长。

二、工商行政管理机关的职责

（一）工商行政管理机关的职责及其划分

1. 工商行政管理机关的一般职责。

（1）管理工商企业和从事经营活动的单位、个人的注册。

（2）监督检查市场竞争行为，查处垄断和不正当竞争案件。

（3）保护消费者合法权益，组织查处侵犯消费者权益案件。

（4）对各类市场经营秩序实施规范管理和监督。

（5）管理经济合同，查处合同欺诈行为。

（6）监督管理商标注册工作。

（7）管理广告发布与广告经营活动。

2. 各级工商行政管理机关的职责划分。

（1）国家工商行政管理局是国务院主管市场监督管理和行政执法的直属机构，负责组织、指导、协调全国工商行政管理工作。

（2）省、自治区、直辖市工商行政管理局是省级人民政府职能机构，负责组织、指导、协调本行政辖区内的工商行政管理工作，受省级人民政府和国家工商行政管理局的双重领导，对省级人民政府和国家工商行政管理局负责并报告工作。

（3）市、县级工商行政管理局或工商行政管理分局，是省级工商行政管理局的派出机构，只受省级工商行政管理局的领导，负责本辖区内的工商行政管理工作；工商行政管理分局，是市工商行政管理局的派出机构，按城市行政区划设立，由市工商行政管理局统一领导，统一管理，在有关规定授权范围内，以自己的名义履行职责。

（4）工商行政管理所，是县（区）级工商行政管理局（分局）的派出机构，由县（区）级工商行政管理局（分局）统一领导、统一管理，在《工商行政管理所条例》规定授权范围内，以自己名义履行职责。此外，工商行政管理机关还可以依照法律、法规规定，或者根据实际工作需要，设立从事专项管理业务的派出机构，如经济检查站（所）等。该派出机构在派出机关授权范围内履行职责。

各级工商行政管理机关的职权在内容和范围上是有区别的，但其基本职责是共同的。

（二）国家工商行政管理局的主要职责

根据国务院 1998 年批准的《国家工商行政管理局职能配置、内设机构和人员编制规定》，国家工商行政管理局的主要职责是：

第一，研究拟定工商行政管理的方针、政策和有关法规，拟定、发布工商行政管理的规章制度。

第二，组织管理工商企业和从事经营活动的单位、个人的注册，依法核定注册单位名称，审定、批准、颁发有关证照，实行监督管理。

第三，组织监督检查市场竞争行为，查处垄断和不正当竞争案件，依照法律、法规打击流通领域的走私贩私行为和经济违法违章行为。

第四，组织保护消费者合法权益，组织查处侵犯消费者权益案件，组织查处市场管理和商标管理中的经销掺假及假冒产品行为。

第五，组织实施各类市场经营秩序的规范管理和监督。

第六，组织管理经纪人、经纪机构。

第七，组织管理经济合同，组织查处合同欺诈行为，组织管理动产抵押物登记，组织监管拍卖行为。

第八，组织管理商标注册工作，认定驰名商标，组织查处商标侵权行为。

第九，组织管理广告发布与广告经营活动。

第十，组织管理个体工商户、个人合伙和私营企业的经营行为。

第十一，领导全国工商行政管理业务工作。

第十二，开展工商行政管理方面的国际合作与交流。

第十三，承办国务院交办的其他事项。

（三）国家工商行政管理局内设机构及其职责

1. 办公室。

协助局领导处理日常工作，负责重要文件起草和文书档案、新闻发布、安全保密、信访、机要管理和会议组织；承担综合性调研，协调全局调研工作；拟定宣传规划并组织实施；负责局机关财务和国有资产管理工作；组织指导系统统计、财务工作，负责直属单位审计监督。

2. 法规司。

研究拟定工商行政管理立法规划，组织和承担工商行政管理规章制度的拟定、协调和发布；组织开展工商行政执法监督和听证工作，承担或参与行政复议、应诉和赔偿；组织法制宣传培训，指导本系统法制工作。

3. 公平交易司（公平交易局）。

研究拟定制止垄断和不正当竞争的规章制度及具体措施、办法并组织实施；组织查处市场交易中的垄断、不正当竞争、流通领域走私贩私及经济违法违章案件。

4. 消费者权益保护司。

研究拟定消费者权益保护规章制度及具体措施、办法并组织实施；组织查处严重侵犯消费者合法权益案件；组织查处市场管理中发现的经销掺假及假冒产品行为。

5. 市场规范管理司。

研究拟定规范市场秩序的规章制度及具体措施、办法；组织规范管理各类市场的经营秩序；组织实施经济合同行政监管，组织查处合同欺诈；组织管理动产抵押登记，组织监管拍卖行为；组织指导对市场进行专项治理。

6. 企业注册司（企业注册局）。

研究拟定企业注册的规章制度及具体措施、办法；组织管理企业注册，核定注册单位名称，审定、批准、颁发管辖范围内的企业和其他经营单位的证照，对其注册行为进行监督检查；指导本系统的企业注册及监督管理工作。

7. 广告监管司。

研究拟定广告业监督管理规章制度及具体措施、办法；组织实施对广告发布及其他各类广告活动的监督管理；组织实施广告经营审批及依法查处虚假广告；指导广告审查机构和广告行业组织的工作。

8. 个体私营经济监管司。

调查研究个体、私营经济发展与管理情况；研究拟定监督管理个体私营经济的规章制度及具体措施、办法；指导对个体工商户、个人合伙、私营企业的登记与监督工作；指导个体、私营企业协会的工作。

9. 人事教育司。

负责局机关和直属单位人事、机构编制管理；协助局党组会同地方党委组织部门对省级工商行政管理局领导班子行使双重管理职责；研究拟定系统教育培训规划并组织实施；组织实施评选表彰工作；指导工商系统组织建设和队伍建设。

10. 国际交流与合作司。

组织开展工商行政管理方面的对外交流与合作，组织实施国外智力引进；负责对外培训活动；负责机关外事工作。

三、工商行政管理机关的管理权限及其划分依据

（一）工商行政管理机关的管理权限

依据法律、法规和规章以及国务院的授权，工商行政管理机关具有以下管理权限：

1. 规章制定和发布权。

主要指国家工商行政管理局有权依法或接受立法、行政权力机关的授权，制定、发布工商行政管理的规章、制度。

2. 登记注册权。

工商行政管理机关在其管辖范围内，对申请企业和个体工商户、私营企业、外商投资企业进行依法核准登记注册，确认其企业法人地位或合法经营地位，核定其名称。此外，工商行政管理局还有权对商标申请实行统一注册。各级工商行政管理机关有权对商品市场进行登记管理，审核其开办条件和管理制度。

3. 对市场活动中的违法经营行为的依法确认权。

4. 对违法经营行为及其行为者的依法查处权。

具体包括依法调查权、检查权、行政处罚权、行政强制执行权等。根据《工商行政管理暂行规定》，对违法行为的查处，由违法行为地或者违法行为人所在地工商行政管理机关管辖。法律、法规、规章另有规定的，按照有关规定执行。两个以上工商行政管理机关因管辖权发生争议，由有管辖权的各方，本着谁先立案谁查处或者方便查处的原则，共同协商；协商不成时，报请各方共同上级工商行政管理机关指定管辖。工商行政管理机关查处违法行为，与其他监督检查机关发生职责交叉时，应当按照下列原则进行协调、处理：一是法律、法规对查处违法行为的主管机关及其职责分工已有明确规定的，依照其规定；二是法律、法规没有明确规定的，工商行政管理机关依照规章进行监督检查；三是对工商行政管理机关和其他查处机关均有权查处的同一违法行为，由首先立案的机关查处，不得重复查处和处罚。

5. 市场交易场所的经营秩序维护权。

6. 工商行政管理法规解释权。

7. 对消费者权益的保护权等。

（二）工商行政管理机关管理权限划分的依据

在各级工商行政管理机关之间，划分管理权限的依据主要有以下几个方面：

1. 管辖的区域。

一般以工商行政管理机关所属的政府行政区划为标准，划定各机关之间的纵横管理权限关系。

2. 管理的内容。

一般根据管理内容本身的特点和涉及的范围，来决定管理权限的划分。如商标注册，由于商标繁多、复杂、排他性强、商标近似可能性大、商标使用人又遍布于全国，以及注册商标的工业产权性质等，决定了其注册权必须集中在国家工商行政管理局，而将其监督管理权下放到各级工商行政管理局。

3. 管理的对象。

管理对象的重要性、复杂性，是指它在一定经济时期对社会经济生活的影响程度。如果其影响较大，有些管理问题较难把握，则一般管理权限要相对集中，否则宜实行分权。

4. 管理的效率。

实践和理论研究表明，管理权限的科学合理划分，在很大程度上是以能否提高行政管理效率来衡量的。凡是能由下级工商行政管理机关完成的工作，其管理权限就应该分散放权，而不是集权。因为如果不给下级机关以一定的管理权限，而事事先请示上级，待批准同意后方能行动，则有很多事情要想及时解决是不可能的，其管理效率必然是低的。所以，在不违背大的原则前提下，应尽量分权，充分发挥下级工商行政管理机关的积极性、主动性和创造性，为提高行政管理效率提供优良的条件。但是，当集权也许更能实现管理目标时，就要尽量避免权力分散，尽管可能以降低行政管理效率为代价。

5. 管理政策的统一性。

显然，如果一味强调放权，则很难保证管理政策的统一性，而全国工商行政管理政策的统一性本身就是建立和维护市场经济秩序的一个必要条件。因此，当权限涉及市场秩序规范制定时，就要相对集权；相反，当权限只涉及某一交易场所的，诸如示范规则、管理方法、管理制度时，就要保持分权。

此外，权限划分还要避免利益驱动。工商行政管理机关应超脱于自身的经济利益，上级机关不要以是否有利于自身经济利益作为划分管理权限的依据，否则，与工商行政管理机关的性质和作用相悖。

第三节　工商行政管理体制的改革

一、工商行政管理体制的历史沿革

（一）工商行政管理机关的建立与演变

在中华人民共和国建国初期，并没有设立专门的工商行政管理局。1949 年 10 月 21 日，中央人民政府政务院财政经济委员会成立，下设私营企业局，主要管理私营工商业。中央私营企业局和中央外资企业局以及各地先后成立的“工商局”在 1949～1952 年国民经济恢复时期，与有关部门密切配合，在监管私营、个体工商业和外资企业，没收官僚资本，废除帝国主义在华特权，扶持濒临困境的民族资本主义工商业恢复生产经营，组织物资交流，打击投机倒把，平抑市场物价，保证经济的恢复与发展等方面做了大量的工作。

1952年11月，经政务院批准，中央私营企业局与外资企业局合并为“中央工商行政管理局”，为政务院直属局。1954年，政务院改为国务院，中央工商行政管理局成为国务院的直属局。其主要任务就是按照党在过渡时期总路线的要求，加强对私营工商业的行政管理，对它们进行社会主义改造；调整公私关系，通过国家资本主义道路对私营工商业进行社会主义改造，并负责工商企业登记、个体工商业登记、商标注册、度量衡管理、发明审定等项工作。中央工商行政管理局成立后，各地工商局亦先后将对国营商业的领导、管理任务交给商业局（厅），改称工商行政管理局，专事工商行政管理工作。

1956年，社会主义改造基本完成后，我国开始实行高度集中的计划经济体制。这种经济体制，主要用指令性计划直接控制社会经济活动与企业经济行为。这种高度集中的计划经济体制，在建国初期对于集中人力、财力、物力建设重点工程和重大项目、加速工业化进程等起到了重要作用，但也在一定程度上排斥商品经济、排斥市场监管，使工商行政管理职能仅局限在管理农村集市贸易与打击投机倒把上。工商行政管理职能被削弱，许多地方工商行政管理机关被撤销、合并。尤其是在1966年“文化大革命”爆发后，工商行政管理工作受到严重破坏，工作限于瘫痪。1969年工商行政管理部门，从中央到地方，机构相继被撤消。中央工商行政管理局并入商业部，地方工商行政管理局多数合并到商业局。

1976年10月，“文化大革命”结束后，为适应经济发展的需要，工商行政管理机构开始得到逐步恢复。1978年9月25日，国务院决定恢复中央工商行政管理总局（后改称国家工商行政管理局）。1978年12月党的十一届三中全会前后，地方各级工商行政管理机构也相继得到恢复、重建。改革开放20多年来，在党的基本路线指引下，在“市场取向，逐步推进”的经济体制改革进程中，特别是自1992年党的十四大提出建立社会主义市场经济体制的目标后，工商行政管理机构得到了发展和完善。到1998年底，除国家工商行政管理局外，全国有省、直辖市、自治区工商行政管理局31个；地、市、县、区工商行政管理局（含分局）4434个；基层工商行政管理所35645个，经济检查所（站）、辑私队等2124个。各层次总共有工商行政管理机构88627（包括内设机构）个，形成了遍布全国的工商行政管理网络体系。

（二）工商行政管理体制由分级管理到垂直管理的演变

在1999年以前，我国的工商行政管理体制是一种“以块为主、条块结合”的分级管理体制。“条”，是指从中央到地方的垂直系统，“条条”管理，是指上级工商行政管理机关对下级工商行政管理机关的纵向领导；“块”是指各级地方的横向系统，“块块”管理，是指地方各级政府对同级工商行政管理机关的横向领导。

在“以块为主，条块结合”的体制下，国家工商行政管理局作为国务院的直属机构，是依据国务院组织法设立的，直接受国务院领导。地方各级工商行政管理机关，作为地方政府的组织部分，是依据地方人民政府组织法设立的，它在人、财、物诸方面接受同级地方政府的领导；同时各级地方工商行政管理机关，在行使市场监管和行政执法职能的过程中，在业务上接受上一级工商行政管理机关的领导。

工商行政管理机关实行上述“以块为主，条块结合”的分级管理体制，当时主要是考虑我国幅员辽阔，地区之间经济和社会发展有较大差异，国家赋予各级地方政府较大权力，便于因地制宜发展经济和社会各项事业。但是，随着市场体系的发展和工商行政管理职能的转换，这种体制的弊端日益暴露。基层工商行政管理机关受地方局部利益的制约，不仅在处理地区之间经济矛盾时难以公平和公正执法，而且可能人为设置障碍，导致地区分割、封锁、地方保护主义盛行。若继续实行这种分级领导体制，既不利于工商行政管理统一公正执法，也不利于商品和生产要素自由流动，扩大市场在优化资源配置方面的作用。为此，国家从统一市场行政执法，营造公平竞争环境出发，在1998年底决定对工商行政管理体制实行重大改革，对省以下工商行政管理机关实行垂直管理体制。

二、工商行政管理体制的改革

（一）工商行政管理体制改革的内容

工商行政管理体制改革主要涉及两个方面的内容：一是机构改革；二是领导体制改革。

机构改革涉及工商行政管理机关的职能配置、内设机构及人员编制。改革的目的在于建立一个精简、高效、统一、协调的工商行政管理组织体系。国家工商行政管理局的机构改革已经在 1998 年完成，各级地方工商行政管理机关的机构改革，也随着垂直管理体制的建立而逐步展开。

工商行政管理领导体制，是指各级工商行政管理机关隶属于谁领导的组织形式和工作制度。领导体制改革是工商行政管理体制改革的核心，其目的在于通过对省以下工商行政管理机关实行垂直领导，来强化市场监管和行政执法的统一性、权威性和有效性。

（二）工商行政管理体制改革的必要性

随着社会主义市场经济体制的逐步建立，迫切需要维护良好的经济秩序，营造公平竞争的市场环境。但是，分级管理的工商行政管理体制，存在诸多弊端和缺陷，限制和影响了工商行政管理职能的充分发挥。突出表现在：工商行政管理机关的领导体制不顺；机构设置不合理，职责交叉、分工不明；管理职责范围不能适应建立有权威的市场监管和行政执法机构的要求；监督管理的侧重点还没有从监督管理集贸市场转到监督管理社会主义统一大市场上来；监督管理方式仍然在一定程度上局限于传统的方式和对具体事务的管理，缺乏宏观调控能力；工商行政管理机关与其他相关机关监督管理职能关系还没完全理顺；管理程序不规范。

1998 年底，国务院在完成国家工商行政管理机构改革的基础上，决定改革分级管理的工商行政管理体制，代之以“省以下工商行政管理机关垂直管理”的新体制。这一改革的必要性主要表现在以下三个方面：

第一，实行垂直管理新体制，是落实党的十五大提出的深化行政体制改革、加强执法监管部门的改革目标，保障社会主义市场经济健康发展的需要。发展社会主义市场经济，一方面要充分发挥市场配置资源的基础性作用，另一方面要健全宏观调控体系，综合运用经济的、法律的和必要的行政手段，加强对市场的调控和监管，保障经济健康有序运行。工商行政管理机关作为市场监管和行政执法部门，属于在建立社会主义市场经济体制中应当加强的部门。改革现行工商行政管理体制，目的就是按照党的十五大的部署和发展社会主义市场经济的要求，把工商行政管理部门建设成为统一、高效和有权威的执法部门，进一步强化市场监管和行政执法工作。

第二，实行垂直管理新体制，是确保工商行政管理机关实现职能，强化执法，更好地监管市场的需要。党的十五大提出，要“健全市场规则，加强市场管理，清除市场障碍，打破地区封锁、部门垄断，尽快建成统一开放、竞争有序的市场体系。”这就要求履行市场监管和行政执法职责的工商行政管理部门，必须切实加强市场的监管。监管市场，需要工商行政管理机关独立、统一、严格、公正执法。但在分级管理体制下，工商行政执法时常受到地方保护主义的干扰，办案难，处罚难，使执法的公正性、权威性受到影响。实行垂直管理体制，有利于工商行政管理机关有效抵制地方保护主义的干扰和不必要的行政干预，强化职能，公正执法，更好地监管市场。有利于工商行政管理系统加强干部队伍建设，提高依法行政水平。

（三）垂直管理新体制的基本框架

工商行政管理由“块块为主，条块结合”的分级管理向“省以下工商行政管理机关垂直管理”转变，涉及机构管理、编制管理、干部管理和财务管理四个方面的改革。

1. 机构管理改革。

实行垂直管理新体制后，省级工商行政管理局仍为省级人民政府的职能部门。主要职责是：领导省以下工商行政管理机关正确执行国家有关工商行政管理的法律、法规和方针政策，履行法定职责规定的工商行政管理职能。市、县级工商行政管理局为上一级工商行政管理局的直属机构（市辖区工商行政管理局（分局）仍为市工商行政管理局的派出机构）。主要职责是：负责本行政辖区内的市场监管和行政执法，领导下属机关开展各项工商行政管理业务。工商行政管理所为市（区）、县工商行政管理局（分局）的派出机构，按经济区域设置。主要职责是：在《工商行政管理所条例》规定的授权范围内，履行工商行政管理的综合职能。省以下工商行政管理机关的机构设置、变更和撤消，由省级工商行政管理局提出意见，省级机构编制管理部门审核报批。上级工商行政管理机关对下级工商行政管理机关的机构设置情况进行监督检查。

2. 编制管理改革。

省级工商行政管理局的编制及领导职数，由省级机构编制管理部门核定和管理；市、县级工商行政管理局的编制及领导职数，由省级机构编制管理部门会同省级工商行政管理局统一核定和管理。省级工商行政管理局根据工作需要和编制空缺情况，征得同级机构编制管理部门同意后，逐级下达增人计划指标，经严格考核后录用。上级工商行政管理机关对下级工商行政管理机关的编制使用情况进行监督检查。

3. 干部管理改革。

省级工商行政管理局正、副局长仍沿用分级管理体制下的办法，实行双重管理，以地方为主。市、县级工商行政管理局正、副局长（包括同级非领导职务干部），经征求地方党委意见后，由上一级工商行政管理局任免。

4. 财务管理改革。

实行垂直管理体制后，省级工商行政管理局按照收支两条线原则，对全省（自治区、直辖市）工商行政管理系统的财务经费实行统一管理。省以下各级工商行政管理机关的行政性收费和罚没收入，统一由省级工商行政管理局汇缴省级财政或纳入财政预算外资金专户，其中涉及中央财政收入部分，由省级工商行政管理局统一上缴；省级财政部门根据全省（自治区、直辖市）工商行政管理系统的业务支出范围，对人员经费、公用经费、办案经费、装备经费等，纳入省级财政支出预算，统一核定和拨付，切实予以保障。

上述四个方面的改革，大体反映了垂直管理新体制的基本框架。

在新体制下，各级地方政府要继续支持和关心工商行政管理工作，维护和强化工商行政管理部门的独立执法地位。

复习思考题

1. 工商行政管理体制的主要内容有哪些？

2. 工商行政管理机构设置的主要原则有哪些？

3. 工商行政管理机关的主要职责有哪些？

4. 如何认识以实行垂直管理为主要内容的工商行政管理体制改革的重要意义？

第五章　对市场经营主体的监督管理

第一节　市场经营主体概述

一、市场经营主体的概念与特征

（一）市场经营主体的概念

市场经营主体和市场主体是不同的两个概念。市场主体，包括参与市场活动的一切组织和个人，即市场的管理者——政府、市场上的生产经营者——企业法人或从事生产经营活动的个人、市场上的消费者及市场活动中的中介机构等。其中政府和消费者虽然也参与市场活动，但它们都不是以营利为目的，不是市场经营主体，而应是市场管理主体和市场消费主体。

在本书中，市场经营主体，是指经政府批准进入市场，以营利为目的，依法从事商品生产经营和服务活动的经济实体。它是具有自我组织、自我调节、自我约束等功能的市场运作的实体，包括市场上一切从事生产经营活动的企业法人和自然人，是社会主义市场经济运行的基础。在有的法律、法规或著作中，也把市场经营主体称作经营者。例如，在《中华人民共和国价格法》中，对经营者的定义为：从事生产、经营商品或者提供有偿服务的法人、其他组织和个人。在《中华人民共和国反不正当竞争法》中，对经营者有类似的定义，经营者是指从事商品经营或者营利性服务的法人、其他经济组织和个人。

1. 企业法人。

企业法人，是指依法设立，独立从事商品生产和经营活动，具有法人条件，经登记注册管理机关核准成立的营利性经济组织。企业法人不仅具有法人的一般特征，如具有民事权利能力和民事行为能力，依法能独立享有民事权利和承担民事义务等，而且还具有其他法人所没有的特征，主要表现在：

（1）企业法人是营利性的法人，设立企业法人的目的，就是要通过生产经营活动获得收入，并最大限度地谋取利润；

（2）企业法人必须拥有国家法律规定的资金数额以上的资产，有组织章程、组织结构和经营场所；

（3）企业法人的设立必须经国家授权的登记主管机关核准登记，才能取得法人资格。

企业法人在我国存在的形式主要有：有限责任公司（包括国有独资公司）、股份有限公司和股份合作企业。

2. 自然人。

市场经营主体中的自然人，是指在市场中独立从事生产经营活动，并以营利为目的的个体工商户及自然人性质的企业。

市场经营主体中的自然人不仅具有普通自然人（公民）的一般特征，如具有平等的民事权利能力，依法享有民事权利，承担民事义务等，而且还具有普通自然人所没有的特征，主要表现在：

（1）市场经营主体中的自然人从事生产经营活动的目的是为了获得利润；

（2）市场经营主体中的自然人必须在法律允许的范围内，并经国家授权的登记主管机关核准登记，才能从事生产经营活动。

市场经营主体中具有自然人性质的企业，主要包括个人独资企业、合伙企业等。

（二）市场经营主体的基本特征

市场经营主体的基本特征是指市场经营主体本身内含的本质特征，具体包括以下几个方面：

1. 营利性。

市场经营主体是独立的利益主体，是自主经营、自负盈亏的经济实体，它们从事生产经营活动的直接动机是为了营利。这是市场经营主体最本质、最重要的特征。

2. 独立性。

市场经营主体应当享有独立的法律地位，在法律规定或允许的范围内拥有生产经营自主权。市场经营主体的独立性，主要表现为财产的独立和经营的自主。

3. 相互间的关联性。

在现代经济中，尽管每个市场经营主体都具有独立性，但却不可能孤立地存在。在社会化大生产条件下，市场经营主体的存在是由社会化分工与协作所决定的，它们彼此之间互为交易对象，具有很强的关联性。在整个社会分工体系中，就企业而言，每个企业都必须向其他企业或市场提供商品，同时又必须从其他企业或市场中得到自己所需要的商品。企业之间互为供给和需求，某一个市场经营主体行为的变化，必然会通过复杂的供求链引起其他市场经营主体的相应变化。

4. 竞争性。

市场经济以竞争为其主要运行机制，市场经营主体在生产经营过程中不可避免地要在广泛的领域内展开竞争。通过竞争促进经济发展，活跃市场经济；通过竞争使市场经营主体优胜劣汰，从而不断地推动技术进步，推动社会经济技术发展。同时，必须保证市场经营主体在公平、公开、公正的条件与程序下参与市场竞争，坚决反对不正当竞争，国家对违反有关法律规定存在不正当竞争行为的市场经营主体有权依法予以制裁。

5. 灵活性。

现代市场经济中，每个市场经营主体都可以自主地、灵活地随市场环境的不断变化而调整生产经营方向。当市场供求发生变化时，企业一般能主动及时地做出反应，并根据自身条件对各种生产要素进行重新组合，对生产经营战略和策略作出合理调整，以适应新的市场环境。市场经营主体能遵循市场规律灵活地对生产经营战略和策略进行调整，是其生存于市场的基本功能。

6. 平等性。

市场经营主体在依法取得进入市场从事生产经营活动的资格后，无论存在性质和组织形式、规模大小如何，它们在法律上的地位是平等的，不因存在性质差别和规模差异而影响它们之间地位的平等性。

7. 法律规范性。

所有市场经营主体，都必须依照法定条件和法定程序设立，才能取得合法的市场经营主体资格。不经过这样一个法律规范过程，市场经营主体便会失去意义而无法产生。市场经营主体的资格一经确认，就受法律的保护，享有法律规定的权利，同时也必须承担相应的义务。

二、市场经营主体的类型

为满足国民经济管理和对市场经营主体监督管理的需要，有必要从不同的角度，依据不同的标准将市场经营主体进行分类。

（一）按市场经营主体的所有制性质分类

1. 全民所有制（国有）企业。

全民所有制企业是指生产资料归全体劳动人民共同占有的一种公有制企业形式。它是社会主义公有制经济的体现和重要组成部分，在社会主义经济中起重要作用。在我国现阶段，全民所有制企业就是国有企业。

2. 集体所有制企业。

集体所有制企业是指由一部分劳动群众共同占有一定范围的生产资料和劳动产品的一种公有制企业形式。它也是社会主义公有制经济的重要组成部分，包括城乡由集体投资兴办的企业，以及部分个人通过集资形式设立并依法经工商行政管理机关确认为集体所有制的企业。

3. 私营企业。

私营企业是指企业资产归私人所有，存在雇佣劳动关系的一种私有制经济组织形式。具体包括所有按有关法律法规登记注册的个人独资企业、合作企业、私营有限责任公司等。

4. 混合所有制企业。

混合所有制企业主要是指股份制企业。此类企业中既可能有国家参股、集体参股，也可能有个人参股、私营企业参股或外商投资企业参股。

5. 外商投资企业。

外商投资企业是指外国投资者根据我国有关涉外经济法规和登记管理法规，以合资、合营、合作或独资的形式在我国开办的企业。包括中外合资企业、中外合作经营企业和外商独资企业等。

6. 个体工商户。

个体工商户是指在法律允许的范围内，经国家工商行政管理机关登记核准，从事工业、手工业或商业等生产经营活动的个体劳动者。他们既是资金的所有者，又是全权的经营者和劳动者，并以其个人或家庭的财产对其债务承担无限责任。

（二）按市场经营主体的组织形式分类

1. 公司制企业。

公司是指依照《中华人民共和国公司法》所规定的法定程序设立的、以营利为目的的企业法人。它在法律上具有独立的人格，是独立存在的权利主体，它有权以自己的名义从事生产经营活动和与其他有独立签约资格的当事人订立合同，向法院提取诉讼或应诉。公司资本和财产不属于出资人所有，而属于公司法人。按《中华人民共和国公司法》规定，公司包括有限责任公司和股份有限公司。国有独资公司为有限责任公司。

（1）有限责任公司，是指由 2 人以上 50 人以下股东共同出资设立，股东以其出资额为限对公司承担责任，公司以其全部资产对公司的债务承担有限责任的公司。

（2）股份有限公司，是指由 5 名以上的发起人通过发起设立或募集设立的方式所设立，其全部资本分为等额股份，股东以其所持股份为限对公司承担责任，公司以其全部资产对公司的债务承担有限责任的公司。

（3）国有独资公司，是指国家授权投资的机构或者国家授权的部门单独投资设立的有限责任公司，采取国有独资公司形式的一般是经国务院确定的生产特殊产品的公司或者属于特定行业的公司。

2. 个人独资企业。

是指依照《中华人民共和国个人独资企业法》在中国境内设立的，由一个自然人投资，财产为投资人个人所有，投资人以其个人财产对企业债务承担无限责任的经营实体。

3. 合伙企业。

是指依照《中华人民共和国合伙企业法》在中国境内设立的，

由各合伙人订立合伙协议，共同出资、合伙经营、共享收益、共担风险，并对合伙企业债务承担无限连带责任的营利性组织。

（三）市场按经营主体在社会再生产过程中的地位分类

按市场经营主体在社会再生产过程中的地位，可将市场经营主体划分为生产领域市场经营主体、流通领域市场经营主体和服务领域市场经营主体。

（四）按市场经营主体所在的行业分类

按我国行业划分标准，可将市场经营主体划分为农业、林业、牧业、渔业、工业、建筑业、交通运输业、商业、服务业、房地产业、金融保险业等行业的市场经营主体。

（五）按市场经营主体中企业的规模分类

按市场经营主体的企业规模，企业可分为大、中、小三类。具体划分标准一般是依据各部门、行业不同的技术经济特点，由国家制定统一的分类标志和确定划分的具体数量标准。

三、市场经营主体的经营目标

市场经营主体从事商品生产经营的直接目的是谋求其自身的经济利益，即谋求其自身利润的最大化，因为利润是市场经营主体生存和发展的主要因素。为了真正实现利润最大化，每个市场经营主体都会根据不同时期所处市场环境的状况，制定和调整相应的经营目标或经营目标组合。市场经营主体在一定时期的经营目标不同，必然导致其为实现经营目标所采取的手段和措施不相同，进而导致其在市场经济活动中的行为和表现也不相同。全面了解和研究市场经营主体的经营目标，对工商行政管理机关更好地实现对市场经营主体的监督管理，具有十分重要的意义。

市场经营主体的经营目标主要有以下几种：

（一）利润目标

利润是维持市场经营主体生存和发展的重要条件，实现利润最大化是市场经营主体经济活动的主要动因。利润目标是市场经营主体的经营目标中最核心的部分，也是最终必须实现的目标。但是，利润目标绝不能成为市场经营主体在整个生产经营过程中遵循的惟一经营目标，市场经营主体必须根据不同时期所面对的市场竞争环境状况，选择相应的经营策略和经营目标，以保证利润目标的最终实现。当然，在市场经营主体的经营目标中，利润目标是总的目标，其他经营目标或是由其派生，或是为保证其最终实现。

（二）竞争目标

生产适销对路的产品，积极参与正当的市场竞争，是市场经营主体实现利润最大化的前提条件之一。在市场经济条件下，市场经营主体总是存在于一定的市场中，其利润目标的实现，惟有通过市场才能完成，必然会面临激烈的市场竞争。为了在这种激烈竞争的环境中生存和发展，多数市场经营主体会采取提高质量、完善服务，特别是一定时期内降低价格等手段来参与竞争，这种竞争有时会使市场经营主体一定时期的利润水平降低，但只要能够使得市场销售稳定增长，最终仍会使市场经营主体的利润目标得以实现。当然，这里所说的竞争应当是法律、法规允许范围内的正当的市场竞争，市场经营主体为增加利润而采取的任何不正当竞争行为，必须受到坚决的制止和惩罚，这也是工商行政管理机关对市场经营主体进行监督管理的重要内容。

（三）市场目标

市场经营主体在市场中的存在和发展，需要有一个不断扩展的空间，其生产经营的商品应当在同类商品市场上占有稳定的或不断扩大的市场份额，即市场占有率。只有保持稳定并不断扩大市场占有率，市场经营主体才具备产品更新换代、扩大销售的可能，最终实现利润目标，有些市场经营主体甚至会采取降低当前利润的方式，来扩大所生产经营商品的市场占有率。因此，不断扩大生产规模，尽量增加产品的市场占有率，使市场经营主体在市场竞争中长期处于有利的地位，也会成为市场经营主体选择的经营目标。当然，若市场经营主体依靠政企不分或行业垄断导致市场竞争不充分，采取欺行霸市方式扰乱和破坏正常的市场竞争秩序，采用制定垄断价格或低价倾销手段限制正常的市场竞争来实现市场占有率目标，则必须得到纠正和制止。在如何防止垄断方面，仍存在法律、法规不健全和界限不清晰等现实问题，这正是工商行政管理机关应重点研究和解决的问题，同时也是工商行政管理机关的职责。

（四）信誉目标

市场经营主体的生存和发展必须建立在不损害国家、社会和其他人利益的基础之上。如果只追求利润最大化，而不顾国家政策和法律的许可，极力牟取不正当利益，甚至不惜以损害国家、社会和消费者的利益为代价，最终一定会受到经济、行政和法律的惩罚，受到社会舆论的谴责。经济、法律上的处罚暂且不论，从行政处罚来讲，轻则罚款，重则吊销营业执照，而吊销营业执照，也就意味着市场经营主体生命的终结。信誉对市场经营主体也是至关重要的，若因受到社会舆论的谴责而声名狼藉，最终只能是失去市场，严重危及自身的生存。因此，遵纪守法，重视企业的信誉，应是每个市场经营主体在生产经营过程中遵循的原则和经营目标。

（五）社会目标

市场经营主体追求利润最大化，无论从经济原理或经济立法来解释，都是不容否定的。只要是市场经济，这种追求利润最大化的客观性就一定存在。但是，市场经营主体总是生存在一定的社会环境中，他们对于整个国家和整个社会应当负有一定的责任，如为社会提供积累，尽可能满足消费者的需求等。特别是对我国这样一个社会主义国家，市场经营主体的生产经营活动，必须以有利于社会作为应履行的责任和应选择的经营目标。这里的责任，是指市场经营主体作为社会经济一分子的责任。它不仅体现为国家社会对其社会责任的强制履行性，如必须按时交纳税金、必须保质保量完成国家安排的生产任务等；也体现着市场经营主体对于承担社会责任的自觉性，如将其利润的一部分投资于社会福利事业等。工商行政管理机关应当在这方面对市场经营主体进行必要的指导和监督。

上述市场经营主体的经营目标中，利润目标是最主要的经营目标，其他经营目标或是由它派生出来的，或是作为它的补充。市场经营主体对这些经营目标的采用，是相互交错的，一个市场经营主体在一定时期内，总是同时存在几个经营目标，只是这些经营目标的重要程度不同而已，并且这些经营目标的重要程度随时间、社会经济环境的变化而变化。

四、市场经营主体的权利和义务

（一）市场经营主体所拥有的权利

1. 权利的概念及实现的条件。

从一般的法律意义上说，权利是指法律赋予法律关系主体能够作出或不作出一定行为，或要求他人相应作出或不作出一定行为的资格。市场经营主体的权利，是指法律赋予其能够作出或不作出一定经济行为，以及要求别的市场经营主体相应作出或不作出一定经济行为的资格。可以看出，法律和权利是密不可分的，一切权利都是法律授予的，在法律之外没有任何权利存在，权利的实在性就在于法律的规定性。众所周知，法律是国家意志的体现，因此，市场经营主体的权利，实质上是国家赋予的，在国家之外，权利不为任何市场经营主体所固有。因为社会的物质生活条件并不能直接产生出权利和义务，它必须通过一定的媒介和一定的形式来实现自己的权利要求，法律规范就是实现这一要求的媒介和形式。

对市场经营主体本身来说，为一定的行为或不为一定的行为并不总是可能的，如果没有技术，就不能搞好生产；没有资金，就不能发生购买行为。同样，即使法律赋予一个市场经营主体有权要求他人不为一定的经济行为，但若没有必要的执法和执法监督，没有相应的行政和经济处罚措施，这种权利也不可能实现，如假冒注册商标问题，必须依靠政府机关的执法监督才能杜绝。因此，法律规定市场经营主体享有权利，就要考核其是否具有实现这种权利的条件和可能性。这种可能性也称为法定权利要素，它主要包括：

（1）作为权利享有者的市场经营主体，在一定限度内应具有完成某种行为的可能性，如应有一定的人、财、物、技术、场地等作保证；

（2）要求他人为一定行为或者不为一定行为，以保证自己权利实现的可能性，如市场经营主体是否已经履行维护权利的法律程序，例如合同公证、专利申请、商标注册等；

（3）当市场经营主体的权利不能实现时，有请求国家有关行政权力机关以强制力量保证其实现正当权益、补偿被侵害权益的可能性，其前提是市场经营主体自身的遵纪守法和合法经营。

2. 市场经营主体具有权利的客观经济依据。

市场经营主体必须享有一定权利的客观经济依据就是市场经济。在市场经济条件下，为了进行商品交换，市场经营主体在其生产经营活动中，无时无刻不和外界发生这样或那样的经济关系。为了保证他们正常地开展生产经营活动，保证整个经济关系的稳定，客观上要求赋予他们一定的权利。如果没有这些权利，他们就不能为一定的经济行为而与别的经济主体发生商品交换关系，也不能要求别的经济主体（主要是别的市场经营主体）相应地不为一定的经济行为，从而保证自己权利的实现。在权利得不到保障的情况下，一方面使市场经营主体的本质属性发生了变化，其进行商品交换关系的主体资格不复存在，因而也就谈不上是真正意义上的市场经营主体。如在我国传统计划经济体制下，不承认我国经济是市场经济，不给企业（特别是国有企业）应有的生产经营自主权利，因而也就等于从实质上否定了国有企业作为市场经营主体的存在。另一方面，则不能保证市场经营主体的正当权益，使市场经济秩序发生混乱。比如，若企业没有商标的专用权，那么其商标权益就得不到应有的保证。因此，市场经济属性，决定了市场经营主体必须享有一定的权利。

3. 登记是市场经营主体享有权利的前提。

在市场经济社会，法律赋予市场经营主体许多应有的权利，正是这些权利的存在，使市场经营主体得以进行各种经济活动。但是，市场经营主体的这些权利，首先必须经过国家各级工商行政管理机关的审批登记，才能取得享有生产经营权利的资格。主要原因在于：

（1）权利和法律是紧密相连的，享有权利就是获得一种法律认可的资格。市场经营主体通过向国家授权的行政机关（主要是工商行政管理机关）进行登记，取得法律所赋予的生产经营资格，即取得法律确认自己作为市场经营主体存在的法律地位和从事某种生产经营活动的许可。营业登记就具有这样的性质。

（2）不同的市场经营主体所享有的生产经营权利是不同的，必须通过登记予以明确。由于市场经营主体的组织形式和在国民经济中地位的不同，使得不同的市场经营主体应该享有不同的生产经营权利。如我国对中外合资企业和外商独资企业采取优惠政策给予扶植，意味着这些企业比同一地区的国有企业和集体企业要享有更多的权利。因此，通过登记，明确市场经营主体的所有制性质、组织形式等，就可以决定他们应当和可能享有哪些生产经营权利。

(3) 通过登记，对市场经营主体的法定权利要素进行审查，明确他们是否具备实现其权利能力的可能性。登记过程中应审查作为权利享有者的市场经营主体在一定限度内是否具有完成某种生产经营活动的可能性，只有具备了这种可能性，才能赋予其相应的权利。例如，审查企业是否具有与要生产经营的规模相适应的财产，如果某个企业并不具备或仅有很少的财产而进行较大规模的经营活动，那么它在交换活动中只是取得他方的财产而不能转让自己的财产，或者只取得他方的财产而自身并不能承担必须承担的财产责任，显然，这与商品经济的等价交换原则是相违背的。通过对市场经营主体法定权利要素的审查，保证其实现权利的可能性，使权利和责任对等起来，维护市场经济的正常运行。

(4) 通过登记，明确市场经营主体享受权利和承担义务的财产范围。例如在我国，有限责任公司和股份有限公司是以其公司资产对公司的债务承担有限责任，而个人独资企业的投资人则要以个人及家庭的全部财产对企业债务承担无限责任。

(5) 在登记过程中，本身就存在着某些资格的确认和权利的赋予与限制。如作为生产经营权利主体的资格，包括厂商名称、产品名称等专有权利的赋予，任何其他厂商和个人均不得冒名进行生产经营活动；再如企业法人经营范围的认可和限制，企业法人的经营范围在得到登记机关认可的同时，实际上也规定了其权利能力的界限，其经营范围不得随意加以改变。

目前，我国工商行政管理机关对市场经营主体的登记工作中，根据登记对象的特点存在着两种不同性质的登记，即企业法人登记和营业登记。分别赋予不同的市场经营主体相应的权利能力和行为能力。工商行政管理机关不仅在登记方面与市场经营主体的权利相关，而且还在其他许多方面存在着密切联系。如企业的商标专用权、企业名称权、要求他方当事人履行经济合同权、要求他人不得进行不正当竞争权、企业商誉权等，这些权利都是在工商行政管理机关和其他有关部门的赋予和保护下实现的。没有工商行政管理机关的监督管理，市场经营主体的合法权益是难以实现的。

（二）市场经营主体应履行的义务

1. 义务的概念和法定义务要素。

从一般的法律意义上说，义务是指法律关系主体必须按法律的规定作出一定行为或不得作出一定行为的责任。市场经营主体的义务，是指法律要求其必须作出或不作出一定经济行为，以及对其他市场经营主体应当作出或不作出一定经济行为的责任。例如，企业必须遵守财经纪律，必须依法向国家缴纳税金，这就意味着企业必须作出一定的行为；而企业在填报各种统计、会计和财务报表时不得弄虚作假和欺骗国家，这就意味着企业不得作出一定的行为。和权利一样，义务和法律也是密不可分的。市场经营主体在其生产经营过程中，如不履行自己应履行的义务，就要承担由此产生的一切法律责任，必须受到有关法律的制裁。然而，就义务本身而言，还应包括社会责任、社会道德等方面的涵义。

正如权利具有法定权利要素一样，市场经营主体承担的义务也具有法定义务要素。法定义务要素是指市场经营主体履行其应尽义务的可能性，主要包括：

（1）在一定限度内必须完成某种作为或不得进行某种作为，如任何市场经营主体都必须及时按照国家规定缴纳税金和其他各种应缴纳的费用；又如企业生产的不合格产品不得以合格产品出厂或销售。

（2）市场经营主体的作为或不作为是由法律、法规、政策等所明示的。如缴纳税金作为是由税法所明确规定的；保证产品质量作为是由质量法所明确规定的。像权利是由法律所赋予的一样，义务也是由法律、法规、政策等明确规定的。

（3）市场经营主体如逃避法律所规定的应该履行的义务，则应负法律责任，这是市场经营主体必须承担一定义务的实质所在。例如，若企业造成了环境污染，就要受到环境保护有关法律的追究和制裁，受到环境保护行政管理机关的依法处理；再如企业若不履行经济合同所规定的义务，合同的另一方就有权力请求仲裁机构或法律部门追究其应负的责任，造成经济损失的，则应赔偿所造成的经济损失。

2. 市场经营主体必须履行的义务。

市场经营主体应履行的法定义务有许多，主要包括：依法登记、依法纳税、合法经营、执行国家的经济政策、保护消费者权益、保护环境、接受政府机关的监督管理等等。这里需要强调的还有市场经营主体的社会责任，社会责任比起法定义务，有着更广泛、更深刻的内涵。比如提供物美价廉的商品，满足人们日益增长的物质文化需要，不仅是市场经营主体的生产经营活动能够正常进行的前提，也是其主要的社会责任。无论是市场经营主体的法定义务还是社会责任，都与工商行政管理机关密切相关，作为国家的行政执法机关，其主要职责就是依法监督市场经营主体履行好其法定的生产经营义务，对不履行义务的行为和当事人依法予以行政处罚，用行政执法的手段强迫其履行义务。

（三）权利和义务的关系

市场经营主体的权利和义务，不仅都与法律和社会道德密切相关，它们之间也存在相互依存、相互促进的关系。

第一，市场经营主体的权利和义务是相互依存的，没有无义务的权利，也没有无权利的义务。一方面，权利的内容总是通过与之相应的义务表现出来。例如，市场经营主体有转让技术的权利，但他又必须承担将技术交与受让方并让其掌握技术的义务，转让技术这项权利的内容，正是通过承担一定义务的方式表现出来的；再如，市场经营主体有在规定的生产经营范围内开展经济活动的权利，但他又必须承担不跨越所规定的生产经营范围进行经济活动的义务。另一方面，义务的内容又总是有由权利的内容所决定的。例如，在履行经济合同的过程中，合同一方支付货款的义务是由他享有取得对方货物的权利所决定的。因此，市场经营主体享有权利和承担义务应是相当的。享有权利是他承担义务的前提和履行义务的必要条件；承担义务又是他享有权利的保证和必须履行的职责。

第二，市场经营主体的权利和义务是相互促进的，只有认真履行自己的义务，为社会提供更多更好的物质财富，才能使自己享有的各项权利有更可靠的保障，同时也为不断扩大各项权利创造了条件。例如，若市场经营主体为社会创造了更多的物质财富，为消费者提供了更多更满意的商品和服务，从而为自己获取了较好的经济效益，那么，它就有更多的权利将一部分盈利用于职工工资的提高和职工福利的增加，也有能力进一步开拓市场，扩大自身的生产经营规模和领域，取得更大的权利。市场经营主体享有的各项权利越广泛、越有保障，就越能增强自身的活力，进而促进其更加自觉地履行自己应尽的义务。

五、市场经营主体的基本分析

（一）市场经营主体与社会经济发展

市场经济发展的基础是大量市场经营主体的存在，可以认为，市场经营主体发展是社会经济发展的根本动力。市场经济中的利益机制，既诱发市场经营主体的发展，同时也极大地促进了整个社会经济的发展。对于工商行政管理机关来说，必须把发展健全的市场经营主体以推动整个社会经济的发展作为重要的职责。从我国改革开放的历史进程来看，鼓励社会经济中市场经营主体的多元化、鼓励支持外商投资企业的设立、采取措施促进现代企业制度的建立、进一步放开市场经营主体的经营范围、简化审批登记程序提高注册效率等诸多政策和措施，都是为了促进市场经营主体发展的重要体现。实践表明，哪里的市场经营主体增长快、规模大、层次高、结构好并规律规范，哪里的社会经济就发展快。经济落后的地区，往往也是市场经营主体不发达的地区。

市场经营主体的发展，不仅促进了物质文明建设的发展，也同样促进了精神文明的发展。一方面，它在提高人民群众物质生活水平的同时，也提高了对精神生活方面的社会需求；另一方面，又为满足人们的精神生活需求提供了更丰富的物质条件。因此，各级工商行政管理机关始终应把发展市场经营主体、发展市场摆在工作的首位，尤其是要破除各种计划经济体制条件下形成的对发展市场经营主体特别是个体和私营经济的禁锢，让市场促进和引导市场经营主体的发展。

健全的市场经营主体能有力地促进社会经济的发展，这是问题的一个方面。另一方面，不健康的市场经营主体的存在，又会影响甚至破坏社会经济的协调发展。例如，“皮包公司”的泛滥，既破坏国家的经济政策，又产生大量的民事债务纠纷；虚假公司的存在，引发许多骗买骗卖案件，严重损害经营者和消费者的权益；“假集体”“假外资”企业的出现，既影响国家的经济政策，又使得产权关系紊乱；“政企不分”“官商不分”，既使得政府不能转变职能管理好经济，又使得企业长期倚赖政府而不能适应市场经济的发展，同时，也容易产生腐败，影响社会和政局的稳定；全民经商影响社会经济协调发展；无证经营既妨碍公平竞争，又影响和破坏国家的税收政策。因此，确保市场经营主体能在健全的条件下大力发展，是工商行政管理机关要研究和解决的根本问题。

既要发展，又要规范，在实践中仍存在一定的困难。首先，市场经营主体的发展是有其内在规律的，一般表现为发展在先，规范在后，在规范的基础上发展，在发展的基础上建立更加合理可行的规范；其次，随着市场经济的发展，人们对发展、规范和秩序的认识也是不断深化的，很难也不应该用一套固有的标准去规范市场经营主体的行为。因此，需要工商行政管理机关站在一定的发展高度，动态地正确处理好发展与规范的关系，切实促进和保证社会经济快速、协调、稳定和有序的发展。

（二）市场经营主体与市场结构

在市场经济中，企业的合并、分解和重组等情况是经常发生的。合并通常以三种情况进行，即横向合并，指相同或相似产品的生产者或经营者互相结合成为一个统一的经济实体；纵向合并，指生产经营相同产品但处于再生产不同阶段的企业之间的合并；混合合并，指来自不同的市场领域，原本并不存在竞争或买卖关系的企业之间的合并。通过这些形式的合并，企业可以扩大生产规模和生产经营领域，减少竞争对手或大大提高市场竞争力。然而，企业合并的结果，势必迅速推动经济（企业和市场）的集中，对整个市场经济结构产生较大的影响，如果得不到适当的控制，还会产生不利的作用，导致少数企业垄断市场的情况，形成寡头垄断的市场结构。各国的反垄断法中，都对企业合并作出了限制性规定。

市场经营主体的存在和发展与市场结构密切相关。一般地说，市场经营主体与市场结构的关系主要取决于两个因素，即企业的集中和市场进入壁垒。企业集中也称卖者的集中，是指某一市场卖者的规模结构，也就是产业内生产集中的状况。决定某产业集中程度高低的最基本的因素是该产业的市场规模（即产业的需求量）和规模经济的关系。任何企业（卖者）在竞争的压力下，都希望把自己的企业规模扩展到使得单位产品的生产成本和流通费用达到最小的水平（即最佳规模）。简单地说，每个企业的自身发展扩张、企业合并、组成企业集团等，都是追求规模经济的重要手段。然而，每个产业的市场规模都不是无限的。这样，有限的市场规模和企业追求规模经济的趋向碰在一起，必然造成生产的集中和企业数目的减少。

促成进入壁垒的有多种因素，最主要的是：(1) 由规模经济造成的进入壁垒。(2) 由费用造成的进入壁垒，如，新企业无疑要比已有企业花费更多的推销费用。(3) 由法律和制度造成的进入壁垒，比如，某些行业的企业开业，需要获得特别准许和执照。对市场结构的进入壁垒控制，主要是对前两种因素的控制。因为，如果产业内的少数企业对现实的、潜在的新对手，长期占有技术垄断、资源垄断以及买者对本企业的很强的偏好等方面的战略优势，则这种优势会成为其他企业进入该企业的严重壁垒，而这种壁垒只是一般地保护该企业保持稳定的垄断统治状态。

理论和实践均表明：只有竞争性市场结构才能促进市场竞争，更有效地实现资源优化配置，提高整个社会的经济效益。因此，工商行政管理部门必须从更深层次来研究和规范市场经济主体发展的政策和措施，包括企业登记审批制度、许可证制度、企业合并政策、企业集团政策、自然性和公共事业垄断性政策等，以从宏观上确保整个市场竞争性结构的存在和发展。

（三）市场经营主体与现代企业制度

1. 现代企业制度的概念。

现代企业制度条件下的企业组织形式是多种多样的，公司制是其中最主要的组织形式。因此，从某种意义上说，现代企业制度，其实质就是现代公司制度。现代公司制已经成为市场经济国家中居于绝对统治地位的一种企业组织形式。这主要是由公司制的如下诸多优点所决定的：

（1）责任的有限性，减轻了投资者承担的风险程度；

（2）筹资的便利性，可以吸引大量的闲散资金；

（3）规模趋大的可能性，增加了规模经营的可能性；

（4）所有权和经营权的分离性，以便于专家型经理人员管理企业，使提高企业经营效益成为可能；

（5）所有权的可转移性，有利于公司吸引投资，促进了股份公司的发展；

（6）寿命的持续性，增强了对投资者和雇员的吸引力；并使得公司行为趋于长期化。

2. 现代企业制度的特征。

正是因为公司制具有如此多的优点，所以必须把建立现代企业制度，即建立现代公司制度作为我国国有企业改革的方向。现代企业制度一般具有五个特征：

（1）产权清晰，即企业各种资产所有权关系非常清晰。必须有一个充满活力的企业产权组织形式，这应当是公司制。从世界上看，企业产权组织形式基本有三个阶段：一是独资企业或单业主制，即所有者、经营者、劳动者集于一身，承担无限责任。二是合伙企业。合伙企业不是法人并要对亏损承担无限责任，因而承受不了大的风险。三是公司制。很多人投资，组成股份公司，可集中大量的社会资金，吸收更多智力来管理和监督企业，出资者承担有限责任，可承受现代化大生产的风险。因此，现代化企业制度的产权组织形式主要是公司制。

（2）权责明确，即所有者与企业权责关系明确。公司制有一套组织制度，规范了股东、董事、法人代表、总经理及其他管理人员等与企业之间的权责关系。由此形成一套所有者与企业经营者相互制约的权责关系。

（3）政企分开，即政府与企业的关系主要体现为法律关系。

（4）管理科学，即企业内部管理，一切以市场需求为中心，以发挥人和科学技术的作用作为重点，有完善的企业财务会计制度，建立一套科学合理的管理制度。

（5）法人制度健全。法人制度实质是社会经济组织“人格化”的一项法律制度，就是用法律来确认企业法人地位，使其能以人格化的身份独立地享有民事权利和承担民事责任。企业法人制度的核心是企业财产制度和责任制度。

3. 现代企业制度的建立与工商行政管理。

现代企业制度的建立与工商行政管理部门对市场经营主体的管理密不可分。工商行政管理部门对市场经营主体的管理任务之一，是建立和完善企业法人制度，以促进现代企业制度的建立。这在我国的企业登记管理制度的演变中得到了较为充分的体现。改革开放前是一般的企业登记管理，因为当时的企业登记还谈不上有多大的法律意义。后来发展成为企业法人登记管理，这是企业组织形式管理的重大变化，其实质是确立企业的独立法人地位，即独立的经济法律实体。但由于事实上当时的计划经济体制没有发生根本性变化，企业法人制度还不是很健全。进入市场经济体制后，企业法人登记管理实质上逐步转向公司登记管理，尽管实际上还存在企业法人登记管理和公司登记管理的双重制度。实行公司登记管理，其意义已不是简单的法人登记管理，而更重要的是规范企业法人按照公司制的组织结构形式进行运作，如建立董事会、股东大会、监事会等等。因此，市场经营主体的组织形式管理，与建立现代企业制度、推进经济有序健康发展，是有着十分密切关系的。这就是说，工商行政管理部门，在改革的进程中，担负着推进现代企业制度建立的历史重任。作为市场经营主体监督管理部门的工商行政管理机关，在改革开放过程中，促进着社会主义市场经营主体的发展和现代企业制度的建立。

工商行政管理机关在促进现代企业制度的建立中应起以下作用：

（1）通过企业登记管理明确界定企业产权。

可以认为，企业产权是整个产权制度的核心，特别是国有企业产权，正是体制改革、推进市场经济体制进程的难点所在。现代企业制度的首要特征就是产权清晰，它是决定企业权责分明、政企分开、管理科学这些现代企业制度其他特征的基础。工商行政管理在严格界定和保护企业产权中的重要作用表现在：

第一，明确企业的法律组织形式。企业的法律组织形式有公司（包括股份有限公司和有限责任公司）、合伙、独资等三种最基本的形式，其分类的重要依据就在于相对应的、能够明晰企业产权的三种基本企业产权制度。因此，明确企业的法律组织形式，以取代明确企业的经济性质登记规则，其优点和基本作用就在于更好地建立我国的企业产权制度。

第二，建立企业法人财产权制度。突出表现在核准登记企业注册资本。企业的注册资本的数量、来源真实与否，直接关系到企业产权制度的良性运行，这一点在公司产权制度中表现得尤为突出。因为公司注册资本是公司产权的重要内容，是公司产权的法律基础。因此，企业注册资本登记程序中的前置资产评估、验资，明确资本来源，严格注册资本的增减等企业登记管理规则，对于保护国有和集体资产流失，对于保护投资人及债权人的财产权利，都具有至关重要的作用。

（2）坚持政企分开，真正实现政府从直接管理企业职能向服务企业职能的转变，为现代企业制度的建立创造良好的外部条件。

政企不分是计划经济体制下的企业特征，在企业由政府机构举办向经济实体转变的过程中，仍然存在着严重的政企不分现象。仍在某种程度上保持着计划经济体制下的企业特征，在这种情况下政府职能是不可能实现真正转变的，企业也不可能成为真正独立的经济实体。当前，工商行政管理机关正在通过制定和执行相关的法律、法规，促进政府从直接管理企业职能向服务企业职能转变，如在企业登记监督过程中规定和要求实行政企分开，企业与机关脱钩，企业人员与干部编制脱钩，在规定期限内不能脱钩的取消企业资格等。

（3）实行无企业主管制度和尽可能减少企业登记注册的前置审批。

实行无企业主管制度和尽可能减少企业登记注册的前置审批，是削弱和限制政府有关部门干预企业成长和发展的重要举措。它既有效地切断了企业和政府的行政隶属关系，限制和削弱了政府干预企业的权力基础，又促使政府有关部门将精力和时间等管理要素转入到行业发展和宏观调控上来，切实实现政府职能的转变。当然，对某些特殊的行业和产业（如对国计民生有重要影响和涉及到人身安全的行业和产业），仍将需要有前置审批制度。

（4）严禁党政机关经商办企业，完善社会主义市场主体关系。

基于政企分开的原则，要求党政机关和党政干部办的经济实体要与机关或干部本人脱钩，并加以必要的监督管理，使之成为真正的自主经营、自负盈亏的经济实体，与其他市场经营主体平等竞争，完善社会主义市场主体关系。

（5）通过登记，依法赋予企业法人地位。

通过企业法人登记，依法赋予企业应有的法人地位，明确其权利和义务，明晰企业产权关系并依法保护其生产经营合法权益，监督其法律义务的履行。

（6）积极参与，逐步建立具有中国特色的企业破产制度。

对经营管理不善造成严重亏损，不能清偿到期债务的企业，应依法宣告其破产并进入破产秩序。建立具有中国特色的企业破产制度，使企业在严峻的市场竞争中经常感受到市场的压力，以强化其主体意识，淡化其对行政主管机关的依赖，减少行政主管机关对企业的直接行政干预和直接的生产经营责任，从而切实解决市场主体缺位的问题。工商行政管理机关作为企业的登记管理机关，也应积极参与我国企业破产制度的逐步建立。

（7）积极推进公司登记管理制度的建立。

对在《中华人民共和国公司法》实施前登记注册的公司，依法进行公司制规范，严格按照《公司法》进行改造和登记。

（8）坚决支持企业经营机制的转变，实现管理科学的要求。

企业经营机制转换的根本目的，就是要将企业特别是国有大中型企业推向市场。这是由计划经济向市场经济转轨变型过程中必须解决的极其重要的问题。国有大中型企业不能走向市场，缺乏经济活力，要想实现社会主义市场经济体制几乎是不可能的。工商行政管理应发挥其职能作用，积极支持企业经营机制，实行政企分开，成为真正意义上的市场经营主体，而不是政府机关的附属物。通过积极支持各类公司、企业集团的发展，特别是支持股份制企业的发展，促进政企分开，推动现代企业制度的发展。

第二节　对市场经营主体监督管理的原则和内容

一、市场经营主体监督管理概述

（一）市场经营主体监督管理的含义

市场经营主体监督管理是一个十分宽泛的概念，可以从广义的概念和狭义的概念两个方面去理解。

广义的市场经营主体监督管理，是指国家各级行政管理部门依照国家的法律、法规和政策对各类市场经营主体参与市场经济活动的各个环节进行的全面督导和监察。其监督管理的主体涉及计划、生产、流通、金融、税务、国有资产、商品质量、审计、物价、工商行政管理等众多政府部门；其监督管理的方式包括法律的、经济的、行政的等多种类型；其监督管理的范围覆盖了市场经营主体从事生产经营活动全过程。

狭义的市场经营主体监督管理，是专指市场经营主体登记管理机关对市场经营主体的监督管理，即指工商行政管理机关依据国家的法律、法规和政策，对各类市场经营主体的生产经营合法资格的设立及其在市场中续存所进行的督导和监察。本章的内容主要是针对狭义的市场经营主体监督管理。

（二）市场经营主体监督管理的依据

工商行政管理机关对市场经营主体监督管理的依据主要是我国全国人大及其常委会颁布的涉及市场经营主体和市场经营秩序的有关法律。涉及市场经营主体的法律主要包括《中华人民共和国公司法》、《中华人民共和国中外合资经营企业法》、《中华人民共和国中外合作经营企业法》、《中华人民共和国外资企业法》、《中华人民共和国合伙企业法》、《中华人民共和国个人独资企业法》等。涉及市场经营秩序的法律主要包括《中华人民共和国反不正当竞争法》、《中华人民共和国消费者权益保护法》、《中华人民共和国合同法》、《中华人民共和国产品质量法》、《中华人民共和国商标法》、《中华人民共和国价格法》、《中华人民共和国计量法》等。上述两类法律明确了市场经营主体的权利义务，规范了各类市场经营主体的设立行为、退出行为和交易行为，是工商行政管理机关对市场经营主体监督管理的主要依据。除此之外，国务院及其职能部门制定的有关行政法规和部门规章，各地制定的有关地方性法规和地方规章，也都是对市场经营主体监督管理的依据。

（三）市场经营主体监督管理的对象和方式

工商行政管理机关对市场经营主体监督管理的对象是市场经营主体资格和市场经营主体经营行为。市场经营主体资格是依法经核准登记取得的，工商行政管理机关要对市场经营主体资格的合法性，市场经营主体组成形式、产权关系变化的合法性，市场经营主体是否具有符合法律规定的生产经营能力和承担民事责任的能力进行监督和检查。市场经营主体经营行为要受法律法规的规范和约束，工商行政管理机关要对市场经营主体经营行为的合法性进行引导、规范和监察。

工商行政管理机关对市场经营主体监督管理的方式是行政管理和行政执法，主要是通过发布行政命令、规范登记事项、加强督促检查等手段，间接地控制、引导市场经营主体的行为。如市场经营主体在生产经营活动中有违法、违章行为，工商行政管理机关要依法给予行政处罚，以维护正常的市场经济秩序，保护生产经营者和消费者的合法权益，保障市场经济的顺利运行。

二、市场经营主体监督管理的必要性

对市场经营主体的监督管理是国家管理职能的重要体现，在国民经济运行中具有重要的作用，特别是在促进市场经营主体正常发展，维护社会主义市场经济秩序，保护国家、市场经营主体、消费者合法权益方面的作用尤为突出。工商行政管理机关加强对市场经营主体的监督管理是非常必要的。

（一）有利于市场经营主体增强自我约束机制

对市场经营主体的监督管理，有利于市场经营主体增强自我约束机制和提高自我发展能力。在社会主义市场经济条件下，市场经营主体作为自主经营、自负盈亏的经济实体，一方面必须在生产经营活动中加强自我约束，认真履行应承担的各种义务和责任；另一方面必须充分合理地使用各种经济资源，提高经济管理水平和经济效益，实现自我发展。强化对市场经营主体的监督管理，既把市场经营主体的生产经营活动置于严格的控制之下，将其纳入符合社会整体利益和国家宏观决策的轨道，又为市场经营主体制定正确的经营方针和目标，合法地从事生产经营活动，提供了必要的规范和指导。

（二）有利于形成良好的市场秩序

对市场经营主体的监督管理，有利于形成良好的市场环境和市场秩序。完善对市场经营主体的监督管理，一方面可以有效地促使参与市场活动的各当事人自觉遵守市场规则，遵守国家的有关法律、法规和政策，使自己的交易行为合法化、合理化；另一方面可以制止和查处那些破坏市场秩序，进行违章、违法经营，进行不公平竞争的市场经营主体，直至将不合法、不合格的市场经营主体驱逐出市场，以维护社会主义市场经济的良好秩序。对市场经营主体的监督管理还是政府调控经济运行的重要手段，通过规范市场经营主体行为，维护市场经济秩序，可以保证政府的各项宏观经济政策和经济发展规划的贯彻落实。

（三）维护国家利益及生产经营者和消费者的合法权益

对市场经营主体的监督管理，有利于维护国家利益及生产经营者和消费者的合法权益。各种不正当的竞争行为、违法违章的后果就是侵犯商品生产者、经营者和消费者的合法权益，损害国家及社会公共利益。加强对市场经营主体的监督管理，有助于国家合理调整不同市场经营主体的利益关系，有利于制止和打击不正当竞争行为，从而使国家、生产经营者和广大消费者的权益得以保障。

三、市场经营主体监督管理的原则和内容

（一）市场经营主体监督管理的原则

1. 正确处理好发展与监督管理之间的关系，始终把促进经济

发展放在首位。

“发展是硬道理”，这是市场经营主体监督管理的首要原则。必须破除一切不必要的妨碍市场经营主体健康发展的落后观念和陈旧制度，允许和鼓励各种经济成分、各种形式的市场经营主体协调发展。党的十五大报告明确指出：个体私营经济是社会主义市场经济的重要组成部分。这进一步解放了我们的思想，提高了我们的认识。因此，必须采取各种措施，制定科学的政策，运用各种手段从宏观上促进市场经营主体的发展。

2. 正确处理好数量与质量之间的关系，注重市场经营主体的发展质量。

促进市场经营主体的发展，不仅要注重数量上的发展，而且更要注重质量的提高。市场经营主体的发展质量主要表现在两个方面：一是微观质量问题，主要指市场经营主体本身的登记注册质量、运转质量和经济效益等，前两项与工商行政管理密切相关。抓好微观质量的关键，取决于登记注册是否合理、明确、科学和是否具有较强的可操作性，以及对登记注册法规是否真正能够严格遵守。二是宏观质量问题，主要指确认市场经营主体资格的法规、政策是否合理、科学；审批登记程序的设置对市场经营主体发展效率的影响；市场经营主体发展的总体机构和规模是否合理；市场经营主体退出市场的债权债务清理政策是否合理明确等项内容。宏观质量问题的有效解决，取决于对整个国民经济运行和市场经营主体发展的动态把握，以及在这个基础上能否建立起科学的法律法规体系与适时的调整机制，这方面，仅靠工商行政管理机关是无法完成的，但对工商行政管理机关的管理水平和干部素质提出了更高的要求。

3. 正确处理好监督管理与服务之间的关系，应将两者有机地结合起来。

虽然工商行政管理机关与市场经营主体在市场中的地位和作用不同，但最终的目的都是为了繁荣和发展社会主义市场经济，促进国民经济的健康发展。工商行政管理机关在严格依法行政，对市场经营主体进行监督管理的同时，也应充分发挥其职能，努力营造有利于市场经营主体发展的外部环境，提高办事效率，为市场经营主体发展服务。这里所说的服务主要是指：尽可能提高办事效率，降低市场经营主体的市场进入成本；热情为市场经营主体提供法律法规和政策咨询，努力提高市场经营主体的注册质量；在不影响市场经济秩序的条件下，尽可能放宽经营范围和登记注册条件限制；在依法行政时，注意区别一般违章和严重违法情形。对一般违章的市场经营主体以教育、说服和疏导为主，处罚为辅。而对严重违法的，才以处罚为主，通过处罚达到教育、惩戒的目的。因此，工商行政管理机关在对市场经营主体进行监督管理的过程中，应实行管理与服务并重，将两者有机地结合起来，达到促进市场经营主体健康有序发展的目的。

（二）市场经营主体监督管理的内容

市场经营主体监督管理的具体内容应该包括两个部分，一是对市场经营主体市场准入资格的确认和监督管理，主要有市场经营主体的登记注册、营业执照或经营许可证的发放、定期对市场经营主体进行年检等，这些内容将在本章进行详细阐述；二是对市场经营主体生产经营行为的规范和监督管理，主要是对市场经营主体在生产经营过程中的商品交易、参与竞争、使用商标、制作广告、商品定价、订立经济合同等行为所进行的监督管理，这些内容将在以后的章节中作进一步分析。

工商行政管理机关注册登记管理部门负责对市场经营主体市场准入资格的确认和监督管理工作，并根据市场经营主体法律地位的不同，分为具备法人资格企业的登记注册管理和不具备法人资格经营单位的营业登记管理。

四、对企业法人监督管理的方式

对企业法人监督管理的内容，主要是登记主管机关根据国家授权，依法对企业法人的市场主体资格的合法性、真实性和延续性进行监督检查。具体内容一般包括：监督企业法人按照规定办理设立、变更和注销登记；监督检查企业法人按照合同、章程和登记注册事项从事生产经营活动；监督检查企业法人及其法定代表人遵守法律、法规和国家政策；监督检查企业法人依照规定办理年度检查；查处违反登记管理法规的行为。

目前，工商行政管理机关对企业法人监督管理的主要方式是年检制度和其他专项管理制度。

所谓年检制度，是年度检验制度的简称，是指工商行政管理机关依法按年度对企业进行检查，以确认企业继续经营资格的法定制度。

年检的形式主要包括年检报告和年检注册。

年检报告是企业在自查后填写的生产经营情况报告。主要包括两部分内容：一部分是本企业登记时核准的主要项目在本年度内有无变动。另一部分是本企业在本年度内生产经营完成情况。

年检注册要求核准登记的企业在规定的时间内，向登记主管机关提交上年度的年检注册书和“资产平衡表”、“利润表”或“资产负债表”，并且要经过法定代表人签字并加盖公章才能生效。

所谓其他专项管理制度，包括定期或不定期的查证验照制度、企业联络员制度等。

第三节　企业法人登记注册管理

一、企业法人和企业法人登记注册的概念

1. 企业法人的含义和主要特征。

企业法人是按照国家有关法律规定，经主管机关或工商行政管理机关核准登记注册，取得法人资格，从事营利性经济活动的组织。其主要特征为：

（1）必须符合法定条件，经核准登记注册成立。符合法定条件是企业法人设立的实体要件；有符合法律规定数额的独立资产，有自己的企业名称、组织结构、企业章程和经营场所，能够独立承担民事责任，是企业法人设立必须具备的条件；经核准登记注册是企业法人设立的程序要件，工商行政管理机关必须按法定程序对企业法人的设立申请进行审核，经核准登记注册后核发的企业法人营业执照，是企业法人有效设立的标志。

（2）设立的目的是从事营利性的生产经营活动。这是企业法人

的最本质特征，是与机关法人、事业单位和社会团体法人相区别的关键。

(3) 具有法律上的独立人格。企业法人既然是法人，同样也应具有民事权利能力和民事行为能力，依法独立享有民事权利和承担民事义务，是具有独立法律人格的经济实体。

2. 企业法人登记注册的概念。

企业法人登记注册是指登记注册管理机关对从事生产经营活动，符合企业法人条件的经营单位，依法定程序进行审查核准并颁发《企业法人营业执照》，确认其企业法人资格和合法经营权的登记注册行为。

二、企业法人登记注册的范围

企业法人登记注册的范围实际上是将不同所有制形式的企业法人，按所属行业所进行的范围界定，以便对不同行业的企业法人制定相应的登记注册办法和监督管理措施。这样做的目的是为了使企业法人登记注册更能体现行业的特点，更有利于我国企业法人制度的完善和加强对企业法人的监督管理。《中华人民共和国企业法人登记管理条例施行细则》第 2 条、第 3 条对我国企业法人登记注册的范围作出了明确的规定。

1. 申请企业法人登记所属行业。

具备企业法人条件的全民所有制企业、集体所有制企业、私营企业、联营企业、在中国境内设立的外商投资企业（包括中外合资经营企业、中外合作经营企业和外商独资企业）和其他企业，应当根据国家有关规定，按照下列所属行业申请企业法人登记：

(1) 农、林、牧、渔、水利业及其服务业；

(2) 工业；

(3) 地质普查和勘探业；

(4) 建筑业；

(5) 交通运输业；

(6) 邮电通信业；

(7) 商业；

(8) 公共饮食业；

(9) 物资供销业；

(10) 仓储业；

(11) 房地产经营业；

(12) 居民服务业；

(13) 咨询服务业；

(14) 金融、保险业；

(15) 其他行业。

2. 事业单位和从事经营活动的科技性社会团体申请企业法人登记所属行业。

实行企业化经营、国家不再核拨经费的事业单位和从事经营活动的科技性社会团体，具备企业法人条件的，按照上述行业或下列所属行业申请企业法人登记：

(1) 公共事业；

(2) 卫生事业；

(3) 体育事业；

(4) 社会福利事业；

(5) 教育事业；

(6) 文化艺术事业；

(7) 广播电视事业；

(8) 科学研究事业；

(9) 技术服务事业等。

企业法人登记注册过程中还按是否实行公司制划分企业法人的范围，分为公司企业法人和非公司企业法人。公司企业法人主要有有限责任公司（包括国家独资有限责任公司）和股份有限公司。

三、企业法人登记注册的原则

企业法人登记注册的原则应遵循以下原则：

1. 登记注册管理主体明确的原则。

工商行政管理机关是企业法人登记注册的主管机关。登记注册管理主体明确，有利于工商行政管理机关明确职权和职责；便于集中企业登记，统一规范市场经营主体；也符合企业登记的客观要求和建立现代企业制度的客观需要。

2. 依法独立核准登记注册的原则。

登记主管机关在法律、法规的授权和允许下，依法独立行使登记注册管理职能。遵循这一原则，便于登记机关正当行使权力，在登记注册中秉公执法，避免外界不正当因素干扰；遵循这一原则，能够统一规范市场经营主体资格和经营行为，用法律手段来维护市场安全，建立良好的市场秩序。

3. 实行分级登记管理和授权管理的原则。

在企业法人登记注册管理工作中，国家工商行政管理局和省、地、县各级工商行政管理机关，因管理层次不同而有明确的工作分工和不同的职责权限。有些依行政管辖范围实行分级管理，有些（如外商投资企业登记注册）则实行国家工商行政管理局授权登记管理的原则。上级登记主管机关有权纠正下级登记主管机关不符合国家法律、法规和政策的决定。

4. 准则主义和审核相结合的原则。

准则主义是指企业设立的条件由法律法规直接决定，企业只要符合条件即可依法设立，不需要由有关行政机关特别审批。但对涉及国计民生、特种行业及技术性强的行业，企业在申请设立登记前必须报经有关行政机关审批。

5. 逐步实行注册官制度和登记注册代理制度的原则。

所谓注册官制度，就是通过规定注册官资格条件，采用考试择优录用方式，选拔专司登记注册的专门人员，以强化登记注册责任的一种有效制度。实行注册官制度有利于提高登记注册人员素质和责任感，有利于整个登记注册管理水平的提高。随着市场经济的发展，企业法人登记注册管理业务内容不断增加，企业直接办理登记注册时经常遇到对登记注册的程序和所需文件、证明了解不多，不熟悉登记注册管理的法律规范等困难，迫切需要登记注册代理这类中介机构。实行登记注册代理制有利于提高企业法人登记注册管理效率，也有利于增强企业和登记代理人的责任感，减少登记注册中的失误和无效工作。

四、企业法人登记注册的条件

1. 企业法人申请登记注册的条件。

依据《中华人民共和国企业法人登记管理条例施行细则》的有关规定，企业法人申请登记注册应具备以下条件：

(1) 有符合规定的名称和章程；

(2) 有国家授予的企业经营管理的财产或者企业所有的财产，并能够以其财产独立承担民事责任；

(3) 有与生产经营规模相适应的经营管理结构、财务核算结构、劳保组织及法律或章程规定必须建立的其他机构；

(4) 有必要的并与经营范围相适应的经营场地和设施；

(5) 有与经营规模和业务相适应的从业人员，其中专职人员不能少于 8 人；

(6) 有健全的财会制度，能够实行独立核算、自负盈亏、独立编制资金平衡表和资产负债表；

(7) 有符合规定数额并与经营范围相适应的注册资金；

(8) 有符合国家法律法规和政策规定的经营范围。

2. 外商投资企业申请企业法人注册登记的条件。

外商投资企业在我国境内申请企业法人注册登记，应当具备下列条件：

(1) 有符合规定的名称；

(2) 有审批机关批准的合同、章程；

(3) 有固定经营场所、必要的设施和从业人员；

(4) 有符合国家规定的注册资本；

(5) 有符合国家法律、法规和政策规定的经营范围；

(6) 有健全的财会制度，能够实行独立核算、自负盈亏、独立编制资金平衡表和资产负债表。

3. 公司企业法人登记注册的条件。

《中华人民共和国公司法》对公司企业法人登记注册的条件也作出了具体的规定，其中有限责任公司登记注册的条件为：

(1) 股东符合法定人数；

(2) 股东出资达到法定资本最低限额；

(3) 股东共同制定公司章程；

(4) 有公司名称，建立符合有限责任公司要求的组织机构；

（5）有固定的生产经营场所和必要的生产经营条件。

4. 股份有限责任公司登记注册的条件。

（1）发起人符合法定人数；

（2）发起人认缴和社会公开募集的股本达到法定资本最低限额；

（3）股份发行、筹办事项符合法律规定；

（4）发起人制定公司章程，并经创立大会通过；

（5）有公司名称，建立符合股份有限公司要求的组织机构；

（6）有固定的生产经营场所和必要的生产经营条件。

五、企业法人登记注册事项

企业法人注册登记事项实际上就是指企业法人登记注册应包括的全部内容，是企业法人权利能力和行为能力的综合反映，一经登记注册，所涉及内容即具有法律效力。公司企业法人和非公司企业法人的登记注册事项不尽相同。

1. 公司企业法人的登记注册事项。

公司企业法人的注册登记事项应有以下八种：

（1）公司名称。

公司名称一般由行政区划、字号、行业特点和组织形式组成，名称中必须标明有限责任公司或股份有限公司字样。公司设立前，应向公司登记机关预先申请名称核准，预先核准的名称保留 6 个月，便于公司开展筹办活动，公司设立后，其名称受法律保护。同一登记机关管辖范围内，同行业的公司名称不得相同。

（2）公司住所。

公司的住所是指公司的主要办事机构所在地。

（3）公司法定代表人。

公司的法定代表人是指代表公司行使职权的负责人，有限责任公司为董事长或执行董事，股份有限公司为董事长。

（4）公司注册资本。

注册资本是全体股东投入公司的实缴出资之和。按法律规定，有限责任公司注册资本最低限额是：生产经营为主的公司和以商品批发为主的公司是 50 万元人民币；商业零售为主的公司及科技开发、咨询、服务性公司为10万元人民币。股份有限公司注册资本最低限额为1 000万元人民币。股东的出资方式有货币、实物、工业产权、非专利技术、土地使用权等，它们各自占注册资本的比例有不得低于或不得超过的限制。

（5）公司类型。

我国公司类型分为有限责任公司和股份有限公司。

（6）公司经营范围。

公司经营范围由公司章程决定，报经登记机关核准。经营范围中若有法律法规限制的项目或产品的，在登记注册前须报经有关行政主管部门进行前置审批。

（7）公司经营期限。

公司的经营期限由公司章程确定。

（8）公司股东（股份有限公司为发起人）的姓名或名称。

有限责任公司的股东应在2人以上50人以下，但国有独资公司的股东允许只有1个。股份有限公司的发起人是指承担公司筹办事务的股东，除国有企业改建为股份有限公司外，设立股份有限公司，一般应有5人以上为发起人，股份有限公司以发起设立方式设立的，由发起人以书面认足公司章程规定发行的股份，以募集方式设立的，发起人认购的股份不得少于公司股份总数的35%，其余股份向社会公众募集。

2. 非公司企业法人的登记注册事项。

非公司企业法人的登记注册事项共有以下11项，即企业名称、企业住所、经营场所、法定代表人、经济性质、经营范围、经营方式、注册资金、从业人数、经营期限和分支机构。

非公司企业法人登记注册事项与公司企业法人登记注册事项的不同之处是：

（1）非公司企业法人的经营场所是独立的登记注册事项，登记管理机关对其从事生产经营或服务活动的场所要进行审核。公司企业法人登记未将经营场所作为登记事项；

（2）从业人数是非公司企业法人的登记事项，不是公司企业法人的登记事项；

（3）非公司企业法人的经济性质应作为登记事项，公司企业法人登记则不再审核经济性质，代之以企业类型；

（4）非公司企业法人的经营范围是独立登记事项，公司企业法人登记中则未将经营方式作为独立登记事项，而是通过经营范围反映经营方式；

（5）非公司企业法人的分支机构是独立登记事项，对公司企业法人则未将分支机构作为登记事项；

（6）非公司企业法人是以注册资金作为登记事项，而公司企业法人是以注册资本作为登记事项。注册资金与注册资本，虽一字之差却含义不同，注册资金是指企业的全部实有资产，因经营状况随时发生变化，增减超过20％时须办理变更登记。注册资本是全体股东实缴的出资额之和，与企业实有资产是两个概念，以法定、不变、充实为原则。

六、企业法人登记注册的程序

登记注册程序是指为保证实体法规的实施和登记工作的顺利进行，以法规和制度形式规定的申请人和登记主管机关在办理登记时必须遵守的方法、步骤和原则。

企业法人登记注册分为设立（或开业）登记，变更登记和注销登记三种形式。

企业法人设立登记一般要经过以下几个阶段：

1. 前置审批。

企业申请登记注册前，要先报经企业主管部门审查批准。按照规定有些经营项目需经审批的，还要报经行业归口管理部门审批。没有主管部门的企业，可以直接向工商行政管理机关申请登记注册，但涉及行业归口管理部门专项审批的，仍须先行办理前置审批手续。公司企业法人登记注册与非公司企业法人登记注册在这方面略有不同，公司企业法人登记注册时，除法律、行政法规另有规定外，申请人可直接向登记机关提出申请，不需要主管部门审批，一般也不需要行业归口管理部门进行专项审批。

2. 名称预先核准。

企业法人设立登记前，应按规定先向工商行政管理机关申请名称预先核准。

3. 提出登记申请。

在经过前置审批和名称预先核准后，申请人可在规定的时间内，向工商行政管理机关提出企业法人设立登记申请，申请时需按规定提交有关文件、证件和材料。

4. 登记机关核准登记。

工商行政管理机关对企业法人登记申请，依照规定进行审查并在规定时限内作出是否核准登记的决定。对予以核准登记注册的，其工作程序大体分为以下五个阶段：

（1）受理。申请人应提交的文件、证件和填报的登记注册书齐备后方可受理，否则不予受理。

（2）审查。审查提交的文件、证件和填报的登记注册书的真实性、合法性、有效性，并核实有关登记事项和开办条件。

（3）核准。经过审查和核实后，做出核准登记或不予核准登记的决定，并及时通知申请人。

（4）发照。对核准登记的申请单位，应分别颁发有关证照，及时通知法定代表人（负责人）领取证照，并办理法定代表人签字备案手续。

（5）公告。对核准登记注册的企业法人，由登记主管机关发布公告。

企业法人的变更登记和注销登记，也应履行提出登记申请和登记机关核准登记等法定程序，只是具体内容上与设立登记有所差别。

第四节　营业登记管理

一、营业登记的概念

1. 营业登记的概念。

营业登记，是指登记注册管理机关对在市场上从事生产经营活动，又不具备企业法人条件的市场经营主体进行审查核准，并颁发《营业执照》确认其合法经营权的登记行为。

2. 营业登记与企业法人登记注册的区别。

营业登记与企业法人登记注册都是对市场经营主体监督管理的重要组成部分，都是登记注册机关的一种执法行为，都直接产生法律效力。同时，营业登记与企业法人登记注册在许多方面又存在区别，主要表现在登记注册对象、登记的法律效力、登记注册事项、登记注册程序和监督管理重点的不同。

营业登记与企业法人登记注册的区别主要表现在：

（1）营业登记的对象是不具备企业法人资格，而以自然人身份从事生产经营活动的企业、单位和个人。

（2）营业登记审查的主要内容是申请人从事生产经营活动的条件，因此在登记申请文件和登记事项方面比企业法人登记注册简便。如不要求企业具有独立的财产和完善的组织机构。

（3）营业登记的效力是确认企业从事经营的资格而不是企业法人资格。企业领取《营业执照》后，可以刻制公章，开立银行账户，从事经营活动，但是不具备民法赋予法人的权利能力和行为能力，不能独立承担民事责任。

二、营业登记的范围和程序

1. 营业登记的范围。

市场经营主体中需进行营业登记的企业范围具体包括：

（1）企业法人所属的分支机构；

（2）资金属于上一级总公司、公司（或企业）统一支配的分公司；

（3）外商投资企业设立的从事生产经营活动的分支机构；

（4）半紧密型和松散型联营企业；

（5）事业单位和科技性社会团体设立的经营单位，以及从事经营活动的不具备法人条件的事业单位和科技性社会团体；

（6）独资、合伙企业；

（7）个体工商户；

（8）其他从事经营活动的单位。

随着市场经济的发展和法制体系的健全，需进行营业登记的市场经营主体将呈不断增加的趋势。尤其是以公司形式出现的企业，其子公司、分公司大量增加；外商投资企业分支机构逐渐增多；独资企业，特别是个人独资企业的迅速发展，都将使营业登记的范围日渐扩大。

2. 营业登记的程序。

营业登记的程序一般需要经过申请、审查核准和发照三个阶段。即由营业单位的隶属法人，按照法定程序和条件提出申请；登记注册机关根据有关法律法规和申请人的条件进行审查；审查合格后颁发《营业执照》。

《营业执照》是营业单位从事生产经营活动合法性的凭证，凭《营业执照》可以刻制公章、开立账户，在核准登记的范围内从事生产经营活动。

三、申请营业登记的条件和营业登记事项

1. 申请营业登记的条件。

按照有关登记管理法规的规定，申请营业登记必须具备以下基本条件：

（1）有符合规定的名称；

（2）有固定经营场所及设施；

（3）有相应的管理机构和负责人；

（4）有经营活动所需的资本和从业人员；

（5）有符合规定的经营范围；

（6）有相应的财务核算制度，联营企业应有联合签署的协议；

（7）法律、法规规定的其他条件。

2. 营业登记事项。

营业登记事项实际上就是营业登记时所涉及的主要内容。营业登记事项一般有以下八种：

（1）名称。营业单位的名称登记必须符合有关法规的规定。

（2）地址。营业单位没有独立的住所，申请登记时一般以其固定的经营场所为其地址。

（3）负责人。营业单位应由选定或指定的负责人主持本单位的经营活动，但合伙企业的所有合伙人，按规定都可以执行合伙企业事务。

(4) 经营范围。营业单位的经营范围由申请人提出，报经登记机关批准。企业法人设立的分支机构的经营范围，一般不得超出该企业法人的经营范围。涉及国家限制项目的，必须向有关行政机关报请审批。

(5) 经营方式。经营方式是指从事生产经营活动的方式、方法，如销售、加工、代理等。

(6) 隶属关系。隶属关系是指营业单位与出资人或主办单位的关系。

(7) 经济性质。营业单位没有自己的独立的财产，其财产归属于出资人或上级法人，因此，营业单位的经济性质与其出资人或上级法人的经济性质应当是一致的。

(8) 资金数额。营业单位的资金数额为其出资人拨付的资金总额。法律、法规对有些营业单位，如合伙企业、有限责任公司和股份有限公司的分公司等，没有资金数额的要求。

四、营业登记的法律效力与法律责任

1. 营业登记的法律效力。

营业登记也同企业法人登记一样，是依法进行的，其行为是一种执法行为，其行为直接产生法律效力。营业登记的法律效力即是确认不具备企业法人资格的生产经营单位的合法经营权。营业单位在核准登记的范围内从事生产经营活动受法律的保护。

2. 营业登记的法律责任。

营业登记的法律责任，包括行政法律责任、民事法律责任和刑事法律责任。营业单位本身并不具备企业法人资格，其法律责任应当由其隶属法人承担，若无隶属法人，由营业单位作为自然人身份独立承担。登记主管机关在营业登记注册中的法律责任同企业法人登记注册相同。

复习思考题

1. 我国目前的市场经营主体的主要类型有哪些？

2. 如何理解市场经营主体的权利和义务。

3. 联系实际，正确认识对市场经营主体进行监督管理的意义。

4. 工商行政管理部门对市场经营主体进行监督管理的主要内容是什么?

5. 如何认识企业法人登记注册的原则?

6. 营业登记和企业法人登记注册的区别是什么?

第六章　对市场竞争行为的监督管理

第一节　市场竞争行为的含义和类型

一、市场竞争行为的含义及特征

1. 市场竞争行为的含义。

市场竞争行为是指生产经营者在市场竞争过程中获取某种经济利益的行为。即为了获取最大经济利益，如取得最大利润，实现最大的市场占有率或争取其相对于竞争对手的优势地位等，而与竞争对手展开的较量与斗争。

2. 市场竞争行为的特征。

（1）市场竞争行为指市场上生产经营者的行为，而不包括作为市场主体的重要组成部分的消费者的消费行为等。

（2）市场竞争行为的目标是利益最大化，如获取最大利润或最大的市场占有率。而某一生产经营者市场占有率的上升往往以其他企业市场占有率下降为条件，即市场竞争行为的目的是通过市场竞争而取得更有利的市场地位，使利益分配向有利于自己的方向发展。

（3）市场竞争行为是生产经营者与竞争对手展开的较量和斗争。市场竞争行为区别于其他市场行为的根本标志是其竞争性，即其采用竞争性的策略，展开与竞争对手的较量与斗争。

（4）市场竞争行为的成败最终取决于产品购买者的“货币选票”。参与市场竞争行为的生产者竞争成败最终裁判是购买者。这就决定了市场竞争行为是围绕着如何争夺消费者，拉取更多的货币选票而展开的。

（5）市场竞争行为的最终评价标准是是否有利于消费者。生产经营者应该在技术、管理水平、产品质量、花色品种、降低成本等方面展开竞争，在实现自身利益的同时，通过竞争推动自身发展，更好地满足消费者的需要。而不是通过不正当的手段来打击竞争对手，谋取非法利益，并最终损害消费者的利益。对有利于消费者的市场竞争行为应加以引导和保护，而对于不正当的竞争行为应加强监督和管理。

二、市场竞争行为的类型

（一）部门内竞争与部门间竞争

从市场竞争行为的范围上可以将其分为部门内竞争和部门间竞争。

1. 部门内竞争。

所谓部门内竞争，是指生产一组可密切替代的同类商品的企业之间的竞争。这些企业面对着相同的购买者，使得它们在市场上具有直接的相互竞争关系。部门内竞争可以区分为质量性能、品种几乎完全相同的物质产品生产者之间的竞争和同属一类但是品质、性能、外观、型号各不相同的差异产品生产者之间的竞争。前者的结果往往是形成统一的市场价格，并且将不能按这一统一市场价格提供产品的生产者逐出市场。由于产品是同质的，除价格之外没有任何导致消费者偏好变化的因素，各生产者只有在产品价格一致时才能和平相处，反之，如果某个生产者能够迅速降低成本而降低产品价格，其竞争对手将处于极为不利的地位。差异产品的生产者之间竞争主要表现在产品质量、花色品种等方面，其特征在于使用价值或效用（即满足消费者的感觉或需要）上的优势，即提高有差别产品的内在质量和性能，发挥其品牌的影响力等来吸引更多的消费者。部门内的竞争会迫使生产者不断提高经济效益，从而推动社会经济的发展。

2. 部门间竞争。

（1）满足同类需要的代用品生产经营者的竞争。当不同部门生产的产品和服务可以相互替代，即满足同类需要的时候，就产生了相近的代用品之间的竞争，两种产品接近程度越高竞争就越明显、激烈。这种竞争可以调节代用品的余缺，拓宽消费者的选择余地，增强整个经济系统的适应能力，并且可以引起经济部门结构的变化，使一些具有竞争力的产品获得更大的发展空间，并将一些技术或产品落后的产业或部门淘汰。

（2）满足不同需要的有关产品间的竞争。这类竞争是由争夺社会成员可自由支配的收入或原材料、人才等而引起的。随着经济的发展，社会成员的收入会不断增加，其支出结构也会发生变化，为了让更多的可以自由支配的收入购买自己的产品或服务，不同部门会别出心裁，巧设花样，刺激消费者的需求冲动，并根据购买者的兴趣和爱好，不断改进产品的质量，力求吸引更多的购买力，并形成不同部门、不同产品之间的竞争。人们生活越富裕，可自由支配的收入越多，满足不同种类需要的竞争就越激烈、越复杂。另一方面，由于货源、资金、人才等的有限性，各个不同部门之间为了取得资源人才方面的优势，必然进行激烈的争夺。

（二）价格竞争与非价格竞争

根据生产经营者的市场竞争行为是否采用价格手段，可以将其分为价格竞争和非价格竞争。

1. 价格竞争。

价格竞争是指商品生产经营者根据生产条件、市场状况、竞争对手的反应、消费者的心理变化来调整产品的价格，以战胜竞争对手或获取更大利润。其方式主要有：

（1）撇脂定价策略。其特征是产品定价远高于成本。在新产品投放市场初期，基于消费者对该产品了解不够，为了迅速收回新产品的前期高投入或迅速引起消费者注意，激发其购买冲动，可以采用这种定价策略。但这种高价极易吸引竞争者，导致激烈的竞争，只有处于绝对优势地位的企业，或该产品的技术、配方、原材料可以被完全控制时，才便于采用。

（2）渗透定价策略。为了把新产品打入市场，或开发新地区的市场，有意压低价格，以低价引起人们的注意，刺激消费者的购买欲望，迅速打开市场，或挤占原有产品的市场份额。低定价要求企业产品必须有规模效应作保证，能够薄利多销，并随销售的增加而降低单位产品的成本。这种定价策略可能招致竞争对手的联合反抗，如果定价过低，有可能会违反价格法规，也可能导致一些名优产品的市场形象受到影响。

（3）折扣定价策略。即通过各种形式的折扣，如数量折扣、现金折扣、功能折扣、季节折扣等给购买者以优惠，吸引消费者购买自己的产品。

(4) 差别定价策略。即根据购买者的不同而实行有差别的定价，以期将所有的可供利用的购买力充分利用，并通过对购买欲望高、购买能力强的购买者制定高价，而对购买欲望低、购买能力差的购买者制定低价，以尽可能多地获取收入。差别定价要求可以将不同类型的消费者从空间上分隔开来，而且不同类型的购买者的需求价格弹性应有较大差别。

价格竞争的策略和手段还有很多，如系列产品组合定价、地理定价、心理定价、声望定价等。随着经济的发展，价格竞争的方式、手段和范围将不断扩大，成为企业竞争行为的重要组成部分，这也要求加强企业定价的监督和管理。

2. 非价格竞争。

非价格竞争，是指企业通过改进产品、调整营销渠道、加强服务、加强广告和人员促销等非价格的手段进行的竞争。非价格竞争手段很多，而且越来越重要。

(三) 完全竞争和不完全竞争

根据生产经营者在市场竞争行为过程中所处的地位，可将其分为完全竞争行为和不完全竞争行为。如果生产经营者与其竞争对手都处在势均力敌的状态，任何一方都没有绝对的优势，则称其为完全竞争行为，这类产品的市场也被称作完全竞争市场。完全竞争有利于保护竞争各方的利益，发挥价格机制配置资源的能力。

反之，如果在某种产品的市场竞争中，有某几个或某个生产者处于绝对的优势地位，这种竞争就是不完全竞争，一些企业处于更为有利的地位，可以获取不适当的利益。根据竞争程度的差别，不完全竞争又可分为垄断竞争、寡头垄断和完全垄断三种形式。不完全竞争的原因是多方面的，如技术、专利、原材料、资金、政府保护等。竞争的不完全会阻碍价格机制配置资源功能的发挥，并导致收入分配差距拉大。

(四) 按竞争行为划分的竞争方式

按生产经营者在市场竞争行为中的侧重点不同可以分为产品竞争、科技竞争、服务竞争、人才竞争等不同的方式。

1. 产品竞争。

产品竞争主要体现为产品的质量和产品的价格竞争。产品价格竞争上面已经介绍。产品的质量是产品的生命，是产品竞争力的基础。在激烈的市场竞争中，产品质量已经成为企业能否生存和发展的关键。质量竞争的基本方式主要有：一是创造优质名牌产品，追求最佳的产品质量，以产品的最优质量立于同行业的领先地位，占据市场优势。二是保证产品性能的稳定可靠，对于人们大量并经常需要的产品，由于成本的原因，并不一定要追求质量上的最优，而是在一定价格水平和技术水平的基础上，保持产品质量和性能的稳定，保持产品最佳的价格—性能比，满足一般消费者追求物美价廉的要求，从而巩固产品的市场占有率。

2. 科技竞争。

科技竞争的重要性日益提高，产品的科技含量、企业的科技开发能力是企业竞争力的关键因素。企业要想在竞争中立于不败之地、在产品性能和质量上处于领先地位，就必须十分注重科技的竞争，投入大量的资金进行科研和开发。企业的科技竞争主要有两条思路，一是通过科技研究，开发新产品；二是进行产品工艺技术的革新，提高原有产品的科技含量和性能。

3. 服务竞争。

良好的服务，特别是完善的产品售后服务体系，可以更好地赢得消费者信任，提高产品的竞争力，特别是在产品性能、价格大体相当的条件下，服务的好坏就成为竞争胜负的关键。良好的服务包括产前服务、产中服务、产后服务，即包括产品生产到消费者使用的全过程。具体看，产品服务包括：产品性能、质量、各项技术参数、结构等的咨询服务，维修保养服务，技术使用服务，接受消费者申诉、意见和要求的服务等。

4. 人才竞争。

现代市场竞争归根结底是人才的竞争。无论是产品竞争，科技竞争，还是服务竞争都离不开人才，没有合格的人才保证，任何竞争都只是空谈。企业要在人才竞争中取胜就必须进行大量的人力投资，一方面要不遗余力去追求网罗人才，给优秀人才提供优越的物质条件和工作条件，将他们吸引到自己的企业中来。另一方面要舍得花钱培养自己的人才，从企业的内、外两个方面进行全方位的人才开发，充分调动每一个职工的积极性和创造力，使其聪明才智得到充分发挥。只有拥有一流人才，又能使人才资源得到充分利用，企业的成功才有保证。

（五）正当竞争和不正当竞争

随着社会经济的发展，生产经营者的竞争日趋激烈，竞争已深入到经济生活的每个角落，关系到所有经济活动参与者的切身利益。生产经营者竞争方式、竞争手段、竞争策略、竞争领域及竞争的社会经济后果五花八门、千差万别。一些竞争在优化资源配置的前提下，推动了经济的发展，丰富了公众的物质消费。同时也有很多市场竞争行为以不正当的手段，以损害竞争对手、国家和消费者利益为代价，谋取企业或个人的利益，破坏了资源的合理配置和正常的市场竞争环境。这使得人们开始从道德标准、竞争规则和法律法规等层面区分生产经营者的竞争行为。将合理合法、有利于资源优化配置、符合经济发展要求的竞争行为称为正当竞争，并从政策、法律等方面对正当竞争进行鼓励和保护。而将违反竞争规则、破坏有关经济法规、影响资源配置、损害竞争对手及国家和消费者利益的行为称为不正当竞争，并对不正当竞争进行限制和打击，以保护正常的竞争秩序。鼓励和保护正当竞争、限制和打击不正当竞争是市场竞争行为监督管理的核心内容。

第二节　对不正当竞争行为的监督管理

一、不正当竞争行为的含义和特征

1. 不正当竞争的含义。

不正当竞争，又称不公平竞争，是指在市场经济活动中采取虚假、欺诈和损人利己等手段，损害国家、生产经营者和消费者的利益，扰乱市场竞争秩序的行为。《中华人民共和国反不正当竞争法》（以下简称《反不正当竞争法》）第 2 条第 2 款规定：“本法所称的不正当竞争，是指经营者违反本法规定，损害其他经营者的合法权益，扰乱社会经济秩序的行为。”我国《反不正当竞争法》所指出的不正当竞争行为主要是在市场经济活动中，违反国家有关规定和诚实守信的商业道德规则，损害国家、竞争对手和消费者利益，扰乱社会经济秩序的市场竞争行为。

2. 不正当竞争行为的特征。

(1) 不正当竞争行为是违反诚实守信和商业道德的行为，它以虚假、欺诈和损人利己等手段为表现行式。

(2) 在行为结果上，侵犯了他人权利，尤其是侵犯了竞争对手和消费者的利益。

(3) 不正当竞争行为是损害竞争机制，扰乱社会经济秩序的行为。

(4) 不正当竞争行为是一种违法行为，即违反《反不正当竞争法》的行为。对不正当竞争行为的最终界定只能依据《反不正当竞争法》。

二、不正当竞争行为产生的原因

1. 经济利益驱动。

商品生产经营者是以营利为目的从事商品生产经营活动的经济组织或个人。营利性是商品生产经营者的本质特征，以尽可能少的投入获取最大收益和利润是其首要目标。为了实现这一目标，各种手段都有可能被采用，其中也包括不正当竞争手段。由于商品生产经营者的条件不同，竞争能力差距很大，如果用正常手段不能取得竞争优势，不正当竞争手段就有可能成为某些人牟取非法利润、求得生存的途径。而且不正当竞争手段往往比正当竞争手段更容易获得利益，这正是不正当竞争行为的内在根源。

2. 部分生产经营者商业道德意识差，法制观念淡漠。

道德是对人的行为的内在约束，一个道德高尚的竞争者会恪守竞争的道德规则，即使不正当手段会带来极大利益，他也不屑于这样做；即使在竞争中遭到惨败，也不会用不正当手段对付其对手。而一个道德水平低下的竞争者，则会为了实现竞争目标，而不顾社会舆论的遣责和来自良心的不安，宁可我负人，不可人负我，采取非法的手段参与生产经营竞争。由于我国正处在改革和过渡期，社会主义市场经济体系正在形成过程中，有些市场经济的道德观念还没有真正有效树立起来并为人们所认识，“诚实守信，童叟无欺”等商业经营信条尚未真正落到实处。造成了一部分商品生产经营者商业道德意识差，不正当竞争有了其滋生的土壤。特别是在市场体系、市场规则尚不健全的时期，部分商品生产经营者没有形成遵守市场规则、遵纪守法的法律意识，无视经济法规这一外在强制力。一部分商品生产经营者商业道德意识差加之法制观念淡漠，使得他们既没有内在的约束力，也无视外在的强制力，不正当竞争的出现也就成为不可避免的了。

3. 竞争规则不健全，立法滞后，社会控制不力。

我国《反不正当竞争法》于 1993 年 9 月通过，1993 年 12 月 1 日开始实施，而相关的法规，如《反垄断法》等仍处在研究阶段。而不正当竞争早已存在，特别是在改革开放的 80 年代后期，表现得尤为突出，产生了极为严重的社会经济后果。这种立法的滞后及法制的不健全配套，就使得从市场体系建立之初，生产经营者的市场行为就处在无规则状态，在很多方面没有规范，并形成无视竞争手段是否正当、是否合法的习惯和意识，这无疑是不正当竞争存在的重要原因。1993 年 12 月 1 日《反不正当竞争法》实施以后，仍在一定程度上存在制裁力度不够、法规可操作性不强、执法手段缺乏等许多方面的问题。执法不力，使得对打击和制止不正当竞争行为缺乏强有力的约束，一些不遵守竞争规则的生产经营者照样我行我素，使用各种不正当手段。而且，如果在竞争中有一方使用不正当手段而不能得到及时惩处，其他竞争者会纷纷效仿，从而导致不正当竞争越来越严重。

三、不正当竞争行为的种类及表现行式

《反不正当竞争法》作为反对不正当竞争的专项法律，对不正当竞争行为从法律的高度进行了界定，为打击和限制不正当竞争提供了依据。根据《反不正当竞争法》第二章的规定，以下行为属于不正当竞争：

1. 假冒行为。

(1) 假冒他人注册商标行为。注册商标是区别商品的种要标志，是商标所有人根据《中华人民共和国商标法》（以下简称《商标法》）及其实施细则规定的程序，经国家有关主管部门批准注册的商标专用权，受国家法律的保护。假冒他人商标的行为主要有下列几种：1）未经商标所有人许可，在同一种商品或类似商品上使用与其注册商标相同或相似的商标：2）销售明知是假冒商标的商品；3）给他人注册商标专用权造成损害；4）伪造、擅自制造他人注册商标标识，或者销售伪造、擅自制造的注册商标标识。这些假冒他人注册商标的行为，不仅侵害商标注册人的商标专用权，也损害了消费者的利益。

（2）仿冒知名商品特有的名称、包装、装潢，或者使用与知名商品近似的名称、包装、装潢，造成和他人知名商品相混淆，使购买者产生误解的商品行为。所谓知名商品是指在市场上广为人知并有较好信誉的商品。而知名商品特有的名称、包装、装潢，是指经营者为自己生产的商品所独创的名称、包装、装潢，并形成该商品市场销售中区别于其他商品的标识。假冒他人注册商标会使市场上产生混淆，并导致消费者误认、误购其产品，侵犯了知名商品经营者特定的知识产权，构成对知名商品经营者利益的损害，也危及消费者的利益。

（3）擅自使用他人企业名称或姓名的行为。《反不正当竞争法》第5条第（3）项规定，禁止“擅自使用他人的企业名称或者姓名，引人误认为是他人的商品”。企业的名称或者姓名是企业经营活动的重要标志，也是企业商品或服务的标志。未经他人许可，在市场交易中使用他人企业的名称或姓名，势必引人误认为是他人的商品。使他人企业名称或姓名这一通过经营者努力和资本付出而获得的无形资产受到侵犯，影响他人商品的销量，并最终侵害消费者的利益。

2. 对商品质量作出引人误解的虚假表示。

《反不正当竞争法》第5条第（4）项规定经营者不得在商品上伪造或者冒用认证标志、名优标志等质量标志，伪造产地，对商品质量作引人误解的虚假表示。这种行为虽然不侵犯其他特定经营者的知识产权，但它虚构事实或者隐瞒事实真相，是对商品内在质量、信誉作引人误解的虚假表示的欺诈性交易行为。这类行为又分为三种情况：第一，在商品上伪造或者冒用认证标志、名优标志等质量标志。认证标志是质量认证机构准许经其认证产品质量合格的企业在产品或其包装上使用的质量标志。名优标志是经国际或国内有关机构或社会组织评定为名优产品而发给经营者的质量荣誉标志。第二，伪造产品产地。商品的产地是指商品的加工、制造地或商品生产者的所在地。伪造产地是指经营者为提高其商品声誉，而隐藏其真实产地，并在商品上标注为信誉、技术或质量较好的产地，引起消费者误解和误购，直接给消费者造成侵害。第三、对商品质量作引人误解的虚假表示，即对反映商品质量的各种因素作不真实的标注，使消费者无法了解商品的真实情况，并发生误认和误购。

3. 公用企业或者依法具有独占地位的经营者限制竞争的行为。

公用企业，一般指涉及城乡人民群众基本物质生活需要的商品或服务方面的公用事业的经营者，包括供水、供电、供热、供气、邮政、电讯、交通运输等行业的经营者。其他依法具有独占地位的经营者一般也属于国家控制或控股的企业，在社会经济生活中的地位类似于公用企业，是由国务院的规范性文件规定的某一特定领域或特定产品只由其一企业或少数几个企业生产经营的经营者，如银行等。公用企业和其他依法具有独占地位的经营者都实行企业化经营。

公用企业或其他具有独占地位的经营者的限制竞争行为包括：（1）限定用户、消费者只能购买和使用其附带提供的相关商品；（2）限制用户和消费者只能购买和使用其指定的经营者生产或经营的商品；（3）强制用户、消费者购买其提供的不必要的商品、配件或服务；（4）对不接受其不合理要求的用户、消费者中断或削减供应其必需的商品，或者滥收费等等。

这种行为的实质是公用企业或依法具有独占地位的经营者利用本身特殊的优势地位，实施限制他人竞争的行为，它妨碍了市场的公平竞争和用户、消费者的自由选择权，侵犯了用户、消费者的合法权益。

4. 政府及其所属部门滥用权力限制竞争的行为。

(1) 部门垄断。即政府及其所属部门滥用行政权力，限定他人购买其指定的经营者的商品，限制其他经营者正当的经营活动。政府及其所属部门依法具有对市场活动行使行政管理的职权，但是，如果政府及其所属部门滥用法律所赋予的权力，限定消费者购买其指定的经营者的商品或者接受指定经营者的服务，而排挤其他经营者，其结果只能是损害公平竞争，破坏市场竞争秩序。

(2) 地方保护。即政府或所属部门，特别是地方政府或所属部门滥用行政权力，限制外地商品流入本地市场，或者本地商品流向外地市场。其目的是为了保护本地区或本部门的利益。虽然这种封锁的形式多种多样，但其结果只能是通过地方保护主义政策，限制和排挤外地经营者在本地区的经营活动，从而构成对全国统一市场的破坏，对公平竞争原则的破坏。

5. 商业贿赂行为。

《反不正当竞争法》第 8 条规定，经营者不得采用财物或者其他手段进行贿赂以销售或者购买商品。在账外暗中给予对方单位或者个人回扣的，以行贿论处。对方单位或者个人在账外暗中收受回扣的，以受贿论处。经营者销售或购买商品可以以明示方式给对方折扣，可以给中间人佣金，经营者给对方的折扣、给中间人的佣金，必须如实入账，接受折扣、佣金的经营者必须如实入账。这一规定涉及商业贿赂、回扣、折扣和佣金的认定问题。

(1) 商业贿赂，是指经营者为销售或购买商品而采用钱物或其他手段贿赂对方单位或个人的行为。这里的钱物包括现金或实物，如假借促销费、宣传费、赞助费、科研费、劳务费、咨询费、佣金等名义，或者以报销各种开支费用等方式，给付对方单位或者个人的钱物。其他手段则是指以各种名义提供国内外旅游、考察，甚至色情服务等给付财物以外的其他利益的手段。

(2) 回扣。回扣是指经营者销售或购买商品时在账外暗中以现金、实物或其他方式给对方单位或个人一定比例的商品价款。回扣是在账外暗中给予的，是商业贿赂的形式之一。

(3) 折扣。折扣是商品购销中的让利，俗称减价、打折、降价等，是经营者在销售商品时，以明示并如实记账的方式给予对方的价格优惠。折扣与回扣有着本质的区别，回扣是非法的，折扣则是法律允许的，但给予或接受折扣要严格依照法律规范进行，不能以折扣为名，给予或接受商业贿赂。

（4）佣金。佣金是指经营者在市场交易中给予为其提供中间服务的具有独立地位的中间人的劳务报酬。佣金必须依法如实入账。

给回扣或进行其他商业贿赂，一般都是在正常交易之外，暗中进行的。经营者为了不正当地获取利益、优惠条件等而暗中行贿，而收受商业贿赂除了达到本身不正当推销或者采购行为所获得的利益外，还具有满足经办人个人利益而损害其单位利益的目的。商业贿赂行为排挤其他正当经营者，损害集体和国家利益，逃避有关政府部门的监管，属于不正当竞争行为。

6. 侵犯商业秘密行为。

商业秘密是指不为公众所知悉、能为权利人带来经济利益、具有实用性并经权利人采取保密措施的技术信息和经营信息。侵犯商业秘密是指经营者不正当地获取和利用权利人商业秘密的行为。《反不正当竞争法》第 10 条规定以下行为为侵犯商业秘密行为。

（1）以盗窃、利诱、威胁或者其他不正当手段获取权利人的商业秘密。盗窃商业秘密既包括内部知情人员盗窃权利人的商业秘密，也包括外部人员盗窃权利人的商业秘密。以利诱手段获取商业秘密是指行为人通过向掌握或了解商业秘密的有关人员直接提供财物或者提供更优厚的工作条件，而从其处获取权利人的商业秘密；以威胁手段获取商业秘密是指行为人通过威胁、强迫掌握或了解权利人的商业秘密的有关人员，而从其处获取权利人的商业秘密。以其他不正当手段获取权利人商业秘密是指除采取上述手段外，采取其他不正当手段获取商业秘密。

（2）披露、使用或者允许他人使用以盗窃、利诱、胁迫或其他不正当手段获取的他人的商业秘密。这种侵犯商业秘密的行为有两大构成要件，一是商业秘密来自于不正当手段，即盗窃、利诱、胁迫或其他不正当手段。二是对商业秘密的使用，包括：用于自己的生产经营活动，获取非法利益；允许他人使用，即第三人经非法获取商业秘密的人允许而使用别人的商业秘密，非法获取的商业秘密之所以允许第三人使用可能有多方面的原因，如得到不正当利益，打击商业秘密所有者，或有某种与第三者的特殊关系；披露非法获得的商业秘密，即将他人的商业秘密通过非法手段获取后公之于众，使商业秘密所有者受到损害。

(3) 违反约定或者违反权利人有关保守商业秘密的要求，披露、使用或者允许他人使用其所掌握的商业秘密。也就是说，在与权利人签订有保密协议或权利人对其商业秘密有要求的情况下，掌握或了解权利人商业秘密的人，如果违反上述协议或要求，擅自向他人披露、自己使用或允许他人使用其所掌握或了解的商业秘密，就是侵犯商业秘密的不正当竞争行为。这类行为与上一类侵犯商业秘密行为的不同点在于其商业秘密的来源不同。

另外，《反不正当竞争法》第 10 条第 2 款规定："第三人明知或者应知前款所列违法行为，获取、使用或者披露他人的商业秘密，视为侵犯商业秘密。"也就是说，直接侵犯商业秘密行为人以外的人，在明明知道或应当知道其所获取、使用或披露的他人的商业秘密，是通过不正当手段获取的情况下，仍然获取、使用或者向外披露这些商业秘密的，也应当被认定是侵犯商业秘密的不正当竞争行为。

7. 低于成本价格的销售行为。

《反不正当竞争法》第 11 条第 1 款规定："经营者不得以排挤竞争对手为目的，以低于成本的价格销售商品。"认定该行为时，应把握以下几点：(1) 经营者以低于成本的价格销售商品；(2) 经营者进行这种销售行为是为了排挤竞争对手；(3) 竞争对手既包括经营同种商品的生产者，也包括经营类似商品的经营者。

可以看出，《反不正当竞争法》所规定的这种行为实质上是不正当的贱卖行为。在正常的情况下，经营者利用价格机制，参与市场竞争，薄利多销，以低廉的价格吸引消费者的行为，属于正当竞争行为。但是，如果处于卖方的经营者进行了以低于成本的价格销售商品的行为，并且在主观上是故意的，其目的是为了排挤竞争对手，而客观上是侵犯了同业竞争对手的公平交易权利和社会的正常竞争秩序，这时的行为则属于不正当竞争行为。但有些情况下，即使经营者进行了以低于成本的价格销售商品的行为，由于其目的不是为了排挤竞争对手，而是为了解决经营者自身的一些困难，则法律上规定其不属于不正当竞争行为：（1）销售鲜活商品；（2）处理有效期限即将到的商品或者其他积压的商品；（3）季节性降价；（4）因清偿债务、转产、歇业等原因降价销售商品。

8. 搭售或附加不合理交易条件的行为。

《反不正当竞争法》第12条规定："经营者销售商品，不得违背购买者的意愿搭售商品或者附加其他不合理的条件。"认定搭售或附加不合理交易条件行为，须注意以下几点：（1）经营者是在违背购买者意愿的情况下实施该行为的；（2）搭售的商品和附加的条件是不合理的。判断标准主要是看该行为是否符合自愿、平等、公平的原则。（3）这种行为不仅对商品购买者造成损害，而且对同业竞争对手造成损害。（4）这里的经营者是指从事市场交易的供应商（生产厂家）、批发商或零售商，它们必须是市场交易的主体。（5）经营者实施搭售或附加其他不合理条件交易行为时，利用的一般是经济优势。所谓经济优势，是指经营者的产品必须具有某种独特的性质，能使购买者产生对它的特殊需求，并且已经形成了一定的市场支配力。只有具有这种经济优势，经营者才有可能进行搭售或附加其他不合理条件的交易行为。

9. 不正当有奖销售行为。

有奖销售是指经营者销售商品或提供服务时，附带地向购买者提供物品、金钱或者其他经济利益的行为。《反不正当竞争法》第13条列举了三种不正当的有奖销售，明确予以禁止。（1）采用谎称有奖或者故意让内定人员中奖的欺骗方式进行有奖销售；（2）利用有奖销售手段推销质次价高商品的行为；（3）最高奖金额超过五千元的抽奖或有奖销售行为。

所以《反不正当竞争法》禁止的是超过一定范围或采取欺骗手段进行的有奖销售，而不是禁止全部有奖销售。

10. 虚假宣传行为。

《反不正当竞争法》第9条规定："经营者不得利用广告或者其

他方法，对商品的质量、制作成分、性能、用途、生产者、有效期限、产地等作引人误解的虚假宣传。广告的经营者不得在明知或者应知的情况下，代理、设计、制作、发布虚假广告。”

广告是经营者用来宣传自己的商品或者服务，扩大自己的商品或者服务知名度的一种手段，也是广大消费者、用户进行商品选择凭借的重要依据。但是，经营者对商品质量、性能、用途、生产者或产地等作虚假或引人误解的宣传，无疑将造成消费者及用户不能够正确地选择所需商品，而且还会造成其他诚实的经营者失去客户，市场的透明度将变得暗淡，竞争的公平性无法保障。因此，《反不正当竞争法》对企业的宣传行为进行规范，限制虚假宣传。从其第 9 条的规定中可以看出：(1) 虚假宣传行为主体不仅包括商品经营者，而且包括广告经营者。商品经营者指生产厂家、销售商等；广告经营者指从事广告经营业务的单位或者个体工商户，包括广告的代理商、设计者、制作者、发布者。(2) 虚假宣传的方法包括广告及其他方法。(3) 所谓“引人误解的虚假宣传”，包括两种类型：一是虚假宣传；一是引人误解的宣传。虚假宣传是指商品宣传的内容与商品的客观事实不符。而引人误解的宣传则是指可能使宣传对象或受宣传影响的人对商品真实情况产生错误的联想，从而影响其购买决策的商品宣传。虚假宣传的内容主要包括对商品的质量、制作成分、性能、用途、生产者、有效期限、产地以及商品价格、售后服务等作的虚假宣传。

11. 商业诽谤行为。

《反不正当竞争法》第 14 条规定：“经营者不得捏造、散布虚伪事实，损害竞争对手的商业信誉、商品声誉。”

从这一规定可以看出，《反不正当竞争法》所禁止的商业诽谤行为是指：经营者自己或利用他人，通过捏造、散布虚伪事实等不正当手段，对竞争对手的商业信誉、商品信誉进行恶意诋毁、贬低，以削弱其市场竞争能力，并为自己谋取不正当利益的行为。这种行为的结果是对竞争对手合法权益的直接侵犯，并会给正常的市场竞争秩序带来破坏，应属于严重违反商业道德的不正当竞争行为。认定这一行为，需要把握以下几点：(1) 该行为的实施者是经营者；（2）该行为的实施者主观上故意，且以损害竞争对手的商业信誉、商品信誉为目的；（3）该行为的客观表现为捏造、散布虚伪事实，损害竞争对手。

12. 串谋招、投标行为。

招标、投标是以招标的形式，使投标者分别提出条件，招标者从中选择条件最优者，并与之订立合同的法律行为。它广泛用于发包工程、购买成套设备、国际金融机构贷款项目等领域。实行招标、投标，有利于开展公平竞争。

《反不正当竞争法》第15条规定："投标者不得串通投标，抬高标价或者压低标价。投标者和招标者不得相互勾结，以排挤竞争对手的公平竞争。"这里指的勾结行为包括：

（1）投标者之间串通投标，故意抬高标价或者压低标价的行为。即参加投标的经营者彼此之间通过口头或书面的协议、约定，就投标报价及其他投标条件，互相通气，联合起来抬高项目标价或协议轮流在类似项目中中标，共同损害招标者利益的行为。这种行为破坏了招标、投标活动的公平竞争性，属于不正当竞争行为。

（2）招标者与投标者相互勾结，以排挤竞争对手的公平竞争的行为。即招标者与特定投标者在招标投标活动中，以不正当手段从事私下交易，使公开招标、投标流于形式，共同损害其他投标者利益的行为。这种行为通常表现为投标者采取贿赂等手段收买招标者或者知情人，在投标或开标前，事先掌握标底，使自己在竞争中处于有利的地位，从而排挤其他投标者。这也是属于《反不正当竞争法》所禁止的不正当竞争行为。

四、不正当竞争行为的危害

《反不正当竞争法》所限制的上述12类行为，基本上涵盖了我国经济生活中的主要不正当竞争行为，这些行为涉及众多方面，手段多种多样，对社会经济生活、对其他经营者（特别是竞争对手）、消费者和国家带来的危害也不尽相同，总起来看不正当竞争行为的危害性主要表现为：

1. 破坏了市场竞争秩序，导致经济资源的不合理配置，阻碍了社会生产力的发展。

假冒他人注册商标，侵犯他人商业秘密，进行商业贿赂和欺诈性交易等不正当竞争行为，破坏了市场竞争的公正性原则，直接扰乱了社会经济秩序，妨碍了正当竞争所具有的引导生产和消费作用的发挥；而串通招投标等排挤其他经营者公平竞争的行为则抑制市场竞争，窒息了市场经济应有的活力，阻碍了技术进步和社会生产力的发展。

公用企业或者依法具有独占地方的经营者限制竞争行为，政府及所属部门滥用权力限制竞争行为，特别是地方保护和部门内保护行为，实质上是垄断行为。在现实的经济生活中，由于垄断的存在，破坏了“完全竞争”的市场结构。垄断者可以操纵各市场要素，控制市场价格，这就必然损害价格机制，使价格机制失去对资源进行合理配置的调节作用，从而破坏整个市场经济秩序。

2. 损害了其他经营者或竞争对手的合法权益。

假冒他人注册商标、名称、包装等行为以及侵犯他人商业秘密的行为，往往给权利人造成严重经济损失；诋毁竞争对手商业信誉、商品信誉，妨碍了竞争对手正常经营的开展，并对其造成了物质损失和精神损害。近几年来许多名牌产品生产厂家都被大量的冒牌货搞得焦头烂额，损失惨重，一些守法的经营者也因此失去了自己的市场，遭受了损失。

3. 侵犯了广大消费者合法权益。

假冒伪劣商品的泛滥，使众多消费者的合法权益受到损害，甚至致伤、致残、致死，此类事例已多次见诸新闻媒介。虚假广告也使无数消费者深受其害，有的不法分子利用广告推销假农药、假化肥、假种子，使大面积农田颗粒无收，农民一年的辛苦耕耘付诸东流。

限制竞争行为和地方保护的存在，减少了消费者所能选择商品的替代品，而使自由的志愿交易受到限制。同时，限制竞争也使自由竞争所能产生的“物美价廉”效果受到很大抑制，从而使消费者不能享受到由于竞争所带来的实际利益。

4. 在一定程度上败坏了社会风气，损害了社会公共利益。

不正当竞争行为的根本目的是获取非法暴利。一些经营者为了推销商品，尤其是质次价高的商品，采用商业贿赂手段，借以牟取不正当利益。有的经营者用巨额奖金进行促销，刺激一些消费者获取暴利的欲望，错误引导正常的消费活动。

通过不正当竞争手段而获取非法利益，甚至一夜暴富，严重打击了进行合法竞争、取得正常经营利润的生产经营者的积极性。如果任由这种状况长期存在，必然会损害正常的市场竞争秩序，败坏社会风气，削弱企业提高生产经营效率的动力，以致造成不正当竞争盛行、经济生活停滞不前甚至倒退。

5. 影响我国建立社会主义市场经济体制和改革开放的进程。

建立社会主义市场经济体制是我国经济改革的重要内容。市场经济体制的核心是市场竞争机制调节资源配置。而不正当竞争是市场竞争机制的天敌，它破坏了市场主体的正常竞争关系，阻碍了资源的优化配置，扰乱了市场分配机制，影响了经济信息的传导机制，误导了消费者货币选票的投向。如果不严厉打击不正当竞争，建立合理的竞争机制，市场经济体制将无从谈起。

不正当竞争也会给我国的对外开放政策带来消极影响。第一，有些冒牌商品使我国一些在国际上享有盛誉的名牌商品销路不畅，甚至因大量假冒伪劣商品集中销往某些国家和地区，严重损害了我国商品的声誉，损害了名牌企业的正常利益，影响了这些企业创建国际名牌、提高国际竞争力的可能性和动力。在国际市场竞争日益激烈、开发和占领国际市场日益困难的背景下，只有严厉打击不正当竞争、鼓励和扶持优势企业开发具有国际竞争力的名牌产品，并切实保护这些名牌产品不被假冒商品冲击，才能真正扩大出口，对外开放才有切实的基础。第二，国内一些企业和单位侵犯国外企业知识产权的行为时有发生，如假冒国外企业的驰名商标，侵犯国外企业的商业秘密，盗用国外企业的专利产品等不正当竞争行为，使国外企业对中国的投资环境和贸易环境顾虑重重，对在中国的合法利益缺乏信心。这必然会影响他们在我国投资和正常的贸易活动，并最终影响对外开放的进程和我国的国家利益。

6. 破坏了社会技术进步机制。

技术进步是社会经济进步的必要条件，而竞争机制的存在又是技术进步的必要条件。发达资本主义国家之所以在较短的时间内获得如此巨大的技术进步和社会生产力成果，一个重要原因就在于建立起了十分健全的竞争机制，反垄断成为其经济法的核心。有了健全有效的竞争机制，就对参与竞争的所有企业，无论在企业经营管理创新，技术开发，还是在加大企业产品的技术含量，提高其产品质量等许多方面，都产生了一种内在和外在的压迫机制。没有或不追求技术进步的企业，不管是大企业还是小企业，不管是经济优势企业还是行政优势企业，在强大的市场竞争压力下，都是无法生存和发展的。但由于不正当竞争和限制竞争力量的存在，使得企业的合法商标权、专利权得不到应有的保护，企业的商业秘密，特别是投入巨资进行开发的技术秘密受到损害，必然会挫伤企业技术进步的积极性。同时由于不正当竞争损害了合法企业的利益，使其技术投资的收益受到侵害，这也必将影响其进一步进行技术创新的实力，而通过不正当竞争获取非法利益的企业又不可能将资金投入到科技开发上来。这种恶性循环，将损害我国企业技术进步机制，不利于我国经济的发展，使我国企业更加不能适应世界知识经济的浪潮。

五、对不正当竞争行为进行监督管理的意义

1. 规范市场行为，维护市场秩序。

既然市场交易的主体、市场交易的手段、市场交易的对象是多种多样的，那么市场行为也就是纷繁复杂的。经营者只有遵守共同的交易规则，才能顺利达到预期目的。《反不正当竞争法》通过规定什么是不正当竞争，哪些行为是不正当竞争行为，为衡量市场行为设立了共同的标准。经营者可以依据这些标准来决定自己的市场行为。并且，如果大多数经营者遵守这些规则，那么市场交易就可以在较有秩序的状态下进行。市场行为是否有秩序，是市场经济是否健康的重要标志。因此，依据《反不正当竞争法》对不正当竞争行为进行监管是市场经济健康发展的必备要件。

2. 保护公平竞争，保障竞争机制正常地发挥作用。

经营者无论规模大小，经济实力强弱，都应当凭产品或服务的质量、价格等进行公平的竞争，才是合理的竞争。采取损人利己的不正当的竞争方式，则会破坏竞争规则，导致竞争机制的紊乱和失调，最终会造成市场的紊乱和失调。而对不正当竞争行为进行监管的目的，就是通过制止假冒、虚假广告、诋毁他人商誉等不正当竞争行为，将破坏了的竞争规则恢复正常，从而保护公平竞争、保障竞争机制的正常运转。

3. 保护经营者和消费者的合法权益。

不正当竞争行为对经营者权益的侵犯是显而易见的。例如，擅自使用知名商品特有的名称、包装、装潢，就是窃取了他人竞争优势，将别人应得的利益化为己有；而且，这种假冒行为降低了知名产品的信誉，给知名产品的经营者带来的损失往往是无法估量的。任何不正当竞争行为都直接表现为损害竞争对手的行为。并且，不正当竞争行为也往往损害消费者的利益。例如，前述所谓擅自使用知名商品特有的名称、包装、装潢的行为，就很容易使消费者发生误购，买到与自己意愿不符的商品。由于假冒商品往往是劣质商品，有时甚至给消费者身心健康造成危害。因此，通过对不正当竞争行为的监管，来制止和处理不正当竞争行为，不仅保护了经营者的合法权益，而且保护了消费者的合法权益。

六、对不正当竞争行为进行监督管理的原则

1. 必须维护市场信息的真实性和全面性。

市场信息就是动态地反映市场运行情况的消息、情报、指令、代码以及有一定内容的信息总称。主要包括商品信息、供需信息、价格信息、技术信息、资金信息、竞争信息等。市场信息是市场机制运行的基础，是市场经济系统运行的粘合剂和传导机制，它沟通市场要素之间的联系，使市场体系成为具有特定功能和结构的组织系统。市场信息的正确性，是指市场信息必须真实地反映市场的客观状况。市场信息的全面性，是指必须提供能足以影响市场主体决策的所有真实信息。市场信息的正确性和全面性，对市场机制运行的影响是深刻的，它是市场机制正常运行的基础条件。因为，如果市场信息失真，则必定意味着未能正确而客观地反映市场的供需矛盾和竞争状况，从而价格不能正确地调节市场，不能引导资源的合理流向，不能充分发挥资源效益。市场信息的全面性，则能使市场主体对于市场状况有充分的了解和掌握，从而根据对于市场信息的科学分析作出适合市场变化的生产经营决策，实现调节市场和获取经济利益的有机统一；或者作出合理的消费决策，实现自己的利益。

2. 必须维护充分的市场竞争。

所谓充分的市场竞争，是指在市场上存在许多商品的卖者和买者，任何人（或组织）都不可能按照自己的主观意志支配和控制市场。具体来说，就是不能任意地支配和控制市场价格的变化。反过来，任何人（或组织）都必须自觉或不自觉地随市场变化（主要是价格变化）而调整自己的市场行为，包括自己产品的定价行为。也就是说，商品价格不是完全由生产经营者主观决定，而是由市场的供给与需求矛盾、竞争的状况等因素客观决定的。这种价格决定的外在性，是保证和维护市场价格能随供求变化而自由波动的基本条件。

3. 必须促进资源的优化配置。

市场行为规范与资源的优化配置，一般只存在间接关系。市场行为规范绝不是具体去组织规定资源配置，而主要是通过规范市场行为的方式和条件，达到实现资源配置优化的目的。凡是有利于资源优化配置的市场竞争行为，就要建立秩序规范予以法律保护；凡是不利于资源优化配置的，同样要建立秩序规范予以限制或禁止。市场垄断规范、产业政策规范、国家必要的指令性计划规范、竞争保护规范等，就是以是否有利于资源优化配置作为建立规范的客观经济标准的。

4. 保护商品生产经营者的合法权益。

市场经营主体合法权益能否得到有效保护，是维护市场经济发展活力的根本所在；因而也就成为建立市场秩序必须考虑的重要标准。市场经营主体在其经营过程中表现的合法权益，主要是注册商标专用权益、专利技术专有权益、企业名称专有权益、要求他人完全履行经济合同权益、平等合理的市场进入权益、企业产权保护权益、平等而自主的生产经营权益等。市场竞争行为对市场经营主体合法权益的影响，往往是通过侵犯和损害他人合法权益而进行的。

因此，必须反对诸如商标侵权、诋毁他人企业名称、限制他人竞争等行为。

第三节 对市场竞争行为监督管理的手段

市场竞争行为监督管理的目的是要通过限制和打击不正当竞争行为和限制竞争行为来维护市场竞争环境，保护市场正常的竞争秩序，维护企业的合法权益，并促进市场经济的健康发展。其最主要的内容就是限制和打击不正当竞争行为。但由于市场的复杂性，不正当竞争的特点、方式、方法、对象、影响程度等等各不相同，对不正当竞争行为的监督管理必然是一项复杂的系统工程，监督管理的手段、方式、方法必须适应市场的变化，能够切实限制和打击不正当竞争，并最终消除不正当竞争行为。

根据我国国情和市场经济发展的特点，行政手段仍然是我国市场竞争行为监督管理的一项重要手段。随着市场经济发展的不断规范化和社会主义市场经济法制化的不断完善，我国市场竞争行为监督管理法制化进程不断加快，法制手段最终将成为市场竞争行为监督管理的主要手段，并形成以法律手段为主、以行政手段为辅的我国市场竞争行为监督管理体系。

一、法律手段

（一）市场竞争行为监督管理的有关法律、法规

1. 法律。

市场竞争行为监管的立法也是多元的，其法律体系也是由法律、行政法规、地方性法规和规章构成的，其中以法律、地方性法规和规章为主体。从法律的层面上说，有《中华人民共和国反不正当竞争法》、《中华人民共和国消费者权益保护法》、《中华人民共和国产品质量法》、《中华人民共和国商标法》、《中华人民共和国广告法》、《中华人民共和国公司法》、《中华人民共和国合同法》等。《反不正当竞争法》是反不正当竞争的最基本的法源，是制定反不正当竞争的地方性法规和行政规章以及执法和司法的基本依据。从地方性法规的层面上说，近 20 个有立法权的地方的立法机关制定

了反不正当竞争条例或者反不正当竞争法的实施办法。从行政规章的层面上说，国家工商行政管理局已经发布六部反不正当竞争法的配套规章。

2. 行政规章。

《反不正当竞争法》实施以来，国家工商行政管理局先后制定了《关于禁止有奖销售中的不正当竞争行为的若干规定》（1993 年 12 月 24 日国家工商行政管理局令第 19 号公布）、《关于禁止公用企业限制竞争行为的若干规定》（1993 年 12 月 24 日国家工商行政管理局令第 20 号公布）、《关于禁止仿冒知名商品特有的名称、包装、装潢的不正当竞争行为的若干规定》（1995 年 7 月 6 日国家工商行政管理局令第 33 号公布）、《关于禁止侵犯商业秘密行为的若干规定》（1995 年 11 月 23 日国家工商行政管理局令第 41 号公布）、《关于禁止商业贿赂行为的暂行规定》（1996 年 11 月 15 日国家工商行政管理局令第 60 号公布）以及《关于禁止串通招标投标行为的暂行规定》（1998 年 1 月 6 日国家工商行政管理局令第 82 号公布）等六部配套规章。在行政执法实践中，这些行政规章俗称《反不正当竞争法》的配套规章。

3. 地方性法规。

许多地方的立法机关针对本地实际，自《反不正当竞争法》出台以来制定了大量的地方性法规。迄今为止，海南、北京、深圳、河南、成都、上海、四川、江苏、福建、宁夏、贵州、山西、辽宁、广西、广东、山东、天津、安徽等近 20 个省、市、自治区、经济特区、省辖市，以及享有立法权的较大的市的地方人大颁布了反不正当竞争地方性法规。

从总体上说，这些地方性法规主要是细化《反不正当竞争法》的规定，但也对《反不正当竞争法》作出了必要的和有益的补充。

（二）执法机构

我国《反不正当竞争法》的监督检查主要是通过司法部门和行政执法部门两类机关实施的。

1. 司法机关。

司法机关主要包括最高人民法院和地方各级人民法院。人民法院执行《反不正当竞争法》的权限主要是：(1) 处理有关不正当竞争与限制竞争行为的民事纠纷；(2) 依法追究不正当竞争行为人的刑事责任；(3) 处理经营者不服行政执法机关处罚决定的行政争议。

2. 工商行政管理机关。

《反不正当竞争法》第 3 条规定："各级人民政府应当采取措施，制止不正当竞争行为，为公平竞争创造良好的环境和条件。县级以上人民政府工商行政管理部门对不正当竞争行为进行监督检查；法律、行政法规规定由其他部门监督检查的，依照其规定。"该规定表明，工商行政管理机关是反不正当竞争的主要执法机关，法律、法规规定的其他机关则是辅助性的执法机关。

工商行政管理机关是监管社会主义市场的综合性执法机关。《反不正当竞争法》主要是由工商行政管理机关执行的。《反不正当竞争法》规定了 12 类不正当竞争行为，其中，三类行为没有行政责任条款，即第 11 条规定的低于成本价销售商品行为、第 12 条规定的搭售或附加其他不合理条件的行为，以及第 14 条规定的商业诋毁行为；一类行为不是由工商行政管理机关主管的，即第 7 条规定的政府及其所属部门限制竞争行为，剩下的七类行为基本上都是由工商行政管理机关执法。

为适应反不正当竞争法的执法需要，国家工商行政管理局于 1994 年成立公平交易局，并设置反不正当竞争处，专司反不正当竞争执法工作；许多地方工商行政管理机关相应地设置了公平交易执法机构（公平交易局、处、科等），负责不正当竞争案件的查处。没有设置公平交易执法机构的地方工商行政管理机关，由其经济检查部门承担反不正竞争执法工作。

3. 其他监督检查部门。

《反不正竞争法》第 3 条有"法律、行政法规规定由其他部门监督检查的，依照其规定"的规定。据此，只有法律、行政法规规定由其他部门监督检查的，其他部门才能在其规定的范围内对不正当竞争行为负监督检查之责，有监督检查之权，才能排除工商行政管理机关的监督检查权，或者与工商行政管理机关共同享有执法权。可见，《反不正当竞争法》所规定的其他部门是辅助工商行政部门进行执法的机关，主要包括：物价部门、专利局、技术监督局等。

（三）《反不正当竞争法》的调整范围

从广义上讲，所谓不正当竞争行为大体上可以划分为两类。一类是垄断或限制竞争行为，主要是指经营者对一定市场的独占、控制以及通过控制商品的生产、销售及价格等来限制竞争的行为；还有一类狭义的不正当竞争行为，主要指经营者采用欺骗、胁迫、利诱以及其他违背诚实信用和公平交易商业惯例的手段从事市场交易的行为。因为我国社会主义市场经济还处在初始的阶段，典型的经济垄断和大部分限制竞争行为在我国经济生活中并不十分突出，所以我国的《反不正当竞争法》主要调整狭义上的不正当竞争行为。同时，由于传统体制的影响，在我国还存在着部门垄断和地区封锁，所以为适应社会发展的实际需要，《反不正当竞争法》也规定了反垄断方面的内容，即将部分限制竞争行为纳入《反不正当竞争法》，对有效地制止经济生活中已出现并日益严重的部分限制竞争行为，是十分必要的。

（四）执法部门的执法权限

根据《反不正当竞争法》的规定，监督检查部门在监督检查不正当竞争行为时，有下列职权：

1. 询问权。

监督检查机关有权通过询问被检查的经营者、利害关系人、证明人提取言辞方面的证据，即被检查经营者的陈述，以及利害关系人、证明人的证言。

2. 查询、复制权。

监督检查机关有权查询、复制与不正当竞争行为有关的协议、账册、单据、文件、业务函电等，以提取书证或有关视听资料。

3. 检查财物权。

监督检查机关有权检查与不正当竞争行为有关的财物，以提取物证及制作现场笔录。

4. 强制措施权。

在监督检查不正当竞争行为过程中，为防止违法行为继续进行，违法后果继续扩散，保全证据，固定违法行为或物品，监督检查机关有权采取强制性的手段，对违法行为及违法物品加以限制。

5. 处罚权。

监督检查机关对查证属实、定性为不正当竞争的行为人有权根据具体情况作出罚款、没收违法所得、责令停止违法行为，责令消除影响的处罚。

为保证监督检查机关在行使职权，处理不正当竞争行为时的公正、公平，规定监督检查机关的工作人员在检查不正当竞争行为时，应当出示检查证件，其目的是保证行政执法的规范性、严肃性，防止随意执法。被检查的公民、法人或其他组织，也有权要求检查人员出示检查证件。

（五）不正当竞争行为的法律责任

根据《反不正当竞争法》的规定，不正当竞争行为的法律责任，主要包括民事责任、行政责任和刑事责任三种责任形式。对于不正当竞争行为的民事责任，突出强调了损害赔偿；其他具体民事责任，依《民法通则》及有关法律法规承担。不正当竞争行为的行政责任，主要包括责令停止违法行为，责令改正，消除影响，没收违法所得，罚款，以及吊销其营业执照等形式，确定具体的刑事责任，还要适用刑法的有关规定。根据经营者不正当竞争行为的特征和情节，其应承担的法律责任具体如下：

1. 民事责任。

经营者违反了《反不正当竞争法》，实施了不正当竞争行为，给被侵害的经营者造成损害的，应当承担其行为引起的民事责任，即侵权的民事责任，这种损害称为侵权损害。这是由于不正当竞争行为的民事侵权性质所决定的。因为从不正当竞争的定义来看，经营者通过不正当手段获得竞争优势，相对于其他经营者来说是不公平的，他们的合法权益无不因此受到损害，具体地讲，每一种不正当竞争行为都将直接损害某一特定经营者或其他同业者的合法权益。因此，所谓侵权，即指经营者的不正当行为侵害其他经营者的权利。包括：一是侵犯一般财产所有权，如从事不正当竞争给他人造成财产损害；二是侵犯人格权，如捏造、散布虚伪事实，损害竞争对手的商业信誉和商品声誉；三是侵犯知识产权，如假冒他人的注册商标，侵犯他人的商业秘密等。所谓损害，指不正当竞争行为侵害其他经营者合法权益的后果，包括财产权利的损害和非财产权利的损害。凡是能以货币来表现的损害属于财产权利的损害；凡是不能以货币来现表的损害则属于非财产权利损害。

经营者的不正当竞争行为损害了其他经营者的合法权益，应当承担相应的民事责任。其具体表现方式主要有：停止侵害、排除妨碍、消除影响、赔偿损失等。但最基本的还是赔偿损失的方式，不仅对侵害财产权利造成的损害要赔偿损失，而且对侵犯人身权利造成的损害也要赔偿损失（如精神损害赔偿）。有鉴于此，我国《反不正当竞争法》为了充分保护不正当竞争行为受害人的民事权益，在法律责任一章中规定，受害人可以依照民事诉讼规定的程序向人民法院起诉，也可以依照本法规定请求主管机关查处。侵害人违反本法规定给被侵害人造成损害的，应当承担损害赔偿责任。损害赔偿的数额为受害人因被侵权而受到的实际损失或者侵害人因侵权行为而获得的非法利益。

2. 行政责任。

（1）经营者违反《反不正当竞争法》的规定，采用欺骗性手段从事市场交易行为应承担的法律责任。《反不正当竞争法》在对欺骗性交易行为的法律责任认定上，区分两种情况作了两种原则不同的处理。一是本法规定的欺骗交易行为，在其他有关法律中已明确规定了相应的法律责任的，转致适用其他法律的规定处罚。如经营者假冒他人的注册商标的，依照《中华人民共和国商标法》的规定处罚；如擅自使用他人的企业名称或者姓名，伪造或者冒用认证标志、名优标志等质量标志，伪造产地，对商品质量作引人误解的虚假表示的，依照《中华人民共和国产品质量法》的规定处罚。二是其他法律没有规定的，《反不正当竞争法》对应承担的法律责任作出了明确的规定，即：经营者擅自使用知名商品特有的名称、包装、装潢，或者使用与知名商品近似的名称、包装、装潢，造成和他人的知名商品相混淆，使购买者误认为是该知名商品的，监督检查部门应当责令停止违法行为，没收非法所得，可以根据情节处以违法所得一倍以上三倍以下的罚款；情节严重的，可以吊销营业执照。

（2）对构成商业贿赂罪的商业贿赂行为应承担的行政责任。根据《反不正当竞争法》的规定，对于构成犯罪的商业贿赂行为，由监督检查部门进行处罚，并根据情节轻重处以 1 万元以上 20 万元以下的罚款，有违法所得的予以没收。

（3）对公用企业或其他具有独占地位的经营者实施限制竞争行为应承担的行政责任，以及对被指定的经营者趁机销售质次价高商品或滥收费用行为应承担的行政责任。公用企业或者其他依法具有独占地位的经营者，限定他人购买其指定的经营者的商品，以排挤其他经营者的公平竞争的，省级或者设区的市的监督检查部门应当责令停止违法行为，可以根据情节处以 5 万元以上 20 万元以下的罚款。被指定的经营者借此销售质次价高商品或者滥收费用的，监督检查部门应当没收违法所得，可以根据情节处以违法所得一倍以上三倍以下的罚款。

（4）对利用广告或者其他方法对商品作虚假宣传的经营者和代理、设计、制作、发布虚假广告的广告经营者应承担的行政责任。经营者利用广告或者其他方法，对商品作虚假宣传，监督检查部门应当责令停止违法行为，消除影响，可以根据情节处以 1 万元上 20 万元以下的罚款。广告的经营者，在明知或者应知的情况下，代理、设计、制作、发布虚假广告的，监督检查部门应当责令停止违法行为，没收违法所得，并依法处以罚款。

（5）侵犯商业秘密行为所应承担的行政责任。《反不正当竞争法》在原则规定受害人可依法就民事损害赔偿问题向人民法院起诉的基础上，又在第 25 条规定了侵权人所应承担的行政责任。即违反《反不正当竞争法》第 10 条规定侵犯商业秘密的，监督检查部门应当责令停止违法行为，可以根据情节处以 1 万元以上 20 万元以下的罚款。

（6）违法有奖销售行为所应承担的行政责任。经营者违反《反不正当竞争法》的规定进行有奖销售，监督检查部门应当责令停止违法行为，可以根据情节处以 1 万元以上 10 万元以下的罚款。

(7) 招标投标活动中参与不正当竞争行为的投标者或招标者所应承担的行政责任。投标者串通投标，抬高标价或者压低标价；投标者和招标者相互勾结以排挤竞争对手公平竞争的，其中标无效。监督检查部门可以根据情节处以 1 万以上 20 万元以下的罚款。

(8) 对经营者违反监督检查部门强制措施予以处罚的规定。监督检查部门向被检查的经营者作出了具有强制性的禁止要求，如责令暂停销售。而经营者却违反监督检查部门的强制性措施，实施了应禁止的行为：擅自销售、转移、隐匿、销毁被责令封存的财物的，监督检查部门可以根据情节处以一倍以上三倍以下的罚款。

3. 刑事责任。

不正当竞争行为的行为人构成犯罪的，应当依法追究其刑事责任。也就是说，具体刑事责任的确定要依照我国《刑法》的有关规定执行。

(六) 监督管理过程中的例外

适用例外制度，又称除外制度，是指国家为保护市场竞争的正常秩序，促进经济健康发展，在《反不正当竞争法》中规定对某些市场行为不作不正当竞争行为禁止的法律制度。我国《反不正当竞争法》第 11 条规定经营者不得以排挤竞争对手为目的，以低于成本的价格销售商品时，将下列四种情况列为禁止例外：

第一，低价销售鲜活商品；

第二，低价处理有效期限即将到期的商品或其他积压的商品；

第三，季节性降价；

第四，因清偿债务、转产、歇业降价销售商品。

(七) 执法人员违反《反不正当竞争法》的法律责任

1. 监督检查不正当竞争行为的国家机关工作人员滥用职权、玩忽职守所应承担的法律责任。

根据《反不正当竞争法》的规定，监督检查不正当竞争行为的国家机关工作人员主要是指工商行政管理部门工作人员。法律、行政法规中明确授权其他行政机关或者立法、司法机关也有权进行监督检查的，还包括这些机关的工作人员。所谓滥用职权，一般表现为超越法律规定的职权范围或者不依照法律规定的职权从事公务等。所谓玩忽职守，一般表现为工作上的官僚主义，马虎草率，严重不负责任等。根据《反不正当竞争法》第 31 条的规定，监督检查不正当竞争行为的国家机关工作人员滥用职权、玩忽职守的法律责任，包括刑事责任和行政责任两种形式。前者适用于违法行为侵害了国家机关的正常活动，从而构成渎职罪的情况，由司法机关依照刑法有关规定追究刑事责任。后者适用于违法行为情节比较轻微，尚不够刑事处罚的情况，由任免该工作人员的机关或者行政监察机关给予行政处分。

2. 监督检查不正当竞争行为的国家机关工作人员徇私舞弊所应承担的刑事责任。

《反不正当竞争法》第 32 条对此作了明确的规定，即："监督检查不正当竞争行为的国家机关工作人员徇私舞弊，对明知有违反本法规定构成犯罪的经营者故意包庇不使他受追诉的，依法追究刑事责任。"也就是说，国家机关工作人员利用监督检查职权，对明知有违反《反不正当竞争法》规定构成犯罪的经营者故意包庇不使其受追诉。这种行为，出于徇私动机，总的讲是舞弊，具体表现为搜集、制造假的证据材料，篡改、销毁足以证明事实真相的证据材料，曲解或者滥用法律条文，违反办案程序等等。

二、行政手段

市场竞争行为监督管理的行政手段是法律手段的补充，是辅助性手段，也是我国经济体制和市场经济特殊发展状况下的特殊情况。

（一）行政手段存在的原因

1. 行政手段存在是我国经济发展过程的必然结果。

改革开放之前，我国实行的是计划经济体制。企业的生产经营是计划调控下政府经济行为，产品的产、供、销各环节都为政府控制，企业的分配也是行政性的。企业之间不存在严格意义上的市场竞争，也就没有大量的不正当竞争存在的可能。经济活动的管理完全是行政管理，其管理手段也只能是行政手段。

改革开放 20 多年来，我国的市场经济体制改革是一个渐进的、不断发展的过程。通过改革，原有国有企业部分成为参与市场竞争的独立经济主体，其他所有制企业大量出现，也加剧了市场竞争，并导致不正当的市场竞争，需要市场竞争行为的监督管理采取包括法律手段在内的多种手段。由于经济管理体制的沿革，更因为传统国有企业改革的不完善性，很多国有企业在很大程度上只是名义的市场竞争主体，企业的很多经济行为，如用人权、管理权、分配权等仍由政府直接调控，这使得企业的经营管理仍然是政府行政行为，企业领导必然听命于行政主管部门，行政手段在一下程度上是更直接有效的调控手段。同时由于这种状况的存在使得市场竞争行为监督管理的法律手段失去了直接的处罚对象，限制了法律手段的作用。

2. 行政手段的存在是我国市场法规不健全的结果。

市场经济的法制化管理体系需要大量完善的经济法律法规。但立法滞后、执法不力现象在我国市场经济体制改革过程中表现的十分明显。像《反不正当竞争法》在 1993 年 12 月 1 日才开始实行，当时的状况却是市场经济体制改革已经历了 15 年，大量不正当竞争行为已开始严重侵蚀我国的改革开放成果，而不正当竞争的监督管理只能是行政性管理。同时，包括《反不正当竞争法》在内的经济法规的可操作性不强，尚须进一步发展完善，也使得行政手段在我国市场监督管理过程中成为必不可少的管理手段。还应该看到的是，我国的许多市场经济法规还处在制订过程之中，如我国尚没有《反垄断法》。这与我国的经济发展情况不相适应，随着企业规模的不断扩大，垄断问题日益成为我国经济急待处理的问题，目前也只能用行政手段来解决。

（二）行政手段的主要内容

1. 行政监督手段。

我国现行经济管理体制使得各级政府部门、专门管理机构负责管理相关企业，各类企业一般都有直接或间接的上级主管机构。这些政府部门比较了解企业的生产经营情况，可以较容易地发现企业的不正当竞争行为。因此这些政府部门可以对所属企业的经营活动进行较有效的监督，及时发现问题，并进行相应的处理。

2. 行政指导手段。

这主要包括两个部分，即事前指导和事后指导。政府主管部门一般都比较了解本行业或本地区企业发展状况和企业发展方向，对于可能出现不正当竞争的企业可以提前进行指导，引导其向正确的发展，避免不正当竞争情况的发生。同时可以对已经出现不正当竞争的企业进行事后的行政指导，以消除不正当竞争行为的影响并尽快加以改正。

3. 行政处罚手段。

对于存在严重不正当竞争行为的企业，主管行政部门可以对其进行必要的行政处罚，如将其主要责任领导调离或撤职，对其进行经济上的处罚或行政警告，责令企业停止不正当竞争行为，尽快消除不正当竞争的影响等。

复习思考题

1. 市场竞争行为的主要类型有哪些？

2. 我国法律规定的不正当竞争行为的主要类型有哪些？

3. 正确认识不正当竞争的危害性。

4. 工商行政管理部门对不正当竞争行为进行监督管理的原则是什么？

第七章　合同管理

第一节　合同的概念、特征和种类

一、合同的概念及其构成要素

（一）合同的概念

合同有广义与狭义之分。广义的合同概念是指以确定权利、义务为内容的协议，它包括一切法律部门中的合同关系，如民事合同、行政合同、劳动合同、国家合同以及婚姻合同等等。可见广义的“合同”一词表现了各种不同的法律关系，如财产关系、行政关系、劳动关系、身份关系等。

狭义的合同概念是指民事合同，即平等主体之间设立、变更、终止民事权利义务关系的协议。《中华人民共和国民法通则》第 85 条规定：“合同是当事人之间设立、变更、终止民事关系的协议。”《中华人民共和国合同法》（以下简称《合同法》）第 2 条规定：“本法所称合同是平等主体的自然人、法人、其他组织之间设立、变更、终止民事权利义务关系的协议。婚姻、收养、监护等有关身份关系的协议，适用其他法律的规定。”可见，我国立法采用了狭义的合同概念，故以下所称合同，均指狭义的合同。

合同制度是商品经济和市场经济发展到一定阶段的产物，是商品交换、市场交易的一种法律形式，是市场经济的基本法律制度。目前在世界上任何国家之中最常见的财产流转，诸如买卖、赠与、借款、租赁、承揽、建设工程、运输、技术服务等，都是通过合同来进行的，合同已成为人们之间建立财产联系和进行经济交往的工具和纽带。

（二）合同的构成要素

1. 合同的主体。

合同的主体是指参加合同法律关系享受民事权利、承担民事义务的人，也就是合同的当事人。按照《合同法》的规定，合同的主体包括自然人、法人和其他组织。其中：（1）自然人，包括本国公民、外国人和无国籍人。《民法通则》规定，签订合同的公民必须是具有民事权利能力和民事行为能力的人。凡不能或不宜独立进行民事活动的，则应由其法定代理人代理，或征得其法定代理人同意后才能进行。（2）法人，即“具有民事权利能力和民事行为能力，依法独立享有民事权利和承担民事义务的组织”，具体包括具备法人条件的能够独立进行民事活动的企业、机关、事业单位和社会团体。（3）其他组织是指依法成立，有一定的机构和财产，但不具备法人资格的社会组织，即经工商行政管理机关核准登记，从事营利性的生产、经营活动，但不能独立承担民事责任的非法人经济组织，包括企业法人的分支机构、合伙型联营企业、个体合伙等。

2. 合同的标的。

合同的标的是指合同当事人权利义务共同指向的对象。法律规定，可作为合同标的的有物、行为和智力成果。（1）物，是指合同当事人能够实际有效地支配，具有一定经济价值，可以满足人们生活或生产需要的确实存在的物质财富，它包括自然界自然存在的实物和人工制造的实物。（2）行为，是指当事人有真实意思的表达并产生权利义务关系的活动。在合同关系中，它主要表现为当事人提供的某种劳务、服务活动等。行为依合同种类的不同而有所不同。（3）智力成果，是人类脑力劳动的成果，是一种非物质形态的精神财富，如技术成果。

3. 合同的内容。

合同的内容是指合同主体之间用以确定各自权利和义务的各项条件或条款。权利是指合同当事人依法享有的某种权能，义务则是合同当事人依法所承担的某种必须履行的责任。享有权利的人是债权人，负有义务的是债务人，债权人有权要求债务人按照合同的约定或者依照法律的规定履行义务。合同当事人的权利和义务是相互联系，相互制约，同时并存的。

二、合同的特征

（一）合同是一种民事法律行为

民事法律行为是指当事人之间通过一定的意思表示而实施的能够引起一定法律后果的行为。合同是一种民事法律行为，合同订立后，在当事人之间产生民事权利和义务关系，可以是双方互享权利和互负义务，也可以是一方只享有权利，而另一方只负有义务。当事人的民事权利受到法律保护，同时当事人也必须按照合同的约定履行自己的义务，否则即要承担法律责任。

（二）合同是双方（或多方）当事人意思表示一致的协议

民事法律行为分为单方民事法律行为和多方民事法律行为。单方民事法律行为是指仅有一方当事人的意思表示即能成立的民事行为，如订立遗嘱，放弃继承等；多方民事法律行为则是指必须由两个或两个以上当事人共同实施的民事行为。合同是多方民事法律行为，也就是说，订立合同必须是两个或两个以上当事人共同协商，达成一致意思的行为，而不是某当事人一方的意思表示。一般来说，大多数合同都是两方当事人，如买卖合同、租赁合同、借款合同等等。也有一些合同的当事人是三方、四方甚至更多，如联营合同。

（三）合同当事人的法律地位是平等的

合同当事人的法律地位平等是合同制度的基本要求，在合同关系中，当事人不论是法人还是自然人，也不论这法人组织的所有制如何或级别高低，作为合同当事人彼此都是平等的。不存在领导和被领导、命令和服从的关系，任何一方不得将自己的意志强加给另一方。合同作为一种协议，其本质上要求平等的当事人从自愿的角度出发，通过自由协商并在各自充分阐明自己意愿的基础上达成意思一致。合同当事人法律地位平等是当事人自由表达其意愿的前提和保障。

（四）合同以设立、变更、终止民事权利义务关系为目的

设立，是当事人之间合同关系的达成或者确认，此前当事人之间并没有这种合同关系。通过设立民事权利义务关系，当事人接受了合同的约束，从而具体地享受民事权利，承担民事义务。

变更，是合同在签订后尚未履行，或者尚未完全履行之前，当事人就合同内容进行修改和补充所达成的协议。变更合同关系通常是在保持合同关系的前提下变更合同内容。

终止，是合同当事人之原有的权利义务关系归于消灭。

合同一经依法成立，其中约定的权利义务便发生法律效力，即相当于当事人为自己设立了法律。有关当事人必须接受它的约束，国家依法保证合同的履行。

三、合同的种类

合同有许多种类。我国《合同法》共列了15个合同种类。

（一）买卖合同

《合同法》第130条规定，“买卖合同是出卖人转移标的物所有权于买受人，买受人支付价款的合同。”有偿转移标的物是买卖合同最基本的特征。

合同法规定的“买卖合同”的标的物最主要的是实物，没有包括知识产权的转让等。知识产权的转让等有自己的特点，需要另外专门规定。

（二）供用电、水、气、热力合同

供用电合同是供电人向用电人供电，用电人支付电费的合同。供电企业是供电人，用户是用电人。供电合同主要包括工农业和其他生产经营用电的供电合同以及生活消费用电的供电合同。

供电合同的内容包括供电的方式、质量、时间、用电容量、地址、性质、计量方式、电价、电费的结算方式、供用电设施的维护责任等。

供用水、供用气、供用热力合同的有关规定参照供电合同执行。

（三）赠与合同

赠与合同是赠与人将自己的财产无偿给予受赠人，受赠人表示接受赠与的合同。

赠与合同是单务合同，一般不附义务，但有的也可以附义务。

（四）借款合同

借款合同是借款人向贷款人借款，到期返还借款并支付利息的合同。

借款合同的内容包括借款种类、币种、用途、数额、利率、期限和还款方式等。

（五）租赁合同

租赁合同是出租人将租赁物交付承租人使用、收益，承租人支付租金的合同。租赁合同的标的是物的使用、收益，而不是所有权，这是与买卖合同的不同之处。

租赁合同的内容包括租赁物的名称、数量、用途、租赁期限、租金及其支付期限和方式、租赁物的维修等。

（六）融资租赁合同

融资租赁合同是出租人根据承租人对出卖人、租赁物的选择，向出卖人购买租赁物，提供给承租人使用，承租人支付租金的合同。

（七）承揽合同

承揽合同是承揽人按照定作人的要求完成工作，交付工作成果，定作人给付报酬的合同。承揽包括加工、定作、修理、复制、测试、检验等工作。

（八）建设工程合同

建设工程合同是承包人进行工程建设，发包人支付价款的合同。包括工程勘察、设计、施工合同。

建设工程合同的标的是工程建设，包括公路、铁路、桥梁、隧洞、水库等。

（九）运输合同

运输合同是承运人将旅客或者货物从起运地点运输到约定地点，旅客、托运人或者收货人支付票款或者运输费用的合同。

运输合同的种类很多，根据运输对象的不同，可分为旅客运输合同和货物运输合同；根据运输方式的不同，可分为公路运输合同、水路运输合同、铁路运输合同、航空运输合同；根据是否具有两个以上的承运人，可分为单一运输合同，联合运输合同，以及多式联运合同。

（十）技术合同

技术合同是当事人就技术开发、转让、咨询或者服务订立的确立相互之间权利义务的合同。技术合同可以分为技术开发合同、技术转让合同和技术服务合同三类。

（十一）保管合同

保管合同是保管人保管寄存人交付的保管物、并返还该物的合同。

（十二）仓储合同

仓储合同是保管人储存存货人交付的仓储物，存货人支付仓储费的合同。它是一种特殊的保管合同。

（十三）委托合同

委托合同是委托人和受托人约定，由受托人处理委托人事务的合同。

（十四）行纪合同

行纪又称为信托，行纪合同是行纪人以自己的名义为委托人从事贸易活动，委托人支付报酬的合同。

（十五）居间合同

居间合同是居间人向委托人报告订立合同的机会或者提供订立合同的媒介服务，委托人支付报酬的合同。

第二节　合同的订立

一、合同订立的概念和原则

（一）合同订立的概念

合同的订立是指两个或两个以上的当事人，依法就合同内容经过协商一致，达成协议的法律行为。

订立合同是确定当事人之间权利义务关系的法律行为。法律行为不成立，当事人的权利义务关系就不能发生。合同的订立是合同得以履行的前提，也是判断当事人之间纠纷责任的依据，直接涉及到合同当事人能否达到其目的。

（二）合同订立的原则

在社会主义市场经济中，为保证合同的顺利订立和履行，使合同当事人的目的得以实现，使企业获得较好的经济效益，就需要明确合同订立的原则。合同订立的原则除了必须遵守合同法的基本原则外，还必须遵守以下原则。

1. 合同主体必须有法定资格。

《合同法》第 9 条规定，“当事人订立合同，应当具有相应的民事权利能力和民事行为能力。”也就是说，应当具有相应的主体资格。

(1) 自然人。自然人的民事权利能力，是法律赋于自然人享有民事权利和承担民事义务的资格。自然人的民事行为能力，是指公民通过自己的行为独立行使民事权利和履行民事义务的能力。

按照法律规定，自然人的民事权利能力始于出生终于死亡，而自然人的民事行为能力则分为完全民事行为能力、限制民事行为能力、无民事行为能力三种情况。他们应依法律赋予的民事权利能力和民事行为能力，进行相应的民事活动，设立、变更、终止合同法律关系。

个体工商户、农村承包经营户是自然人作为民事主体进行民事活动的一种特殊形式，个体工商户只能在核准登记的经营范围内从事经营活动。

(2) 法人。法人订立合同也应有相应的民事权利能力和民事行为能力。

法人的民事权利能力，是指法律赋予社会组织参加民事法律关系，取得民事权利和承担民事义务的资格。法人的民事行为能力，是指法律赋予社会组织独立进行民事活动，取得民事权利和履行民事义务以及承担民事责任的能力。

法人的民事行为能力和民事权利能力在范围上是一致的，法人能够以自己的行为取得民事权利和承担民事义务的范围，不能超出它们的民事权利能力所限定的范围。法人的民事权利能力要受到其宗旨、业务范围以及法律和行政法规的限制，法人的民事行为能力同样也要受到这些因素的制约。如企业，具备法人条件依法经工商行政管理机关核准取得法人资格，这些企业法人也应当在核准登记的经营范围内签订合同。

（3）其他组织。即非法人组织，如企业法人的分支机构，也可以签订合同，但这类合同必须在其营业执照确定的经营范围内，或者上级法人授权的范围内签订。

2. 当事人的委托代理必须合法。

在现实生活中，有些当事人由于地点或健康等原因，不能亲自去订立合同，也有些合同需要由具有法律、业务等方面专业知识的人去订立。在这种情况下，当事人往往委托代理人来订立合同。

委托代理是指代理人根据被代理人的授权，在代理人与被代理人之间产生的代理关系。当事人委托代理必须依法进行，委托代理人订立合同，包括委托授权和委托合同两种形式。授权委托书是书面授权的典型形式。授权委托书（如委托书、证明信或介绍信）应载明规定的事项，主要包括：代理人姓名或名称；代理事项；代理权限：可分全权代理和部分代理；代理期限。写明以上事项后要由委托人签名或盖章，并注明授权日期。授权委托书中，上述事项缺一不可，如果缺了其中一项，就会导致授权委托无效，或导致授权不明。如果授权委托书授权不明，被代理人应与代理人一起向第三人负连带法律责任。

在这里我们要区别授权委托书与委托代理合同的不同，前者是单方法律行为，后者是双方法律行为；前者的作用在于确定代理人在代理的外部关系中的地位和权限，而后者目的在于明确代理的内部关系。

合同的代理，是指代理人在代理权限内，以被代理人的名义订立、变更、解除合同的活动，直接对被代理人产生权利和义务的一种法律行为。代订合同是当事人双方建立合同关系时经常采用的形式。代理行为必须符合法律的要求：

（1）必须事先取得委托人的委托证明。委托凭证是法律公认的一种具有法律效力的文书，既是被代理人授权的表现形式，又是代理人取得代理权的证明。

（2）必须根据授权范围签订合同。根据法律规定，被代理人对于代理人所实施的法律行为的后果，只承担在委托范围内的责任。代理人在授权范围以外所进行的代理活动，除非事后经被代理人追认，否则被代理人不承担责任。代理人若超越授权范围给被代理人造成损失的，还应承担赔偿责任。

（3）必须以委托人的名义签订合同。代理人是代理被代理人一方与另一方当事人签订合同的，他应以被代理人的名义签订。合同是当事人双方的法律行为，只有以被代理人名义签订，才能对被代理人产生法律约束力。代理人如果以自己的名义或其他人名义签订经济合同，这个合同对委托人就不能直接产生权利和义务。

符合上述三个基本条件，代理人代订的合同才对被代理人产生法律的约束力，如果被代理人随意毁约，则要依法承担法律责任。

3. 合同形式必须符合法定形式。

合同形式，是指体现合同内容的明确当事人权利义务的方式，它是双方当事人意思表示一致的外在表现。订立合同的形式有书面形式、口头形式和其他形式。

（1）书面形式。书面形式是指合同书、信件以及数据电文（包括电报、电传、传真、电子数据交换和电子邮件）等可以有形地表现所载内容的形式。简单的说是一种以文字记载来表现合同内容的形式。法律、行政法规规定采用书面形式的，或当事人约定采用书面形式的，当事人应当采用书面形式订立合同。书面形式合同有利于督促当事人全面认真履行合同，发生争议也便于分清责任和举证。

（2）口头形式。口头形式是合同当事人用语言来体现合同内容的形式，包括面谈、电话交谈等达成的口头协议。口头形式合同简便易行，通常适用于简单的经济交往。口头形式的合同无文字为据，一旦发生争议难于举证，不易分清责任，以致于当事人的合法权益得不到保护。一般来说，法人之间签订的合同，不能立即履行的合同不应采取口头形式。

（3）其他形式。其他形式，即为法律所不禁止的形式。由于人们表达内心意志方式的多样化，以及随着科学技术水平的发展，用于表达合同当事人内心意思的通讯工具及其他工具的多样化，合同法对合同订立形式，除列举书面、口头两种形式外，还用概括的方式承认，凡不为法律所禁止，而确又能表达合同当事人内心意愿的方式也可作为订立合同的形式。如录音、录像等视听资料方式。值得指出的是，对以 EDI 等无纸贸易及电子邮件等交易手段订立的合同，其合同的效力的认定将会随着科技的发展予以逐步规范。

二、订立合同的程序

合同订立的程序是指当事人之间对合同内容进行相互磋商，取得一致意见的过程。通常包括要约和承诺两个重要的阶段。《合同法》明确规定，当事人订立合同，采取要约、承诺方式。

（一）要约

要约即订立合同的提议，或叫订约提议，是当事人一方以订立合同为目的，向对方提出的订立合同的建议和要求，即希望与对方订立合同的意思表示。要约在商业活动和对外贸易中又称报价或发盘等。在要约成立的情况下，发出要约的一方称为要约人，对方称为受要约人。

要约通常有书面方式和口头方式。书面方式通过寄送订货单，书信、发电报等提出。口头方式可以由一方向另一方当面口头提出，也可以通过电话提出。

1. 要约的必备条件。

要约人向被要约人发出的要约，必须具备法定的条件才能生效，才能成为一项对当事人有约束力的法律行为。《合同法》第 14 条规定："要约是希望和他人订立合同的意思表示，该意思表示应当符合下列规定：（1）内容具体确定；（2）表明经受要约人承诺，要约人即受该意思表示约束。"这就规定了有效要约的必备条件和法律效力。

（1）要约必须是特定人的意思表示。

一项要约，除应由有订立合同资格和履行能力的当事人发出外，还应明确发出要约的人必须是特定的，即人们能够确定发出要约的是谁。只有这样，受要约人才能对之承诺。

（2）要约内容具体确定。

即要约的内容必须齐全，明确肯定，不要抽象笼统，具备足以使合同成立的基本条件。通俗一点讲，就是要约内容必须包含要约所希望订立合同的基本条款。要约的法律意义在于，受要约人一旦承诺，合同即告成立。而一项合同成立必须具备合同的主要条款，否则受要约人难于承诺，合同难以成立。至于具备哪些内容才算要约内容具体确定，不同性质的合同，不同的当事人有不同要求，应当根据具体情况确定。

(3) 要约必须向希望与之缔结合同的相对人发生。

要约发生的目的在于订立合同，如不向相对人发出，要约就没有承诺对象，也就不能产生承诺的法律效果。要约的相对人可以是特定人，也可以是不特定的人。特定人可以是一人或一群人，不特定的人一般是向社会公众发出要约。

以上是构成要约的三个必要条件。如果当事人一方提出一个订立合同的提议，而又不符合以上三个条件，那么该提议不是要约，而是要约邀请。

2. 要约邀请。

《合同法》第15条规定："要约邀请是希望他人向自己发出要约的意思表示。寄送的价目表、拍卖公告、招标公告、招股说明书、商业广告等为要约邀请。"要约邀请就是一方当事人邀请对方当事人向自己发出要约，其作用在于引出要约，而不是要引出对要约的承诺。如普通商业广告，这种广告只是一般地宣扬某个产品或某项服务的质量、效用、联系方式等，并不含有订立合同的必要条款，是为了引起顾客的兴趣，对于广告人没有要约那样的约束力，因此，商业广告原则上属于一种要约邀请。但如果商业广告明确了广告者希望与他人订立合同的意思表示，其内容具体确定并注明只要相对人承诺自己即受承诺约束，则应当属要约。即《合同法》第15条第2款规定："商业广告的内容符合要约规定的，视为要约。"

3. 要约的法律效力。

要约的法律效力是指要约所引起的法律后果。它的内容包括：

(1) 要约生效的时间。根据《合同法》的规定要约到达受要约人时生效。就书面要约而言，从要约送达受要约人时发生效力。采用数据电文形式订立合同，收件人指定特定系统接受数据电文的，该数据电文进入该特定系统的时间，视为到达时间；未指定特定系统的，该数据电文进入收件人的任何系统的首次时间，视为到达时间。

（2）要约效力的存续期间。口头要约规定了承诺期限的，于承诺期限内有效，未规定期限的，受要约人如没有立即承诺，要约即失效。书面形式的要约，有承诺期限的，在承诺期内有效，未定期限的，在依通常情形能够收到承诺所需的一段合理时间内，要约有效。受要约人作出拒绝承诺的表示的，要约即失去效力。

（3）要约法律效力的内容。要约的法律效力又称要约的约束力。包括对要约人和受要约人两个方面的约束力。对要约人的约束力，表现在要约生效后，要约人即不得撤回、撤消或对要约加以限制，变更或扩张。法律对要约人所加的这种义务，目的在于保护受要约人的利益、维护交易的安全。在一定条件下，法律也允许要约人撤回、撤消或变更要约的内容。对受要约人的约束力，是指受要约人于要约发生法律效力时，取得其承诺的权利，但并没有必须承诺的义务。除根据交易习惯或者要约表明可以通过行为作出承诺的以外，受要约人应当以通知的方式在承诺期限内作出承诺。超过承诺期限，受要约人即失去承诺的权利。

4. 要约的撤回、撤消和消灭。

（1）要约的撤回。要约的撤回，是指在要约生效前，要约人使其不发生法律效力的意思表示。我国合同法规定要约到达受要约人时生效（口头形式要约从被受要约人了解时生效）。所以，要约的撤回只发生在书面形式的要约，撤回要约的通知应当在要约到达受要约人之前或者与要约同时到达受要约人，撤回才发生效力。所以，撤回通知一般应采取比要约更迅速的通知方式。

（2）要约的撤消。是指在要约生效后，要约人使其丧失法律效力的意思表示。撤消可以是全部内容的撤消，也可以是部分内容的变更。撤消要约的通知应当在受要约人发出承诺通知之前到达受要约人。我国合同法规定以下情况除外：第一，要约人确定了承诺期限或者以其他形式明示要约不可撤消的；第二，受要约人有理由认为要约是不可撤消的，并已经为履行合同作了准备工作。

根据要约人撤回和撤消要约的条件，要约撤回和要约撤消的区别在于：要约撤回只能适用要约没有效力的情况下，而要约撤消则适用于要约已经发生效力的情况下。

(3) 要约的失效。要约的失效，是指要约丧失法律效力。要约失效后，要约人不再受其约束，受要约人也终止了承诺的权利。要约消灭的原因主要有：拒绝要约的通知到达要约人；要约人依法撤消要约；承诺期限届满，受要约人未作出承诺；受要约人对要约作出实质性变更。对要约的内容作出限制、更改或扩张，也就是未接受原要约所定条件，视为受要约人对要约人发生的反要约。

（二）承诺

承诺是受要约人向要约人作出的对要约表示同意的意思表示。在商业交易中，承诺又称为接盘。要约一经有效的承诺，合同即告成立。

1. 承诺的必备条件。

承诺是当事人订立合同的又一关键步骤。受要约人对要约表示承诺时，他就成为承诺人。承诺必须具备法定条件才能生效。有效的承诺必须具备以下条件：

(1) 承诺必须由受要约人作出。要约和承诺都是相对人的行为，要约只对要约人和受要约人有约束力。因此，只有受要约人才有承诺的权利。承诺，可以由受要约人本人或其代理人作出，无行为能力人由其监护人作出。

(2) 承诺必须向要约人作出。承诺是对要约的同意，只对要约人和受要约人有约束力。对要约人以外的人作出的承诺，合同不能成立。向要约人本人或其代理人承诺具有相同的法律效力。

(3) 承诺的内容应当和要约的内容一致。承诺对要约的内容作出实质性变更的，视为新要约。有关合同标的、数量、质量、价款或者报酬、履行期限、履行地点和方式、违约责任和解决争议方法等的变更，是对要约内容的实质性变更。对要约的内容作出非实质性变更的，除要约人及时表示反对或者要约表明承诺不得对要约的内容作出任何变更以外，该承诺有效，合同的内容以承诺的内容为准。

(4) 承诺必须是在要约的有效期间内作出。《合同法》明确规定，承诺应当在要约确定的期限内到达要约人。如果要约没有确定承诺期限的，那么，在对话人之间，承诺应立即作出，除非另有约定。在非对话人之间，承诺应在合理期限内到达要约人。《合同法》第 24 条还对承诺期限的计算方法作了规定。如果受要约人虽然作出了完全同意的答复，但却是超过了要约人所要求的期限才作出的，应当视为新要约，而不是承诺，除非要约人及时通知受要约人该承诺有效。

2. 承诺的方式。

承诺的方式，是指承诺人采用何种方式将承诺通知送达要约人。如果要约指定了承诺以某种方式作出，承诺就以这种方式通知要约人。如果要约未指定承诺方式，承诺人可依照交易惯例、商业习惯等作出承诺。承诺一般采用明示方式通知要约人。《合同法》明确规定，承诺应当以通知的方式作出，但根据交易习惯或者要约表明可以通过行为作出承诺的除外。

3. 承诺的生效时间。

承诺的效力是指承诺所引起的法律后果，这一法律后果在于表明合同成立。可见，承诺何时生效意义重大。对于承诺的生效时间，《合同法》第 26 条明确规定："承诺通知到达要约人时生效。承诺不需要通知的，根据交易习惯或者要约的要求作出承诺的行为时生效。"采用数据电文形式订立合同，该数据电文进入收件人指定的特定接受系统的时间，视为到达时间，未指定特定系统的，该数据电文进入收件人的任何系统的首次时间，视为到达时间。即告承诺生效。

4. 承诺的撤回。

承诺的撤回是指承诺人阻止承诺发生法律效力的行为。《合同法》规定承诺是可以撤回的，但撤回承诺的通知应当在承诺生效之前或与承诺的通知同时到达。撤回承诺的通知必须先于或同时于承诺通知到达要约人，才发生阻止承诺生效的效力。如果承诺一旦生效，合同即是成立，承诺人就不得再撤回，否则构成违约，要承担法律责任。

5. 承诺的迟到。

承诺迟到是指承诺在承诺期限届满后才作出或送达给要约人。承诺期限届满后作出的承诺有两种结果。一是承诺无效，此承诺为新要约。二是要约人及时通知受要约人该承诺有效。承诺期限内发出，承诺期限届满后送达要约人也有两种情况。一是受要约人在承诺期限内发生承诺，按照通常情形能够及时到达要约人，但因其他原因承诺到达要约人时超过承诺期限的，要约人及时通知受要约人因承诺超过期限，不接受该承诺。二是要约人未立即将承诺迟到的情况通知对方，对方为履行合同做了准备，则视为承诺有效，仍发生法律效力。

在实践中，要约与承诺是一个协商过程，可能经过一次协商即完成，也可能要经过多次协商才完成。这种反复多次协商过程，就是要约—新要约—再要约—直至承诺的过程。

（三）缔约过失责任

1. 缔约过失责任的概念。

缔约过失责任又称缔约责任，是指在订立合同的过程中，因一方当事人的过错给对方造成损失，有过错的当事人应当承担赔偿责任。其特点是：第一，缔约上的过失发生于合同订立的过程中；第二，在合同订立过程中，一方违背了依诚实信用原则所应尽的义务，如恶意谈判，恶意中断谈判等；第三，因为一方的缔约过失给另一方造成了信赖利益的损失。

缔约责任与违约责任的区别主要有：

(1) 责任发生的时间不同。违约责任发生于合同成立之后，因当事人的违约而发生；而缔约责任则发生在合同订立过程中，无违约可言。

(2) 责任的性质不同。违约责任的确定是因一方违反有效合同约定的义务而产生的责任，它以合同关系的存在为前提；缔约责任的当事人双方尚不存在合同关系，不能以有效合同作为确定责任的根据。

(3) 责任的承担方式不同。违约责任的承担方式有支付违约金、赔偿损失等等；缔约责任的承担方式仅为对信赖利益损失的赔偿，不涉及其他。

2. 承担缔约过失责任的条件。

追究当事人的缔约过失责任，是合同立法总结我国合同实践经验的新的规定。只有认定了当事人具备承担过失责任的条件，才能要求缔约过失责任人承担赔偿责任。当事人承担缔约过失责任，应具备以下条件：

（1）责任人要有缔约过失行为。过失发生的时间是缔约过程中，合同未成立之前。其行为是指：假借订立合同，恶意进行磋商；故意隐瞒与订立合同有关的重要事实或者提供虚假情况；有其他违背诚实信用原则的行为；泄露或者不正当地使用订立合同过程中知悉的商业秘密（包括技术信息、经营信息等）。

（2）责任人要有缔约的过错。缔约的过错是承担赔偿责任的基础，否则就不负缔约过失责任，这就是法律上的过错原则。法律上所说的过错，包括故意和过失。

（3）要有造成损失的事实。合同法规定的缔约过失的几种行为，这些行为必须造成损失的事实时，才承担赔偿责任。

（4）缔约过失行为与损失事实之间要有因果关系。在市场经济交往中，造成损失事实的原因多种多样，只有能够确定损失事实是责任人的缔约过失行为造成的，才能依法追究其赔偿责任。

3. 缔约过失责任的赔偿范围。

缔约过失所造成的损失为信赖利益的损失，其赔偿范围一般来说包括以下几个主要方面：一是订约费用。如对要约进行承诺的可行性研究的费用，承诺的电报电话费用，派员前往要约人指定处所签订合同的差旅费等。二是“履约准备”所支出的费用。包括因一方过失使合同未成立但对方准备履约所支出的费用，或因一方过失使合同无效或被撤消，对方已实际“履约”所支出的费用。三是合理的间接损失。这里所说的间接损失，是指受要约人接到要约后，因信赖合同成立并有效而谢绝别的类似要约，或自己本欲发出而未发出的同样要约而造成的损失，或为以后的合同履行作出了必要的准备所导致的停工待料或产品积压损失。此外，当事人主张权利所支付的诉讼费用，也宜列入损失之列。

三、合同应具备的主要条款

合同的种类很多，各类合同根据其性质，都有自己必须具备的主要条款。这在《合同法》的分则部分和有关单行法律、法规中都有具体规定。但是，不管哪种合同，一些共同性的基本内容是每个合同都必须具备的。根据《合同法》第 12 条的规定，合同的内容包括以下几方面的条款：

（一）当事人的名称或者姓名和住所

合同当事人包括自然人、法人和其他组织。签订合同时，自然人要写上自己的姓名，法人和其他组织要写上单位的名称，还要写上各自的住所。按照《民法通则》的规定，自然人以户籍所在地的居住地为住所，如经常居住地与住所不一致的，经常居住地视为住所。法人以它的主要办事机构所在地为住所。

（二）标的

标的是指合同当事人的权利和义务共同指向的对象。标的是订立合同的目的和前提，也是一切合同都不可缺少的重要内容。没有标的，权利义务就失去目标，无法确定。各种合同因合同性质不同而有各不相同的对象。标的物是具体的东西。标的可以是某种财物或货币，也可以是某项工程或者某种行为。例如，买卖合同中的标的是货物；建筑工程承包合同中的标的是建筑物；借款合同中的标的是货币；加工承揽合同中的标的是劳务；技术合同中的标的是科技成果、设计、配方等。

标的必须合法。如果标的是违反法律、法规的，那么合同无效。国家禁止自由流通的物品，如枪支弹药、毒品、淫秽书画等不能作为合同的标的。签约双方必须对合同标的达成一致协议，并在合同中写清楚。

（三）数量

数量是确定合同当事人权利义务大小的尺度。订立合同必须有明确的数量规定，没有数量，合同是无法履行生效的。合同数量规定要准确、具体。首先按照国家规定的度量衡制度选择双方接受的标的物的计量单位。其次确定双方认定的计量方法，国家或主管部门没有规定的，由供需双方商定。再次，应在合同中写明交货数量和合理磅差、正负尾差、超欠幅度、运输自然减量等。

（四）质量

质量是标的的具体特征，也就是标的的内在素质和外观形态的综合，是满足人的需要或生产的属性。如产品的品种、型号、规格和工程项目的标准等。质量条款由当事人约定，须符合国家有关规定和标准化的要求。在签订合同时，标的质量要订得详细具体，写明国家标准、部颁标准、省级标准、专业标准、厂级标准等，必要时还能具体规定是什么年代的质量标准。如果是双方协商的标准，应当在合同中具体写明技术指标和质量要求。也可另附协议书，或提交样品。此外，还须注明产品质量的检验方法、试验方法、动植物检疫方法、验收期限等。

（五）价款或报酬

价款或报酬，简称价金，是指当事人一方向交付标的的一方支付的货币，它是有偿合同的主要条款。如买卖商品的货款、财产租赁的租金、借款的利息等。在以货物为标的的合同中，这种支付的货币叫价款；在以劳务为标的的合同中，这种支付的货币叫报酬。价款或者报酬如有国家规定的，按照国家规定执行。对于没有国家规定的，当事人可根据市场情况或同类商品的价格或同类劳务的报酬，双方协商确定合理的价格或酬金。

另外，为了实现价金的支付，合同中还应当具备有关支付方法和银行结算的条款。

（六）履行期限、地点和方式

履行期限是合同履行义务的时间界限，是确定合同是否按时履行或迟延履行的标准，是一方当事人要求对方履行义务的时间依据。履行期限直接关系到合同义务完成的时间，涉及到当事人的期限利益，也是确定违约与否的因素之一。对有的合同来说，这属于主要条款之一。合同的履行期限因合同种类的不同而有所不同：如买卖合同履行期限是指交货日期、付款期限；建设安装工程承包合同承包方和加工承揽合同承揽方的履行期限，是指工作开始到工作完成交付的起止日期的整个时间。可见，履行期限可以规定为即时履行、定时履行，也可以规定为一定期限内履行。如果是分期履行，还应写明每期的确切时间。合同履行的期限必须具体规定，如按年、季、月履行或履行具体日期。

履行地点是当事人按合同规定履行义务的地方，即在什么地方交付或提取标的。一般根据合同的标的的性质或当事人双方的约定来确定。合同中应当明确规定履行地点，并且明确费用负担的归属。履行地点是合同的主要条款，它是确定验收地点的依据，是确定运输费用由谁负担、风险由谁承受的依据，还是确定诉讼管辖的依据之一。

履行方式是指当事人交付标的的方式，即以什么方式或方法来完成合同规定的义务。合同履行的方式是多种多样的，根据合同的不同内容而有差异。有的合同是以转移一定财产的方式来履行的，如买卖合同就是供方把货物转移给需方；有的合同是以提供某种劳务的方式来履行的，如货物运输合同是提供交通工具，运输货物到目的地交给需方。是一次履行还是分期履行，是送货、代运还是自提，是铁路运输、公路运输还是水运、空运，价金如何结算等，都须在合同中写明。

（七）违约责任

违约责任是指当事人一方或双方，出现拒绝履行或者不适当履行，或者不完全履行等违约行为，对过错方追究的责任。规定违约责任可促使当事人履行义务，使守约方免受或少受损失，维护合同的严肃性。这是保证合同履行的主要条款。违约责任是法律责任，即使合同中没有违约责任条款，只要未依法免除违约责任，违约方仍要负责。

违约责任一般可依据有关的法律法规来确定，有的也可以由当事人双方依法商定后，在合同中明确规定。如违约致损的计算方式，赔偿范围。违约所应负的责任，一般是向对方支付违约金或赔偿经济损失。

（八）解决争议的方法

我国目前有四种解决合同争议的方法：一是当事人自行协商解决；二是请求有关部门主持调解；三是请求仲裁机关仲裁；四是向人民法院提起诉讼。合同当事人可以在合同上写明采取何种解决争议的方法。

四、合同的效力

1. 合同生效的概念和生效条件。

合同的效力，是指已经成立的合同在当事人之间产生的一定的法律拘束力，也就是通常所说的合同的法律效力。合同的生效，是指依照法定条件和程序成立的合同，产生相应的法律效力。这就是说，生效的合同必须是依法成立的，必然会产生相应的法律效力。

合同生效的条件有：

（1）当事人具有相应的民事行为能力；

（2）意思表示真实；

（3）合同的内容合法，不违反法律或者社会公共利益。

合同生效和合同成立是既有联系，又有区别的。合同的成立，是指合同当事人经过要约和承诺，使双方意思表示相一致从而达成协议。二者的联系是，合同的成立是合同生效的逻辑前提，合同的生效是对合同成立的法律肯定。二者的区别，一是时间不同，合同的成立开始于承诺生效之时。而合同的生效，则与合同的成立在时间上有所差别。依照《合同法》的规定，合同的生效时间有不同情况，例如，依法成立的合同，自合同成立时生效；法律法规要求合同应当办理批准、登记手续才生效的，应当遵照法律法规的规定生效；附有生效条件的合同，自条件成就时生效；附有生效期限的合同，自期限届至时生效。二是后果不同。合同的成立，是使当事人关于相互权利和义务的约定得以确定，但不一定产生约束力。而合同的生效，则使当事人之间成立的合同具有了法律约束力。

2. 无效合同。

合同的无效，是指已经成立的合同，由于不符合法律规定的生效条件而不能发生合同当事人期望的目的，因此不具备法律约束力。

无效合同产生的主要原因有：

（1）无民事行为能力人订立的合同；

（2）限制民事行为能力人订立的依法不能独立订立的合同；

（3）当事人一方以欺诈、胁迫的手段订立的合同；

（4）恶意串通，损害国家、集体或者第三人利益；

（5）违反法律或者社会公共利益；

（6）以合法形式掩盖非法目的；

(7) 违反法律、行政法规的强制性规定。

第三节　合同的履行

一、合同履行的概念和原则

（一）合同履行的概念

合同的履行是指当事人按照约定完成合同义务，实现合同权利的行为。也就是债务人全面地、适当地完成其合同义务，使债权人的合同权利得到完全实现的行为。

合同的有效成立是合同履行的前提，合同的法律约束力既含有合同履行之意，又是合同履行的依据和动力。合同的履行是合同法律约束力的主要内容，双方当事人正确履行合同的结果，是使双方的权利得以实现，合同关系归于消灭。就一份具体的合同而言，双方当事人都完成了应尽的义务，实现了应有权利，这份合同才能算是履行终止。合同履行，有以下三层含义：（1）履行是当事人实施合同的行为。（2）履行是当事人全面、适当地完成合同义务的行为。（3）履行是整个实施合同过程中的行为。

（二）合同履行的原则

合同履行的原则，是当事人在履行义务、行使权利过程中应共同遵守的基本行为准则。《合同法》第 60 条规定："当事人应当按照约定全面履行自己的义务。当事人应当遵循诚实信用原则，根据合同的性质、目的和交易习惯履行通知、协助、保密等义务。"可见，法律既规定了合同履行遵循的基本原则，也指明了不同种类的合同履行所应遵循的原则。

1. 诚实信用原则。

诚实信用原则，要求当事人在履行合同时，应严格按照合同的规定履行自己的义务，信守合同，诚实行事，不欺骗对方。在履行合同时不仅要考虑自己的利益，而且要顾及到对方的利益及社会公共利益。要与对方真诚合作，对履行中出现的问题要与对方互谅互让、公平解决；在合同不能履行时也应及时通知对方，减少对方的损失；保守商业秘密和技术秘密等。

2. 全面履行原则。

全面履行是指当事人全面、正确地完成合同约定的行为。它包括实际履行和适当履行。

实际履行是指当事人按照合同约定的标的完成义务。凡以物作标的的合同，要按规定的物履行；凡以行为为标的的合同，要按规定的行为履行。在合同履行中，任何一方当事人不经对方同意，不得变更合同的标的。

适当履行是指当事人除按合同规定的标的及其数量、质量、价款履行之外，还要求：(1) 履行主体适当，即当事人必须亲自履行合同义务和接受合同履行，而不得通过擅自转让义务或权利来让他人来履行与接受履行。(2) 履行期限、地点适当，即当事人必须严格按照合同规定的期限和地点来履行，而不能擅自提前或迟延履行，也不得单方面更改合同履行的地点。(3) 履行方式适当，即当事人必须严格按照合同规定的方式履行合同，任何一方当事人不得擅自变更。

3. 协作履行原则。

协作履行原则是诚实信用原则在合同履行中的反映。其具体表现是，根据合同的性质、目的和交易习惯履行通知、协助、保密等义务。通知，是指当事人在履行合同中应当将有关重要的事项、情况告诉对方，如当事人改变了住所或履行地点，因客观情况必须变更合同或者因不可抗力不能履行时都必须及时通知对方。协助，是指当事人在履行合同过程中除严格按约履行自己的义务外，还要互相合作，配合对方履行。保密，是指当事人在履行合同中对属于对方当事人的商业秘密或者对方当事人要求保密的信息、事项不能向外泄露。

二、合同履行的程序

(一) 双务合同履行中的抗辩权

抗辩权是妨碍对方当事人行使其请求权的对抗权，是一种对抗请求权或否认对方的权利主张的权利。抗辩权的行使，可以造成对方当事人请求权的消灭或者使对方当事人的请求权延期发生效力。由于双务合同双方当事人享有的权利或者承担的义务具有牵连关系，为了防止合同欺诈，保护债权人的合法权益，基于公平原则，《合同法》在双务合同的履行中设立了抗辩权制度。

1. 同时履行抗辩权。

同时履行抗辩权是指互负债务、没有先后履行顺序的双务合同当事人一方，在对方未履行之前或者在对方履行债务不符合约定时，享有的不履行或部分履行的权利。它属于延期的抗辩权，没有消灭对方请求权的效力，只能使对方请求权延期。如果对方当事人完全履行了合同义务，同时履行抗辩权就消灭。

因此，《合同法》第66条规定："当事人互负债务，没有先后履行顺序的，应当同时履行。一方在对方履行之前有权拒绝其履行要求。一方在对方履行债务不符合约定时，有权拒绝其相应的履行要求。"

同时履行抗辩权的成立应具备以下条件：

（1）要有基于同一双务合同所产生的互为对价的两项债务。双务合同双方当事人所负债务在成立上具有关联性。由于双务合同当事人所负债务在成立上有关联性，因此在履行上也有关联性。正是由于这种关联性，才有必要规定同时履行抗辩权。成立同时履行抗辩权不仅要有因同一双务合同产生的两项债务，而且这两项债务要有对价关系。如果不是同一双务合同产生的两项债务，如果两项债务之间没有对价关系，同时履行抗辩权则不能成立。

（2）需由双方当事人同时履行。所谓同时履行，就是双方当事人在同一时间相互对待给付，没有先后履行顺序。当事人在合同中约定同时履行或者不能确定先后履行顺序的，应当同时履行。如果当事人所付债务有先后履行顺序的，同时履行抗辩权就不能成立。

（3）一方未履行或未适当履行。当事人互负债务，没有先后履行顺序的，应当同时履行。因此，一方未履行或未适当履行时，另一方有权拒绝其履行要求或者相应的履行要求。如果一方已经履行或已经适当履行，则不成立同时履行抗辩权。一方未履行的债务与另一方所负债务没有对价关系的，另一方不能主张同时履行抗辩权。

（4）未履行的一方有对待给付的可能。如果未履行债务的一方丧失了履行债务的能力，就不可能实现同时履行抗辩权，这时应依法解除合同。

2. 先履行抗辩权。

先履行抗辩权是指在双务合同中，后履行的一方当事人在应当先履行的一方当事人未履行或者不适当履行时，享有不履行或部分履行的权利。《合同法》第 67 条规定："当事人互负债务，有先后履行顺序，先履行一方未履行的，后履行一方有权拒绝其履行要求。先履行一方履行债务不符合约定的，后履行一方有权拒绝其相应的履行要求。"这就明确规定了先履行抗辩权的成立条件：

（1）要有基于同一双务合同产生的有对价关系的两项债务。即当事人因同一双务合同互负债务，在履行上有关联性，互为对价。不是基于同一双务合同产生的债务之间，不成立先履行抗辩权。基于同一双务合同产生的债务之间没有对价关系的，也不成立先履行抗辩权。

（2）有先后履行顺序。多数双务合同的履行是有先后顺序的，有的是由当事人在合同中约定的，有的是由法律规定的。在当事人没有约定或法律没有规定的情况下，其履行顺序可以按照交易习惯来确定。有先后履行顺序的双务合同，先履行的一方应当先为履行。

（3）应当先履行的当事人不履行或不适当履行合同。应当先履行的当事人已经履行或已经适当履行合同的，先履行抗辩权就不能成立。

3. 不安抗辩权。

不安抗辩权是指双务合同中应当先履行的当事人有确切证据证明对方财产状况恶化，丧失或者可能丧失履行债务能力时，在对方没有履行或者提供担保之前，中止履行合同的权利。在双务合同中，应先履行的一方当事人，没有同时履行抗辩权，当后履行的一方丧失或者可能丧失履行能力时，强迫先履行的一方先为给付，不符合公平原则。为了避免先履行的一方蒙受损失，《合同法》第 68 条规定："应当先履行债务的当事人，有确切证据证明对方有下列情形之一的，可以中止履行：（一）经营状况严重恶化；（二）转移财产、抽逃资金，以逃避债务；（三）丧失商业信誉；（四）有丧失或者可能丧失履行债务能力的其他情形。”这就明确规定了不安抗辩权的成立条件：

（1）要有基于同一双务合同产生的有对价关系的两项债务。单务合同，不是基于同一双务合同产生的有对价关系的债务之间，不发生不安抗辩权。

（2）对方丧失或者可能丧失履行债务能力。没有确切证据证明对方丧失或者可能丧失履行债务能力的，不安抗辩权不能成立。

先履行的一方在行使不安抗辩权时负有两项义务。一是举证义务。即要有确切的证据证明对方丧失或者可能丧失履行债务的能力。为了防止滥用不安抗辩权，《合同法》规定，没有确切证据证明对方丧失或者可能丧失履行债务的能力而中止履行的，应当承担违约责任。二是及时通知对方的义务。行使不安抗辩权虽然不需要征得对方的同意，但是为了避免对方因此受到损害，行使不安抗辩权的一方，应及时通知对方，以便对方提供适当的担保。对方提供适当担保后，应当恢复履行。如果先履行的一方行使了不安抗辩权，对方既不能恢复履行能力，也不能提供适当的担保，先履行的一方可以依法解除合同。

（二）合同履行的主要步骤

由于合同的种类不同，合同履行的步骤也有所差异。一般说来，除履行准备工作外，在完成义务阶段，履行有交付、验收和结算三个主要步骤。

1. 交付。

这是履行的一个关键内容和步骤。即按合同约定的方式、期限和地点交付标的。交付包括财物、完成一定工作和提供劳务三方面的交付。

（1）交付方式。由于合同标的不同，交付的方式也是多种多样的。有一次性交付和分期分批交付；有代运式交付、送货式交付和自提式交付等等。交付方式一般在合同中都有所约定。交付的方式不同，由其引起的法律后果也不同。

（2）交付地点。交付地点应按合同的约定确定，在现实生活中，主要有以下几种情况：标的是劳务和工作成果的，交付地点一般为提供劳务和完成一定工作的当事人所在地；标的是建筑物或工程项目的，交付地点为建筑物或工程项目所在地；标的是有形物的，交付地点是履行义务一方所在地或接受一方所在地；标的是货币的，除现金履行外，交付地点为接受货币一方所在地。

（3）交付时间。应按合同规定的交付时间交付。在合同规定的时间提前或延期交付时，需承担由此引起的后果。如《合同法》规定，债务人提前履行债务，债权人可以拒绝。提前履行给债权人增加的费用，由债务人负担。

2. 验收。

即指接受标的的一方或双方当事人，按合同规定的要求进行全面检验并予以接受。一方收到标的不等于接受标的。一方收到标的后，有权进行“检验或察看”，然后表示对标的的接受或拒绝接受。

（1）验收的时间、地点。验收的时间、地点一般由合同约定，合同无约定的，可按惯例和法律规定执行。有关货物验收，有三种做法：一是在装运的地点验收。二是在目的地验收。三是在装运地和目的地双重验收。

（2）质量验收。对标的的质量进行验收，一般包括以下几个方面，即表面检验、性能检验、试用检验和仲裁检验。如果发生质量争议，由有关检验机构对产品是否符合标准进行检测，仲裁检验以检验机构的检验数据为准。

（3）数量验收。对标的的数量进行验收，有以下几种情况：需方自提或供方送货交付的，应在交货时当面点清；供方代运交付的，凭托运单所列数量点检。如发现途中有短少或缺损超过国家规定的范围，可以向运输部门索赔。

3. 结算。

即是指合同履行中发生款项往来的清结。这是合同履行的最后步骤。

（1）结算方式。合同履行的结算，包括现金结算、转账结算和票据结算三种。一是现金结算，只适用于“国家允许使用现金履行义务”的场合。一般适用于合同金额较小的自然人之间及个体工商户、农村承包经营户之间的合同结算。二是转账结算，由双方按合同的银行、账号和户头进行，通过银行账户划转资金。三是票据结算。包括汇票、本票和支票的结算。

（2）结算中的拒付。拒付，是指在托收承付和委托收款结算方式中，付款人拒绝支付应付的款额。但必须具备拒付的条件，才能提出拒付。付款方拒付，应向银行提交拒付说明书，陈明事实和理由，并提供证据。银行经审查同意拒付时，应在拒付说明书上签署意见，连同结算凭证寄交收款人开户银行并转收款人。对于无正当理由拒付，银行不予受理，并按规定划拨款项给收款人。由于无理拒付而增加银行审查时间的，应自承付期满的次日起，按逾期付款处理。

三、合同的变更和转让

（一）合同的变更

1. 合同变更的概念。

合同的变更，是指在保持合同主体同一性的前提下，对合同内容所作的改变。准确地说，是指合同有效成立之后，履行完结之前，双方当事人通过协商在原合同的基础上，对合同内容所作的修改和补充。

依法成立的合同，对当事人具有法律约束力，任何一方不得擅自变更。但由于客观条件发生变化，如市场交易状况发生变化、出现自然灾害等，影响到合同的实施，需要对合同进行变更时，法律允许在一定条件下对合同内容进行补充或修改。如合同标的数量的增加或减少，价格的提交或降低，交货的迟延或提前等等。《合同法》第 77 条规定：“当事人协商一致，可以变更合同。法律、行政法规规定变更合同应当办理批准、登记等手续的，依照其规定。”

2. 合同变更的条件。

（1）原已存在着合同关系。合同的变更是对已经存在的合同内容进行改变，因此，必须存在原合同关系。如果原合同关系还没有存在或者原合同关系已经解除，就不存在合同的变更问题。无效合同自始就没有法律约束力，也不存在变更的问题。

（2）变更的是合同的内容。变更合同的内容包括变更标的种类、数量、质量、合同性质、履行期限、履行地点和方式、价格或者报酬、违约责任方式、争议解决方式、担保方式、所附条件等。合同变更的内容应该明确，如果当事人对合同变更的内容约定不明确的，推定为合同未变更。

（3）须由双方当事人协商一致。除变更可撤消合同外，合同的变更要由双方当事人协商一致，变更合同的协议达成之前，原合同仍然有效。

（4）按照法律要求的方式。法律、行政法规规定变更应当办理批准、登记手续的，应当办理相应批准、登记手续。

3. 合同变更的程序及效力。

变更合同是重新确立当事人双方的部分权利义务关系，达成新协议的过程。变更合同的程序，在双方协商达成新协议时，与订立合同的程序基本相同。

合同变更的效力，是使合同变更前已经存在的权利义务关系变为新的权利义务关系，双方当事人应当依变更后的合同所确认的权利义务严格履行。除当事人另有约定或者法律、行政法规另有规定外，合同的变更对已经履行的部分没有溯及力，只对未履行部分发生效力。

（二）合同的转让

1. 合同转让的概念。

合同的转让是指合同主体的变更，即当事人一方将合同的全部或部分权利、义务转让给第三者，而合同的内容不变更。

当合同订立后，双方或多方当事人便产生了具体的权利和义务关系。一般来说，只有合同当事人依照合同约定享有权利并承担义务，但在出现某些特殊情况时，法律规定合同的权利或义务可以转让给第三人。《合同法》第 79 条至 90 条对转让的条件、类型、法律效力等作出了规定。

2. 合同转让的条件。

（1）债权人转让权利的，应当通知债务人；债务人转让义务的，应经债权人同意。

合同是双方当事人订立并履行的一种具有法律约束力的关系，

涉及到双方的权利义务，如果随意转让合同，合同债权人不知向谁请求履行，其权利将难以实现；义务人不知债权人是谁，合同也就无法履行。所以，法律对合同的转让应加以限制。《合同法》第80条第1款规定："债权人转让权利的，应当通知债务人。未经通知，该转让对债务人不发生效力。"《合同法》第84条规定，债务人将合同的义务全部或者部分转移给第三人的，应当经债权人同意。不经债权人同意，转让无效。根据《合同法》第88条的规定，当事人将自己的权利和义务一并转让给第三人的，须征得对方当事人同意。

（2）法律规定应由有关机关批准登记的合同，转让合同时应经原批准机关批准、登记。经批准、登记后，转让生效。《合同法》第87条规定："法律、行政法规规定转让权利或者转移义务应当办理批准、登记等手续的，依照其规定。"

（3）合同转让不得损害国家利益、社会公共利益和他人利益。这是订立、履行合同的原则所要求的，转让时也必须遵守这一原则。

（4）法律有特殊规定或当事人有特殊约定的，必须依照规定或约定转让。如中外合资经营企业法实施条例规定，合营一方转让其全部出资额时，合营他方有优先购买权，合营一方向第三方转让出资额的条件不得比合营他方转让的条件优惠，违反者转让无效。

3. 合同转让的类型。

（1）权利转让。即在合同依法订立后，一方当事人将合同中的全部或部分权利转让他人。它包含以下几层含义：

第一，权利转让发生在合同成立之后，不能发生在合同订立之前；

第二，转让的是合同中的权利，而不是合同中的责任和义务；

第三，已放弃合同权利的让与人，在法律上仍得履行合同义务；

第四，转让的内容、条件、范围等，必须依照法律的规定。

权利转让生效后，原合同权利的全部或部分即转移至受让人，受让人为原合同中新的权利人，享有合同权利。《合同法》第81条明确规定："债权人转让权利的，受让人取得与债权有关的从权利，但该从权利专属于债权人自身的除外。"

《合同法》还对权利转让中，债务人的有关权利作了明确规定。债务人接到债权转让通知后，债务人对让与人的抗辩，可以向受让人主张。债务人接到债权转让通知时，债务人对让与人享有债权，并且债务人的债权先于转让的债权到期或者同时到期的，债务人可以向受让人主张抵销。

(2) 义务转让，即合同一方当事人把合同中的全部或部分义务转让他人。转让给第三人的义务，必须是在法律上或者合同性质上不被禁止的，具有可转移性的义务。义务转让后，原合同中义务的全部或部分将转移至受让人，受让人的资信情况和履约能力，会对合同权利的实现发生影响。因此，义务转让必须经合同债权人的同意。义务转让成立后，原合同权利、合同义务不变。

《合同法》还对义务转移中，新债务人，即义务受让人享有的有关权利和责任作出了明确规定。债务人转移义务的，新债务人可以主张原债务人对债权人的抗辩。债务人转移义务的，新债务人应当承担与主债务有关的从债务，但该从债务专属于原债务人自身的除外。

(3) 合同权利义务的概括转让，是指合同当事人一方将其享有的权利和承担的义务概括地转让给第三人。合同权利义务概括转让后，第三人取代出让人的法律地位，成为新的合同当事人，享受附随于出让人的全部权利义务。《合同法》规定，当事人一方经对方同意，可以将自己在合同中的权利和义务一并转让给第三人。

合同权利义务的概括转让既可以由当事人协商一致而发生，也可以因法律规定而发生。它一般有两种情况：一是合同承受，二是企业合并。

合同承受就是在合同订立后，一方当事人依照其与第三人的约定并经对方同意，将其在合同中享有的权利和承担的义务全部转让给第三人，由第三人取代其在合同中的法律地位。合同承受需具备这些条件：让与人与第三人应就合同承受达成一致协议；须经对方当事人的同意；依法需要办理批准、登记手续的，应依法办理批准、登记等手续。

企业合并有两种情形，一是一个企业或者其一部分被另一个企业吸收；二是几个企业合并成为一个新的企业。《合同法》规定，当事人订立合同后合并的，由合并后的法人或者其他组织行使合同权利，履行合同义务。当事人订立合同后分立的，除权利人和义务人另有约定的以外，由分立后的法人或者其他组织对合同的权利和义务享有连带权利，承担连带义务。

企业合并后，原企业合同权利义务的转让，无须取得对方当事人的同意。

四、合同的担保

合同的担保是指在经济活动中，保证债权实现的法律措施。根据《中华人民共和国担保法》的规定，我国合同担保的方式有五种，即保证、抵押、质押、留置和定金。

保证，是指保证人和债权人约定，当债务人不履行债务时，保证人按照约定，履行债务或者承担责任的行为。

抵押，是指债务人或者第三人不转移财产的占有，而是将该财产作为债权的担保，在债务人不履行债务时，债权人有权依照法律规定，以该财产折价或者以拍卖、变卖该财产所得价款优先受偿。按照《中华人民共和国担保法》的规定，可以抵押的财产有六类：

(1) 抵押人所有的房屋和其他地上定着物；

(2) 抵押人所有的机器、交通运输工具和其他设备；

(3) 抵押人依法有权处分的国有土地使用权、房屋和其他地上定着物；

(4) 抵押人依法有权处分的国有机器、交通运输工具和其他财产；

(5) 抵押人依法承包并经发包方同意抵押的荒山、荒沟、荒丘、荒滩等荒地的土地使用权；

(6) 依法可以抵押的其他财产。

设立抵押担保，应以书面形式订立抵押合同，并依法办理抵押物登记手续。

质押，是指债务人或者第三人将财产或权利移交给债权人占有，在债务人不履行债务时，债权人有权依照法律规定，以该财产折价或者以拍卖、变卖该财产所得价款优先受偿。

留置，是指债权人因保管合同、运输合同、承揽合同而依法占有债务人的动产，当债务人不按照合同约定的期限履行债务时，债权人有权依照法律规定，留置该财产，以留置的财产折价或者以拍卖、变卖该财产所得价款优先受偿。

定金，是当事人一方为了担保合同的履行，预先支付给另一方的一笔货币。

第四节 合同的监督管理

一、合同监督管理的概念、体制和原则

（一）合同监督管理的概念

合同监督管理的概念有广义和狭义之分。广义的合同监督管理，是与合同行为有关的所有部门对合同进行管理的一系列活动的总称。既包括工商行政管理部门和其他有关主管部门依照法律、法规的规定对合同进行的管理，也包括公证机关的公证、仲裁机构的仲裁和司法机关对合同争议进行的审理，同时也包括企业对自身合同行为的管理。狭义的合同监督管理，仅指工商行政管理部门和其他有关行政主管部门在各自的职权范围内，依照法律、行政法规规定的职责，运用指导、协调、监督等行政手段促使合同当事人依法订立、变更、履行、解除、终止合同和承担违约责任，制止和查处利用合同进行的违法行为，调解合同纠纷，维护合同秩序所进行的一系列行政管理活动的总称。我们一般在狭义上使用合同管理的概念。狭义合同管理具有以下几个特征：

1. 合同监督管理的主体具有特定性。

根据《合同法》的规定，狭义合同监督管理的主体仅指工商行政管理部门和法律、行政法规授权的其他有关行政主管部门，并非任何单位或部门都可成为合同管理的主体。

2. 合同监督管理是一种行政行为。

首先，合同管理机关的任务是为了实现国家通过合同管理而反

映出来的对经济活动的调控，维护国家利益和社会公共利益，保障社会主义市场经济秩序，维护合同当事人的合法权益。其次，合同管理机关代表国家依法实施行政管理行为，其产生的法律后果，由国家强制力保证实施。

3. 合同监督管理是一种以事后管理为主，事后管理与事前、事中管理结合的管理模式。

合同管理机关的主要职责是监督合同，对利用合同危害国家利益、社会公共利益的违法行为依法进行查处，这是一种事后管理。但并不是说合同管理机关在合同的订立、变更、履行、解除、终止过程中一点也不介入。事实上，在合同订立之前，工商行政管理部门要拟定示范合同文本；在合同订立、履行中，要实行抵押物的登记，要根据自愿进行合同的鉴证，要调解合同的纠纷等，显然合同管理也要进行事前与事中管理。可见，合同管理是以事后管理为主，事后管理与事前管理、事中管理相结合的管理体制。

4. 合同管理具有系统性特征。

合同管理是一个系统工程，它并不能由哪一个部门独立完成。合同管理是由多个部门共同进行管理而形成的一个社会性管理体系，其中以工商行政管理部门为最主要的管理子系统，履行着十分重要的管理职能，所以我们必须重视工商行政管理机关的合同管理工作，积极履行合同管理职能，维护社会主义市场经济秩序。

（二）合同管理的体制

根据《合同法》和其他法律、行政法规，我国现行合同管理体制由行政管理体系、司法管理体系、当事人管理体系三大部分构成。

1. 行政管理体系。

行政管理体系主要由工商行政管理部门和法律、法规授权的其他行政主管部门等行政机关组成。工商行政管理机关主要负责合同法制的宣传与指导；做好合同示范文本的制定、印制、发放和运用工作；开展重合同守信用活动；鉴证合同；进行抵押物的登记；调解合同争议；查处利用合同进行的违法行为等。法律、法规授权的其他行政主管部门如金融监管部门、建设主管部门、外贸主管部门、科学技术主管部门等主要负责对相关合同的监管与指导，利用行业管理的优势，维护合同秩序，促进社会主义市场经济的健康发展。行政管理体制是合同管理中最重要的一种管理形式。

2. 司法管理体系。

司法管理体制主要是通过对合同的公证、仲裁以及对合同争议的审理而形成的一系列管理制度。公证具有“准司法”的性质，仲裁与诉讼都具有裁判作用，因此我们把对合同的公证与仲裁也列入司法管理体系。通过司法途径解决合同争议，有利于维护合同法制的严肃性，保障社会主义市场经济秩序；有利于保护合同当事人的合法权益，特别是能促进企业改善经营管理；有利于对当事人进行法制教育，普及经济法律知识；有利于进一步加强合同管理，更好地发挥司法机关为经济建设保驾护航作用。

3. 当事人管理体系。

主要是指企业的合同管理，企业对以自身以当事人依法订立、变更、转让、履行、终止的合同进行审查、监督、控制等一系列职能活动的总称。它是合同行政管理、司法管理的内在基础。企业合同管理是发挥市场导向功能的关键一环，是企业生产经营市场化的重要手段，是企业参与市场竞争必不可少的条件。

（三）合同管理的基本原则

1. 依法管理的原则。

合同管理必须依照有关的法律、行政法规进行。依法管理合同的内容比较广泛，最直接的法律依据有：(1) 依照《中华人民共和国合同法》进行管理。《合同法》规定了基本原则，规定了合同订立、履行、变更、转让、终止的规定和合同分则，以及合同管理的有关规定等。所以《合同法》是合同管理最重要的依据和准绳。(2) 依照合同法规进行管理。合同法规是《合同法》的具体化，也是合同管理的主要依据。(3) 依照有关政策文件对合同进行管理。各方面的政策是法律、法规的有益补充，它同样也是合同管理的依据。

2. 坚持平等、公平、自然原则。

平等原则是指合同当事人之间地位平等，不论其组织大小，级别高低，也不论所有制性质，合同双方都平等享有各自的权利，并履行其应尽的义务。公平原则，公平即公正，当事人应公正地确定和履行双方的权利义务。合同管理机关在进行合同管理时要一视同仁，维护他们通过合同的经济交往，保护当事人合法权益。自愿原则，当事人有权在不违法的前提下按照自己的意愿订立合同。只要其不违反法律，不损害国家利益、社会公共利益、他人利益，都要予以保护。

3. 坚持综合管理的原则。

随着社会主义市场经济的形成，生产社会化程度的提高，企业的分工越来越细，企业间的协作关系越来越密切。为了发展和协调国家与企业、企业与企业，企业与自然人，自然人之间的经济关系，使产、供、销互相衔接，需要通过大量的合同来实现。加强合同管理对保证合同制度的顺利执行就显得更加重要。但是，由于合同数量大，涉及面广，因此，对合同的管理一定要坚持主管和分管，工商行政管理机关与其他主管部门及企业管理相结合，工商行政管理机关与公安、法院、仲裁、公证机构除认真履行各自对合同管理有关职能外，还要互相密切协作，进行综合管理。

二、工商行政管理部门对合同的监管

（一）合同法制的宣传指导

开展合同的法制宣传是合同监管工作中一项长期性任务。宣传的主要对象是企业法定代表人和有关负责人，合同专管兼管人员，以及其他合同的当事人。方法可以采取举办学习班、讲座、广播、电视、黑板报等形式。宣传内容除了经常强调合同法律意识外，应突出合同法规和有关政策，特别是企业或其他合同当事人实行这些法规的具体作法和经验，通过宣传，务必使企业和其他合同当事人逐步做到：首先学懂、弄通合同从订立到履行全过程的知识；其次，使企业了解怎样进行合同的自我管理，需要建立哪些必要的管理制度；最后，使企业自觉培养生产经营的职业道德，重合同，守信用。

（二）做好合同示范文本印制、发放和运用工作

工商行政管理部门应当加强合同示范文本的管理工作，统一合

同示范文本的制定、印制；做好合同示范文本的发放工作，方便当事人领取；开展咨询服务，指导企业使用合同示范文本；广泛宣传、教育，积极提供、引导企业及其他当事人采取国家统一制定和印制的合同示范文本。

（三）开展重合同守信用活动

开展这一活动是使企业依法签订和履行合同，加强自我约束，搞好自身合同管理的重要方式之一。通过对经济活动中严格遵守合同约定，并自觉全面履行合同义务的企业考核，授予重合同守信用的称号，提高这些企业的市场竞争能力和改善企业的外部形象，同时，可以教育那些任意违反合同，不认真履行合同的企业，在全社会树立诚信守约的新风尚。

（四）合同鉴证

鉴证是工商行政管理机关根据合同当事人的自愿或者法律、法规规定审查合同的真实性、合法性并加以证明的一种监督管理制度。其有关规定包括：

1. 申请。

申请鉴证，双方当事人应当提交鉴证申请，并提供下列材料：(1) 合同原本；(2) 营业执照副本或者其他主体资格证明文件，有关专项许可证的正本或副本；(3) 签订合同的法定代表人的资格证明或者委托代理人的委托代理书；(4) 申请鉴证经办人的资格证明；(5) 其他有关证明材料。

2. 审查、鉴证。

合同鉴证应当审查下列主要内容：(1) 合同主体是否合格；(2) 合同内容是否违反法律、法规、规章；(3) 合同标的是否为国家禁止流通或者限制经营；(4) 合同当事人意思表示是否真实；(5) 合同签字人是否具有合法身份和资格，代理人的代理行为是否合法有效；(6) 合同主要条款是否齐全，文字表达是否准确，手续是否完备。对金额较大或者情况复杂的合同，应集体研究，经主管领导批准后鉴证。需要对当事人、合同标的物及其他有关情况进行调查的，应当先行调查，不得先鉴证后调查。经审查，符合鉴证条件的，应予鉴证。对金额较大或者情况复杂的合同，应集体研究，经主管领导批准后鉴证。

3. 不予鉴证的规定。

有下列情况之一的，不予鉴证：(1) 不真实，不合法的合同；(2) 有足以影响合同效力的缺陷且当事人拒绝更正的；(3) 当事人提供的申请材料不齐全，经告知补正而没有补正的；(4) 不能及时鉴证，而当事人又不能等待的；(5) 其他依法不能鉴证的。

4. 鉴证完成时限。

鉴证合同应当自受理鉴证之日起7个工作日内办理完毕；需要委托外地调查的，应当自受理鉴证之日起30个工作日内办理完毕（需要委托外地工商行政管理机关协助调查的，应当出具委托调查函，明确调查项目和要求。接受委托的工商行政管理机关应当认真办理，在收到委托调查函之日起10个工作日内回复，并不得收取鉴证协查费）。要求当事人补充材料的，应当自补充材料齐全之日起计算工作日。

5. 管辖规定。

鉴证可以到合同签订地、合同履行地工商行政管理机关办理；经工商行政管理机关登记的当事人，还可以到登记机关所在地办理鉴证。法律、法规、规章另有规定的，从其规定。合同当事人商定到登记机关所在地工商行政管理机关办理，但双方当事人不在同一地登记或者虽在同一地但不在同一登记机关登记的，由当事人选择。合同当事人登记机关所在地与当事人住所地不一致的，由当事人协商。

（五）抵押物的登记

所谓抵押物登记，就是由抵押物登记的部门对抵押物依法进行审查和登记的一项抵押制度，是抵押合同生效的法定程序。《担保法》第42条对不同类型的抵押物分别规定了不同的部门负责登记，其中以企业的设备和其他动产抵押的，由财产所在地的工商行政管理部门登记。

（六）合同争议行政调解

合同争议的行政调解，是由第三者（工商行政管理机关）依国家法律和原订合同的内容，就双方当事人对事件或问题的争议居间进行调解的活动。因为工商行政管理机关既是合同的管理机关，又是合同的审查、鉴证、监督和检查机关，对各当事人的状况及其之间签订的合同，从订立、履行直至变更等情况最为了解，有利于及时、准确、公正地调解合同争议。调解的程序主要包括：

1. 受理。

（1）当事人申请。调解合同争议，实行双方自愿原则。申请合同争议调解，应当向工商行政管理机关提出书面调解申请和合同副本。合同争议调解申请应当写明申请人和被申请人的名称或者姓名、地址、法定代表人姓名、职务，申请的理由和要求，申请日期。

（2）受理。工商行政管理机关收到调解申请后，应当认真审查有关材料。对被申请人同意调解，符合立案条件的，应当在5日内予以受理，并通知双方当事人提交有关证据材料，法定代表人证明书，授权委托书以及其他必要的证明材料。对被申请人不同意调解，或者虽然同意调解，但不符合立案条件的，应当在5日内通知申请人不予受理，并说明理由。

2. 调解。

（1）调解人员组成。受理合同争议调解申请后，应当指定调解员1至2人进行调解。简单的合同争议案件，可以派出调解员就地进行调解。

（2）调解员的回避。当事人发现调解员与本案有利害关系或者不能公正处理案件的，有权以口头或书面方式申请其回避；参加办案的调解员认为自己不宜办理本案的，应当自行申请回避。调解员回避后，另行指定调解员。

（3）调解准备。调解员应当提前将调解时间、地点通知当事人。当事人应当对自己的主张提供证据。

（4）调解。调解应当符合有关法律、行政法规的规定，应当公平合理。除双方当事人要求外，调解不公开进行。调解员应当认真听取双方当事人的意见，做好调解笔录，积极促使双方当事人互相谅解，达成调解协议。当事人一方因正当的或者对方当事人可以谅解的理由不参加调解或者中途退出调解的，可以延期调解。一方当事人不愿意继续调解的，应当终止调解。

合同争议涉及第三人的，应该通知第三人参加。调解结果涉及第三人利益的，应当征得第三人同意，第三人不同意的，终止调解。

调解成立的，双方当事人应当签署调解协议，或者签订新的合同。调解不成立或者当事人不履行调解协议的，工商行政管理机关应当告知当事人根据仲裁协议向仲裁机构申请仲裁，或者向人民法院起诉。调解终结后，应当制作调解终结书。应当事人的要求，调解终结书可以送达当事人。

(5) 调解时限。自受理之日起 2 个月调解终结。遇有特殊情况确需延长的，可以适当延长，但延长期不得超过 1 个月。

三、其他有关主管部门对合同的监督

其他有关主管部门根据法律、法规的规定，可依法对合同进行监管。但这种监管主要是宏观性的、政策性的管理，一般不涉及微观管理。

(一) 金融监管机构对合同的管理

根据《中华人民共和国人民银行法》的规定，中国人民银行按照规定监督管理金融市场，就利率、汇率作出规定，报国务院批准后执行。根据《合同法》第 204 条的规定："办理贷款业务的金融机构贷款的利率，应当按照中国人民银行规定的贷款利率的上下限确定。"国务院批准和授权中国人民银行制定的各项利率为法定利率，具有法律效力，其他任何单位和个人无权变动。各金融机构必须严格执行法定的存款利率。金融机构对流动资金贷款，实行浮动利率。浮动利率是金融机构经中国人民银行批准后，在规定的幅度内，以法定利率为基础确定的利率。对违法行为依照 1999 年 2 月国务院颁布的《中华人民共和国金融违法行为行政处罚办法》进行处罚。《合同法》第 211 条第 2 款规定："自然人之间的借款合同约定支付利息的，借款的利率不得违反国家有关限制借款利率的规定。"根据《中华人民共和国商业银行法》和《合同法》的有关规定，商业银行贷款，应当对借款人的借款用途、偿还能力、还款方式等情况进行严格审查，贷款人按约定可以检查、监督借款的使用情况，借款人未按照约定的借款用途使用借款的，贷款人可以停止发放借款、提前收回借款或者解除合同。根据《中华人民共和国保险法》第 8 条的规定，国务院金融监督管理部门依法负责对保险业实施监督管理，保险公司的业务范围由金融监督管理部门核定。商业保险的主要险种的基本保险条款和保险费率，由金融监督管理部门制订。保险公司拟订的其他险种的保险条款和保险费率，应当报金融监督管理部门备案。金融监督管理部门有权检查保险公司的业务状况、财务状况及资金运用状况，有权要求保险公司在规定的期限内提供有关的书面报告和资料。保险公司依法接受监督检查。根据《中华人民共和国民事诉讼法》的规定及中国人民银行、最高人民法院、最高人民检察院、公安部《关于查询、冻结、扣划企业事业单位、机关、团体银行存款的通知》精神，银行、信用合作社和其他有储蓄业务的单位接到人民法院协助执行通知书后，依法可协助查询、冻结或者划拨存款。因此，通过协助司法活动，可以加强对合同履行的管理。

（二）建设主管部门对合同的管理

根据《合同法》第 273 条的规定，国家重大建设工程合同，应当按照国家规定的程序和国家批准的投资计划、可行性研究报告等文件订立。第 276 条规定，建设工程实行监理的，发包人应当与监理人采用书面形式订立委托监理合同。根据建筑法的规定，国家推行建筑工程监理制度，国务院建设行政主管部门对全国的建筑活动实施统一监督管理。实行监理的建筑工程，由建设单位委托具有相应资质条件的工程监理单位监理。建筑工程监理应当依照法律、行政法规及有关的技术标准、设计文件和建筑工程承包合同，对承包单位在施工质量、建设工期和建设资金使用等方面，代表建设单位实施监督。工程监理人员认为工程施工不符合工程设计要求，施工技术标准和合同约定的，有权要求建筑施工企业改正。发现工程设计不符合建筑工程质量标准或者合同约定的质量要求的，应当报告建设单位要求设计单位改正。工程监理单位应当根据建设单位的委托，客观、公正地执行监理任务。工程监理单位与被监理工程的承包单位以及建筑材料、建筑物配件和设备供应单位不得有隶属关系或者其他利害关系。工程监理单位不得转让工程监理业务。工程监理单位不按照委托监理合同的约定履行监理义务，对应当监督检查的项目不检查或者不按照规定检查，给建设单位造成损失的，应当承担相应的赔偿责任。工程监理单位与承包单位串通，为承包单位谋取非法利益，给建设单位造成损失的，应当与承包单位承担连带赔偿责任。根据《建设工程质量管理办法》的规定，国务院建设行政主管部门负责全国建设工程质量的监督管理工作。县级以上地方人民政府建设行政主管部门负责本行政区域内的建设工程质量监督管理工作。国务院工业、交通行政主管部门负责所属的专业技术强的大中型建设项目的质量监督管理工作。根据《城市房地产管理法》和《城市房地产转让管理规定》的规定，建设行政主管部门归口管理城市房地产转让工作。

（三）科技主管部门对合同的管理

根据《合同法》第323条的规定，订立技术合同，应当有利于科学技术的进步，加速科学技术成果的转化、应用和推广。第329条规定，非法垄断技术、妨碍技术进步或者侵害他人技术成果的技术合同无效。根据《促进科技成果转化法》第4条的规定，国务院科学技术行政部门、计划部门、经济综合管理部门和其他有关行政部门依照国务院规定的职责范围，管理、指导和协调科技成果转化工作。国务院和地方各级人民政府应当将科技成果的转化纳入国民经济和社会发展计划，并组织协调实施有关科技成果的转化。国务院有关部门和省、自治区、直辖市人民政府定期发布科技成果目录和重点科技成果转化项目指南，优先安排和支持下列项目的实施：(1) 明显提高产业技术水平和经济效益的；(2) 形成产业规模，具有国际经济竞争能力的；(3) 合理开发和利用资源、节约能源、降低消耗以及防治环境污染的；(4) 促进高产、优质、高效农业和农村经济发展的；(5) 加速少数民族地区、边远贫困地区社会经济发展的。

（四）国家公证机关对合同的管理

所谓合同的公证，是指国家公证机关根据当事人的申请，依照法定程序，经过审查对合同的真实性和合法性进行证明的一项法律制度，是国家对合同进行管理的一种法律手段。合同公证可以防止纠纷的发生，可以及时保护合同当事人的合法权益，维护社会经济秩序，提高合同的履约率。合同公证应遵循自愿原则、合法原则、回避原则和保密原则，并按照一定的程序进行。当事人申请公证，应当亲自到公证处提出书面或口头申请。如果委托别人代理的，必须提出有代理权的证件。公证员必须审查当事人的身份和行使权利、履行义务的能力；审查当事人申请公证的事实和文书以及有关文件是否真实、合法。公证完毕后必须制作公证文书。对于经过公证处证明有强制执行效力的法律文书，一方当事人不按文书规定履行的，对方当事人可以向有管辖权的基层人民法院申请执行。

四、对利用合同进行的违法行为的查处

（一）利用合同进行的违法行为的分类和表现

所谓利用合同进行的违法行为，是指自然人、法人或其他组织，以牟取非法利益为目的，违反法律、行政法规，利用合同危害国家利益、社会公共利益或他人利益，依法应受行政处罚的行为。

按照法律、行政法规规定，合同当事人的违法行为主要有三个方面：

1. 利用合同骗取财物。

具体表现为：

（1）伪造合同；

（2）盗用、假冒他人名义签订合同；

（3）虚构签约主体资格；

（4）虚构货源或合同标的物；

（5）故意交付部分货物（货款）骗取全部货款（货物），骗取货款（货物）拒不交付货物（货款）；

（6）定作方无正当理由中止履行合同，不退还所收定金、质量保证金、履行保证金、预付款、材料款等费用，或者拒不支付加工费；

（7）利用虚假广告和信息，诱人签订合同，骗取中介费、立项费、培训费；

（8）利用合同欺诈对方当事人的其他情况。

利用欺诈手段骗取钱物是当前经济生活中突出的问题，也是查处利用合同进行违法行为的重点。

2. 利用合同侵占、损害国有资产。

具体表现为：

（1）通过贿赂，签订、履行合同骗取国有资产；

（2）通过合资、合作或联营合同，无偿或未经评估低价占有国有资产；

（3）通过合同将国有资产交由集体企业、外商投资企业、私营企业或个人经营或者占有；

（4）利用合同造成国有资产及其收益流失的其他情况。

国有资产流失是目前国家面临的一个十分严峻的问题。流失的渠道主要有：固定资产投资、联营企业、股份制企业、三资企业、公款吃喝及偷漏税等，其中通过合同手段流失的国有资产，占国有资产流失量的很大部分。有的不法分子为了达到通过合同侵吞国有资产的目的，故意使合同丧失诉讼时效；也有的贿赂对方经办人员，叫对方“自愿”败诉，然后私分国有资产。

3. 利用合同危害国家利益、社会公共利益和他人利益。

具体表现为：

（1）利用合同违反国家指令性计划；

（2）利用合同倒卖国家禁止或限制流通的物品；

（3）双方恶意串通，危害国家利益、社会公共利益和他人利益。

（4）其他利用合同危害国家利益、社会公共利益和他人利益的行为。

这一类违法合同的特征同第二类的特征基本相似，所不同的是侵犯的客体除了国家利益外还有社会公共利益和他人利益。

（二）查处利用合同进行违法行为的法律依据和行政处罚的种类

1. 工商行政管理机关查处利用合同违法行为的法律依据。

工商行政管理机关查处利用合同违法行为的法律依据有：（1）《合同法》；（2）《反不正当竞争法》；（3）《投机倒把行政处罚暂行

条例》等。

2. 工商行政管理机关行政处罚的种类。

工商行政管理机关行政处罚的种类有：(1) 警告；(2) 罚款；(3) 没收违法所得、没收非法财产；(4) 责令停产停业；(5) 暂扣或者吊销执照；(6) 法律、行政法规规定的其他行政处罚。另外，对构成犯罪的应及时移送司法机关。

(三) 查处利用合同进行的违法行为的程序

根据行政处罚法的规定，行政处罚的程序分为共同程序、简易程序、一般程序、听证程序和执行程序。上述法定程序也是工商行政管理机关在作出行政处罚时所必须依据和遵守的。

复习思考题

1. 合同的构成要素有哪些?
2. 合同订立达到的原则是什么?
3. 合同必备的条款有哪些?
4. 合同生效的条件是什么，如何理解合同生效和合同成立的关系?
5. 合同监督检查的基本原则是什么?
6. 工商行政管理部门对合同进行监督检查的主要内容是什么?

第八章 广告与商标管理

第一节 广告管理

随着我国改革开放的实践进程，广告业自70年代末恢复至今，已经历了20多年的发展，人们的广告意识日益增强，广告作为一种促销工具和竞争手段不断地在实践中趋向成熟和完善，广告的经营与管理水平也在不断地提高。广告业的健康发展，一方面取决于广告行业内部机制的健全与完善；另一方面也取决于政府对广告业的引导和通过法律形式对广告活动必要的管理。

一、广告的概念、分类

（一）广告及其特征

广告的含义很宽，这里所讲的广告，是指商品经营者或者服务提供者承担费用，通过一定的媒介和形式直接或者间接地介绍自己所推销的商品或者所提供的服务的商业广告。

从广告的定义可以看出，一则完整的广告具有以下四个特征：

第一，必须有明确的广告主，使公众明白该广告是由谁发布的。广告主是指为推销商品或者提供服务，自行或者委托他人设计、制作、发布广告的法人、其他经济组织或者个人。

第二，必须通过一定的媒介和形式。媒介是指广告主与广告宣传对象之间起媒介作用的传播载体，包括广播、电视、刊物等。

第三，必须有明确的目的，或者推销产品，或者推销服务，或者提倡良好的社会风尚。

第四，广告主必须承担一定的广告费用。这是广告与其他宣传，如新闻的本质区别。

（二）广告的分类

广告的形式多种多样，内容也很广泛，按照不同的标准，有多种分类方法。

1. 按照广告的性质分类。

（1）商业广告。宣传商品或服务信息等的广告。

（2）社会广告。向社会提供福利、服务等方面的广告，如行医、征婚、挂失、招生、人才流动等广告。

（3）文化广告。传播教育、科学、技术、文学、艺术、新闻出版、卫生、体育、图书馆等各种文化广告。

（4）政治广告。政府以付费的方式对社会公开发布的文告，如法庭判决、交通管理、税务征收、环境保护等各种广告。但不付费的政府公告不属于广告范畴。

（5）企业广告。以树立企业良好形象为目的，介绍企业的生产和技术方面的情况，宣传企业的经营哲学与企业精神等为主要内容的广告。

（6）公益广告。以与社会公共利益有关的主题为主要内容，侧重于诱导与说服的一种广告。这种广告不具有赢利目的。

2. 按照广告所采取的媒介的不同分类。

（1）报纸广告。它的特点是发行量大，传播广，发行的频率高，信息及时，可信度较高。但保存性差，针对性差，色彩效果差。因而报纸广告宜定期发布或经常发布，以增强读者记忆。

（2）杂志广告。它的特点是发行面广，可选择性强，重读机会多，色彩效果好。但出版周期较长，信息不及时。

（3）广播广告。广播有声音，能提高想象力，广告及时，重复性强，能详细区分地区，成本低，信息变化容易。但信息消失快，没有视觉效果，不能显示广告物形态。

（4）电视广告。电视声、形兼备，注目率高，能比其他媒体的广告效果强 3 倍～5 倍。但观众层不稳定，成本高，广告效果难测。

（5）邮寄广告。通过邮局直接将广告寄给消费者或用户。邮寄广告针对性强，广告效果易测，作用明显，但费用较高，因属自作广告，可信度低。

（6）户外广告与交通广告。这类广告重复性强，能形成潜在意识，容易触目。但只限于几个地方，无法吸引高阶层消费者注意。

（7）POP 广告。即销售现场广告或售货点广告。

此外，随着计算机和因特网的飞速发展，又出现了网络广告。

（三）广告的作用

1. 传播市场信息。

广告具有快速地将大量商品信息传递给消费者的功能。与其他促销措施相比，广告具有传播速度快、范围广、费用省的优点，在整个流通过程中，广告成为传递各种信息、连接供需双方的桥梁。

2. 开展公平竞争。

广告是竞争者的宣言，宣告加入市场竞争的行列。广告是竞争的武器，它向消费者提出保证，以求建立信誉和长期占领市场。广告的成功预示着竞争的胜利。在当今社会主义市场经济条件下，竞争不能没有广告，广告推动了竞争，对促进企业提高经济效益发挥着积极的作用。

3. 保护经营者的利益。

在竞争市场上，由于不同厂家生产的同类商品很多，对于畅销商品，常有仿造和冒牌现象，这是一种侵权行为。工商企业通过广告可以保护自己产品的品牌、商标，减少损失，提醒消费者“认准商标、谨防假冒”。

4. 引导消费。

广告可以帮助消费者选择。假如没有广告，面对商店柜台上琳琅满目的商品，消费者很难知道谁好谁坏，所以需要广告的帮助。通过广告，消费者可以增加消费知识，提高生活水平。

（四）广告活动主体

广告活动主体除了广告主，还包括广告经营者和广告发布者。

广告经营者是指受委托广告设计、制作、代理等服务的法人、其他经济组织或者个人。主要是指各种类型的广告公司或者其他广告设计、制作单位。

广告发布者为广告主或者广告主委托的广告经营者发布广告的法人、其他经济组织。

广告主、广告经营者和广告发布者都是广告活动的主体，三者在广告活动中起着不同的但都很重要的作用。广告主决定广告的内容和投资规模。广告经营者为广告主提供广告设计、制作代理服务。广告发布者提供广告发布服务，以帮助传递信息。

二、广告管理的内容

（一）广告管理的概念

广告管理，是指国家广告监督管理机关依法对广告内容、广告活动主体的资格和市场准入条件、广告活动过程及广告行为等进行的监督管理。按照《中华人民共和国广告法》（以下简称《广告法》）的规定，县级以上人民政府的工商行政管理部门是广告的监督管理机关。

广告管理的依据是《广告法》和其他广告管理的规章以及政策规定。工商行政管理部门对广告的管理必须以法律为依据，依法管理。1994 年 10 月 27 日中华人民共和国第八届全国人民代表大会常委会第十次会议通过《中华人民共和国广告法》，从 1995 年 2 月 1 日起施行。《广告法》是广告管理的主要依据，是我国广告管理的基本法规，是广告活动的基本准则。它是调整广告经营单位、广告客户以及消费者之间相互关系的法律规范。

（二）广告管理的内容

广告管理包括四个方面内容，即广告准则、广告活动规范、广告审查以及对广告违法行为的查处。

1. 制定并监督实施广告准则。

（1）广告的一般准则。

广告的基本准则是真实、合法，符合社会主义精神文明建设的要求。

广告的一般准则是指对广告的内容和形式提出的要求。

关于广告内容的准则，主要有两个方面。

第一，法律、法规要求广告中必须表达清楚的内容。包括：广告中对商品的性能、产地、用途、质量、价格、生产者、有效期限、允诺或者对服务的内容、形式、质量、价格、允诺有表示的，应当清楚、明白；广告中表明推销商品、提供服务附带赠送礼品的，应当表明赠送的品种和数量；广告中使用有关数据、统计资料、引用语等，应真实、准确，并标明出处；广告中涉及专利内容的，应当标明专利号和专利种类；广告内容应当有利于人民的身心健康，应当遵守社会公德和职业道德，维护国家的尊严和利益。

第二，法律、法规禁止出现的内容。按照《广告法》，广告中不得出现的情形包括：使用中华人民共和国国旗、国徽、国歌；使用国家机关和国家机关工作人员的名义；使用国家级、最高级、最佳等用语；妨碍社会安定和危及人身、财产安全，损害社会公共利益；妨碍社会公共秩序和违背社会良好风尚；含有淫秽、迷信、恐怖、暴力、丑恶的内容；含有民族、种族、宗教、性别歧视的内容；妨碍环境和自然保护；法律、行政法规规定的其他情况。《广告法》还规定，广告不得损害未成年人和残疾人的身心健康，不得贬低其他生产经营者的商品或者服务等。

关于广告形式的准则，主要是要使广告在形式上与新闻报道和其他宣传区别开来。要求广告除了应当具有科学性、艺术性，还必须具有可识别性，能够使消费者辨明其为广告。

(2) 有关广告的专门规则。

比较广告的准则。广告不得贬低其他经营者的商品和服务。

涉及专利权广告的准则。主要有：涉及专利产品或者专利方法的，应当标明专利号和专利种类；未取得专利权的，不得在广告中谎称取得专利权；禁止使用专利申请和已经终止、撤消、无效的专利做广告。

药品、医疗器械广告的准则。包括：不得含有不科学的表示功效的断言或者保证；不得说明治愈率或有效率；不得与其他药品、医疗器械的功效和安全比较；不得利用医药科研单位、学术机构、医疗器械或者专家、医生、患者的名义和形象作证明；法律法规规定禁止的其他内容。广告法对药品广告内容与形式作出了特别规定。药品广告的内容必须以国务院卫生行政部门或者省、自治区、直辖市卫生行政部门批准的说明书为准。国家规定的应当在医生指导下使用的治疗性药品广告中，必须注明“按医生处方购买和使用”。国家特殊管理的药品禁止做广告，如麻醉药品、精神药品、毒性药品、放射性药品等，不得做广告。

农药广告准则。农药广告的准则是：不得使用无毒、无害等表明安全性的绝对化断言；不得含有不科学的表明功效的断言或保证；不得含有违反农药安全使用规程的文字、语言或画面；不得含有法律、行政法规规定禁止的其他内容。

烟草广告准则。吸烟对人体有害，世界上许多国家在法律上做了规定，禁止宣传烟，有的国家甚至提出成为无烟社会。我国是世界上的吸烟大国和烟叶生产大国，吸烟严重影响着我国人民的健康。我国对香烟广告进行严格地管理，是非常必要的。我国法律规定，禁止利用广播、电影、电视、报纸、期刊等媒介发布烟草广告。禁止在各类等候室、影剧院、会议厅堂、体育比赛场馆等公共场所设置烟草广告。禁止利用广播、电视、电影节目和报纸、期刊的文章，变相发布烟草广告等。烟草广告中必须标明“吸烟有害健康”。

食品、酒类、化妆品广告准则。食品、酒类、化妆品广告的内容必须符合卫生许可的规定，同时不得使用医疗用语或者易与药品混淆的用语。

2. 制定各种行政措施，规范广告活动主体的行为。

包括对广告主的广告活动的规范，对广告经营者的广告活动的规范和对广告发布者的广告活动的规范。

3. 开展广告审查工作。

所谓广告审查，就是在广告发布前对广告内容的审查。依照《广告法》的规定，利用广播、电视、电影、报纸、期刊以及其他媒介发布药品、医疗器械、农药、兽药等商品的广告和法律、行政法规规定应当进行审查的其他广告，必须在发布前依照有关法律、行政法规由有关行政主管部门即广告审查机关对广告内容进行审查。未审查，不得发布。广告主申请广告审查，应当依照法律、行政法规向广告审查机关提交有关证明文件。广告审查机关应当依照法律、行政法规作出审查决定。

4. 查处广告违法行为。

查处广告违法行为，是工商行政管理机关的重要职责。在后面将要展开论述。

三、广告经营者的登记管理

广告经营者是广告活动的主体之一。要经营广告业务并且具备经营广告条件的单位或个人，应向工商行政管理部门提出登记申请，经工商行政管理部门核准登记，发给营业执照或广告经营许可证后，才能经营广告业务。

（一）广告经营者应具备的条件

广告公司是专门从事广告业务的单位。它必须是有健全的组织机构，有必要的财产，能够以自己的名义进行业务活动，依法独立享有民事权利和承担民事义务的法人。

1. 广告公司申请领取营业执照应具备的条件。

（1）有独立承办业务的手段、资金、场地和制作设备；

（2）有一定数量并具有一定政策、业务水平和了解有关规定的管理人员；

（3）有一定数量并具有一定技术水平的设计和制作人员；

（4）了解市场商情，能为客户和用户提供信息和咨询。

2. 广告兼营单位应具备的条件。

广告兼营单位是在其主营业务以外，利用本身媒介经营广告业务的单位。如电视台的广告部等。兼营单位应具备以下条件。

（1）具有直接刊登、播放广告的手段，如报纸、电视等。

（2）具有一定业务水平的广告编审人员。

（3）具有设计制作广告的技术力量。

（二）申请登记的主要事项

广告经营者申请登记的主要事项包括：公司名称、地址、负责人姓名，筹建或开业日期、经济性质、经营范围、资金总额、职工人数或者从业人数。以上主要事项能够反映一个广告经营单位的概况、性质和经营方向，能体现成为法人的各项具体要求。这些项目经核准后具有法律效力，成为广告经营者合法经营的依据。广告经营单位的申请登记既是保障合法广告经营活动，取缔非法广告活动的重要措施，又是工商行政管理部门对企业进行监督检查的基本手段。

（三）营业执照和广告经营许可证

申请营业执照和广告经营许可证的一般程序，分为申请、审查及核准发照三个连续进行的阶段。工商行政管理部门，对申请单位进行审查认为合格后，即发给营业执照和广告经营许可证。

1. 营业执照。

营业执照是广告公司取得法人资格和被国家允许从事广告经营活动的书面凭证。它是确认企业是否具有合法地位的依据。广告公司只有在领取营业执照后，才能在银行开立账户，才能刻制公章、签定合同、注册商标和经营广告业务。

营业执照又是对广告公司和广告制作者具有法律约束力的文件。营业执照所填写的登记事项对企业生产经营活动具有限制作用。广告公司和广告制作者只有在营业执照规定的范围内从事不违反国家政策、法令的广告经营活动，才能受到法律保护。如果违反就要受到相应的处罚。

2. 广告经营许可证。

广告经营许可证由国家工商行政管理局统一印制。它是广告兼营单位兼营广告业务的书面凭证。它标志着国家授予广告兼营单位取得在其主营业务外，利用本身媒介从事广告活动的权利，同时也限定广告兼营单位必须在核准登记的范围内，从事合法的广告经营活动。广告经营许可证上印有单位名称、单位地址、经济性质、核算形式和营业范围等项内容。

四、若干特殊商品广告的管理

（一）医药卫生广告的管理

医药卫生广告管理包括对药品、医疗以及医疗器械广告的管理。医药卫生广告在促进医药卫生事业的发展方面，起到了重要作用。许多新型的医疗器械广告传播信息，使之迅速广泛地投入临床应用；许多新药品靠广告推广普及。但是，也有人利用广告推销假药、次药，破坏国家药政管理制度，危害人民身体健康和生命财产。所以必须加强对医药卫生广告的管理。

1. 药品和医疗器械广告的管理。

《药品管理法》对药品广告的管理做出了明确规定，主要有以下四点：

(1) 除中药材、中药软片外，必须使用注册商标，并在药品包装和标签上注明。

(2) 药品广告必须经省一级的卫生行政管理部门批准。

(3) 药品广告的内容必须以国务院卫生行政管理部门或省一级卫生行政管理部门批准的说明书为准。

(4) 外国企业在我国申请药品广告，必须提供生产该药品的国家或地区批准的证明文件、药品说明书和有关材料。

根据国家工商行政管理局的要求，申请刊播药品广告的单位，必须是持有营业执照和卫生行政管理部门批准核发的《许可证》的生产、经营单位。同时，对于申请刊播药品的客户实行事先填报《药品广告审批表》制度，并由省、自治区、直辖市卫生行政管理部门核准后方可发布。广告经营单位必须按照被批准的广告内容进行刊播，任何单位不得擅自更改。

进口药品广告要依照有关规定，出具国务院卫生行政部门授权的药品检验机构验合格的证明。广告内容经省、自治区、直辖市卫生行政管理部门批准，方可刊播。

2. 医疗广告。

医疗广告是指医疗机构通过一定的媒介或者形式，向社会或者公众宣传其运用科学技术诊疗疾病的活动。按照《医疗广告管理办法》规定，医疗机构必须持有省级卫生行政部门出具的《医疗广告证明》，才可进行广告宣传。申请《医疗广告证明》，应向当地卫生部门提交下列证明材料：(1) 医疗机构执业许可证。(2) 医疗广告的专业技术内容。(3) 有关卫生技术人员的证明材料。(4) 诊疗方法的技术资料。(5) 按照国家有关规定，必须进行营业登记的，应当提交营业执照。医疗广告的内容必须真实、健康、科学、准确，不得以任何形式欺骗或误导公众。医疗广告内容仅限于医疗机构名称、诊疗地点、从业医师姓名、技术职称、服务商标、诊疗科目、诊疗方法、通信方式。

(二) 食品广告管理

按照《食品广告管理办法》规定，申请发布食品广告，必须持有食品卫生监督机构出具的《食品广告证明》。申办《食品广告证明》，应当提交以下证明材料：

（1）营业执照。

（2）卫生许可证。

（3）食品卫生监督机构或者卫生行政部门认可的、检验单位出具的产品检验合格证明。

（4）必须经省级以上卫生行政部门批准的食品，还应当附有批准证明。

禁止发布下列食品广告：

（1）食品卫生法禁止生产经营的食品。

（2）宣传疗效的食品。

（3）母乳代用品。

经批准发布的食品广告，如果发生下列情形之一的，由食品卫生监督机构注销其食品广告证明文号，收缴其《食品广告证明》，并由工商行政管理机关以书面形式通知广告经营者停止发布广告：

（1）食品质量下降，不符合卫生标准的。

（2）食品被污染或者造成食物中毒的。

（3）企业被吊销卫生许可证、营业执照的。

（4）其他由卫生行政部门和工商行政管理部门认为不宜继续宣传的。

（三）化妆品广告管理

按照《化妆品广告管理办法》规定，广告客户申请发布化妆品广告，必须持有下列证明材料：（1）营业执照。（2）《化妆品生产企业卫生许可证》。（3）《化妆品生产许可证》。（4）美容类化妆品，必须持有省级以上化妆品检测站（中心）或者卫生防疫站出具的检验合格的证明。（5）特殊用途化妆品，必须持有国务院卫生行政部门核发的批准文号。（6）化妆品如宣称为科技成果的，必须持有省级以上轻工行业主管部门颁发的科技成果鉴定书。（7）广告管理法规、规章所要求的其他证明。

对烟草等商品的广告管理也属于特殊商品广告管理。

五、广告违法行为及其查处

（一）广告违法行为的含义和表现形式

1. 广告违法行为的含义。

广告违法行为是指广告活动主体违反《广告法》和有关法规、规章的规定，并造成一定危害的行为。

2. 广告违法行为的表现形式。

对于广告违法行为的表现形式，可以从不同的角度进行划分。如按照广告的内容进行划分，则有以下类型：

（1）虚假广告。虚假广告是指以欺骗的手段进行不真实的广告宣传。虚假广告的主要类型有：欺诈性的虚假广告；夸大性的虚假广告；假冒伪称性的虚假广告等。

（2）非法经营广告。一是指未经工商行政管理部门核发营业执照或广告经营许可证，而擅自经营广告业务。二是指广告经营和制作单位超越工商行政管理部门核准营业证照时规定的营业范围经营广告业务。超范围经营与无照经营有较大的区别。在实际管理工作中应注意区分二者的界限。

（3）违法发布烟草广告；

（4）违法发布药品广告；

（5）违法发布食品、酒类、化妆品广告；

（6）依法须经广告审查机关审查而未经审查擅自发布的广告；

（7）其他广告违法行为。

如按照违法责任者的不同，可以划分为：广告主的广告违法行为；广告经营者的广告违法行为；广告发布者的广告违法行为以及负有连带责任的广告出证者的广告违法行为等。

（二）对违法广告行为的处罚

对违法广告行为的处罚主要包括：

1. 停止发布广告。

停止发布广告是指广告监督管理机关责令广告主、广告经营者、广告发布者停止发布有违法内容的广告。

2. 责令公开更正。

责令公开更正是指广告监督管理机关责令广告主、广告经营者、广告发布者对其发布的有违法内容的广告，在一定范围内予以公开承认错误和纠正。

3. 通报批评。

通报批评是指广告监督管理机关对广告主、广告经营者、广告发布者的违法行为，以书面形式在一定范围内予以公开批评。

4. 没收广告费用。

没收广告费用是指广告监督管理机关对广告经营者或广告发布者实施广告违法行为而获得的收入予以没收。

5. 罚款。

罚款是指广告监督管理机关依法强制违法的广告主、广告经营者、广告发布者向国家缴纳一定数量的货币。

6. 停业整顿。

停业整顿是指广告监督管理机关责令严重违法的广告主、广告经营者、广告发布者在一定时间内停止营业，停止一切广告经营活动，以检查、纠正其违法行为。

7. 停止广告业务。

停止广告业务是指广告监督管理机关对有严重违法行为的广告经营者或广告发布者吊销其营业执照或广告经营许可证，取消广告经营资格。

第二节　商标管理

一、商标的概念、种类和作用

（一）商标的概念及其特征

1. 商标的概念。

在世界各国的法律中，商标的含义并不完全相同，但对商标实质的理解是一致的。一般认为，商标就是商品的特定标志，是由文字、字母、图形记号及其组合构成，用以区别不同生产者和经销者的产品或服务的标志。世界知识产权组织关于商标的定义是：商标是用以将某工业或商业企业或这种企业集团的商品或服务区别于他人的商品或服务的标志。

从上述定义可以看出，商标的使用者是商品的生产者、加工者、拣选者或经销者，而不是消费者；商标的标志物是商品、服务；使用商标的目的是为了出售商品而不是为了赠予。商标的组成要素是文字、字母、图形记号或它们的组合。

2. 商标的特征。

（1）商标是商品的标志。在社会生活中的各个领域使用着各式各样不同的标志，商标则是作用于商品上的标志，人们凭借它来区别商品的来源和特定质量，以便作出购买决策。商标是市场经济条件下的必然产物，因此，商标与市场经济有着不可分割的联系。

（2）商标具有排他性。商标是商品生产者或经销者专用的标志，不允许他人侵犯或损害。

（3）商标可以通过树立信誉，标示商品的特定质量。它可以在市场上向消费者提供商品信息，使消费者凭商标购物。因此，商标具有竞争性。

（二）商标的种类

商标的种类可以从不同的角度，以不同的标准来划分：

1. 根据商标结构，可以划分为文字商标、图形商标和组合商标、立体商标等。

（1）文字商标。文字商标是以文字组成的商标。这里的文字既包括汉字、少数民族文字，也包括外国文字。文字不分其字体（草、行、隶、篆），外国文字不分其横书、直书，均属文字的一种。如海尔，COCACOLA，SONY，三洋。商标除印刷注册外，其他字体商标，在注册后不能擅自变更。在使用文字组成商标时要注意不得使用本商品的通用名称和法律禁止使用的词语。如不能在肥皂上使用“肥皂”商标，因为使用本商品的通用名称就没有了显著性。

（2）图形记号商标。图形商标是指用图形构成的商标。如飞禽走兽，花鸟鱼虫、天象地理、山川河流、仙境名胜、塔台楼阁。图形商标不受语言文字的限制，不论使用什么语言的国度或地区，图形商标易于识别，人们只要识图，就能认识商标。

（3）组合商标。组合商标是由文字、图形（或记号）两种要素组成的商标。目前，这类商标使用最普通。组合商标，图文并茂、形象生动、引人注意、便于识别、便于称呼。组合商标要求文字、图像协调，表达一个意思，表示一个事物。如果文字、图形表示了不同的含义，该商标本身就缺乏显著性，也不能被许可注册。但是一个十分抽象的图案或一个不表达任何意思的图形，与一个抽象意义的文字组合则可以构成商标，比如使用在汽车上的奔驰商标。

（4）立体商标。以产品外形或产品的实体包装作为商标，就是以实物体形式构成的商标。

2. 根据商标用途，可以把商标划分为商品商标和服务商标。

商品商标是我们通常所指的使用在商品上的商标，这点已很明确。服务商标即用于区别服务项目提供者的标记。如金融、运输、广播、建筑、旅馆等服务行业为把自己的“服务”区别于别的“服务”而使用的标记，故亦称为“服务商标”，也叫服务标记。服务商标在我国早有使用，如中国民航的“CAAC”。服务商标在一些服务行业发达的国家已得到确认。我国已受理服务商标的注册申请。

3. 根据商标使用人的不同，可能把商标分为制造商标、销售商标、集体商标。

（1）制造商标。又称生产商标，这种商标使用人为商品的生产、制造、加工者。这种商标常常与生产企业的名称特取部分相同。

（2）销售商标。这是销售者为销售商品而使用的商标。我国一些外贸公司就使用这种商标，公司本身不是生产企业，只能在采购来的商品上使用自己的商标，然后将商品出口到外国；或者采用定牌生产的方式，将商标分摊到几个生产企业，指定使用在某种商品上，由外贸公司负责统一出口。

（3）集体商标。集体商标一般是指合作社、协会等集体组织所拥有的商标，可由其成员使用于商品或服务项目上，以便与非成员所提供的商品或服务相区别，集体商标仅仅表明商品或服务来源于某一集体组织。

4. 根据对商标的管理，商标可分为注册商标与未注册商标。

注册商标是依法定程序，由国家商标主管机关核准注册的商标。在注册商标有效期内，注册人享有该商标的专用权。受国家法律保护。而未注册商标是未经核准注册而在市场上使用的商标，这种商标没有专用权。

5. 根据使用人的动机划分；可分为联合商标、防御商标、证明商标和驰名商标。

（1）联合商标。联合商标是指同一个商标所有人，在相同商品上注册的几个近似的商标或在同类的不同商品上注册的几个相同或近似的商标，这些相互近似的商标称为联合商标。联合商标中以一个商标为主，称为主商标（也称正商标）。注册联合商标的目的是为了保护其他商标，不是为了使用，因此联合商标的某个商标未使用而不会被撤消。联合商标是个整体，相互近似，不能分割转让。

（2）防御商标。防御商标是指商标所有人在非类似商品上将其商标分别注册。这种商标一般是驰名商标。这是为了防御他人在不同类别的商品上使用商标，影响其信誉而采取的措施。这种商标一般不易注册，一旦作为防御商标注册，则不致因不使用而被撤消。目前有一些外国企业在自己并未生产、经营的商品上注册同一个商标，有的企业甚至注册上百个防御商标。

（3）证明商标。用来证明商标或服务的来源、原料、制造方法、质量、精密度或其他的特点。这种商标一般是由商会或其他团体申请注册，申请人应对商品具有检验能力，并负保证责任。证明商标未经主管机关批准不许转让，使用证明商标，必须经商标所有人许可，其经营的商品必须达到规定的质量标准。如达不到标准，按侵犯商标专用权处理。目前，英国、法国等 20 多个国家商标法规定注册证明商标。我国目前已有企业被许可使用其他国家的证明商标。如国际纯羊毛标志就是显著的一例。证明商标在我国已纳入保护范围。

（4）驰名商标。即商标极为驰名，为广大公众所熟知。在我国，驰名商标要由国家工商行政管理局商标局认定。

6. 在一种商品上同时使用的主要商标、商标群商标、商品别商标。

（1）主要商标，用于企业生产的所有商品上，区别于其他企业的商标，一般长期使用。

（2）商品群商标，用于企业生产的一类商品上，如用于家用电器商品，以区别于企业生产的其他类商品。

（3）商品别商标，用于每一个具体商品上，以区别于同一商品群的各个商品，便于消费者认购。

（三）商标的作用

1. 区别商品来源。

区分不同商品生产者是商标最重要最本质的功能。在现代的市场经济中，同一商品的生产厂家可能有成百上千，消费者何以进行判别、购买呢？商标可以使消费者达到区分不同厂家，选购满意商品的目的。

2. 促进生产者努力提高商品的质量。

商品质量是商标信誉的基础。有信誉的商标可以为商品质量提供一定的保证，在消费者心目中形成的一种商品质量安全感。没有商标，顾客购买时对商品质量心中无数，一旦受骗上当也无处可查。使用商标，可以增加顾客对商品的信任感，商品质量出现问题，可以找生产者维修、调换，挽回损失。商标不是商品质量的标志，但它能在一定程度上对消费者起到保证质量的作用。同时也促使企业为创名牌产品、建立商标信誉而不断加强生产管理、改进技术条件、努力提高产品质量。

3. 便于广告宣传，鼓励正当竞争。商标信誉能够代表企业的声誉和形象。消费者习惯于根据商标选购商品，生产者利用商标进行广告宣传，易认、易记，易于被消费者接受，收到良好的市场效果。通过商标广告宣传，使消费者产生好感，激发其购买欲望，从而促进商品的生产和流通。商标信誉直接关系到商品市场竞争能力的强弱，一个有信誉的商标，对于提高产品的竞争能力，打开市场起着重要的作用。

（四）商标管理的含义、机构和主要内容

1. 商标管理的含义。

商标管理是指商标管理机关依法确立、保护商标专用权，指导、监督商标使用活动的过程。《中华人民共和国商标法》（以下简称《商标法》）及其相关法律、法规是商标管理的主要依据。

2. 商标管理的机构。

根据《商标法》的规定，商标管理的机构是各级政府的工商行政管理机关。具体来说，是国家工商行政管理局下属的商标局和商标评审委员会，以及地方各级工商行政管理机关。实行集中注册、分级管理、审查与评审相结合的制度。

集中注册，是指全国商标注册工作由国家工商行政管理局商标局办理。分级管理是指各级工商行政管理机关依照法律，在本地区开展商标使用管理工作和注册商标专用权的保护工作。商标注册和商标管理工作由国家工商行政管理局商标局负责，商标的复审、商标争议的裁定工作由国家工商行政管理局商标评审委员会负责。

3. 商标管理的主要内容。

商标管理的主要内容包括两个方面，一是商标注册过程的管理，二是商标使用过程的管理。

二、商标注册的申请、审查和核准

（一）商标注册的申请

申请商标注册是商标使用人向商标注册主管机关表示要求取得商标专用权意愿的一种方式。商标专用权必须通过注册才能得到法律认可。

1. 申请商标注册的条件。

（1）商标注册的申请人。什么样的人有资格成为商标申请人，世界各国法律都有明文规定。我国的商标法律、法规规定，凡依法核准登记并能够独立承担民事责任的企业、个体工商户，具有法人资格的事业单位以及符合《商标法》第9条规定的外国人或者外国企业，对其生产、制造、加工、拣选或经销的商品，需要取得商标专用权的，均可以申请商标注册。

外国人或者外国企业在中国申请商标注册的，依照《商标法》第9条规定，应当按其所属国和中华人民共和国签订的协议或者共同参加的国际条约办理，或者按对等原则办理。所谓按对等原则办理，即对方国按照其本国的国民待遇接受中国商标的申请，我国也同样按同等的待遇接受对方国申请注册的商标。只有在上述各种条件下，国与国之间才能互相接受商标注册的申请，这是通常的国际惯例。

1985年3月19日，我国成为《保护工业产权巴黎公约》的成员国。按公约第2条规定，成员国的公民（包括居住在成员国境内的其他国家公民）可以向任何一个成员国政府提出商标注册申请。这样，我国同其他成员国国家相互之间申请商标注册不必再经过谈判、协议、换文等手续，大大方便了商标注册。但是，不论外国人或者外国企业是采取哪种方式申请商标注册时，必须附送申请人的国籍证明书，以资证实申请人属于协议注册，或者共同参加的《保护工业产权巴黎公约》注册，或者按对等原则注册。

对于外国人或者外国企业申请商标或者办理其他商标事宜，各国法律都规定了代理人或代理组织，我国《商标法》也不例外。我国目前已指定的代理组织，有中国国际贸易促进委会员、中国专利代理（香港）有限公司。

（2）必须使用注册商标的商品申请商标注册的规定。《商标法》第5条规定“国家规定必须使用注册商标的商品，必须申请商标注册，未经核准注册的，不得在市场销售。”

《中华人民共和国商标法实施细则》（以下简称《商标法实施细则》）第7条规定：“国家规定并由国家工商行政管理局公布的人用药品和烟草制品，必须使用注册商标。国家规定必须使用注册商标的其他商品，由国家工商行政管理局公布。”对国家规定必须使用注册商标的商品申请商标注册的要求，《商标法实施细则》也作了明文规定。《商标法实施细则》规定，申请人用药品商标注册，应当附送卫生行政部门发给的《药品生产企业许可证》或者《药品经营企业许可证》；申请卷烟、雪茄烟和有包装烟丝的商标注册，应当附送国家烟草主管机关批准生产的证明文件。

2. 商标注册用商品分类表。

《商标法》规定，申请商标注册的，应当按规定的商品分类表填报使用的商品类别和商品名称。要求申请人填报商标注册申请时，明确指出在哪一类商品上取得专用权，并详细列出具体商品名称。

商品分类是商标管理法规中的一个重要文件，是确定和保护商标专用权的必要手段，它既限制了注册商标申请人按类填报商品，又方便了商标主管机关按类审查商标以及商标的归档和处理商标侵权案件的管理，起到了确立商标专用权保护范围的作用。

我国商品分类表从 1988 年开始采用尼斯协定规定的商品和服务的国际分类表，商标注册用商品和服务国际分类，包括商品 34 类、服务 8 类。

商标注册采用的商品和服务国际分类是国际上统一的商品和服务分类，它大大方便了国家之间申请商标注册，不必引用不同国家的分类互相转换，避免可能导致的错误和麻烦，提高了工作效率；同时也为我国商标注册和管理工作的现代化、国际化、科学化、法制化打下了基础。

3. 商标注册申请前的准备。

商标使用人要获得商标专权，在产品投产前，就应考虑商标注册问题，特别是国家规定强制注册的商品，必须在产品投产前就依法申请注册，否则，产品生产出来后不能在市场销售，会对企业造成不应有的经济损失。

商标注册申请前的准备工作，包括：

(1) 商标查询。商标查询是商标注册申请人或委托他人到商标注册主管机关查询申请注册的商标有无同在先权利商标相同或近似的情况，以了解自己准备申请注册的商标是否与他人已经注册的商标混同。商标局向查询提供书面查询资料，但不附判断意见，不具有法律效力。

(2) 商标设计。商标的主要作用是区别商品的来源，便于消费者选购，它是沟通生产者和消费者的桥梁。因此，商标设计的好坏对企业关系极大。

企业的商标，一般应由了解商标设计特点和要求的专门设计人员设计，在商标申请的核准阶段，地方工商行政管理机关或商标代理机构可以对企业设计商标予以咨询，以利于商标合理合法、获准注册。

为使商标顺利注册，商标设计人员必须了解有关商标法律知识，特别是了解《商标法》所规定的商标禁用条款。

需要到国外注册的商标，商标设计人员首先必须了解外国商标法的规定及外国的风俗习惯，以免造成不良影响。

(3) 了解商标注册的手续和法律知识。企业领导和商标管理人员，要对商标法及申请手续有所了解。如商标注册的有关原则；商品分类是采用国际分类还是国家分类；商标法的禁用条款包括哪些内容等。如果要到国外办理商标注册，还要了解该国商标制度的基本情况，以便及时申请、顺利取得专利权。要按法律规定，准备各种申请文件。要了解申请文件的传递环节和程序。要了解商标注册机关对商标的审查程序和申请人的申辩程序，以便在申请遭到核驳或异议时，及时按规定提出申诉，使合法权益受到保护。

(4) 商标注册申请的文件准备。申请商标注册，需向商标注册机关提交申请书及商标图样等，申请人用药品或烟草制品的商标还应附送有关的证明文件。到外国申请商标注册，一般需要代理人委托书，申请人的国籍证明书，有的国家还需要申请人本国商标注册证。

依照《商标法实施细则》第 47 条规定，国家工商行政管理局制定了商标注册申请书式，申请人必须使用这些统一的申请书式。

4. 商标注册申请的步骤。

商标注册申请人，准备了有关申请文件后，应及时提出商标注册申请，经由商标代理机构转送。

每一个商标注册申请应按规定向商标局报以下书件和费用。

(1) 商标注册申请书一份。

(2) 商标图样 10 张（指定颜色的，交送着色图样 10 张）、黑白墨稿 1 张。

(3) 有关证明文件。如申请人用药品商标注册，应附送省、自治区、直辖市卫生厅、局批准生产或经营的证明文件。

(4) 交纳商标注册费用。包括申请费、注册费及印花税。

商标局收到申请书件后，在申请书件上注明当天的申请日期。申请日期是以商标局收到申请书的日期为准。申请书件经形式审查，手续齐备的编写申请号，申请号是按收到申请件的先后日期依序排列的。手续不齐备的，由商标局填写《商标申请注册不予受理通知》或《申请变更等事项不予受理通知》，退回核转机关或商标代理机构，申请日期不予保留。

（二）商标注册的审查

1．商标注册的形式审查。

商标注册的形式审查，是确定是否具备受理该商标申请的起码条件，其目的是判定申请是否符合《商标法》和《商标法实施细则》以及其他有关规定。

商标局接受商标申请书件后，要对申请书件进行形式审查。所谓形式审查是指审查手续是否完备，填报项目是否符合要求，商标注册申请的形式审查是根据《商标法》第二章、第四章及《商标法实施细则》第二章、第四章、第五章的有关规定进行的，一般不涉及申请商标的实质性内容，如商标的显著性以及申请的商标与其他已经注册或者已经初步审定的商标相同、近似等。经过形式审查的申请书件（包括商标注册，变更注册人名义或者地址、续展注册、补发商标注册证、商标注销等申请）应当达到如下要求。

（1）申请书件齐备，应当字迹工整、清晰。

（2）每一份申请书中不得填报两个或两个以上的商标。一份申请只能附送一种商标图样。商标图样的具体要求如下：

1）商标图样的数量和规格应当符合规定的要求。

2）商标图样必须清晰、洁净、便于粘贴，用光洁耐用的纸张印制或者用照片、复印件代替。商标图样的方向不明确的，应标明方向。

3）商标图样必须黑白分明，反差明显，不得报送反差不明显或应涂实部分未涂实的图样。

4）商标用字应当规范化，不得使用错字、停止使用的异体字、不规范的简化字。

5）商标加注汉语拼音的，必须以现代汉语普通话语音为准，拼写应当准确，字母书写应当正确。

6）报送的商标图样中，不得带有“注册商标”、“牌”字样或“注”、“®”标记；商标图样中不得带有商品名称、规格、企业名称、优质标记及其他与商标无关的文字和图形。

7）报送的商标图样必须附有商标设计说明。

（3）商标注册申请人应具有申请资格。申请人的名义应与《营业执照》上核定的名义及申请人的章戳一致，章戳上冠有省、自治区、直辖市及其他行政区划名称的，申请人一项中亦应填写全称，不能简化；填写的申请人地址必须是申请人的实际地址，应完整、清楚、准确，并标注邮政编码。转让注册商标申请书，应同时加盖转让人和受让人的章戳。

（4）填报的《营业执照》号码应当与核发的《营业执照》号码一致。

（5）申请商标注册，应当按照《商标注册用商品和服务国际分类表》按类分别申请，不得在一份申请书中填报两类或两类以上商品。应当依照商品分类表上规范的商品名称填写，并将商品用途及主要原料填写清楚。商品名称未列入商品分类表的，应当附送商品说明书。

（6）申请变更注册人名义或地址以及申请商标的续展、转让、注销应当缴回《商标注册证》。

（7）申请商标续展注册，应依照商品国际分类表填报商标续展注册申请书，有几个类就填几份申请书，并按类缴纳续展费、续展迟延费。每类交送商标图样 10 张。原核定使用的商品跨国际分类类别的，申请人应指定某一个类别商标的注册号。其他类由商标局另行编定注明，有效期不变。

（8）申请变更注册人名义要附送有关的证明。

（9）申请补发商标注册证应当说明原因。商标注册证遗失的，在申请补证时要附送刊登于省级或省级以上报纸的遗失声明。注册证损毁的要缴回原证。

（10）申请注册在人用药品上的商标，要附送省级卫生厅颁发的《药品生产企业许可证》或《药品经营许可证》。

（11）申请注册烟草制品的商标，要附送国家主管部门批准生产的证明。

（12）凡经商标局驳回并注明“驳回”字样的申请书件，不得再次作为申请书件使用。

（13）外国人或外国企业在我国申请商标注册，还要审查是否有委托书和国籍证明书以及是否办妥公证、认证的手续等。

(14) 按规定缴商标规费并附有汇款单影印件。

对符合手续的商标申请书件，商标局按申请日期的先后依次编定申请号，并在规定期限内转到下一道实质审查程序。对不符合手续的商标申请书件，商标局填写《商标申请注册不予受理通知》或《申请商标变更等事项不予受理通知》，连同申请书件退核转（代理）机构，申请人补齐手续后，可继续上报，但申请日期不予保留。

2. 商标注册的实质审查。

经过形式审查，商标注册申请具备申请人资格，并完备商标注册手续的申请，商标局指定专门审查员依申请日期先后进行实质性审查。

实质审查是决定对申请人的商标是否授予商标专用权的关键环节，是商标审查人员依照《商标法》和《商标法实施细则》的规定对形式审查合格的商标注册申请所进行的检索、分析、对比、调查研究，审核确定有关商标合法并决定给予初步审查或驳回所进行的一系列活动。

实质审查可分为两种：(1) 对于商标注册申请绝对条件的审查，又称为对商标自身条件的审查，包括对申请注册的商标合法性和显著性的审查。这两个方面如有一个不符合，则予以驳回。(2) 对商标注册申请相对条件的审查，又称为商标是否与在先权利发生冲突的审查，其内容是对申请注册的商标进行新颖性的审查。

目前，我国的商标注册申请的实质性审查，主要从上述两方面进行，即审查商标是否具有显著性，是否违反《商标法》规定的禁用条款；是否相同或近似。

3. 商标的显著性。

商标是以用区别不同商品来源的标志，这就决定了商标本身应当具备显著特征，易为消费者所识别，各国商标法对此都作了规定。我国《商标法》第 7 条规定："商标使用的文字、图形或者其组合，应当有显著特征，便于识别。"

在商标审查过程中判断商标是否具有显著性主要从三个方面进

行：区别于极其简单的符号；区别于人们及行业通用、共用的标志；区别于指定商品标志。根据我国商标审查实践，下列情况一般认为不具备商标的显著性。

（1）印刷体表示的一个或两个外文字母、汉语拼音字头组成的商标，如单独由 AC 或 AB 组成的商标。但一个或两个外文字母、或汉语拼音字头组成的图形变形字母，以特殊形式出现，可作为例外情况获准注册。

（2）单纯由阿拉伯数字组成的商标。因阿拉伯数字作商标，易与商品的尺码、型号相混淆。但阿拉伯数字组成图形，与商品的尺码、型号有较大的区别，可视为具有显著性。

（3）地名商标。我国 1983 年 6 月以前曾允许行政区划名称作为商标注册。如“上海”啤酒、“北京”衬衫等。这些名称注册后，极易被误认为是产地名称。因此，国家工商行政管理局商标局于 1983 年 6 月起，对县级以上行政区划名称作为商标注册的，不再核准。现行《商标法》第 8 条明确规定：“县级以上行政区划的地名或者公众知晓的外国地名，不得作为商标，但是，地名具有其他含义的除外”。

过去，很多地名商标获得了注册，并且在市场上已树立了一定的信誉，考虑到这种现实，已经注册的使用地名的商标在其专用期限内继续有效。

（4）使用国家颁布的统一专用符号标志作商标的。如注意安全的“!”，当心触电的“　”，检验商品的惯用标记，如“合格”、“正”、“副”等等。

（5）广告、宣传、展览会的常用词汇作为商标的。如“款式新颖”、“美观大方”、“男式”、“女式”、“新潮”等词句、文字，已成为宣传商品的常用语，不能作为商标由一家专用。

（6）商标名称与图形无联系或商标上出现两个名称的。如“刺山”商标，图样由字母 C 和山组成 Ⓒ，易使人误解为山字，与刺山不符，出现两个名称。

（7）有关的专业用语、行业用语及图形作为商标缺乏显著性。如机械产品上用“通用”，药品上使用“保健”、“中西”，这些名称作为商标，将使消费者无法区别商品的来源，起不到商标的作用。

以上列举的只是在商标审查实践中被认为不具有显著性的一般情况。判断商标是否具有显著性，既要坚持原则，又要根据实际情况具体分析，随着客观情况的变化而变化。

4.《商标法》的禁用条款。

各国《商标法》一般都规定了商标的禁用条款。禁用条款是法定审查标准，商标的文字、图形不能与之相对立。我国现行的《商标法》规定了商标不得使用下列文字、图形。

（1）同中华人民共和国的国家名称、国旗、国徽、军旗、勋章相同或者近似的；

（2）同外国的国家名称、国旗、国徽、军旗、勋章相同或近似的；

（3）同政府间国际组织的旗帜、徽记、名称相同或者近似的；

（4）同“红十字”、“红新月”的标志、名称相同或近似的；

（5）本商品的通用名称和图形；

（6）直接表示商品的质量、功能、用途、重量、数量及其他特点的；

（7）带有民族歧视性的或伤害宗教情感的；

（8）夸大宣传并带有欺骗性的；

（9）有害于社会主义道德风尚或者有其他不良影响的。

5. 商标的相同近似。

商标作为区别不同生产者、经销者的商品标志，除了要具有显著性，不违反《商标法》的禁用条款外，还不得与他人申请在先或已注册的商标相同近似。《商标法》第17条规定：“申请注册的商标，凡不符合本法有关规定或者同他人在同一种商品或者类似商品上已经注册的或者初步审定的商标相同或者近似的，由商标局驳回申请，不予公告。”这是商标审查工作中的一条重要法律依据和原则。

（1）相同商标。相同商标是指同一种商品或类似商品上使用的两个或两个以上的商标，如属于下列情况，被称为相同商标：名称相同的商标，图形相同的图形商标，名称和图形都相同的组合商标。

（2）近似商标。近似商标是指在同一种商品或类似商品上使用的两个或两个以上的商标，属于下列情况之一者，称为近似商标：图形近似的图形商标或组合商标；图形虽不近似但名称相同的组合商标；拼法近似或读音相同的由字母组成的商标；在商品上使用的名称读音相同的汉字商标；商标名称所表示的含义极其相近的；商标的设计思想和色彩或整体观感极其相似的商标。

6. 对驰名商标的保护。

我国《商标法》对驰名商标未作规定，但根据《保护工业产权巴黎公约》第 6 条第 2 款“商标注册国或使用国主管机关认为一项商标在该国已成为驰名商标，已经成为有权享有本公约利益的人所有，而另一商标构成对此驰名商标的复制、仿造或翻译，用于相同或类似商品上，易于造成混乱时，本同盟各国应依职权——如本国法律允许——或应有关当事人的请求，拒绝或取消该另一商标的注册，并禁止使用。商标的主要部分抄袭驰名商标或是造成混乱的仿造者，也应适用本条规定”的规定，有关部门在商标审查过程中承担保护驰名商标的义务。

商标是否驰名，由国家工商行政管理局商标局根据以下原则确定：

（1）构成商标的实质要件应具有显著性；

（2）商标使用历史悠久；

（3）其商品产量较大、销路较广、质量稳定可靠；

（4）商标在国内外消费中享有较高声誉。

对驰名商标的保护范围，根据不同情况采取广泛保护与有限保护相结合的做法。如：“雪铁龙 CITROEN”商标为法国雪铁龙汽车公司使用在汽车上的驰名商标，某市鸽翎衬衫厂在衬衫上申请了“雪铁龙 CITROEN”商标，商标局认为是对驰名商标的抄袭，不准予注册。在此案中，实行的是广泛保护的做法。

按照国际惯例，驰名商标即使违反了商标的禁用条款，也被视为特例而给予适当范围的保护或给予核准注册。例如，美国可口可乐公司用在饮料上的可口可乐 COCA COLA 商标，经审查“可口”二字有夸大商品功能之意，COLA（可乐）是非洲一种可乐果，饮料中就含有该原料，不能作为商标注册。但这个商标因驰名于世而在各国被核准注册，在我国申请注册时也被作为特例而予以核准。

（三）商标注册的驳回与核准

1. 商标注册申请的驳回。

商标申请经商标局实质审查，凡不符合《商标法》的有关规定，由商标局驳回申请。所谓驳回申请是商标局拒绝商标申请人的商标注册登记的专业术语。商标局将核驳通知书以及商标注册申请书有关附件、注册费一并退回商标申请人并抄送核转单位，外国、外国企业则退给其代理人。

商标申请被驳回后，申请人如果对驳回理由不服，可以在收到核驳通知书 15 天内向商标评审委员会送交驳回商标复审申请书，向商标评审委员会申请复审。商标评审委员会研究申请复审的理由，做出终局裁定。

2. 商标注册的初步审定和公告。

商标申请经商标局实质审查后，认为符合商标法有关规定，初步审定准予注册。

初步审定事实上是商标局对商标申请审查后，认为申请符合法律规定，允许商标注册的决定。对初步审定的商标由商标局编号，建立审查检索卡片，填写初步审定稿并在《商标公告》上予以公布。这次公告称为初步审定公告，该商标申请人可免费得到一本《商标公告》，作为对申请人的通知。初步审定的商标自公告之日起 3 个月内，任何人都可以提出异议。这主要是征询社会对初步审定商标的意见，实行商标审查的社会监督，有助于及时纠正商标审查工作中的偏差。

初步审定的商标不等于核准注册，尚未取得商标专用权，只有在公告期限内无人提出异议或者提出异议经裁定不能成立，才能核准注册。

3. 商标异议。

异议就是依照《商标法》第 19 条的规定，对商标局初步审定的商标提出不同的意见，要求撤消初步审定的商标。

异议一般分为两方面内容：（1）认为初步审定的商标与注册在先或申请在先的商标相同近似；（2）认为初步审定的商标违反《商

标法》的禁用条款或其他有关规定。

对初步审定的商标提出异议，异议人应当向商标局交送《商标异议书》正副本各一份（到当地工商局领取），并附送有关证据。商标异议书应填明被异议商标名称、商品类别、初步审定号、初步审定公告期、异议理由。为了广泛搜集各界人士意见，保证异议程序的民主性，异议人提出异议时无须交纳费用。

商标局收到异议书后，将异议书副本寄达被异议人（即初步审定商标的所有人），被异议人应在自收到之文起 15 天内作出书面答辩，未答辩的视为弃权，异议程序照常进行。商标局对双方当事人陈述的事实和理由，经调查核实后作出异议裁定。

异议裁定有两种可能：一种是提异议人具有充分的理由，异议成立，原经初步审定的商标不予注册；另一种是异议理由不能成立，原经初步审定的商标不予注册；另一种异议理由不能成立，原经初步审定的商标予以注册。当事人对商标局异议裁定不服的，可在收到异议裁定通知书之日起 15 天内向商标评审委员会申请异议复案。由商标评审委员会做出终局裁定并书面通知异议双方当事人，任何一方不得再行申诉。

4. 商标注册证。

初步审定的商标在补审公告期满，无人提出异议或经裁定异议不能成立的，由商标局核准注册发给商标注册证，并在《商标公告》上公布，即注册公告。注册发证是商标被核准注册的最后一道程序。商标自核准注册之日起，有效期为 10 年。

对于核准注册的商标，商标局依照《商标法实施细则）第五条规定将有关注册事项，如注册人姓名、地址、商标、注册号、商品类别、有效期限一一登入《商标注册簿》。商标注册簿是国家掌握全部注册商标最完整的有法律效力的权威性资料。对注册商标产生侵权、争议及其他有关商标权的纠纷时，均以商标注册簿所载有关事项作为法律根据进行处理。而商标注册证是商标局对核准注册所颁发的证明文件，是一个商标在法律上取得专用权的凭证。

三、注册商标的续展、变更、转让、注销与撤消

（一）注册商标的续展

注册商标的续展是指注册商标所有人依法办理手续，延长商标的有效期。所谓注册商标有效期是指商标具有法律效力的时间界限，也称为专用权期限。我国现行《商标法》遵循国际惯例，对国内外注册人的商标专用权有效期限作了统一规定，“注册商标的有效期为10年，自核准注册之日起计算。”

商标所有人申请续展注册的，应在注册商标有效期满前6个月内提出申请，如在规定期限内未提出申请的，可给予6个月的宽展期（即有效期满后的6个月内），但要按规定交纳延迟费。如果在宽展期内仍未提出续展注册的申请，商标局即将其注册商标注销并予公告。

根据《商标法》及实施细则的规定，注册商标所有人应向商标局办理续展注册申请手续，填写《商标续展注册申请书》，交回原商标注册证，附送商标图样5张。

（二）注册商标的变更

《商标法》第15条规定：“注册商标需要变更注册人的名义、地址或者其他注册事项的，应当提出变更申请。”

《商标法实施细则》第20条规定：“申请变更商标注册人名义的，每一个申请应当向商标局交送《变更商标注册人名义申请书》和变更证明各一份。经商标局核准后，发给注册人相应证明，并予以公告。申请变更商标注册人地址或者其他注册事项的，每一个申请应当向商标局交送《变更商标注册人地址申请书》或者《变更商标其他注册事项申请书》，以及有关变更证明各一份。经商标局核准后，发给注册人相应证明，并予以公告。变更商标注册人名义或者地址的，商标注册人必须将其全部注册商标一并处理。”

需要说明的是，如果商标所有人需改变注册商标的文字、图形，或扩大注册商标所使用的商品范围，这均涉及到注册商标本身的改变，不属于变更的范畴，不能按变更手续办理，而须以新商标重新提出申请。

注册人名义是指商标注册申请人经过核准注册以后，商标专用权所有人的名称，即企业、事业单位或者个体工商户的名称。注册人名义有了变动或恢复老字号，应当及时提出变更申请。如：天津盛锡福制帽厂在1951年注册了“三帽”商标，“文革”中企业名称改为天津市制帽厂，现又恢复盛锡福老字号，变更为“天津盛锡福制帽厂”。从法律上来说，企业名称改变后，企业并不能自动地继承其原有的某些权利，而必须履行一定的手续。商标权就是这样一种需要办理一定手续后才能继续享受的权利。

注册商标的专用权是依法授予规定的商标所有人的，如果注册人名义改变而不及时办理变更手续，商标专用权的归属就会出现问题，因为法律上承认的是原商标注册人，变更后的商标所有人在法律上不仅不再拥有商标专用权，而且还触犯了《商标法》第30条第2款的规定，有被撤消注册商标的可能。

办理变更注册人名义手续齐备并符合要求的，经商标局核准后，将原证加注发还，并予公告。

商标注册人地址变更，也应及时办理变更手续。这主要是为了便于商标主管机关与商标注册人的联系，使有关书件准时送达。另外，当消费者发现有关商品质量问题，要求退货、索赔、提起诉讼时，也便于通过商标主管机关查找商标所有人。企业地址发生实际变后，商标所有人如果不在规定的期限内提出变更申请，当发生商标侵权时，其权益就得不到法律的保护，商标主管机关对于应变更而未变更的，可以责令限期改正、甚至撤消注册商标。

《商标法》第15条中的“其他注册事项”是指未作明文规定的其他事项，例如减少使用商品就属于注册事项的改变。在发生这种变化时，注册人愿缩小专用权范围而主动提出申请变更，并填写《变更商标其他注册事项申请书》。

特别要注意的是，商标注册人在办理变更商标注册人名义或地址时，应将其全部注册商标一并办理变更，而不能只变更其中一个或几个，否则，会因原企业名称无效而使商标失去效力，成为无效商标。

（三）注册商标的转让

注册商标的转让，是注册商标所有人在法律允许的范围内，根据自身的意愿并按一定的条件，将其注册商标转移给他人所有，并由其专用。

《商标法》第 25 条规定："转让注册商标的，转让人和受让人应当共同向商标局提出申请。受让人应当保证使用该注册商标的商品质量。转让注册商标经核准后，予以公告。"

注册商标的转让有两种形式：合同转让和继承转让。

所谓合同转让，就是转让人与受让人之间通过签订合同进行转让，一般是后者支付一定的转让费，获得前者的商标权。继承转让，是指原注册人（一般是个体工商户）因死亡或年老丧失经营能力，由法定继承人继承其商标权。无论是继承转让，还是合同转让，都必须依法办理一定的转让手续，才能发生法律效力。

合同转让是注册商标转让中的一种主要形式。注册商标转让与注册商标的使用许可，都涉及商标权利的转移。它们的不同之处在于，商标转让是全部商标权利的转移，而商标使用许可只是商标部分权利，即商标使用权的部分转移，商标所有权不变。

1. 注册商标转让的原因。

（1）由于企业的合并、迁出或企业间的联合所引起的商标转让。如甲企业拥有某一注册商标，现与乙企业合并组成一个新的企业，则甲企业和新成立的企业应办理商标转让手续，甲企业的某一部迁出，并入乙企业，甲企业不再生产某一产品，而交由乙企业生产，同时，把该产品使用的注册商标一并转移给乙企业，这时，甲、乙企业间应办理商标转让手续。

（2）由于企业扩大生产经营范围所引起的商标转让。现在，很多企业逐步由单一化经营转向多样化经营，不仅生产与原有产品相近似、相关联的产品，而且生产与原产品毫无关联的产品。由此给商标使用带来了一些问题。因为企业原来注册商标的核定的商品范围较窄，现要把注册商标的使用范围扩大到所生产的这些产品上，又可能与其他企业的注册商标相冲突。如企业原只生产化妆用的膏、粉，使用"佳丽"商标，现扩大生产范围，增加了口红、发胶等产品的生产，并希望使用原来已注册的"佳丽"商标，但可能有另一企业在口红、发胶等产品上已经注册了"佳丽"商标，这样，前者可以通过协商，与后者办理商标转让手续，达到在口红、发胶等化妆品上获得"佳丽"商标专用权的目的。

（3）由于商标被他人抢先注册，商标的首先使用人为了获得商标专用权，与注册商标所有人达成转让商标的协议。如美国沃特·迪斯尼公司的“米老鼠”商标，在我国很多商品上获得了注册，但在糖果上，该商标则早已由我国广州雄鹰糖果厂注册，前者为了获得“米老鼠”商标的垄断权，以2万美元的酬价，与雄鹰糖果厂达成了商标转让协议。

（4）为扩大某些传统名牌产品出口，生产企业与外贸企业签订商标转让合同，由外贸企业拥有商标权，并在更大范围内组织出口产品生产。

（5）企业在新产品上注册了某个商标，在该商标尚未正式使用于产品上时，企业由于某些方面的特殊原因，可能放弃该产品生产。在这种情况下，希望获得该商标所有权的其他企业，可与前者达成商标转让协议。

2. 注册商标转让时应当注意的法律问题。

（1）注册商标转让，必须将商标权整个转让，即该注册商标在核定的商品范围的专用权全部转让，不允许割裂核定商品范围，进行部分转让。因为如果允许将商标权分割转让，就会出现在同一类或类似商品上存在不同生产者都是相同注册商标所有者的现象，这在性质上和不同企业在类似商品上以同一商标注册是一回事。不过，如果某企业在非类似的产品上注册了同一商标，且分割转让不会导致消费者对产品的误认，这种转让则是允许的。但对驰名商标要扩大保护，如美国的“可口可乐”饮料，任何其他厂家在有可能同饮料商品有关，容易引起误解的产品上（如电冰箱、玻璃杯、包装纸、包装塑料膜等）或类似产品上申请注册，也不能获准。

（2）企业如果在同种或类似产品上注册几个相同或近似商标，这在商标审查工作和保护商标专用权方面是正常的允许的。但如果商标注册人要把这些注册商标转让他人时，就要注意，这些商标不能单独转让其中的某一个，应一并转让，以免市场发生混乱，损害消费者利益。

（3）正在许可他人使用商标期限内，注册商标所有人若想将注册商标转让第三者，须征得被许可人的同意，否则转让合同无效。

这主要是为了维护被许可方的利益。商标所有人只有在征得被许可方同意，解除原使用许可合同后，才能提出转让注册申请，转让注册核准后，商标受让人可与原被许可人继续签订使用许可合同。

（4）转让的商标必须是有效的。如果商标已实际停止使用3年，商标文字、图形有变动，商标使用超过核定范围等，则该注册商标有可能被撤销，因而不能进行转让。

（四）注册商标的注销与撤销

注册商标的终止，或商标权的终止，是指注册商标所有人在一定情况下丧失其商标权，不再得到法律对该商标的保护。注册商标的终止可由两个方面的原因引起：一是商标被注销；一是商标被撤销。

1. 注册商标的注销。

注册商标的注销，是指注册商标所有人主动申请放弃商标权，或者在注册商标的有效期满后、宽展期内仍未提出续展申请或申请续展未被核准，致使商标权丧失。注册商标所有人消亡后，没有法定继承人，注册商标也将被注销。

2. 注册商标的撤销。

《商标法》第30条规定："使用注册商标，有下列行为之一的，由商标局责令限期改正或者撤销其注册商标：（一）自行改变注册商标的文字、图形或者其组合的；（二）自行改变注册商标的注册人名义、地址或者其他注册事项的；（三）自行转让注册商标的；（四）连续三年停止使用的。"

第31条规定："使用注册商标，其商品粗制滥造，以次充好，欺骗消费者的，由各级工商行政管理部门分别不同情况，责令限期改正，并可以予以通报或者处以罚款，或者由商标局撤销其注册商标。"

第32条规定："注册商标被撤销的或者期满不再续展的，自撤销或者注销之日起一年内，商标局对与该商标相同或者近似的商标注册申请，不予核准。"

《商标法实施细则》第37条规定："商标局依照《商标法》第三十条、第三十一条和本实施细则第二十八条、第二十九条、第三十一条、第三十四条、第三十五条规定做出的撤销注册商标的决定，应当书面通知商标注册人及其所在地工商行政管理机关。”

注册商标终止后，原商标所有人无权再继续使用该注册商标，但由于原注册人可能还有一部分带有该注销商标标识的产品，在一定时间内有可能存在于流通环节，另外对注册商标期满进行续展有6个月的宽展期等待，因此，应当允许这些产品在流通中继续存在一段时间。

四、注册商标争议的裁定

（一）商标评审委员会机构与职权

我国《商标法》规定，国家工商行政管理局设立商标评审委员会，负责处理商标争议事宜。依据该法律，国家工商行政管理局于1983年8月11日正式成立商标评审委员会。

商标评审委员会应有关当事人的申请，对关于商标专用权应予确认或者撤消予以评审。其职权范围为：对不服商标局驳回申请、不予初步审定公告的商标进行复审；对不服商标局异议裁定的申请进行复审；对不服商标局驳回转让注册商标和驳回续展注册商标的申请进行复审；对注册未满1年的商标有争议的作出裁定；对注册不当商标申请撤消的作出裁定；对不服商标局撤消其注册商标的决定进行复审。

商标评审委员会作出的决定与裁定均为终局决定与终局裁定，商标局以及有关当事人均应执行，不得上诉。

（二）对注册商标争议的裁定

1. 注册商标争议裁定程序。

商标注册人认为注册在后未满一年的商标，与其使用在同种或类似商品上的商标相同或近似，依法向商标评审委员会申请撤消注册在后商标，由商标评审委员会作出裁定的法律程序称为对注册商标争议裁定。

注册商标争议裁定程序的法律依据是《商标法》第5章及实施细则第24条。

注册商标争议是商标专用权的归属之争，是法律赋予注册在先者的权利之一。该程序的设制，弥补了异议程序可能存在的不足，能更有效地保护商标专用权及维护法律的严肃性，充分体现我国《商标法》保护注册商标专用权及保护注册在先原则。

争议裁定为一审裁定，也是终局裁定。

2. 注册商标争议裁定的申请。

《商标法实施细则》规定，注册商标争议裁定的申请人为商标注册人，申请争议裁定的有效期限为被争议商标经核准注册 1 年之内，不得申请延期。

3. 对注册商标争议的答辩。

《商标法》第 27 条第 3 款规定："商标评审委员会收到裁定申请后，应当通知有关当事人，并限期提出答辩。"

被争议人在争议程序中具有答辩权，这是法律赋予被争议人申诉理由、维护自身利益的机会。商标评审委员会依法管理商标争议裁定申请后，应通知被争议人，并附寄《注册商标争议裁定申请书》副本及争议人提供的其他证明材料副本，并根据实际情况，要求被争议人限期做出答辩。答辩不能申请延期，有特殊情况，可以向商标评审委员会申请延长评审时间，是否延长裁定，由评审委员会视具体情况决定准否。

4. 对注册商标争议的评审及裁定。

对两个注册商标是否相同或近似，两个商标核定使用的商品是否同一种或者类似进行评审裁决。

商标评审委员会在认真研究双方的争议理由的同时，向商标局调取两个争议商标的注册档案，重视事实与证据，广泛听取各方意见，必要时调查市场情况，以多数委员意见为终局裁定。终局裁定以书面通知双方当事人，同时抄送核转机关。

五、商标使用的管理

（一）使用注册商标的管理

商标注册人享有法律所赋予的权利，同时为了维护这个权利就要相应地承担一定的义务，否则商标专用权就有丧失的可能。《商标法》对使用商标作了如下规定：

1. 根据《商标法》第 30 条规定，使用注册商标不得实施以下四项行为：

（1）自行改变注册商标的文字、图形或者其组合。注册商标专用权是依法确定在“核准注册的商标和核定使用的商品”上的。从范围上讲，注册商标是一个整体，不可分割，超出这个范围，法律就不给予保护。实践中，改变注册商标文字、图形或其组合的情况大多数是将文字和图形组合商标中的文字和图形单独使用，或改变文字、图形原有的相对位置。针对这种情况，应当引导商标注册人，在申请商标注册时，就应考虑该商标使用在商品上的问题。必要时，将原来的组合商标中的文字、图形分别注册。这样，既有利于保护商标专用权，又有利于适应商品的实际需要。

（2）自行改变注册商标的注册人名义、地址或者其他注册事项。商标注册人自行改变注册人名义、地址，对保护商标权是不利的，而且也不利于利用商标信誉扩大企业的影响。自行改变注册人名义或地址的情况主要是企业在改变名义后不及时办理变更手续，许多是不了解变更的法律规定。因此，工商行政管理部门要对企业进行宣传，督促企业及时办理变更手续，使注册内容与实际情况相符。

（3）自行转让注册商标。转让注册必须依法定程序办理，自行转让商标不具有任何法律效力。因为商标的专用权是依法定程序核准注册的，不是自然存在的，因此这种权利的转让要经授予商标专用权的机关允许。

（4）连续 3 年停止使用。注册商标长期搁置不用，不仅不会产生价值，还会影响他人使用商标。我国《商标法》及其细则规定，对 3 年连续不使用的注册商标，任何人可以向商标局提出撤消申请。商标局请商标注册人限期提供使用证明，逾期不提供或提供的证明无效，撤消该注册商标。根据《商标法实施细则》第 28 条的规定，对有《商标法》第 30 条第（1）、（2）、（3）项行为之一的，由工商行政管理机关责令商标注册人限期改正，拒不改正的，由商标注册人所在地工商行政管理机关报请商标局撤销其注册商标。《商标法实施细则》还规定，撤销 3 年不使用的注册商标，不适用《商标法》第 30 条限期改正的规定。

2. 使用注册商标，应当标明注册标记。

《商标法》第 7 条规定，使用注册商标的，应当标明“注册商标”或者注册标记。《商标法实施细则》第 26 条进一步规定了注册标记使用方式，即在商品上不便标明注册标记的，应当在商品包装证明书以及其他附着物上标明。注册商标可以增强消费者对商品信任感（但并不是所有使用注册商标的商品质量就有保证）。标明注册标记有利于对注册商标的保护，有利于宣传商标，扩大商标知名度。

3. 使用注册商标应当保证其商品质量。

《商标法》第 31 条规定：“使用注册商标，其商品粗制滥造，以次充好，欺骗消费者的，由各级工商行政管理部门分别不同情况，责令限期改正，并可以予以通报或者处以罚款，或者由商标局撤销其注册商标。”

（二）使用未注册商标的管理

我国《商标法》采取自愿注册原则，企业的商标是否申请注册，完全由企业根据需要自主决定。商品生产、交换是一个复杂的过程，市场情况瞬息万变，有些季节性商品、未定型的产品因不能长期稳定生产没有必要取得商标专用权。实际上，使用未注册商标是大量的。对未注册商标进行管理不是对其进行法律保护，而是为了保护注册商标专用权，维护消费者利益。因此，管理未注册商标是商标管理的重要方面。

1. 未注册商标不得使用《商标法》第 8 条所规定的禁用标志。

这同注册商标是一样的。《商标法》第 8 条规定的商标“禁用标志”被许多人理解为是针对申请注册商标而言的，实际上是针对所有商标的。

2. 使用未注册商标，不得冒充注册商标。

所谓冒充注册商标，是指在使用未注册商标上标明“注册商标”字样或注册标记。冒充注册商标的另一种情况是，注册商标所有人超出了指定商品范围使用注册商标。商标专用权只能在核定的商品上使用才具有法律效力，超出这个范围则不具有专用权，如果在超出指定商品上使用注册商标并标明注册标记就冒充了注册商标。例如，注册商标指定的商品是“汽水”、企业若将注册商标使用在“酒”商品上并标明注册标记则属冒充注册商标行为。

根据《商标法实施细则》的有关规定，对前述1、2项违法行为的，工商行政管理机关禁止其进行广告宣传，封存或者收缴商标标识，责令限期改正，并可根据情节予以通报，处以非法经营额20％以下的罚款。

3. 使用未注册商标不得侵犯他人注册商标专用权。

在没有现代化的查询检查手段情况下，未注册商标无意中造成侵权的情况是避免不了的，企业在知道使用的商标与他人注册商标相同或近似，就应自觉停止使用，工商行政管理机关一经发现侵权应予制止，防止事态扩大，对故意假冒、侵权的则依法严肃处理。

（三）商标使用许可合同管理

注册商标的使用许可，是指注册商标所有人依照法律规定与被许可人签订使用商标合同，许可其使用注册商标。使用许可与转让有本质的区别，转让是将商标的所有权完全转移给他人，转让后原商标所有人丧失对商标的一切权利。使用许可中被许可人得到的是注册商标的使用权，而不是商标的所有权，该商标的所有权仍在许可人手里。

商标使用许可制度是商标法制中一项重要制度，它对促进经济的发展，推广新技术，满足市场需求，开展对外贸易等都十分重要。

根据《商标法》及其实施细则的规定，商标使用许可必须采用书面的形式。当事人双方要签订专项的商标使用许可合同，并在合同签订2个月内将合同副本、商标注册证复印件及合同备案表报当事人双方所在地工商行政管理局存查，同时报商标局备案。使用许可合同一般应具有下列内容：双方当事人的名义、地址、许可使用的商标名称、注册证号码、使用期限、使用的商品、商品质量监督措施以及有偿使用的费用和付款方式等。使用他人注册商标要注意下列几点。

（1）使用的期限不应超过注册商标的有效期限。例如，注册商标的有效期到2000年5月截止，那么许可他人使用该商标的期限就不得超过这个时间。需要继续使用的，可在商标续展注册后，重新签订商标使用许可合同。

(2) 使用商标，必须与注册商标相同，不得改变。注册商标的专用权仅限于核准注册的商标，变更了注册商标就不具有专用权了，自然不能授权他人使用。

(3) 使用商标的商品应是注册商标核定的范围以内，商标专用权以核定的商品为限，超出了指定商品亦不具有专用权了，更不能授权他人使用。

(4) 许可人必须监督使用商标的商品质量，被许可人应当保证其商品质量，商品质量有问题，许可人首先负有责任。

(5) 被许可人不得以许可人的名义使用商标。被许可人要标明真实的厂名、厂址，对消费者负责。

(6) 未经许可人的同意，被许可人不得将商标让第三方使用，即所谓“再许可”。

(7) 许可人应保证注册商标的有效性。在许可他人使用商标期间不得转让、注销注册商标。

(四) 对商品质量的监督管理

通过商标监督商品质量，是《商标法》立法宗旨之一。《商标法》第 1 条就明确规定了这点。同时《商标法》第 6 条规定：“商标使用人应当对其使用商标的商品质量负责。各级工商行政管理部门应当通过商标管理，监督商品质量，制止欺骗消费者的行为。”监督商品质量是我国《商标法》一个特点，表明我们在保护商标专用权同时，把维护消费者利益放在重要位置。

通过商标管理监督商品质量主要是在商品流通领域中进行。主要工作是促使企业保持商标信誉，不断提高商品质量。

根据《商标法实施细则》第 31 条规定，对使用商标的商品粗制滥造，以次充好，欺骗消费者的，工商行政管理机关应责令限期改正;对情节严重的，责令检讨，予以通报，并处以非法经营额 20%以下或者非法获利两倍以下的罚款。对有毒、有害并且没有使用价值的商品，予以销毁。使用注册商标的。依法撤消其注册商标。

(五) 商标印制管理

商标的使用是从商标制作开始的，对商标印制的管理是整个商标管理中一个重要环节。把好印制关对指导企业正确地使用商标，防止商标侵权、假冒具有重要意义。

现行《商标法实施细则》对商标印制问题作了规定，细则第34条规定：“任何人不得非法印制或者买卖商标标识”，对非法印制或者买卖商标标识的，工商行政管理机关予以制止、收缴，并可根据情节处以非法营业额20%以下的罚款；对销售自己注册商标标识的，商标局还可以撤消其注册商标，属于侵犯专用权的，依照《商标法》有关规定处理。

六、注册商标专用权的保护

保护商标专用权，是指用法律手段制止、制裁一切侵犯注册商标的行为，以保护商标注册人对注册商标的专有权利。

（一）商标侵权行为的表现形式

根据《商标法》第38条的规定，商标侵权行为归纳为以下几种。

1. 未经注册商标所有人的许可，在同一种商品或者类似商品上使用与其注册商标相同或者近似商标的。

所谓商标的使用主要是直接或间接把商标用于商品上的行为。例如：在饮料瓶上贴商标；在金属制品上刻商标；在锅、壶上挂有商标的吊牌；在商品上压模商标等。在商品的包装、容器上实施上述行为也是使用商标。

商标专用权的范围和商标专用权的保护范围不是一个概念。专用权仅以核准注册的商标和核定使用的商品为限，超出这个范围，就不具有专用权了。但是专用权的保护却超出这个范围、扩大到核准注册商标的近似商标及核定作用商品的类似商品上，形成专用权与禁止权不完全一致的状况。禁止权的范围要大于专用权。这是国际惯用的作法，否则，就不能对商标专用权进行有力的保护。因为，在类似商品上的近似商标会造成消费者对商品来源的误解，对商标权造成损害。

2. 销售明知是假冒注册商标的商品的。

3. 伪造、擅自制造他人注册商标标识或者销售伪造、擅自制造的注册商标标识的。

4. 给他人的注册商标专用权造成其他损害的。

《商标法实施细则》第41条对此作了进一步说明，其他损害行为主要有：（1）经销明知或应知是侵犯他人注册商标专用权商品的；（2）在同一种或类似商品上，将与他人注册商标相同或者近似的文字、图形作为商品名称或者商品包装使用，并足以造成误解的；（3）故意为侵犯他人注册商标专用权行为提供仓储、运输、邮寄、隐匿等便利条件的。

（二）商标侵权行为的认定

1. 与民法中对侵权行为认定的区别。

我国民法对侵权责任的构成规定了4个构成要件：（1）具有违法性；（2）损害事实与行为有因果关系；（3）行为人有过错（故意或过失）；（4）有损害事实。但商标侵权不以存在主观上的过错为构成要件，只有《商标法实施细则》第41条第3项明确规定故意的除外。其他侵权行为的构成也不以是否存在损害事实为前提，只要行为人实施了法定的侵权行为则构成侵权行为。

2. 商品质量的好坏，不能作为认定是否构成侵权的条件。

3. 认定侵权应当以实际注册商标图样为标准，而不以注册商标专用权力实际使用的商标为准；认定侵权亦不以注册人使用商标是否标明注册标记为条件。

（三）对侵权行为的处理

1. 处理机关。

依据《商标法》的规定，对商标侵权行为的查处工作由工商行政管理机关和人民法院两个机关处理，当事人可以自行选择。这种“双轨制”是我国商标管理的一个特点。工商行政管理机关与人民法院在处理商标侵权案件时，存在以下不同：（1）要求处理商标侵权案件的当事人不同。依照《商标法》及其实施细则的规定，对侵犯商标专用权的，任何人都可以向工商行政管理机关控告或检举，既包括被侵权人，也包括不是被侵权人的消费者等。但请求人民法院处理商标侵权案件，必须是被侵权人，除此以外，其他人的起诉，人民法院是不受理的。（2）人民法院要求被侵权人在起诉时必须有明确的被告，没有明确的被告，人民法院也不予受理。而工商行政管理机关则不同，只要当事人提供的侵权事实存在，被告不一定十分明确，就应制止侵权行为。例如，有人提供，在某个地方有卖假冒商标的商品的，虽然没有明确提出张三、李四，工商行政管理部门应进行调查，情况属实则依法处理。(3) 人民法院实行不告不理的作法，没有被侵权人起诉，法院不处理商标侵权案件；而工商行政管理机关从维护社会经济秩序，保护消费者利益出发，应主动追究商标侵权违法活动。

2. 工商行政管理机关查处商标侵权案件的管理。

《商标法实施细则》第 43 条规定，对侵犯注册商标专用权的，任何人可以向侵权人所在地或者侵权行为所在地县级以上工商行政管理机关控告或检举。这一条对“管辖”问题作了原则规定:(1)地域管辖,一是侵权人所在地,一是侵权行为地。侵权人所在地好理解,侵权行为地就复杂些。侵权行为地是指侵权人实施侵权行为的所在地,一般是指侵权商标的商品制造、销售地区。侵权行为地可能是一个地方或几个地方。在这种情况下,当事人可以选择管辖机关。不过从实践上看,最合适的地区应是主要侵权人所在地。停止侵权商品的生产,这样有利于从根本上制止侵权活动。(2)级别管辖,由县级工商行政管理机关查处一般的商标侵权案件。涉外商标案件或大要案,要由地级或直接由省级工商行政管理机关办理案件。

3. 处理的法律依据及处理措施。

查处商标侵权行为，必须严格依照《商标法》及其实施细则的规定，任何其他的处理规定凡与《商标法》及其实施细则有冲突的，一律依《商标法》及其实施细则的规定处理。实施细则对侵犯商标专用权规定如下处理措施。

(1) 责令立即停止销售；

(2) 收缴并销毁侵权商标标识；

(3) 消除现存商品或包装上的侵权商标；

(4) 收缴直接专门用于商标侵权的模具、印板和其他作案工具；

(5) 采用前四项措施不足以制止侵权行为的，或者侵权商标与商品难以分离的，责令并监督销毁侵权物品。

(四) 对假冒商标行为的认定和处理

1. 对假冒商标行为的认定。

假冒商标是一种严重的商标侵权行为。一般来说，只有未经注册商标所有人的同意而故意在相同的商品上使用与注册商标相同或十分近似的商标，才能构成假冒商标。所谓商标相同或十分近似，是指商标在视觉上令人难以辨认其区别。认定是否为假冒商标，不能以侵权情节的轻重为标准，也不能以侵权获利的多少为标准。当被假冒商标的商品与真商标的商品无法区别时，可以要求被假冒商标的注册人对商品进行鉴定。

认定假冒商标必须与假冒商品相区别，假冒商品是商品真伪问题，如用红糖充当药品板兰根，就是假冒商品。另外，不能将假冒商标同假冒厂名、厂址、产地、商品包装相混淆。假冒商标是侵犯了受商标法保护的商标专用权利，而厂名、厂址等是受其他法规保护的对象，应依相应的法规予以处理。

2. 对假冒商标行为的处理。

对假冒商标的处理有两种情况，一是对没有构成犯罪的假冒商标行为的处理；一是对假冒商标罪的处理。对没有构成犯罪的假冒商标行为的处理，基本上与处理侵权行为的方法相同，对构成假冒商标罪的处理则应依《商标法实施细则》第45条规定办理，即对假冒他人注册商标的，任何人可以向工商行政管理机关或者检察机关控告或检举。向工商行政管理机关控告和检举的，工商行政管理机关依照一般侵权行为处理后，对构成犯罪的直接责任人移送人民检察机关追究刑事责任。

复习思考题

1. 广告的主要类型有哪些？
2. 广告违法行为有哪些？如何进行处罚？
3. 商标的主要类型有哪些？
4. 商标管理的主要内容是什么？
5. 联系实际，正确认识工商行政管理部门如何保护注册商标专用权。

第九章　消费者权益保护

第一节　消费者及其权利

一、消费者的定义

在市场经济条件下，消费者是相对于生产者和经营者而言的。在现代市场经济社会，人人都是消费者，但具体到不同的商品，由于各人的社会角色的多重性，只有在其消费某商品时才具有消费者的身分，才涉及到消费者的权益问题。因此，要依据法律来保护消费者的权益，首先必须了解该权利主体——消费者的内涵。

国外一般把消费者定义为“个体社会成员”或“公民个人”。1978 年国际标准化组织消费者政策委员会在日内瓦召开的第一届年会上，把“消费者”定义为：“为个人目的购买或使用商品和服务的个体社会成员。”原欧共体理事会通过的《消费者保护宪章》规定：“消费者是使商品和服务供个人使用的那些合法人。”《布莱克法律词典》的解释为：“消费者是那些购买、使用、持有、处理产品或服务的个人。”

我国的《中华人民共和国消费者权益保护法》（以下简称《消费者权益保护法》）第 2 条规定：“消费者为生活消费需要购买、使用商品或者接受服务，其权益受本法保护；本法未作规定的，受其他有关法律、法规保护。”由此可见，该法虽然未对消费者作出明确的定义，但其对消费者的界定限于为满足生活需要而购买、使用商品或接受服务的社会成员。这一界定包括以下几方面的含义：

（一）消费者的消费性质为生活消费

在商品经济社会中的消费，根据消费主体及其行为目的的不同，可以分为生产消费和生活消费，亦即中间消费和最终消费。生产消费的结果是加工或制造出新的产品，属营利性消费。因而这种消费的主体是生产经营者而不是最终消费者，其权益应用其他法律如合同法来调整。而生活消费是人们为了生存和发展而消耗最终物质产品和精神产品的行为和过程，属非营利性消费。与生产经营者相比，消费者相对分散，经济上处于弱势，在消费过程中可能受到的损害与生产消费相比更为直接和严重。因此，保护个体的生活消费免受侵害不仅是人们的共同呼声，也是促进生产和维护市场经济秩序的需要。根据我国现阶段分散从事生产的广大农民，在购买种子、农药、化肥等农业生产资料时，因普遍势单力薄，其权益受到损害以后又缺乏适当渠道以寻求保护的实际情况，《消费者权益保护法》第 54 条规定："农民购买、使用直接用于农业生产的生产资料，参照本法执行。"这一规定首先肯定了购买使用农业生产资料的农民不属于《消费者权益保护法》规定的消费者范畴，其次明确了农民在进行生产消费活动中享有与消费者相同的法定权利。

（二）消费者的消费客体是商品和服务

消费者的生活消费包括两方面内容：一是生活中的衣、食、住、行、用等方面的物质资料消费；二是通过接受各种服务如旅游、美容美发、教育咨询等所进行的精神消费。因此，与生活消费有关的并通过流通过程推出的商品，以及与生活消费有关的、有偿提供的能满足消费者某方面需要的任何种类的服务，都是消费者消费的内容。

（三）消费者的主体应限于个人（自然人）

《消费者权益保护法》对于消费者是专指个人（自然人）还是包括一些法人及非法人团体这一点并未作明确的界定。从立法目的而言，应把消费者限于个人，才能更好地体现《消费者权益保护法》保护弱者的宗旨。因为在高度组织化的现代社会，分散的个人的权利主张极易被忽视，而较重的举证责任、高昂的诉讼费用、索赔获胜概率的低下，都决定了个人消费者所处的弱者地位，为此才有了法律对消费者利益的特别保护。另外，如前所述，把消费者限于个体社会成员，也是国际社会通行的做法。

（四）消费者的消费方式包括购买、使用商品和接受服务

《消费者权益保护法》第 7 条第 1 款规定："消费者在购买、使

用商品和接受服务时享有人身、财产安全不受损害的权利。”这说明，消费者不仅包括为生活需要而购买商品或服务的人，还包括所有使用商品的人和接受服务的人。例如，购买者的家庭成员或亲朋好友使用购买回来的商品，或应购买者邀请使用商品和接受服务的人，都是消费者。

二、消费者问题

消费者问题就是在商品交换中由于消费者与生产经营者之间在力量、地位上的不平等而使消费者利益受到损害的问题，它是社会经济发展到一定阶段所产生的特有现象。

在自由竞争的资本主义阶段，政府对社会经济生活奉行不干预的政策，消费者与生产经营者的关系被认为具有对等性和互换性，即生产经营者在经济上并不占有显著优势地位，一般情况下消费者利益并不会受其损害。19 世纪末期，资本主义开始进入垄断阶段，社会经济生活发生了深刻的变化，与生产经营者相比，相对分散的消费者已成为被剥削被损害之弱者，主要原因是：

第一，消费者经济力量的微弱。在商品交易中，以个人力量独立从事交易的消费者与作为生产者的大公司、大企业尤其是大的垄断集团相比，其经济力量极为弱小，造成了买卖双方交易能力的不平衡。

第二，消费者商品知识的欠缺。消费者只为满足生活需要而购买品种多、范围广的多类商品，而经营者以营利为目的而专营特定的商品，两者之间有关商品的知识存在着固有的差异。又加上科学技术的飞速发展，生产技术和工艺日益高度复杂化，使消费者越来越难以对所购商品的品质作出判断，因而不得不形成对经营者的全面依赖。

第三，消费者固有的人性弱点。消费者购买商品不具有营利性，故其购买中缺乏经营者的理性，而是依个人兴趣喜好、虚荣心及侥幸心理等来选购商品。这些心理上的弱点最易被拥有现代营销手段的经营者所利用，因而导致对其利益的侵害。

第四，消费者组织上的缺乏。消费者在各项交易中力量本已极为弱小又历来缺乏组织，不能借团体的力量来与经营者组织体相抗衡，以致成为经济上的从属者，任由经营者宰割。由于这些原因，在现代商品经济条件下，消费者在强大的经营资本面前，呈现出显著无力的状态，生产经营者为了追求利润而不择手段，如假冒伪劣、短尺少秤、投机诈骗等，使消费者置身于丧失财产乃至生命的危险之中。

三、消费者运动

消费者在交易过程中地位的变化，引发了现代商品经济条件下，消费者自发地或有组织地进行为争取社会公平、维护自身权益，同损害消费者利益的行为进行斗争的社会运动，即消费运动。

（一）国外消费者运动

国外消费者运动最早兴起于美国，最初是以争取洁净食品和安全药品为目标。到20世纪60年代，美国消费者运动的规模进一步扩大，消费者运动所涉及的问题也由食品卫生等一般领域扩展到诸如汽车安全等更重要的领域。人们谴责美国汽车工业一味追求利润，而对汽车的安全结构态度漠然。由于消费者的斗争，迫使美国国会通过了一项专门解决汽车安全问题的法律——《全国交通和汽车安全法》，规定了新型汽车的安全标准和系数。此后，消费者运动又有更大的发展。

日本的消费者运动是在第二次世界大战以后兴起的。50年代后期和60年代，日本经济进入高速发展时期，同时各种消费品的质量问题以及影响消费者身体健康和安全的问题也暴露出来。先后发生了许多损害消费者利益的重大事件。如婴儿奶粉中毒、假牛肉罐头、米糠油中毒等事件，这些重大事件的发生，在消费者中造成了极大影响，为了维护消费者的合法权益，日本连续发生了几次抵制和驱逐有害消费品的运动。如驱逐糖精运动、抵制合成洗衣剂运动等。消费者运动的发展，推动了消费者组织的建立，并引起日本政府的重视。1956年，日本成立了消费者团体联络会，次年发表了具有历史意义的《消费者宣言》，宣言声明："惟消费者大众才是主权者；我们宣誓：结合全体消费者的力量为保卫这一权利，为实现流通过程的明朗化和合理化而奋斗！"日本政府也先后颁布了一些保护消费者权益的法律和规定。

除美国、日本外，二战以来，世界上已有 90 多个国家和地区先后开展了维护消费者权益的运动，消费者团体无论在组织形式还是在活动内容方面都日趋成熟，该项运动已在国际上形成了一股很强的潮流。1985 年 4 月 9 日，联合国大会一致通过了《保护消费者准则》，督促各国政府采取切实措施，维护消费者的利益。

（二）我国的消费者运动

我国的消费者运动起步较晚，原因是改革开放以前，我国实行的是高度集中的计划经济，加之“左”的思想干扰，人们重生产、轻消费，致使消费品严重短缺。因而消费者主要关心的是消费品的有无和怎样得到消费品，而忽略了商品质量和服务质量等问题，这就在一定程度上掩盖了经营者与消费者之间的矛盾。

改革开放以来，在建立社会主义市场经济的过程中，我国人民生活水平大大提高，人们对商品和服务质量逐渐有了认识和要求。同时也不可避免地出现了一些不法经营者为了追逐利润而损害消费者利益的现象，主要表现为：商品质量问题、商品计量问题、价格问题、虚假广告及标识、服务质量及售后报务、商品污染等各个方面的问题。在这种情况下，消费者运动才于 80 年代初在我国兴起，并很快形成一种社会力量，对我国消费者权益保护工作及其立法起了极大的推动作用。

我国消费者运动的特点是，消费者不是自发地、无组织地与损害自己利益的生产经营者进行斗争，而是一开始就在各级政府的关心和支持下成立了全国性的消费者组织，有组织、有目的地开展消费者权益保护活动，因而声势浩大，效果显著。

四、消费者权利

（一）消费者权利的概念

所谓权利，就是受法律保护的利益。消费者权利就是消费者在购买、使用商品或接受服务时，依法享有的受法律保护的利益。法律中规定的消费者权利在传统民商法上大多属于交易当事人自治的范围。随着消费者问题的产生和消费者运动的发展，促使现代国家将这些权利法定化，体现了法律对消费者特殊保护的立场。

（二）消费者权利的发展变化

消费者权利的概念最初是由美国前总统约翰·肯尼迪提出的。1962年3月15日，肯尼迪总统在美国国会发表的《关于保护消费者利益的总统特别咨文》中首次提出了著名的消费者的“四项权利”，即：获得安全商品的权利；知悉商品真实情况的权利；自由选择商品的权利；意见被尊重的权利。由于该咨文首先表述了消费者权利的思想，对当时蓬勃发展的消费者运动意义重大，因而国际消费者组织将每年3月15日定为“世界消费者权益日”。1969年，美国前总统在肯尼迪“四项权利”的基础上又提出了消费者还具有索赔权。这五项权利，逐渐被世界公认为消费者的五项基本人权，成为各国消费者组织的基本奋斗目标。

1968年日本首先制定《保护消费者基本法》，规定了对消费者多种权利进行保护的措施，从而使消费者权利成为受法律保护的不得为其他任何人随意剥夺的权利。在此之后，许多国家都通过消费者保护法对消费者的权利作了明确的规定。

1979年泰国公布的《消费者保护法》规定消费者享有如下四项权利：接受有关商品和服务的正确而适宜的情报及说明的权利；自己选择商品和服务的权利；得到商品和服务的安全使用保证的权利；受害后接受检讨及得到赔偿的权利。

1984年西班牙颁布的《消费者和用户保护法》规定消费者享有六项权利：防止对健康或安全可能造成的危险；对消费者合法的经济和社会利益的保护；所遭受的损害和损失的赔偿或修理；对不同产品和服务的咨询、教育和公布。以便提高有关适当使用、消费和享受的知识；听取意见，代表自己的利益以及参加对其有直接影响的一般规则的制定程序；在有质量低劣、次货或没有保护的情况下，实行法律的、行政的和技术性的保护。

1986年，韩国公布的《消费者保护法》规定消费者享有七项权利：从一切因物品及劳务产生的生命、身体及财产上的危害中得到保护的权利；得到选择物品及劳务所需知识及情报的权利；在使用及利用物品及劳务中，自由选择交易对象、购买场所、价格、交易条件等的权利；对影响到消费生活的国家及地方自治团体的政策和事业者的事业活动等反映意见的权利；对于因使用或利用物品及劳务所受到的损害，按照迅速而公正的秩序得到切实补偿的权利；得到为合理地维持消费生活而受到必要的教育的权利；保护消费者的自身权益组织团体，并通过该团体进行活动的权利。

国际消费者联盟组织后来又提出了消费者的如下八项权利：有权得到必须的物品和服务借以生存；得到公平的价格和选择；得到安全；得到足够的资料；可以寻找咨询；得到公平的赔偿和法律援助；获得消费者教育；享受一个健康的环境。

（三）我国法律对消费者权利的规定

我国对消费者权利的认识始于 80 年代。1984 年 12 月成立的中国消费者协会在其章程中提出消费者享有以下六项权利：

（1）了解商品和服务的权利；

（2）选择商品和服务的权利；

（3）求得商品和服务安全、卫生的权利；

（4）监督价格、质量的权利；

（5）对商品和服务提出意见的权利；

（6）受到损害时，有索取赔偿的权利。

1994 年 1 月 1 日我国开始实施《消费者权益保护法》，该法第二章对消费者的权利作出了明确规定，具体内容如下：

1. 消费者在购买、使用商品和接受服务时享有人身、财产安全不受损害的权利（简称安全权）。

安全权包括两方面内容：一是人身安全权，是指生命健康不受损害，即享有保持身体各器官及其机能的完整以及生命不受危害的权利。二是财产安全权，是指消费者购买、使用的商品或接受的服务本身以及服务之外的其他财产的安全。

消费者有权要求经营者提供的商品或服务符合保障人身、财产安全的要求。

2. 消费者享有知悉其购买、使用的商品或者接受的服务的真实情况的权利（简称知情权）。

消费者有权根据商品或者服务的不同情况，要求经营者提供商品的价格、产地、生产者、用途、性能、规格、等级、主要成分、生产日期、有效期限、检验合格证明、使用方法说明书、售后服务、或者服务的内容、规格、费用等有关情况。

3. 消费者享有自主选择商品或者接受服务的权利（简称自主选择权）。

消费者有权自主选择提供商品或者服务的经营者，自主选择商品品种或者服务方式，自主决定购买或者不购买任何一种商品、接受或者不接受任何一项服务。

消费者在自主选择商品或者服务时，有权进行比较、鉴别和挑选。

4. 消费者享有公平交易的权利（简称公平交易权）。

市场交易的原则是：平等自愿原则、等价有偿原则、公平原则和诚实信用原则，因此，买卖双方都享有公平交易的权利。

消费者在购买商品或者接受服务时，有权获得质量保障、价格合理、计量正确等公平交易条件，有权拒绝经营者的强制交易行为。

5. 消费者因购买、使用商品或者接受服务受到人身、财产损害的，享有依法获得赔偿的权利（简称求偿权）。

消费者只要是因为购买、使用商品或接受服务而受到了人身、财产的损害，就可以依法获得赔偿。即使商品生产经营者或服务的提供者并没有故意制售可能危及他人人身、财产安全的商品或服务、甚至还采取了必要的防范措施，但只要是该商品或服务引起的损害，商品的生产者、销售者或服务的提供者就要承担赔偿的责任。

6. 消费者享有依法成立维护自身合法权益的社会团体的权利（简称结社权）。

虽然我国有很多政府机关从不同侧面履行保护消费者权益的职责，但消费者依法成立维护自身合法权益的社团组织仍有不可替代的重要作用。

7. 消费者享有获得有关消费和消费者权益保护方面的知识的权利（简称获得有关知识权）。

消费方面的知识包括：有关消费态度的知识；有关商品和服务的基本知识及有关市场的基本知识。消费者权益保护方面的知识主要是指有关消费者权益保护方面的法律、法规和政策，消费者权益保护机构，以及与经营者发生争议时的解决途径等方面的知识。消费者获得这些知识，有利于其提高自我保护能力。

8. 消费者在购买、使用商品和接受服务时，享有其人格尊严、民族风俗习惯得到尊重的权利（简称受尊重权）。

在市场交易过程中，消费者的人格尊严受到尊重，是消费者应享有的最起码的权利。人格尊严指人的自尊心和自爱心，包括消费者的姓名权、名誉权、荣誉权、肖像权等。民族的风俗表现在饮食、服饰、礼节等方面，要求经营者在制售商品、提供服务时充分考虑到这些因素，不做有伤民族感情的事情。

9. 消费者享有对商品和服务以及保护消费者权益工作进行监督的权利（简称监督权）。

消费者监督权具体表现为：有权检举控告侵害消费者权益的行为；有权检举、控告消费者权益的保护者的违法失职行为；有权对保护消费者权益的工作提出批评、建议。

第二节　消费者权益的保护

一、法律对消费者权益的保护

消费者保护法有广义和狭义之分，狭义上的消费者保护法仅指消费者保护基本法，即从 1994 年 1 月 1 日起实施的《消费者权益保护法》；广义上的消费者保护法是指由国家制定、颁布的具有保护消费者功能的各种法律的总称。消费者保护法作为法律体系中的一个门类，不是因为其与其他法律规范有不同的调整对象，而是因为其有特定的法律功能，即对消费者权益给予特殊的保护。

（一）我国消费者保护法的体系

1. 保护消费者的基本法——《消费者权益保护法》。

其基本内容包括：消费者保护法的宗旨、原则、消费者的权利、经营者的义务、国家机关的职责、消费者组织、争议的解决、法律责任等。它是我国惟一的一部集中保护消费者权益的法律，是消费者保护法的统帅法，在整个规范体系中处于中心地位。

2. 关于商品服务质量保障的法律规范。

最具代表性的是《中华人民共和国产品质量法》，该法于1993年2月22日通过，其主要是从产品质量方面保护消费者的权益，该法规定了产品的监督管理制度以及消费者可以依据哪些标准要求产品生产者和销售者承担产品质量责任。

3. 关于维护消费交易公平的法律规范。

最典型的是《中华人民共和国反不正当竞争法》。从某种意义上来说，不正当竞争行为中对消费者权益的侵犯更多的为间接的作用，但也有一些不正当竞争行为人在排挤竞争对手时，给消费者可能造成直接的损害。

4. 关于消费者安全的法律规范。

其中包括：1995年10月30日修订颁布的《中华人民共和国食品卫生法》、1984年9月发布的《中华人民共和国药品管理法》、1989年9月国务院发布的《化妆品卫生监督管理条例》，以及机动车辆安全管理方面的法律等。

5. 关于商品、服务标识管理方面的法律。

主要包括：1993年2月修订发布的《商标法》、1994年10月发布的《广告法》等。

6. 关于规范生产经营者价格行为维护正常价格秩序的法律。

主要是1997年12月通过、1998年5月1日起实施的《中华人民共和国价格法》。

除以上列举的法律规范外，还有《中华人民共和国刑法》、《中华人民共和国民法通则》等法律及大量的行政法规、地方性法规及规章对保护消费者权益的相关问题作出了规定。

（二）消费者保护法的特点

1. 消费者保护法侧重于保护消费者，对生产经营者给予一定的限制。

这主要是因为如前所述，在现代市场经济社会中，消费者在经济上处于被支配的、从属的弱者地位，如果完全按照传统民商法的原则，消费者利益就会受到损害。正是由于这个原因，许多国家在消费者保护法中特别规定了消费者的权利，经营者的义务及国家机关的职责。同时，还在解决消费纠纷，保证消费者受损时得到救济和补偿的程序和措施上做了一系列方便消费者的规定。

2. 消费者保护法多为强制性规范，对传统的“契约自由”进行了适当的限制。

“契约自由”包括契约缔结的自由、选择契约对方的自由、决定契约内容的自由和契约方式的自由，自由资本主义时期的经济就是通过契约自由来自动调节的。但是，随着商品经济的高度发展，商品的大量生产、大量销售和大量消费的普遍化以及迅速缔结大量契约的必要，经营者往往单方面制定标准合同（格式合同），消费者决定契约内容自由实际上名存实亡，而经营者在格式合同中往往塞入一些对无专门知识的消费者不利的内容，所以，法律就必须对“契约自由”原则进行必要的限制，以保护消费者利益。例如，我国《消费者权益保护法》第 24 条规定：“经营者不得以格式合同、通知、声明、店堂告示等方式作出对消费者不公平、不合理的规定，或者减轻、免除其损害消费者合法权益应当承担的民事责任。格式合同、通知、声明、店堂告示等含有前款所列内容的，其内容无效。”

3. 消费者保护法已在一定程度上采取了“无过错责任”。

传统的“过错责任”是指尽管生产者已给消费者造成了客观上的损害，只要其主观上没有过错，则一般不负责任，而卖方的过失又要提起诉讼的买方负举证责任。消费者保护法则不然，如《中华人民共和国产品质量法》第 29 条规定：“因产品存在缺陷造成人身、缺陷产品以外的其他财产损害的，生产者应当承担赔偿责任。”即由生产者对缺陷产品损害承担“无过错责任”的规定。也就是说，产品如有缺陷并使消费者受到损失时，即使生产者在制造产品时已尽到一切可能的注意，仍需对此负责，而消费者无须承担举证责任。

二、行政执法部门对消费者权益的保护

消费者问题已不仅仅是涉及具体消费者与经营者的利益平衡问题，而是一个重要的社会问题，保护消费者利益已被视为国家和有关社会组织的基本职责。我国《消费者权益保护法》第 28 条规定：

“各级人民政府工商行政管理部门和其他有关行政部门应当依照法律、法规的规定，在各自的职责范围内，采取措施，保护消费者的合法权益。”

（一）工商行政管理部门

工商行政管理部门是我国《消费者权益保护法》确定的保护消费者权益的主要部门，其主要任务之一是依据《消费者权益保护法》履行保护消费者权益的职责，制止和查处侵犯消费者合法权益行为，具体包括：

(1) 通过对市场经营主体的监督管理，制止违法经营，防止损害消费者权益行为的发生。

(2) 通过对各类市场的监督管理，保护合法经营，查处各种市场违法行为，维护市场交易秩序，为消费者提供公平、安全的消费环境。

(3) 通过保护名牌商品，打击商标侵权行为，维护商标信誉，为消费者购买优质商品创造条件。

(4) 通过对广告的监督管理，查处虚假广告和引人误解的宣传行为，维护消费者权益。

(5) 通过制止各种不正当竞争行为，打击和查处侵害消费者权益的各种违法违章行为，保障消费者权益。

（二）技术监督部门

技术监督部门是统一管理标准化、计量和产品质量监督工作的政府职能部门。其职能直接关系到消费者的人身和财产安全，主要包括：

1. 实行标准化管理。

通过制定保障消费者人身、财产安全的一系列产品质量标准，并监督质量标准的实施，保护消费者的权益。

2. 实施计量监督。

通过建立计量基准器具、计量标准器具并实行计量强制检定，以及对计量器具的制造、修理、销售、使用进行监督管理和对违反计量法规的行为进行查处，保护消费者权益。

3. 推行企业质量体系认证制度和产品质量认证制度。

通过促使企业维护自己的信誉和产品质量信誉，提高产品质量的活动，间接维护消费者的权益。

4. 对产品质量进行监督。

通过产品质量监督活动以及对违反产品质量法行为的处罚，保护消费者的合法权益。

（三）卫生监督管理部门

卫生监督管理部门保护消费者权益的职责主要是：

1. 对食品卫生进行监督。

县级以上卫生防疫站和食品卫生监督检验所是食品卫生监督机构，其任务是：

（1）进行食品卫生监测、检验和技术指导；

（2）协助培训食品生产经营人员，监督食品生产经营人员的健康检查；

（3）进行食品卫生评价，公布食品卫生情况；

（4）对食品生产经营企业的新建、改建、扩建工程的选址和设计进行卫生检查并参加验收；

（5）对食物中毒和食品污染事件进行调查，并采取控制措施；

（6）进行现场检查，对违反食品卫生法的行为予以行政处罚。

2. 对药品的生产经营进行监督管理。

县级以上卫生行政部门行使监督管理职权，目的是保证药品质量，保障用药安全，维护消费者人身健康。具体任务是：

（1）对药品的生产、经营和医疗单位的药剂进行监督管理；

（2）审批药品、颁发药品标准；

（3）负责药品的认证工作，提出淘汰药品品种；

（4）管理麻醉药品、精神药品、毒性药品和放射性药品；

（5）取缔假药、劣药；

（6）监督进出口药品的质量；

（7）查处违反药品管理法的行为。

（四）进出口商品检验部门

我国设立了国家商检局、各省、自治区、直辖市都设有商检局及其分支机构。他们的基本职责是依法对进出口商品实施检验，保证进出口商品质量。某些进出口商品品种，必须经过商检机构或其指定的检验机构检验，否则不准出售、使用或出口。实施检验的内容包括：商品的质量规格、数量、重量、包装以及是否符合安全、卫生的要求。对于违反有关规定的要予以处罚。

（五）价格监督部门

我国县级以上各级人民政府价格主管部门的主要职责是依法对价格活动进行监督检查，并依照《价格法》的规定对价格违法行为实施行政处罚；建立价格违法行为的举报制度，并对举报人的投诉、举报进行分析、调查和处理。价格监督工作的重点是规范经营者的价格行为，制止价格垄断、价格欺诈、价格歧视、价格倾销和牟取暴利等违法行为，以维护正常的竞争秩序和消费者的合法权益。

三、行业主管部门对消费者权益的保护

行业主管部门是指按照国家有关规定，负责对其所属行业经营者进行管理的行政部门。主要职责是：

加强对经营者的管理，防止损害消费者权益行为的发生，对已出现的问题积极进行处理，并强化有关消费者权益的服务职能。

承担行业管理职责的有关行政部门，应当经常听取消费者、消费者组织及其他有关部门和社会团体对经营者交易行为、商品和服务质量问题的意见，并及时调查处理。

行业主管部门，还应强化服务职能：一是公布有利于消费者掌握和了解市场行情的商品信息和服务信息；二是揭露严重损害消费者权益的事件；三是公布市场上有关低劣商品的情况。

第三节　消费者组织

一、消费者组织及其特征

（一）消费者组织的概念

消费者组织，即消费者保护团体，是指依法成立的对商品和服务进行社会监督从而保护消费者合法权益的社会团体的总称。

消费者组织是消费者运动发展的产物，是消费者行使结社权的结果。消费者组织最初在美国出现后，迅速在世界各地蓬勃发展起来。我国的消费者组织是随着商品经济的发展和经济体制改革而建立和发展起来的。根据《消费者权益保护法》的规定，我国的消费者组织有两种，一种是消费者协会，包括中国消费者协会和地方各级消费者协会，这是目前我国最主要的消费者组织；另一种是消费者依法成立的旨在维护自身合法权益的其他社会团体。

（二）消费者组织的特征

与其他社会组织相比，消费者组织具有以下几个特征：

1. 消费者组织是一种社会团体。

消费者协会和其他消费者组织不同于机关、企业等社会组织，从法律性质上来说，它属于社会团体。社会团体中，有的属于纯民间的社会团体，有的是半官方的社会组织，具体到消费者组织而言，消费者协会属于半官方的群众团体，一般由工商管理、技术监督、物价、卫生、商品检验等行政部门会同工会、妇联、共青团等组织共同发展设立，经同级人民政府批准后，办事机构挂靠在同级工商行政管理局。而其他消费者组织基本上是民间社团组织。

2. 消费者组织以保护消费者合法权益为宗旨。

消费者协会和其他消费者组织通过对侵害消费者权益的行为公开批评、组织评议商品和服务质量、监督经营者合法经营，协助消费者解决争议等方式对商品和服务进行监督，从而达到最终保护消费者的目的。

3. 消费者组织不以盈利为目的。

消费者组织是公益性社会性团体，应坚持不牟取利益的原则，以保证消费者协会的独立性、权威性和公正性。具体地要求消费者协会不得从事商品经营和营利性服务，也不得以牟利为目的向社会推荐商品和服务。

二、消费者协会

（一）消费者协会的性质与任务

中国消费者协会，是中国广大消费者的组织，是一个具有半官方性质的群众性社会团体。它由全国各人民团体、有关部门、新闻单位、有关专家和各方面消费者代表组成，于 1984 年 12 月 26 日在北京成立。中国消费者协会的领导机构是理事会及其常务理事会。

地方消费者协会，是地方性的消费者组织，在业务上接受上级消费者组织的指导。我国第一个地方消费者组织是 1983 年 5 月在河北省新乐县成立的消费者协会。1984 年 9 月广州市成立的消费者委员会是我国第一个城市消费者组织，截止 1997 年底，全国已成立 3000 多个县以上消费者协会。在城市街道、农村乡镇以及学校、机关、集贸市场、大中型工商企业还建立了各种类型的消费者组织的分会、联络站、监督站 3 万多个，有业务联络员、监督员 6 万多人。

中国消费者协会和地方各级消费者协会，是由同级人民政府批准。经过民政部门核准登记而设立的，因而具有社会团体法人资格。

消费者协会的任务有两项，一是对商品和服务进行社会监督，二是保护消费者权益。

消费者协会对商品和服务进行监督，既是履行保护消费者合法权益责任的具体体现，又是消费者行使对商品和服务的监督权的具体方式。消费者组织对商品和服务的社会监督的形式是多种多样的，如提供商品和服务的质量信息，对商品和服务进行监督、检查，对不合格的商品和服务予以揭露、批评等。

消费者协会对消费者合法权益的保护，是对商品和服务进行社会监督的直接目的和必然结果，是消费者协会一切活动的出发点和归宿。

（二）消费者协会的职能

我国《消费者权益保护法》第 32 条具体规定了消费者协会的七项职能。

1. 向消费者提供消费信息和咨询服务。

接受消费教育是消费者的一项权利，亦是消费者组织一项基本职责。以法律形式规定消费者协会向消费者提供信息的职能，是实现消费者教育权的重要保证。消费信息主要包括，商品和服务在市场中存在的现状、发展趋势及商品和服务的提供者等一系列情况或资料。咨询服务是指，消费者协会针对消费者询问的有关消费及消费者权益保护方面的问题，依据客观事实予以解答。消费者协会除以向某一消费者的特定消费问题进行咨询服务的方式外，通常还通过设立咨询电话、举办讲座、培训班、宣传专栏、展览等形式向消费者提供信息作为其日常工作的重要内容。

2. 参与有关行政部门对商品和服务的监督、检查。

对商品和服务进行行政监督、检查，是行政机关的一项行政职权。消费者协会作为社会团体，依法有对商品与服务进行社会监督的权力。这是两种不同性质的监督，但这并不意味着消费者协会不能参与行政监督。恰恰相反，消费者协会参与行政监督活动，一方面可以使消费者协会更充分地了解有关商品和服务的情况，另一方面，可以督促有关国家行政机关严格履行职责，认真地进行监督、检查工作。监督检查的方式一种是行政机关积极邀请消费者协会参加有关行政监督检查，另一种是消费者协会可以依《消费者权益保护法》主动要求参加有关行政部门的监督检查。

3. 就有关消费者合法权益的问题，向有关行政部门反映、查询，提出建议。

有关行政部门，是指具有保护消费者合法权益职能及责任的行政部门，既包括执法监督部门，也包括行业主管部门，这里所说的有关消费者合法权益问题，是指在消费领域中与消费者合法权益相关的所有问题。赋予消费者协会向有关行政部门反映、查询、建议职能，有利于消费者协会对消费者合法权益进行保护，对沟通政府与消费者之间的联系能起到重要的桥梁作用。

4. 受理消费者的投诉，并对投诉进行调查、调解。

消费者向消协投诉，是指消费者购买、使用商品或接受服务时，其合法权益受到损害，向消费者协会反映情况，要求给予解决的行为。消费者协会在查明事实的基础上，依法公平处理纠纷。在消费者和经营者自愿的基础上进行调解，使之达成解决问题的协议。

5. 投诉事项涉及商品和服务质量问题的，可以提请鉴定部门鉴定，鉴定部门应当告知鉴定结论。

6. 就损害消费者合法权益的行为，支持受害的消费者提起诉讼。

支持消费者提起诉讼包括两层含义，一方面是给消费者以道义上及有关法律知识方面的支持，另一方面是作为消费者的委托代理人直接参加诉讼。

7. 对损害消费者合法权益的行为，通过大众传播媒介予以揭露，批评。

大众传播媒介主要指报纸、广播、杂志、电视等，具有影响大、范围广、速度快等特点。消费者协会的这一职能，可以充分发挥舆论监督在社会监督中的作用。

（三）国际消费者组织

1. 国际消费者联盟组织（IOCU）。

国际消费者联盟组织（International Organization of Consumers Unions，简称 IOCU）于 1960 年 3 月由美国、英国、澳大利亚、比利时和荷兰五个国家的消费者组织共同发起成立，总部原设在海牙，现设在英国伦敦。

国际消费者联盟组织是一个独立的、非盈利的、非政治性的消费者团体国际联络组织。其宗旨是：在世界范围内协助并推动各国消费者组织及政府做好保护消费者权益的工作；促进产品比较试验、消费信息、消费教育等方面的国际合作与交流；在联合国等国际机构中代表消费者讲话，协助不发达国家和地区的消费者组织开展工作。

国际消费者联盟组织现有成员包括在 72 个国家和地区的近 200 个消费者组织，这些成员分为三类；正式会员、通讯会员和赞助会员。正式会员的条件是非盈利性的，只为消费者利益工作，不接受可能影响消费者利益的资助或津贴，不与经营者、政党发生关系的消费者组织。不能满足上述条件的组织可成为通讯会员。赞助会员主要是与政府关系密切的全国性大组织，目前赞助会员只有瑞典全国消费者政策委员会。中国消费者协会于 1987 年 9 月在国际消费者联盟的第十二届大会上被接纳为正式会员。

国际消费者联盟组织每三年召开一次世界大会，其最高权力机构是全体会议，每个正式会员在全体大会上都有表决权。理事会由会议推选 35 名成员组成，理事会指定执行委员会。国际消费者联盟组织的主要活动有：

(1) 设立小组委员会或工作组对商品进行检测。1962 年国际消费者联盟组织的第二届会议宣言就声明进行比较性的检验并为会员提供公正与科学的情况是该组织的主要目标。

(2) 在反对使用农药活动网、国际健康行动与国际婴儿食品活动网等方面为消费者利益开展活动。

(3) 制订拉丁美洲和亚太地区的发展计划，在亚太地区设顾问小组委员会。1981 年在槟榔屿成立了“消费者国际警告组织”，就禁止、限制出售的产品或在世界任何地方均应收回的产品向消费者提出警告，对控制危险品贸易的政策予以支持。

(4) 出版刊物。主要有：消费者联盟通讯（月刊）、消费者报导（月刊）、消费者国际监察焦点（每年六期）、消费者术语汇编、西班牙语消费者杂志、国际健康活动新闻、其他专刊等。

(5) 开展消费者问题的研究，制订公民宪章，对消费者进行教育。

此外，国际消费者联盟组织还作为下列组织机构的顾问和联络员参加活动，维护消费者利益：联合国经社理事会（E—COSOC）、联合国教科组织（UNESCO）、联合国工业发展组织（UNIDO）、联合国儿童基金会（UNIEF）等十几个组织。

2. 欧洲消费者同盟机构（BEUC）。

这是欧洲 1962 年成立的专门代表消费者利益的组织，共有 14 个会员组织和 5 个联系会员组织。该组织主要从事消费者问题的研究，为立法提供建议，其出版物为《CBEUC 新闻》。1973 年，欧共体设立了消费者顾问委员会，由欧洲消费者同盟机构（BEUC）、欧洲工会（CES）、欧洲家庭组织同盟（COFACE）、欧洲消费者合作社联盟的代表及有关专家组成。该委员会的任务是为消费者保护方面的立法与政策提供建议。

第四节　消费者权益争议

一、消费者权益争议的概念

消费者权益争议，是指消费者与经营者之间发生的与消费者权益有关的争议。

消费者权益争议，从法律属性上看，属于民事权益争议的范畴。主要表现为，消费者在购买、使用商品或者接受服务的过程中，由于经营者不依法履行义务或不适当履行义务，使消费者的合法权益受到损害；或者消费者对经营者提供的商品或者服务不满意，双方在权利、义务方面产生矛盾、纠纷。消费者在实施消费行为时，有可能受到国家行政机关的处理，因而与国家行政机关发生纠纷，但这种纠纷不属于消费者争议。

从争议性质来看，消费者权益可分为合同争议和侵权争议。消费者与经营者之间就合同是否成立、有效，合同的内容、形式、履行等问题发生的争议属合同争议。在消费交易中，合同常采用口头合同、标准合同、商品标志等特殊的形式，通常不存在典型的书面合同。经营者不准确计量的行为、提供商品不合质量标准、不及时兑现承诺、未提供商品使用说明等资料等行为，都具有违约行为的性质，由此而发生的纠纷都属于合同纠纷。侵权争议包括经营者直接对消费者人身财产的侵害行为，如对消费者拘禁的行为，还包括经营者通过一定的中间媒介而损害消费者利益，例如产品责任侵权等。

二、消费者权益争议中的求偿主体

《消费者权益保护法》为了保证消费者的合法权益及时得到保护，在消费者权益受到侵害时，可以根据不同情况分别确定赔偿义务主体。

（一）生产者与销售者

（1）消费者或者其他受害者因商品缺陷造成人身、财产损害的，可向销售者要求赔偿，也可以向生产者要求赔偿。

这里的商品缺陷具有特定的含义，它是指产品存在危及人身、他人财产安全的不合理的危险；产品有保障人体健康、人身财产安全的国家标准、行业标准的，则是指不符合该标准。法律这一规定明确了在产品侵权责任争议中，消费者有选择求偿主体的权利，同时也强化和固定了销售者、生产者的赔偿义务。另外法律规定，属于生产者责任的，销售者赔偿后，有权向生产者追偿。属于销售者责任的，生产者赔偿后，有权向销售者追偿。

（2）消费者在购买、使用商品时，其合法权益受到损害的，可以向销售者要求赔偿，销售者赔偿后，属于生产者的责任或者属于向销售者提供商品的其他销售者的责任的，销售者有权向生产者或者其他销售者追偿。法律在这里明确了销售者负有先行赔偿消费者损失的法定义务。

（二）服务者

消费者在接受服务时，其合法权益受到损害的，可以向服务者要求赔偿。

（三）承受原经营者权利、义务的经营者

消费者在购买、使用商品或者接受服务时，其合法权益受到损害，因原企业分立、合并的，可以向变更后承受其权利义务的企业要求赔偿。如果企业分立时对原企业的权利义务承担未作明确划分的，分立后的各企业应承担连带责任。

（四）营业执照持有人

使用他人营业执照的违法经营者提供商品或者服务，损害消费者合法权益的，消费者可以向其要求赔偿，也可以向营业执照的持有人要求赔偿。

（五）展销会举办者及柜台出租者

消费者在展销会、租赁柜台购买商品或者接受服务、其合法权益受到损害的，可以向销售者或者服务者要求赔偿。展销会结束或者柜台租赁期满后，也可以向展销会的举办者、柜台的出租者要求赔偿。展销会的举办者、柜台的出租者赔偿后，有权向销售者或者服务者追偿。

（六）虚假广告的广告主、广告经营者及广告发布者

消费者因经营者利用虚假广告提供商品或者服务，其合法权益

受到损害的，可以向经营者要求赔偿。广告的经营者、发布者发布虚假广告的，消费者可以请求行政主管部门予以惩处。广告的经营者不能提供经营者的真实名称、地址的，应当承担赔偿责任。

三、消费者权益争议的解决途径

消费争议属民事权益争议，争议的双方有平等的民事法律地位。根据《消费者权益保护法》第34条规定，消费者和经营者发生消费者权益争议的，可以通过下列途径解决：

（一）与经营者协商和解

消费者和经营者之间因购买、使用商品或者接受服务而发生消费者权益争议后，消费者与经营者协商和解，是实践中最常见的途径。所谓协商和解，是指消费者与经营者双方在平等自愿的基础上，通过友好协商分清责任，取得彼此谅解，最后达成公平、合理的解决消费权益争议的协议。这种方式具有及时、直接、平和等特点，对于标的较小的纠纷或讲信誉、重质量的经营者来说，采用此方式解决矛盾能获得较为圆满的结果。但该方式是消费者的一种自力救济方式，由于缺乏国家的强制力和约束力，不能排除少数经营者漠视消费者利益，故意推诿，逃避责任，拖延时间，使消费者的利益受到损害。因此，消费者在采取这种方式不能及时解决争议的情况下，就应当选用其他方式解决。

消费者与经营者协商和解时应注意的问题：

1. 必须遵守自愿原则。

在协调和解中，双方当事人必须尊重对方的权利，不得强迫协商，更不得采取暴力、威胁的手段强行要求对方接受某种条件。和解达成后，由当事人自觉履行，当事人一方不履行的，可以重新协商，任何一方不得强制对方履行。不愿和解或和解协议达成后反悔的，应通过其他途径解决。

2. 和解的范围限于当事人可以处分的权利和义务。

凡涉及公共利益以及犯罪行为的争议，当事人不能双方协商私了，当事人协商和解的范围只限于以民事权利与民事义务为内容的消费争议。

3. 协商和解不得损害国家利益、社会公共利益或其他第三人的利益。

（二）请求消费者协会调解

在消费者权益争议的解决途径中，《消费者权益保护法》第34条，专门规定了可以请求消费者协会调解。这一规定使消费者协会调解有别于其他民间调解，成为解决消费纠纷的正式途径之一。

消费者协会调解解决消费纠纷，就是在消费者协会的主持下，纠纷双方当事人通过自愿、协商达成协议，从而解决纠纷的方法。从《消费者权益保护法》的规定看，消费者协会调解是应当事人请求而进行的。

消费者协会调解的好处是：

(1) 有利于纠纷的解决，因为这是在第三方主持下进行的。

(2) 能较充分地保护受害人权益不受侵犯。但由于该调解的性质属民间调解，不具有法律的强制力，所以一旦当事人一方或双方反悔，或不能达成协议，还可以通过其他途径解决。

消费者协会调解消费纠纷的一般程序是：

1. 接受请求。

消费者协会调解消费纠纷是应请求进行的，这种请求通常表现为投诉。所谓投诉，是指在购买、使用商品或者接受服务过程中，消费者与经营者就各自的权利义务关系发生争议，向消费者协会反映情况并要求给予解决的行为。

消费者协会受理的投诉一般有三种情况：(1) 消费者直接向消费者协会进行的投诉；(2) 消费者向有关单位进行的投诉，经有关单位委托消费者协会协助处理的投诉；(3) 经营者请求消费者协会协助处理的投诉。

投诉一般要有书面材料，对口头或电话投诉的，应如实做好笔录。接到投诉后，消费者协会应予以审查，对不符合受理条件的，不予受理；对符合投诉范围和消费者协会管辖范围的投诉，则予以受理。

2. 调查。

消费者协会在受理投诉，决定对消费纠纷予以调查处理之后，应尽快对纠纷事实进行调查。在查明事实的基础上，消费者协会即可根据有关法律规定，分析当事人在纠纷中的责任、要求是否合理，考虑制定调解方案等问题。

3. 调解。

在调查事实后，消费者协会就可把双方当事人邀到一起，在他们自愿的基础上进行调解。通过双方互摆事实，讲道理，辨明事实，分清是非。在整个调解过程中，消费者协会积极主动引导双方协商，必要时可根据自己掌握的事实对缺乏诚意的当事人进行批评和说服，促使双方达成共识，使消费纠纷获得圆满解决。调解成功之后，除没有给付内容的或可当场清结者外，消费者协会一般应制作调解书，加盖协会印鉴并经双方当事人签字。

（三）向有关行政部门申诉

消费者向有关行政部门申诉，也是实践中解决消费纠纷的一种常见方法，《消费者权益保护法》对此作了明确规定。申诉一般是指对有关自身或他人的权益问题，向有关行政部门申述理由，请求处理的行为。作为消费纠纷解决途径的申诉，是指消费者在消费过程中其合法权益受到侵害时，就有关事实以口头或书面形式向有关行政部门反映情况，请求解决消费纠纷，维护自身的合法权益，并处理经营者的违法行为。消费者向“有关行政部门”申诉，是指向各级人民政府所属的与保护消费者权益相关的职能部门，如向工商行政管理部门、质量监督管理部门、卫生行政管理部门等申诉。有关行政部门在接到消费者的申诉后，应分别情况作出处理。

（四）根据与经营者达成的仲裁协议提请仲裁机构仲裁

仲裁又叫公断，指当事人自愿将争议提交第三方予以判断、裁决的一种法律制度。提交仲裁的前提是双方当事人达成仲裁协议。仲裁协议，是指当事人之间通过协商达成的，由仲裁机构解决纠纷的一致意见，仲裁协议一般要求以书面的形式表达。仲裁机构作出的仲裁决定不属终局裁决的，当事人对裁决不服，可在法定期限内向人民法院起诉；仲裁决定属终局裁决的，当事人就不能向法院起诉，当事人应自觉履行。否则，可申请人民法院强制执行。

（五）向人民法院提起诉讼

消费者向人民法院起诉，需依照《中华人民共和国民事诉讼法》的规定提起诉讼和参加诉讼，人民法院依法受理和审理消费者权益争议。人民法院对符合法律规定起诉条件的消费者的起诉，必须受理，依法在七日内立案，并通知有关当事人。消费者向人民法院起诉，有权委托律师或其他代理人（如消费者协会）代理诉讼事宜。司法保护是最有权威、最有力度的一种保护方式，通过其他方式或途径无法解决的争议，都可通过司法审判的途径加以解决。

第五节　侵害消费者权益的法律责任

一、侵害消费者权益的内容及其责任主体

经营者提供商品或者服务，造成消费者权益损害的，包括消费者人身权利（含人格权）的损害（如商场非法搜查顾客身体，使顾客的人格尊严受到损害）和消费者财产权利的损害（如消费者所购电视机在正常使用时发生爆炸，电视机炸毁，放在电视机边上的音响也炸坏），以及同时造成消费者人身权利和财产权利的损害（如电视机发生爆炸，电视机炸毁，音响也被炸坏，正在看电视的消费者被炸伤）。消费者权益的损害，可以发生在售前、售中和售后的各个时间段，如顾客正在商店选购商品时，货柜发生倒塌，砸伤顾客；顾客买回电风扇，在家里正常使用时，电风扇漏电，击伤正在调节风速的顾客等。消费者权益的损害，不仅可能发生在经营者提供商品的场合，也可能发生在经营者提供服务的场合，后者如医院在给患者做手术切割阑尾时，将没有任何病变的其他正常器官当成阑尾加以切除等。

经营者提供商品或者服务，侵害消费者权益的，应当承担相应的法律责任。根据《消费者权益保护法》的规定，侵害消费者权益，应当依法承担相应责任的主体包括生产者（含商品进口者、供货者），销售者，服务者，营业执照借用者、租用者以及出借者、出租者，展销会举办者、柜台出租者，广告经营者等。消费者可以根据消费权益损害的具体情形，依法要求上述有关主体承担赔偿责任。

二、侵害消费者权益的法律责任

提供商品或者服务，侵害消费者权益的经营者，其可能承担的

法律责任包括民事责任、行政责任和刑事责任。

（一）侵害消费者权益的民事责任

1. 民事责任的概念和特征。

所谓民事责任，是民事法律责任的简称，即民事法律主体违反民事义务所应承担的法律后果。民事责任是民法上的保护民事权利的重要措施，是民法的重要组成部分。

民事责任有以下几个特征：

（1）民事责任以民事义务为基础。

无论法律规定或者法律规范的性质有何不同，都规定了民事主体应当做的与不应当做的，即哪些行为属于合法行为是应当做的，哪些行为属于不合法行为是不应当做的。而实施这些行为即是法律所规定的义务，同时，法律又规定了如果不实施这些义务所应承担的法律后果，即法律责任。

（2）民事责任具有强制性。

法律本身就是通过强制力而保障其实施的，因而法律责任不同于社会责任和道德责任。法律责任的强制性是指国家依据强制力追究违法者的法律责任，保证法律的施行。

民事责任的强制性，不同于其他法律责任，它具有强制的可能性。因为在民事法律关系中，有些涉及民事权利义务的纠纷可以通过国家行政管理机关或者其他民间机构，采取调解、协商或者仲裁的方式解决。

（3）民事责任主要是财产责任，但不限于财产责任。

在民事责任中，大多是与财产有关的内容，如财产安全等。但也有大量的非财产责任，如人身权，即消费者的肖像权、名誉权、荣誉权等。对与人身有关的非财产权，并非通过承担财产责任即可消除侵权后果。

2. 民事责任的构成要件。

民事责任的构成要件，指民事行为人承担民事责任的条件，即具备哪些条件当事人才承担民事责任。承担民事责任一般须同时具备以下四个条件：

（1）损害事实。损害事实是确定民事责任的首要条件。损害包括财产上的损失和非财产上的损失，财产损失有直接损失和间接损失。

（2）民事违法行为。行为的违法性是任何民事主体承担民事责任的前提，判断行为的违法性，要从法律的规定及当事人的约定中行为人所应承担的义务来考虑。

（3）损害事实与违法行为之间必须存在因果关系。这是承担民事责任的一个必要条件。在任何情况下，行为人只能对自己的行为所造成的损害后果负责，如果损害事实与他的行为无关，则不能让行为人承担责任。

（4）主观过错。这是行为人承担民事责任的主观要件。行为人只有在有主观故意或过失的情况下，才能对自己的行为所造成的损害负责。但法律有特别规定的例外。

3. 侵犯消费者合法权益的民事责任。

（1）人身损害的民事责任。

人身损害，指造成消费者人身伤害、残疾、死亡，或精神方面的损害。对此种情形，消费者有权要求经营者赔偿由此支付的一切必要的费用。

人身伤害费用包括：

1）医疗费，含治疗费、检查费、医药费、手术费、住院费等费用；

2）治疗期间的护理费；

3）因误工减少的收入（误工日期，应按其实际情况而定）；

4）其他费用，如必要的交通费、营养费等。

残疾费包括：

1）残疾者生活自助用具费；

2）生活补助费；

3）残疾赔偿金；

4）由其扶养的人所必需的生活费。

死亡费包括：

1）丧葬费；

2）死亡赔偿金；

3）由死者生前扶养的人所必需的生活费。

给消费者造成精神损害，经营者应承担如下民事责任：

1）停止侵害；

2）恢复名誉；

3）消除影响；

4）赔礼道歉；

5）赔偿损失。

（2）财产损害的民事责任。

给消费者造成财产损害的经营者应承担的民事责任，除消费者与经营者另有约定外，责任形式有：修理、重作、更换、退货、补足商品数量、退还货款和服务费用、赔偿损失。

（3）三种特殊情况下的民事责任。

一是“三包”的民事责任。除按规定或约定承担民事责任外，在保修期内经两次修理仍不能正常使用的，经营者应当负责更换或者退货。对于实行“三包”的大件商品，经营者还应承担消费者因修理、更换、退货等所支付的运输费用。

二是以邮购方式销售商品的民事责任。经营者首先按约定提供商品；如没按约定提供商品的，消费者有权要求经营者履行约定或退回货款，以及赔偿因其违约而造成的损失。

三是以预付款方式提供商品或服务的民事责任。经营者应按照约定提供；未按约定提供的，应按消费者的要求履行约定或者退回货款，并承担预付款的利息和消费者由此必须支付的合理费用。

（二）侵害消费者权益的行政责任

行政责任，是指行为人实施行政法律、法规禁止的行为所必须承担的法律后果，即行政违法行为所要受到的行政处罚。

行政责任与民事责任最大的区别，在于它不是在平等的主体之间发生的补偿性质的责任。同时，行政违法行为在危害程度上比刑事责任轻，一般由法律授权的行政机关来追究行政责任并实施制裁。追究行政责任，包括行政处罚和行政处分两种。前者主要有批评、警告、没收非法所得、罚款、没收或销毁原物，制止生产、销售、使用或追回，勒令停产、停业、吊销营业执照、撤消商标、拘留或其他治安处罚等。后者主要有警告、记过、记大过、降级、开除等。

侵犯消费者合法权益行为的行政责任，是行为人实施违反消费者权益保护法律、法规所必须承担的行政法律后果，表现为保护消费者合法权益的国家行政机关对侵犯消费者合法权益行为所作的各种行政处罚。在我国的法律、法规中，对侵犯消费者合法权益的行为规定了比较广泛的行政责任。而且对于某些侵犯消费者合法权益的行为，经营者既要对受害人承担返还财产、赔礼道歉、消除影响、赔偿损失等民事责任，同时还可能受到行政机关的行政处罚。

（三）侵害消费者权益的刑事责任

刑事责任，是指行为人实施刑事法律禁止的行为所必须承担的法律后果，即犯罪行为所要受到的刑罚制裁。刑事责任是最严厉的法律责任，只能适用于刑法规定的具有严重社会危害性的犯罪行为。

《中华人民共和国刑法》对一些损害消费者权益的行为规定了刑罚。如对制造、贩卖假药罪，假冒商标罪，制作、贩卖淫书、淫画作了规定等等。此外，《中华人民共和国消费者权益保护法》、《中华人民共和国产品质量法》、《中华人民共和国食品卫生法》、《中华人民共和国药品管理法》等也都规定了追究刑事责任的条款。

复习思考题

1. 为什么要对消费者进行保护？
2. 我国法律规定的消费者权利有哪些？
3. 工商行政管理部门在保护消费者权益中的职责是什么？
4. 如何解决消费者权益争议？

第十章　外国市场监督管理概述

市场监管是对市场运行过程的监督管理，既包括对市场主体及其行为的管理，也包括对市场体系的管理。由于企业结构的不同和市场运行体系的差别，世界各国的市场监督管理各具特色。本章以既具有典型意义，又具有参考价值的美国、德国和日本市场监督管理为例，介绍外国市场监督管理的具体作法、有关法律法规和经验教训。

第一节　美国的市场监督管理

美国是当今世界头号经济强国，也是世界最早进行反垄断立法、进行市场监督管理的国家。

一、美国市场运行基础

（一）美国的企业结构

企业是组成一个国家经济的细胞，也是市场监督管理的对象。美国大约有 2000 万家各类企业，分布于各行各业，经营状况、管理方式千差万别，所有制结构更是五花八门。总体来看，美国的企业结构具有以下特点：

1. 以自由企业制度为基本原则。

美国是实行资本主义制度的国家，其经济制度的基础是私有制，财产私有是美国宪法赋予公民的“神圣不可侵犯”的权力。在私有制这一根本前提之下美国实行的是自由企业制度，其自由主要体现在以下几方面。第一，个人可以自由地创办和经营企业，小到夫妻店、乡村咖啡馆，大到国际商用机器公司（IBM）这样跨国集团。第二，企业具有充分的经营自主权，可以完全自由地选择生产什么、生产多少、如何生产、在什么地方生产和如何销售等，也可以自主地决定产品和劳务价格。第三，充分享有企业的经营成果，承担企业的经营风险。“自由竞争”、“自主经营”是美国企业制度的根本原则。

2. 垄断企业占据着主导地位。

这是美国企业结构的又一显著特色，早在19世纪末期，美国就以“托拉斯帝国”著称，经过1895年～1905年、1920年～1933年、1948年～1964年三次兼并高潮，特别是1974～1986年规模最大的一次企业合并高潮之后，垄断资本的集中已经达到空前规模，在国民经济中占据了绝对优势。1990年美国前500家大公司生产了2.3万亿美元的产品和劳务，占美国国民生产总值的40%以上。可以说，这500家大企业构成了美国经济的核心。美国的汽车、钢铁、银行、化工、通讯等重要行业为少数几家巨型垄断企业所控制。例如，在汽车行业中，通用、福特和克莱斯勒三大汽车公司垄断了95%的汽车生产。《幸福》杂志1991年世界100家最大工业公司排名表中，美国就占了30家。最大30家工业公司中美国占了10家。而最大的10家工业公司中美国占了一半。

美国垄断企业的迅速发展有多方面原因。第一，科学技术进步，加速了资本的积累和生产集中，使企业规模得以迅速扩大。第二，投融资手段的不断发展，特别是工业资本和金融资本全面的、深层次的融合，为垄断企业的发展提供了资金保证。战后美国银行业在加速兼并的同时，迅速扩大国内外分支机构和规模，银行的资产总额和存款总额不断增加，而这些大银行只以经营稳定、还款能力强的大垄断企业为贷款对象，从而为大企业的扩张起了推波助澜的作用。第三，为了适应日益加剧的国内外竞争，许多企业选择了合并，以迅速扩大规模、增强实力。美国垄断企业的迅速发展主要是通过企业的大规模合并实现的。合并使得许多巨型公司能在更短时间里实现自身的迅速扩张，包括美孚、美国钢铁公司、美国电话电报公司在内的许多巨型企业都是在一次次企业合并浪潮中不断出现的。规模的迅速扩大使得这些企业在竞争中，特别是在国际市场的竞争中处于有利地位。日本、德国等新兴工业化国家和地区的迅速发展，使得美国企业受到挑战，并走向调整机构、进行多种经营的混合企业化的兼并扩张道路。最后，垄断企业迅速发展是美国政府对垄断行为默许甚至纵容和对大企业的扶植政策的结果。美国企业的四次兼并高潮都是政府放松执行反垄断法的直接结果，在罗斯福新政时期干脆将反垄断法扔到一边，1981 年里根总统的新自由主义经济政策也放松了政策管制，为企业合并大开方便之门。另一方面，美国的“加速折旧法”等政策，加快了大企业的资金周转和资本更新。规模不断扩大的转移支付和政府采购，特别是军事采购，也扶植了许多大企业的急剧膨胀。

垄断企业的直接目的是为了垄断利润，即利用垄断企业的各方面的优势，控制所处行业的产品生产和销售，垄断产品价格，打击行业内的中小企业，并最终消灭或控制其他企业。因此，垄断会抑制市场竞争，损害中小企业的发展，并最终侵害消费者利益。

3. 多种企业形式并存。

虽然垄断企业占据了美国经济的主导地位，但在世界最强大、最先进的美国经济中其他各种形式的企业也占有重要地位。从法律形式上看，美国有三种企业，即合伙企业、独资企业和公司企业。美国的中小企业，特别是小企业都是独资企业，即由一人出资，归个人所有和控制，完全自主经营，占美国企业总数的 75%以上。合伙企业是为了克服资金不足和经营管理人员不足等困难而合伙组建的企业。合伙企业与独资企业一样，负有无限责任的风险，而对企业的控制权却不如独资企业，其资金也有限，经常受到大企业的排挤。合伙企业只占企业总数的 7%左右，其作用也很有限。公司制企业是美国最重要的企业形式，公司是法人，在法律上和自然人一样，可以成为权利主体。作为公司制企业的股份公司可以迅速将分散的资金变成集中的、巨额的社会化资本，发挥资本的规模效益。美国政府通过《公司法》来规范公司制企业的行为。

由于企业形式的多样化，特别是大量的中小企业的存在，形成了美国企业的金字塔，塔尖上的是那些垄断企业，而塔基则由众多中小企业构成。中小企业的作用不可忽视。第一，它是美国劳动力就业机会的重要来源。第二，中小企业在技术进步方面具有显著的创新作用。第三，中小企业是重要的经济纽带，如果说垄断企业是美国经济的骨架，中小企业就是美国经济的血和肉。中小企业将中心城市或经济中心与落后地区、将垄断企业和消费者联系了起来，成为垄断企业的重要的、不可缺少的补充。第四，中小企业的存在有助于推动市场竞争机制充分发挥作用，向垄断企业施加必要的竞争压力，是保持经济活力，防止经济停滞的一股强劲力量。

正是由于中小企业不可忽视的重要的经济价值，美国政府对中小企业采取了积极的扶持政策，其基本原则之一，就是市场调节，保护竞争，一方面维护和支持垄断资本的利益，另一方面也力图不使垄断行为破坏自由竞争的气氛，影响经济效率的发挥。政府不仅制订了许多小企业法规和各种反托拉斯法，为小企业的生产和发展提供法律依据，同时也做了大量实际工作，成立了各种小企业领导和管理机构，如小企业管理局、参众两院的小企业委员会等，以扶持和帮助中小企的发展。

（二）美国的市场体系

美国的市场经济发达，其市场体系也较为成熟和完善。生产要素市场和消费市场都十分发达。发达的要素市场有利于生产要素在各部门和企业间流动，是市场经济优化资源配置的前提条件，生产要素市场包括一般的生产要素市场和具有一定特殊性的房地产市场、金融市场、劳动力市场和技术信息市场。其生产资料市场和消费品市场的流通和营销方式基本是相同的，共同构成美国的商品市场。商品市场、金融市场和劳动力市场是美国市场最基本也是最主要的组成部分。

1. 商品市场。

商品市场是美国全国性的产品拍卖、现货或期货买卖的有组织的交易场所。

（1）现货市场。美国的现货市场又分成批发市场和零售市场两大组成部分。

二战以来，美国商业发展迅速，其中批发商业又比零售商业发展更快。批发商业公司的销售量占全部商业销售量的60%以上。批发商一方面为生产企业寻求和提供市场，另一方面为消费者提供消费品，为生产者和消费者提供了各种有效的、便利的服务。由于垄断资本在商业流通领域中的发展，在美国的批发商业中，联合公司成为占支配地位的组织形式。

美国的零售商业也极发达，从其规模、效率和发展情况看，都是十分突出的。美国的零售商业经历了由百货商店，到超级市场，再到连锁商店的发展壮大历程，逐步实现销售技术的自动化。随着计算机的应用，电子货架监视系统、自动化仓储系统、自动化运输系统，使得商品采购、储运、调节、计价、结账全面连接，使商业劳动生产率不断提高，也带动了世界零售业的发展。

(2) 期货市场。美国现代商品期货交易开始于19世纪中期的芝加哥。芝加哥期货交易所最初以农作物期货交易为主，随着美国经济的发展，新的期货交易所不断涌现，交易种类也由农产品发展到贵金属、制成品、加工品和非耐储商品的期货交易。

期货市场有两个主要功能，即风险转移和价格信息。期货合约的持有者可以通过市场将价格波动的风险转移给愿意承担该风险的投机商，并可以通过期货合约的交易价格来反映人们对该类产品的价格变动的看法。

期货市场是完全由供求规则决定的自由市场，交易者可以根据市场公开的交易信息自由决定自己的卖买行为。同时期货市场也是高度投机的市场，期货市场价格波动幅度更大，影响因素更多、更复杂，进行期货交易，其投机性比其他类型的市场交易更为明显。1982年出现的期权交易方式，使期货交易具有更大的灵活性，使得期货交易在传递商品市场信息、促进市场流动性方面发挥了更为重要的作用。

2. 金融市场。

金融市场是资金融通、调节投资的主要渠道，是美国市场经济的核心部分，美国经济活动在很大程度上依赖金融市场的活跃程度。金融市场主要包括货币市场（资金市场）和资本市场。

(1) 美国的货币市场。美国货币市场一般指1年及1年期限以下的金融工具的交易市场，这与一些国家以2年或3年以下为期限是不同的。短期金融工具主要包括：主要用于调整储备状况的联邦基金和回购协议借款；可转让定期存单；商业票据；银行承兑汇票及国库券等。货币市场是美国金融市场的重要组成部分，其作用主要是：1）提高资金利用率。货币市场短期的资金调剂，既能提高短期资金的效率，即通过货币市场调剂获得收益，又可以为长期投资者提供短期资金支持，使其敢于进行长期投资。2）国家财政的重要来源。国库券、短期债券在货币市场上发行为政府提供了筹资渠道。3）政府可以通过货币市场上运用调整贴现率、准备金比率等政策手段来调控整个金融市场。显然，资金市场是否运转良好，能否充分发挥作用，关系到整个美国经济的发展。这也使得货币市场成为美国金融市场十分庞大、十分活跃的组成部分。

（2）美国的资本市场。资本市场是长期金融工具市场。包括债券市场、股票市场和银行信贷市场。主要交易对象有政府公债、公司债和股票、金融期货、房地产抵押贷款、租赁等。既是美国政府和企业筹集长期资金、调剂资金周转的场所，也为投资者提供可以选择的投资方向，更为政府对经济进行宏观调控提供了舞台。

债券市场的主要交易对象是：联邦、州和地方债券，公司债券和抵押债券。这些债券的发行量巨大，交易活跃，是公众投资的重要场所，也是政府和企业筹资的主要来源之一。

股票市场是资本市场的另一个重要组成部分，是指美国经营股票发行和交易的场所。美国的股票市场是世界最发达，最重要的证券市场，有着完善的股票发行和交易规则及现代化的股票交易网络。其股票市场为企业的发展筹集了大量资金，还通过股票的发行和流通，引导资金和其他生产要素资源在各部门合理分配，从而促进经济结构的调整，促进企业的发展。

3. 劳动力市场。

劳动力市场是进行劳动力资源配置的场所，是整个市场体系中既十分重要又十分特殊的组成部分。美国采取自由的劳动力市场制度，劳动力市场的交易双方都有完全的自主权，雇主可以依据企业需要，选择有相当工作能力的人员，雇员也可以根据自己的志愿选择工作，劳资双方共同协调工资数额，联邦政府除规定最低工资和加班工资数额，一般不插手具体的就业事务，而是通过实施宏观经济政策和制定相应的法律来对劳动力市场施加影响。

经济的波动、社会政治因素的变化等不断导致劳动力市场上劳动关系和竞争程度的变化，也改变着劳动者的收入和企业的劳动成本。随着科学技术的发展，劳动力竞争已转变成人才竞争，并推动了美国的教育、职业教育和就业培训制度的不断向前发展。

二、美国的反托拉斯法

美国是市场经济国家，市场机制调节经济运行是其主基调，但在30年代罗斯福新政之后，特别是战后凯恩斯干预主义宏观经济政策的推行，使得美国政府越来越深的介入了美国经济运行过程，其在市场经济运行过程中的地位不仅仅体现在从市场进行大量的政府采购，成为市场立体的一部分，还体现在，作为上层建筑，它又是一种超越市场的力量，为市场提供服务，调节市场经济运行，维护市场秩序，保持市场的稳定和发展。

美国政府要为整个市场体系正常运转营造良好的市场环境，制定市场参与者需要遵循的游戏规则，即制定有关的经济法规，法令和条例，来进行市场的监督管理，其中最为重要的是反托拉斯法。

(一) 美国反托拉斯法产生的历史背景

美国政府于1890年颁布了《谢尔曼法》，这是美国也是世界第一部反垄断法规，其产生是有着深厚的历史背景的。

第一，美国的经济实力发生了巨大变化。美国经济起步较晚，但发展极快，南北战争结束后，美国仅用了30年左右的时间，就迅速发展成为工农业高度发达的资本主义强国，1840年美国经济列世界第5位，1860年列第4位，1890年就超过了英、法、德诸强而跃居世界第一。这种飞速发展是建立在企业生产规模超常规扩大的基础上的，也为企业的发展创造出更大规模的资本和设备，其结果是企业规模扩张较之经济发展更快，使得美国许多世界级大企业相继产生。

第二，19世纪70年代末期，科学技术突飞猛进地发展，如电力的使用，动力机器的出现，新发明、新技术的推广，为社会化的大规模的机器生产提供了基础。同时铁路的发展和电报电话的采用使得企业在地域上的扩张更为便利，公司制这一高级企业形式的出现也为企业大规模迅速扩张奠定了资金基础。技术、资金、运输、通讯等各方面的有利条件推动了美国企业的联合和兼并浪潮。

第三，资本主义生产关系正在发生着深刻变革，资本主义制度经过一百多年的发展，已使得资产阶级从代表新兴、进步力量，成为统治阶级，自由的市场经济已不能维护和大规模促进资产阶级的既得利益，竞争利润已不能适应其需要，更大规模的、稳定的垄断利润成为资产阶级必须而且可能的追求目标。

第四，经济的发展，特别是世界经济联系的日益加强，使得竞争，特别是国际市场竞争日益加强。美国企业为了维护既得的利益，为了巩固市场地位，为了防止外国企业的冲击，采取了扩大规模、兼并联合的发展之路。

垄断企业的迅速出现，是各方面的原因的必然结果，但是，大规模垄断企业的产生也不可避免地带来严重的负面效应。首先，它使众多小企业受到致命威胁。1895 年至 1904 年间几乎一半的企业被吞并，严重动摇了自由市场经济的基础。其次，垄断企业，或是一些大企业的勾结联合，就可以控制市场，得到更大的垄断利润，降低了企业在采用新技术、加强管理、降低成本等多方面的积极性，损害了经济发展的后劲。第三，垄断企业加剧了收入分配的进一步分化，垄断资本赚钱更容易，而工人的基本权力得不到保障。这一方面动摇了社会稳定的基础，也使得社会有效需求不能适应生产的发展。经济危机频繁发生。上述问题使得垄断企业间的勾结或联合受到越来越多的人们反对，也使得 1890 年的《谢尔曼法》成为历史的必然。也正是由于上述两方面的原因，使得美国的反垄断法在既要保持一定的企业规模，一定程度的垄断，又不得不反垄断的矛盾心境中产生，其后的执行过程和修改过程度也时刻反映着这种矛盾的两个方面。

（二）美国的反垄断法规

1. 1890 年《谢尔曼法》。

全称为《谢尔曼反垄断法》，是以“保护贸易和商业免受非法限制和垄断之害的法案”被通过的，是美国反托拉斯法的基础，它有两个关键性条款：

第一条任何以托拉斯或其他形式作出的契约、联合或共谋，如被用以限制州际间或外国间的贸易或商业，均属违法。

第二条任何垄断者或企图垄断者，或与他们联合或共谋垄断州际间或与外国间的贸易或商业之任何一部分者，均被视为刑事犯罪。

《谢尔曼法》的通过第一次明确公布了美国对垄断的公共政策。该法不仅规定地方检察官和美国司法部长有义务禁止和限制违反《谢尔曼法》的行为，而且赋予受害方提出三倍损害赔偿诉讼的权利。如今，司法部反托拉斯司是执行《谢尔曼法》的政府机构。但是，私人一方也可以根据该法对私人另一方提起诉讼。事实上，根据《谢尔曼法》所提起的私人诉讼要比政府诉讼更多。

2.1914 年《联邦贸易委员会法》。

《联邦贸易委员会法》是由根据该法的通过而授权建立的联邦贸易委员会负责执行的。联邦贸易委员会是一个由经济专家和法律专家组成的机构，它的职责范围是：搜集和编纂情报资料，对商业组织和商业活动进行调查，并对不正当的商业活动发布命令。调查是根据该机构自己的需要或根据总统、国会或司法部长的命令而进行的。它在执法方面的主要职责是防止企业在商业活动中采用不正当的竞争方法。

《联邦贸易委员会法》中最著名的条款是第 5 条：“对于商业活动中的各种不正当的竞争方法，均就此宣布为违法。”1938 年，根据《惠勒—利法》，《联邦贸易委员会法》第 5 条的规定被扩大为：“对于商业中各种不公正的竞争方法和不公正或欺骗性的行为或做法，均就此宣布为非法。”这一条款的修改，扩大了不公正和欺骗性的行为或作法的适用范围，更便于联邦贸易委员会发挥职能。

3.1914 年《克莱顿反托拉斯法》。

《联邦贸易委员会法》通过后，《克莱顿反托拉斯法》也很快获得批准，该法由司法部和联邦贸易委员会共同管辖，这个联邦法规指出了四种属于托拉斯范畴的商业做法：价格歧视、独家交易、合并和联锁董事会。其中除了联琐董事会的问题外，这个法规的条文规定也和谢尔曼法与联邦贸易委员会法一样笼统，只有“其结果……可能实质性地削弱竞争或有助于在任何商业部门形成垄断时”，它们才是违法行为。这个条文中的“可能”这个词对于将反托拉斯法适用于商业行为的执法机构来说，起的作用最大。执法机构和法院都不必证明已经存在着实际上的损害，也不必依靠过去的数据资料来证明对竞争的有害影响，但却可以根据预期会发生的最后结果来确定一个判例。这就是克莱顿法中所确定的“早期原则”。这一原则说明了其与《谢尔曼法》的基本区别，即在商业行为是否违法的界定时，并不一定需要《谢尔曼法》所要求的能够证明该行为是损害竞争的这一结果作为先决条件，更便于违法行为的界定，这也表明了美国国会为完善反托拉斯法所做的努力。

4.1936 年《鲁宾逊—帕特曼法》。

《克莱顿法》涉及价格歧视、独家交易、合并和联锁董事会条款，随着商业活动的发展，美国国会不断对其进行修改，如 1950 年的《塞勒—凯弗维尔修正案》和 1980 年的《反托拉斯诉讼程序修正案》是对《克莱顿法》第七条有关合并的规定的修改。而 1936 年通过的《鲁宾逊—帕特曼法》是对《克莱顿法》第二条有关价格歧视条款的修改，其目的是扩大《克莱顿法》第二条的范围，并对价格歧视行为作出更具体的规定：

第一，它在原来的“只要其结果可能实质性地削弱了竞争”这个短语后面又增加了“或者损害、破坏或阻碍了与同意给予或故意接受这种价格歧视利益的任何人或其买主的竞争”的规定。关于对任何人的损害，要特别考虑的是对竞争者的损害；当然，竞争者只是竞争的一部分。关于接受歧视的一方，强调的是由大买主所引起的价格歧视。

第二，《鲁宾逊—帕特曼法》对应予消除的价格歧视的种类作了详细的规定。它规定了一个特别禁令和两个特别命令。禁令是指第 2 条（即《克莱顿法》第 2 条修正案）第 3 款的规定，它禁止任何厂商与买主或卖主的交易中接受佣金或津贴。两个命令是服务的报酬和提供服务或设施时，必须按比例和平等条件向所有的买主提供。

第三，在关于判决中的罚款和监禁的刑事条款中，《鲁宾逊—帕特曼法》规定，在不同的地区实行价格歧视或者为了破坏竞争或消除竞争对手而按不合理的低价销售产品是违法的行为。从严格的法律意义上看，《鲁宾逊—帕特曼法》主要是备用的刑事法规，而不应将它仅仅视为一个反托拉斯法。

30年代大危机时期，由于超大型零售商店、连锁商店和邮购商店压价出售商品，给小型的独立零售商以及为其提供货源的批发商带来了巨大危害。这些大型零售商由于采购量大，可以从制造商那里取得大量的价格优惠。这样，小型的零售商和大型的零售商进货价格不等，出现了价格歧视。《鲁宾逊—帕特曼法》的目的就在于保护小型零售商，禁止制造商采取给大型零售商带来特殊好处的价格歧视，使大、小型零售商在相同的水平上展开竞争。

《鲁宾逊—帕特曼法》力图使反托拉斯法减少抽象性，变得更为具体化。然而这个法规的实践表明，制定具体规定并没有极大减少反托拉斯法中的所谓"不明确性"。为了解释这个法规中的各种术语在各种个体情况下的含义，诉讼就变得更为复杂。

三、美国反托拉斯法的执法机构和诉讼程序

（一）美国反托拉斯法的执法机构

美国反托拉斯法的执法机构主要是联邦贸易委员会和司法部的反托拉斯司及各州的反托拉斯处。

1. 司法部反托拉斯司。

反托拉斯司于1933年作为司法部的一个独立机构而建立，共有三个主要部门。(1) 华盛顿的审判科，负责处理特别调查案大陪审团审理的法院的案件以及判决的执行。(2) 分布在全国各地的十个地方办事处，同华盛顿的审判科具有同样的功能。(3) 设在华盛顿的专家办公室，负责同反托拉斯司的总体工作相关的技术问题。

反托拉斯司的职责是执行《谢尔曼法》和《克莱顿法》。《谢尔曼法》是一个具有民事和刑事双重性质的法规，因此首先要决定的是应提起哪一种诉讼。当被指控的行为属于"严重的"违法行为时，反托拉斯司才负责起诉，一般的做法是适用刑事诉讼。依据《谢尔曼法》第四条，反托拉斯司本身具有实施民事诉讼程序，防止和限制违反《谢尔曼法》的职责。它也可依据《克莱顿法》提起民事诉讼。

2. 联邦贸易委员会。

联邦贸易委员会是一个独立的执法机构，由五名委员组成，委员由总统任命经参议院推荐和批准。在五名委员中，属同一政党的成员不得超过三名，任期为七年，并且他们的任期时间是交错的。

联邦贸易委员会有两个主要的工作机构。一个是竞争局，它负责执行《联邦贸易委员会法》中有关贸易限制问题的第五条和《克莱顿法》，该局包括设在华盛顿的律师处以及全国各地方办事机构。另一个是消费者保护局，它负责对那些“对消费者不正当或欺骗性的行为或做法”提起诉讼。此外，联邦贸易委员会的经济局是一个咨询部门，它负责调查、搜集和分析有关数据资料，准备经济报告和检查，并为联邦贸易委员会经济方面的活动提供咨询。还有行政法官，专门负责由竞争局提起诉讼的最初审理。

3. 各州的反托拉斯机构。

在美国各州，反托拉斯法普遍由州总检察长掌握。1977 年初，联邦政府开始对各州反托拉斯法的执行给予协助，有 25 个州第一次建立了反托拉斯处。1976 年的哈特－司各特－鲁迪南反托拉斯改进法作出了有关代理诉讼的规定。该法支持州总检察长为本州的公民对于违反谢尔曼法的行为提起民事损害赔偿的诉讼。

（二）美国反垄断法的诉讼程序

1. 司法部反托拉斯司的诉讼程序。

联邦贸易委员会和司法部反托拉斯司在执行反托拉斯法过程中各司其职，各有分工，相互配合。一般情况下，美国反托拉斯法的执行主要还是通过正常司法程序进行的。

司法部的反托拉斯司职责是执行《谢尔曼法》和《克莱顿法》。其中，司法部对《谢尔曼法》的实施有独立的管辖权。由于《谢尔曼法》是一个具有民事和刑事双重性质的法规，因此首先要决定是提起刑事诉讼还是民事诉讼。当被指控的行为属于“严重的”的违法行为时，一般的做法是适用刑事诉讼。那些“严重的”违法行为是指那些被称为本身违法的行为、被认为本身是对贸易的不合理限制的行为、经判例而被确认的本身违法行为，简言之，是那些被法院多次宣布为违反反托拉斯法的商业行为。其他被指控的行为可提起民事诉讼。

（1）刑事诉讼程序。《谢尔曼法》的刑事制裁是从大陪审团的调查开始的。如果原告向大陪审团提起的诉讼被其退回，并需要充分的证据来证明审判的合法性时，反托拉斯司就会在地区法院提起诉讼。如果被法院判定有罪，这个判决就可以作为“私人反托拉斯3倍损害赔偿诉讼”中的初步证据，最终通过罚款和监禁来制裁。

（2）民事诉讼程序。民事诉讼的程序和判决结果都与刑事诉讼不同。其目的不是通过罚款和监禁来制裁，而是通过禁止进行某种行为来防止和限制违反反托拉斯法的行为，或者通过改变市场结构性质来恢复竞争局面。民事反托拉斯判决主要适用于以下措施：将一个公司分解成几个公司（解散），强迫母公司收回其在子公司的股份而使后者独立成为一个新的竞争者，使某些使用权（如专利权和专有技术）能为其他竞争者所使用，修改供应和劳务合同的条款。例如，法院可以命令缩短供应合同的履行期限，或者命令出让已出租的一项机械设备。因为这些判决令是由地区法院来宣布的，所以反托拉斯司的工作人员必须使法官确信这种改变市场结构方法的必要性。法律规定，民事反托拉斯案件应在地区一级法院迅速处理；并且还规定，对地区法院最后判决的上诉可以直接向最高法院提出，只要这种上诉是必需的并得到地区法院的批准。

2. 联邦贸易委员会的诉讼程序。

根据《联邦贸易委员会法》和《克莱顿法》，联邦贸易委员会行使反对贸易限制和保护消费者的职能。在这个执法过程中，它是作为一个能宣布自己裁决的准司法机构来行使职权的。一旦提出指控，行政法官就会处理这个案件并听取必要的陈述和审阅有关文件，然后宣布初步的裁决。行政法官在公务员委员会领导下行使职权，其任期与联邦法院法官相同。对于行政法官的裁决，被告或联邦贸易委员会的法律顾问可以向委员们提出上诉。在听取了上诉后，联邦贸易委员会可以撤消这个案件或者发布命令，通常是发出“停止违法行为令”。在某些案件中，联邦贸易委员会的措施超出停止违法行为令，而命令采取积极的纠正措施。对于联邦贸易委员会的命令，被告可以在60天内向上诉法院的巡回庭提出上诉，这个案件就有可能最后移交最高法院来判决。

联邦贸易委员会在行使职能过程中，可以要求其发布命令所针对的当事人详细汇报他们执行命令的情况。联邦贸易委员会还可以通过地区法院发布初步的强制令来禁止任何人违反或企图违反它所执行的任何法律。联邦贸易委员会与司法部都可以对违反联邦贸易委员会的停止违法行为令的当事人实行民事制裁。

四、美国的价格、广告和商标的管理

（一）美国的价格管理

美国的价格管理主要是采取“自由价格”体制。美国政府在总体上并不直接介入价格的形成。只是对一些特殊的产业部门、特殊的产品和服务，才加以一定的控制。

一些中、小企业占据统治地位、竞争激烈的行业的产品和服务的价格，是完全的“自由价格”，如服务业、小零售商店、为大企业制造零部件以及纺织、家具、木制品和服装行业等等。大垄断企业占统治地位的行业，如美国的汽车、石油、飞机、自动化机械、武器制造、电讯和钢铁等行业，这些行业的产品价格受到制造商的相当大的控制。而有的行业在有的时期，其产品价格受到政府的管制，如石油等。

在美国，大部分行业处于不完全竞争的状况，即垄断与竞争的混合。因而这些行业的厂商都不同程度地控制其产品价格，但是，垄断价格也不能违背价值规律。在美国，甚至像通用汽车公司和国际商用机器公司那样的大垄断企业，也常常迫于竞争而不得不削减价格，并且竞相通过在生产中采用先进技术、改进管理，进行推销竞赛等，以保持它们在市场上的垄断地位。政府只对“协议价格”和“倾销价格”等进行限制。

在美国，政府仅仅对极少数重要产品和服务的价格进行干预。最典型的是农业的价格和收入支持政策。从 20 世纪 30 年代中期开始，美国政府对主要农产品实行了支持价格，用大量的财政收入来补贴农业，以提高农场主的收入，调整国民收入的分配结构。美国政府还在通货膨胀严重的时期，实行了牵涉面较广的控制价格的政策，如 70 年代早期尼克松总统时期就实行过。美国政府还对其他一些产品和服务规定过最高限价和最低限价。如在 1973～1981 年对石油实行了控制价格。美国政府出于保证低收入阶层住房要求的考虑，对房租实行控制。美国政府还对有的商品（如劳动力）规定了价格的下限，即规定工资的下限，例如在 1984 年由政府规定工资的最低限为 3.35 美元每小时。

政府对价格的控制是局部性的，有的是长期性的，如农产品的支持价格；有的是在一定条件下采取的，如在严重的通货膨胀、物资短缺和战争时期等；有的则带有临时的性质。有些美国经济学家认为，美国有的控制价格的措施具有消极影响，例如对房租的限制影响了对房产的投资和对现有房屋的维修，以致造成一些旧房被废弃等。

（二）美国的广告管理

美国政府管理广告的主要机构是联邦贸易委员会，该委员会代表政府对广播、电视进行管理，负责确认电台与电视台的经营资格，对电视台、电台播出的广告作一些具体规定。在广告中，一旦当事人违反了委员会的有关规定，委员会有权对当事人处以罚款或对当事人起诉，追究其刑事责任。

此外，联邦邮政总局负责防范和查处通过邮递的广告是否有欺骗和违法行为。对各种欺骗性宣传，可以采取冻结财产和银行账户、封存邮包等措施。

联邦农业部的种子公司和酒精税收部门对涉及到国计民生的种子广告和酒精饮料广告的真实、合法性进行认定和监督。

联邦保护消费者委员会可以依据联邦有关保护消费者权益法律，对侵犯消费者权益的广告和广告商提起诉讼。

联邦证券交易委员会、美国专利局以及国会图书馆还分别对股票和证券广告、商标广告和涉及版权所有方面的资料性广告进行监督，协助联邦贸易委员会的广告管理部门对违法广告进行查处。

对在各州内部进行的广告宣传中的违法问题，一般由各州的司法部长办公室进行调查处理。处理的办法主要是责令停止发布、做出更正、处以罚款和责令赔偿。

联邦贸易委员会下属的消费者保护局设有广告处，对州际间违法广告进行管理和查处，同时还受理由于广告引起的经济赔偿案件，做出必要的行政裁决。联邦贸易委员会还出版一些有关广告的指南性读物，使广告主切实了解哪些行为是法律所禁止的，哪些是应该避免的。

联邦贸易委员会的日常工作是制定广告规章，调查处理消费者对广告的控告，召开听证会，调查听取市民和广告界双方对案件的看法和意见，对虚假广告有权采取包括：责令发布更正广告，要求赔偿消费者损失，罚款、冻结存款及封存商品等措施。

（三）美国的商标管理

美国的商标注册有联邦注册和州注册两种形式，联邦专利商标局下设的商标注册处，具体受理商标注册申请并负责审核发证工作。各个州也有专门受理商标注册申请和审批发证的办公室。

美国的《商标法》具体规定了商标申请和注册的条件，对注册商标拥有人的权力和义务，对商标侵权、仿冒、盗用他人商标行为都有详细的规定。美国的商标注册机构不负责对商标假冒侵权行为的处理，而由法院查处。

第二节　德国的市场监督管理

1990 年 10 月 3 日，德国实现了统一。东德即原德意志民主共和国根据西德即原德意志联邦共和国《基本法》第 23 条加入西德，采用西德的政治经济制度。本节所介绍的是联邦德国战后的市场经济运行情况及统一后德国所采用的市场监督管理体系。

德国经济是在二次大战的废墟上重建起来的，但自 1949 年 9 月联邦德国成立以来，其经济增长神速，至 60 年代初就迅速超过了英法成为西方世界第二大经济强国，到 1969 年，在短短 20 年的时间里，德国经济翻了两番，这是世界震惊的“经济奇迹”。德国经济的另一个鲜明特色是社会市场经济体制，并且采取了西方最为严厉的竞争政策。

一、德国的市场体系和竞争政策

（一）德国的社会市场经济体制

西德经济最鲜明的特征是实施社会市场经济体制。这种体制被认为是一个综合体，一方面国家通过法律保证经济自由、特别是保障自由竞争；另一方面，国家通过建立不断完善的社会保障体系以保证社会安定和安全。根据享有盛名的西德新自由主义学派代表人物艾哈德的设计，社会市场经济应是一种以自由竞争为基础，国家适当调节，并以社会安全为保障的资本主义市场体系。德国社会市场经济体制具有以下几个方面的特点：

1. 保护竞争，为充分发挥市场机制的作用创造最有利的条件。

竞争原则是社会市场经济的基本原则之一，重视竞争，致力于保护竞争，将其视为社会市场经济的核心，并从以下几个方面创造最为有利的竞争条件。第一，保证私有财产的占有权和经济活动的充分自由。第二，保护货币的稳定，防止通货膨胀，维护价格信号及其调节作用。第三，防止垄断，社会市场经济理论强调垄断对生产力的阻碍作用，并竭力倡导竞争，反对垄断。

2. 对市场进行必要的、适度的干预。

即尽可能地以市场力量来自行调节市场经济活动，同时保持政府对市场的必要的干预。社会市场经济与一般的市场经济的不同就在于其重视政府的适当干预，以弥补市场竞争的不利的方面，更充分发挥其有利作用，国家干预对战后德国经济的重建起着十分重要的作用。

3. 发展社会保障体系，维护社会公正。

实现市场自由原则同社会平衡原则有机结合是社会市场经济体制的追求目标。有人认为，之所以要在市场经济前面加上“社会”二字，就是表明一个有效的市场经济体系不仅要取得经济成就，同时要完成一系列保障任务，以保证社会的进步。社会保障制度是德国社会市场经济的重要组成部分。

社会市场经济体制在德国经济生活中起着重要作用，它对德国的企业制度、市场体系及德国的竞争政策都有着十分深刻的影响。

（二）德国的企业结构

1. 企业的法律形式。

在德国社会市场经济中，通过立法确定企业的法律是国家建立和完善企业制度的首要任务，德国有《商法典》、《股份公司法》、《有限责任公司法》、《合作社法》等多部有关企业法律形式的法规，为企业提供了选择法律形式的可能。其主体是个体公司、合伙公司、股份制公司和合作社等形式。法律对各种形式的企业都从创建、股东地位、企业内部领导机制和决策机制、分配关系等都作出了明确规定。

2. 企业的所有制结构。

德国企业主体是私有企业，但由于各方面原因，联邦、州、社区三级政府都掌握有一些企业，有些是全部控股，有些是部分控股。这些国有企业和私人自由企业一样，具有不同的法律形式，如经济上独立但法律上不独立的自主行政企业，既有由社团（如工商会）、机构（如储蓄银行）和基金会组成的公法国有企业，也包括私法国有企业（股份公司、有限公司、合作经济组织等）。

对国有企业的管理，德国十分强调企业的法权地位，认为这是企业生命力的基石，只要企业具有完全独立的法人地位，其所有权是在国家手里还是私人手里并没有什么区别。强调赋予国有企业同私有企业一样的法律地位和自主经营权力，政府尽量减少对国有企业的干预，而是通过立法来间接地规范企业的生产经营、分配、劳资关系等一系列问题。对一些国家垄断的部门，如广播电视、邮政部门也允许私人进入，以保持必要的竞争活力。

在德国，政府从企业中逐渐退出，已成为总体趋势。政府通过出卖企业，或部分出卖国有股份，使国有公司成为股份公司或有限责任公司，成为市场竞争的独立主体。

3. 企业的规模结构。

按企业规模大小，分为中小企业和大财团。德国中小企业数量众多，其产值和就业人数都占到了三分之二左右，是国民经济极其重要组成部分，也是社会市场经济的竞争原则的基础。

大财团，一般形式是股份公司和康采恩，虽然数量不多，却是德国企业和德国民经济的骨干。70%以上的股份公司，都以某种形式参与联营企业，其最终形式是康采恩。现代德国则成为康采恩王国。

康采恩是德语 Konzern 的音译，其原义是多种企业集团，指将分布于不同经济部门的许多企业联合在一起，而以其中实力最为雄厚的企业为核心组成的企业集团，康采恩是通过企业间相互参资并签订机构合同而形成的。其权力和义务体现在上级企业可以指挥或直接干预下级企业，并同时对下级企业的盈亏负责。下属企业虽然是独立法人企业，却没有人事权、生产管理和产品经销等一切权力。康采恩集团有经营同类产品的横向联营、经营相关产品的纵向联营和混合联营等多种形式。

康采恩集团在德国的大量出现，是德国政府保护竞争，阻止垄断，限制企业特别是大企业的直接兼并的必然结果，但应该看到康采恩也是垄断组织，并且是最高级的垄断组织。联合可以使康采恩集团的核心企业的资产几十倍、上百倍的迅速增长，企业实力迅速增加，企业竞争力特别是在国际市场竞争力全面提高，适应了德国经济高速发展的需要。但同时为康采恩获得稳定的高额垄断利润创造了条件，因而对市场经济的发展不可避免地具有阻碍作用。但相对于其他垄断组织来说，康采恩是相对松散一些的联合组织，组织内部、组织间可以进行竞争，在一定程度上可以保护竞争，促进市场经济的发展。

（三）德国的竞争政策

社会市场经济指导思想是建立有法律保障的经济自由和有社会保障的福利国家的混合体。经济自由是社会市场经济体制的重要的、根本性的内容。经济自由主要是竞争自由，竞争是市场经济的支柱和基本动力。著名经济学家艾哈德认为：“凡是没有竞争的地方，就没有进步，久而久之就会陷于呆滞状态。”社会市场经济的主体是市场，即一切经济活动必须经过市场来进行，而所谓经过市场，主要是通过市场竞争，只有竞争，价格机制才能发挥最佳的信号作用，调节资源的优化配置，实现经济的均衡发展。也只有竞争，才能刺激参加经济活动的各经济实体提高效率，迫使企业不断地寻找更加合理的要素配置方式，使经济充满活力。

另一方面，社会市场经济认为传统的自由市场竞争存在着诸如分配问题等一系列的负面作用，同时人为形成的卡特尔等垄断组织对自由竞争带来的负面影响，也是市场经济本身难以消除的。因此，社会市场经济并不是完全由“看不见的手”来自动调节，还需要“看得见的手”加以扶正。这只看得见的手就是国家的干预，即国家必须为这种竞争创造基本条件和环境，通过立法建立和保护竞争秩序，削弱垄断倾向，铲除或严格控制现有的垄断市场的地位，通过主管机关的监督和控制让具有垄断倾向的经济强权主体采取顺应竞争的行为。除了立法外，德国政府还采取一系列的宏观经济政策，如以积极货币政策来稳定通货和物价，开放国内市场，引入全方位的竞争机制等等。

二、德国的《反对限制竞争法》

（一）《反对限制竞争法》的主要内容

为了维护社会市场经济的正常竞争程序，德国于 1957 年 7 月颁布了《反对限制竞争法》，即反卡特尔法，并于次年开始执行，其根本目的是保护竞争自由和限制铲除经济强权。该法被看作社会市场经济的“基本法”，是最主要的保护竞争的法律，其后多次修改，不断完善。

《反对限制竞争法》分为六个部分、109 条。第一部分（第 1 条～第 37 条）对各种限制竞争行为，如卡特尔协议、共同协调市场行动、企业滥用市场地位、企业合并、阻碍和歧视行为、控制市场等分别作出了明确的定义和处理规定。第二部分（第 38 条～第 39 条）对各种违反经济秩序和市场行为的处罚作出了各种规定。第三部分（第 40 条～第 50 条）明确了该法的执行机构及其基本任务和权力。第四部分（第 51 条～第 97 条）规定了诉讼程序。第五部分（第 98 条～第 105 条）明确了该法的有效范围，并规定了一些例外情况。第六部分（第 106 条～第 109 条）是过渡规则和结束语。

《反对限制竞争法》的基本内容可以大致概括为“一鼓励、五自由、四禁止”。“一鼓励”是鼓励中小企业合作，积极参与市场竞争。“五自由”是企业生产自由、经营自由、投资自由、雇工自由和劳资谈判自由。这是有关支持中小企业发展、提倡市场竞争和经济自由的条款。“四禁止”是《反对限制竞争法》核心内容：禁止企业之间就生产、价格、销售、市场分割达成垄断协定；禁止妨碍或破坏市场竞争的企业兼并或合并；禁止垄断对外贸易；禁止无需达成协议和决定就可以成立的所谓“早餐卡特尔”等垄断组织或集团。“禁止原则”被视为普遍适用的准则，全面禁止限制竞争的卡特尔行为、卡特尔协议或由于企业勾结实现的卡特尔效果。禁止卡特尔，控制企业的合并和兼并、限制垄断企业滥用经济实力是《反对限制竞争法》的三大支柱。

1. 禁止卡特尔。

《反对限制竞争法》第1条规定：“企业或企业协会为共同目的签订的协议和企业协会的决议，只要能通过限制竞争而影响生产或商品流通的市场环境或工作效率，就属于卡特尔行为。限制竞争的协议和决议一律无效。”因此，该法反对的卡特尔行为是指企业间就商品销售价格、销售份额和销售地区达成协议或某种默契，从而相互协调它们在市场上的行动，以致限制相互间竞争的行为。这类协议扭曲竞争关系，并导致价格水平上升，损害消费者利益，对社会经济生活的危害很大。禁止卡特尔就是禁止这类协议。

根据《反对限制竞争法》，这一规定适用于各种国内企业，包括国内企业与国外企业之间签订的在国内限制竞争的协议。既反对同一生产或流通部门内部达成的横向限制竞争协议，也反对处于不同生产和流通领域的企业之间达成的纵向限制竞争的协议，或一方向另一方提供商品或劳务时进行价格限定，即承诺向第三者再出售商品时恪守某一价格或某一交易条件。《反对限制竞争法》规定各种卡特尔协议均属无效，对违法企业或个人处以高额罚金。

当然，禁止卡特尔不等于完全禁止企业之间的各种合作。遭到禁止的，仅仅是那些通过限制竞争，能够对商品和劳务的产、供、销施加影响的协议。禁止卡特尔不等于禁止合作。凡是能给有关企业带来好处的企业之间的合作形式，而又不明显影响企业之间竞争的，都不在禁止之列。例如：共同采购、共同研究、共同的顾客服务和售后零配件供应。然而，只有在有关企业在市场竞争中仍然保持选择的自由权的前提下，才能允许这种合作。对这种选择自由权的任何限制，都是卡特尔行为，应予禁止。

虽然《卡特尔法》原则上禁止卡特尔，但也有许多行业不受这种约束，如供热、供电、交通运输、农业、信贷和保险业等。此外，如果从宏观经济的角度考虑，当成立某些卡特尔利大于弊时，即由此会提高和增强企业的生产能力和经济实力，而又不明显影响企业之间竞争关系时，也不在禁止之列。

2. 控制兼并。

兼并是企业完全或部分丧失自主权，为了建立新的、着眼于长远经营的结合而发生的合并。与卡特尔的形式不同，企业合并与兼并的特点是通过购置股份或财产，或以其他方式将以往独立的企业合为一体。经验表明，企业兼并的后果和卡特尔一样，不仅对企业的决策自由、企业的多样化构成威胁，并将最终形成垄断，限制、损害竞争。

企业兼并一般可分为三种类型：即横向兼并（在同一市场上活动的企业间的合并）、纵向合并（在前后不同阶段或市场上活动的企业间合并）和混合兼并（在生产或流通中没有什么联系的企业间的合并）。

根据《反对限制竞争法》规定：如果有关企业的销售额总计达到5亿马克，应在兼并后报告联邦卡特尔局备案。特大企业之间的兼并，如果参与兼并的企业中至少有两个企业的销售额各超过10亿马克，或者其中一个企业的销售达到20亿马克，应在兼并之前申报（事前兼并控制）。假如能够证明兼并之后会形成控制市场的实力，联邦卡特尔便应拒绝批准兼并。

《反对限制竞争法》对“控制市场”的定义是：“一家企业在国内没有竞争对手或没有主要的竞争对手”，以及“占有突出的市场地位”。确定企业是否“占有突出的市场地位”有6条标准：（1）市场份额；（2）财力；（3）对采购市场和销售市场的占领情况；（4）与其他企业联合程度；（5）对其他企业进入市场有法律上的限制；（6）对其他企业进入市场有事实上的限制。其中，第（1）条还详细规定为凡达到或超过下述标准的便是“控制市场的企业”：一家企业占有市场总额的三分之一，三家或三家以下企业占有市场总额的二分之一；五家或五家以下企业占有市场总额的三分之二。

3. 限制企业滥用经济实力。

禁止卡特尔和控制兼并不能完全保障有效的竞争。有些国有企业和私人企业可能具有十分强大的实力地位，有些可能处于“自然垄断”地位，它们在生产经营活动中往往滥用自身的经济实力和市场地位，排挤对手，谋取非法利益，限制和破坏正常的竞争秩序。限制企业滥用经济实力是《反对限制竞争法》的又一重要内容。

企业滥用经济实力的行为主要有两类。第一类是“阻碍性滥用行为”，即企业通过联合、合作以及签订排他性协议、采取无偿地强迫供给、强制购买、供货封锁等歧视性措施来巩固和扩大市场地位，从而排挤尚存的竞争者，阻止潜在的竞争者进入市场。第二类是“滥用价格行为”，即企业利用有利的地位对供货者压价、对购买者抬价，或者迫使他们承担不适当的业务条件。这些行为使价格调节经济的作用受到抑制，竞争不能公平地、充分地展开。

卡特尔局依法对企业各种滥用经济实力的行为进行监督，即“滥用监督”对滥用行为有权禁止，可以宣布与滥用经济实力有关的协议无效。

控制兼并，保护竞争，对中小企业具有重要的作用。由于中小企业在全国企业中占有绝大多数，它们提供的各种产品和各类服务，对维持国民经济的正常运转、保障人民的生活是必不可少的，也是大企业无法承担的。因此，要保证它们的存在和发展。由于它们同大企业相比，存在着结构上的缺陷，在市场竞争中处于不利地位。大企业往往会利用自己的市场势力控制操纵生产和流通，迫使中小企业接受不平等的条件，导致中小企业纷纷倒闭破产或被大企业兼并而退出市场竞争。针对这种情况，《反对限制竞争法》对中小企业的经营和市场活动作了一系列优惠规定，鼓励它们合作，甚至合并，以提高生产效率，加强竞争能力，与强大的市场势力形成平衡。联邦德国政府认为鼓励中小企业合作、合并同维护竞争原则并不矛盾。国家应该用法律手段保护竞争者的积极性，要为中小企业创造公平的竞争条件，以激励它们投入竞争。

（二）《反对限制竞争法》的执行机构

德国《反对限制竞争法》由联邦经济部长和联邦卡特尔局及各州的卡特尔局负责执行。

联邦经济部长负责管理卡特尔局和从整个国民经济和全民利益的重大原因而特批卡特尔。经济部长对卡特尔局的管理职能主要体现在任命卡特尔局局长，而其特批卡特尔的权力也是极为特殊的例外，并必须得到卡特尔局的同意，受其监督。1958 年以来，联邦经济部长只批准了 4 个卡特尔，如 1958 年出于能源政策考虑而成立“煤油卡特尔”和 1973 年出于公众的健康考虑有关限制香烟工业电视广告的协议。

卡特尔局分为联邦卡特尔局和负责本州范围内工作的州卡特尔局。卡特尔局内设局长、副局长各一名，由联邦经济部长任命，并实行保证制，即除非特殊原因，如犯罪或健康原因，均不得更换，以保证卡特尔局执法的绝对独立性。联邦卡特尔局的主要职责是，调查审理有关限制竞争的卡特尔行为和协议；警告或禁止企业兼并和滥用市场地位的行为；废除企业有关的垄断条约和决定；对违反《限制竞争法》的有关行为进行处罚；批准例外的条约和决定。

为了维护卡特尔局的执法权力，卡特尔局有权向企业索要重要数据、资料，必要时还有搜查企业的权力。企业如不服卡特尔局的处罚只能向州或联邦高级法院上诉。

经卡特尔局批准的卡特尔组织至今只有 200 多个，而 1930 年德国共有 3000 多家卡特尔机构，这大大减少了垄断组织，维护了市场竞争，保持了德国市场活力和动力。

三、德国的《反对不公平竞争法》

(一)《反对不公平竞争法》的主要内容

《反对不公平竞争法》于 1896 年出台，但当时只是禁止某些特别严重的不正当竞争行为。1909 年该法进行了第一次重大修订，增加了“反对一切违反良好习俗的行为”的总则，使该法成为打击不公平竞争行为的重要而有效的市场管理武器。以后又经 6 次修改而不断完善，并与 1932 年的《附赠法》、1933 年的《折扣法》、1973 年的《标价法》、1986 年的《第二项反经济犯罪法》和《关于修订经济、消费者、劳动和社会法规法》等法律相互配套，构成一整套反不公平竞争的法规体系。其主要内容：

1. 反对市场上“一切违背良好习俗的行为”，否则便对其追究法律责任。

违反良好的习俗的行为表现在：(1) 诱惑和欺骗顾客。其主要特征是妨碍顾客在客观比较市场上的商品和劳务的基础上自由做出购物决策，包括强买强卖和用过份的与商品价格和品质毫无关系的优惠引诱顾客。(2) 妨碍竞争对手。其主要特征是妨碍竞争对手正常发挥能力，特别是妨碍其在市场上销售商品的能力，包括以低价或亏损价把竞争对手搞垮，为自己的商品在价格、质量等方面与其他同类商品进行点名的比较宣传，等等。(3) 侵权。是指“抄袭仿制”专利产品。(4) 毁约，即不顾对工商业者都具有约束力的法规和协议条款，为自己谋取在竞争中的优势。

2. 禁止非法广告。

根据《反对不公平竞争法》的规定，非法广告主要有两类：一类是“使人可能曲解”的广告，判断企业的说明或广告宣传是否“使人可能曲解”的标准是按相当多数人的理解，看说明或广告宣传的内容是否与事实相符。对企业无意间所作的可能使人曲解的广告宣传，应予以制止。对故意作假广告要追究刑事责任。第二类是极易诱惑消费者的广告宣传和经销方法，如“诱饵销售”、“价格对比销售”、“减价甩卖”、“特别销售”、“清仓销售”等，这类活动除非个别批准的之外都是被禁止的，甚至对出售破产企业的商品活动都依法加以限制。企业诱惑性广告宣传，包括很多方面，其中最主要的是企业“诽谤性”方告宣传，即以竞争为目的，对他人，或其他企业的人格、经营、产品或服务，制造或散布伤害名誉的消息，“诽谤”者对受害人的损失负赔偿责任。

3. 禁止“行贿受贿”行为。

这类行为主要包括两个方面，一是贿赂职员，即在营业中为竞争目的对某企业的职员或其受托人提出允诺或给予好外，从而使自己或第三者以不公平的方式在货物或劳务方面中选者，可处以 1 年以下徒刑或罚金。二是出卖商业秘密，即企业的职员、工人或学徒将因工作关系而得知的营业或企业秘密在工作关系存续期间内未经授权，而为竞争目的或个人打算，或存心伤害企业主，私自向他人透露，这类行为可处 3 年以下徒刑或罚金。

（二）德国《反对不公平竞争法》的执行机构

《反对不公平竞争法》由德国工商联合会和各地工商联合负责监督执行。根据《反对不公平竞争法》规定，工商联合会有权对违反这一法律的企业和个人向法院提出起诉，也可以委托给反对不公平竞争总部处理。工商联合会有专项诉讼基金以支持本身及下属分支机构对不公平竞争行为进行调查、处理和起诉。工商联合会的另一项特殊任务是制止未经批准的拍卖或清仓甩卖。清仓甩卖、减价促销及出售破产企业的商品等都必须经工商联合会批准。

另外，根据《反对不公平竞争法》第 13 条第一款规定，消费者联合会组织有权对违法行为提出起诉，以维护社会公众的利益。因此，有人将《反对不公平竞争法》称为“保护消费者利益法”。消费者联合会的起诉权更有利于《反对不公平竞争法》的实施、保护消费者利益、维护公平竞争。

四、德国的价格、商标管理

（一）价格管理

价格管理是德国最早的经济政策之一，随着自由主义的兴起，德国的价格政策干预有所减少，但这种干预从未停止过。在第一次世界大战，特别是第二次世界大战期间，价格干预明显加强。

联邦德国 1948 年货币改革以后的价格管理的目标是，使自由的市场价格成为占统治地位的价格形式，通过自由价格机制协调各经济主体的决策来实施调控作用。但这并不意味着，政府对价格的形成完全放任自由。相反，政府始终通过执行一定的价格政策对价格进行一定程度的干预。

1949 年联邦德国政府成立以后，价格管理由联邦经济部执行，它设有专门的机构，其任务是：（1）直接干预价格构成和间接控制价格；（2）监督价格；（3）观察价格。有关价格管理的权限集中在联邦经济部。在必要的情况下，有关价格方面的权限也可交给其他部门，如农林部、住房部门、交通部和财政部等。但这些部门都要事先与经济部取得协调一致。在州一级，价格政策由州经济部负责，它须听从联邦经济部价格政策指示，但在本州范围内有一定程度的自由权。在更低一级的地区内，如市、县，没有设立干预的机构，只设有监督价格的机构。

从总的方面讲，德国的价格管理大致可以归结为三个方面：

(1) 价格水平管理，即在广泛实行自由的价格形成、国民经济的供需平衡主要依靠市场价格调节的基础上，国家通过经济政策措施影响价格水平。其目的主要有：第一，通过稳定物价水平，以稳定币值，消除通货膨胀对企业投资、收入平衡、储蓄者信心和需求平衡等的不利影响。货币政策、收入政策、对外经济政策均可从不同角度对这一目标产生作用。第二，规定最低价格，这一价格高于市场价格，亦即提高某些种类商品的价格水平，是国家从社会经济和其他因素出发对某些商品的生产者予以保护的措施，属于国家间接干预经济的手段。通过规定最低价格，使其生产者的收入增加，从而提高投资者的信心，达到调整和增加产量的目的。比如自1948年价格放开以来，联邦德国对农产品一直实行最低价格政策，在欧共体及欧盟共同农业政策条件下也是如此，使市场价格机制在农业中受到了限制。第三，规定最高价格，亦即降低某种商品价格，以保护消费者利益，提高消费者的购买力。

(2) 价格比例关系管理，即影响两种或多种商品价格之间的比例关系，目的在于理顺价格关系，使价格之间的比例关系协调，更加灵活和富于弹性，使价格机制更好地完成其调节功能。

(3) 单价政策，它往往被视为价格比例关系管理，因为对某一种价格的影响也必然使它对其他价格的比例关系发生变化。单价政策的目的是通过调节个别重要商品的价格来影响整个价格水平。

德国价格管理所依据的基本原则是，国家对价格形成的干预，在不干扰、不阻碍市场机制正常发挥调节作用的情况下，才是可以接受的。这一原则在1970年6月宣布的《从经济政策目标考虑国家价格调控的基本原则》中得到一定程度的体现。该文件提出了从整个国民经济的角度出发，国家调控价格应遵循的方针：1) 仅仅在绝对必要的地方，才由国家对价格进行调控；2) 国家调控价格应尽量选择灵活的形式；3) 价格高低依据市场趋势制定；4) 在提价时应考虑经济景气情况；5）定期审查国家的价格调控。

德国以市场自由价格为主体，对价格实行间接控制，但在国民经济的一些领域中，也由国家对价格实行直接控制。国家直接干预价格的主要领域为同居民日常生活关系密切的部分商品和劳务。根据联邦德国经济发展专家委员会的划分，可按政府干预的形式和程度，将国家对价格的调控程度分为四大类：

（1）直接行政价格。包括公共交通、铁路、邮政、广播电视、歌剧院、剧院、游泳池及幼儿园的收费等。此类最强硬的行政价格只影响到生活费用指数的5%左右。

（2）部分行政价格。包括天然气、水、电供应的收费以及福利住房的房租。这些只是局部或间接地由政府制订。此类价格在生活费用指数中所占的比重为15%左右。

（3）类似行政价格。包括烟、酒、汽油、茶和咖啡等。国家对这些产品征收很高的消费税，例如在1马克香烟消费中，国家能得到0.74马克的税收；1马克的汽油消费，能为国家带来0.69马克的税收。此类行政价格在生活费用指数中大约占9%左右。

（4）间接行政价格。这是由于欧共体及欧盟农业协议造成的，农产品如糖、面食、蔬菜等都由欧共体或欧盟制订价格。此类价格在生活费用指数中约占13%左右。

总的说来，在德国的价格形成和价格管理中，工业品价格形成基本上是自由的，竞争较强，国家施行价格管理相对较少。但由于垄断等因素作用，受到种种形式的“价格约束”商品还是不少的。

（二）德国商标管理

德国设有专利商标局，负责商标申请审核发证与监督。商标权的丧失由司法裁决，商标撤销或注册人丧失权利由高级法院裁决。专利商标局并不主动检查注册商标是否已使用，也不会去主动撤销未使用商标的注册，仅在第三方以未使用为由对商标的有效性提出争议时，专利商标局才核查其是否使用，而决定是否予以撤消。

德国商标管理的法律依据是商标法以及《反对不公平竞争法》等法规中涉及商标行为的有关条款。依法向商标的所有者提供保护，使其不被假冒和滥用，对商标侵权行为进行打击。

第三节　日本的市场监督管理

日本所实行的是以自由市场制度为基础，充分发挥政府作用的“政府主导型”市场经济体制，在世界市场经济体制类型中独树一帜，并在二战之后不到30年的时间里发展成为世界第二大经济强国，创造了“日本奇迹”。其市场体系及对市场的监督管理是在学习英美等西方国家经验，根据本国特点和经济发展实际状况发展起来的。

一、日本市场经济运行基础

（一）日本“政府主导型”市场经济

日本经济的主要特点是政府在经济运行中发挥极为重要作用的“政府主导型”市场经济。这一体制在1955年前后就基本形成。

19世纪后半叶，日本经过明治维新而由一个与世隔绝的封建国家变成近代资本主义国家，但国家直接掌握着主要经济部门，国家干预比重较西方资本主义国家高出很多。20世纪军国主义开始抬头，并最终发展成为军国主义的统制经济。二战之后，作为战败国，日本放弃了战前那种政治军事大国的目标，而将重点放到经济领域，进行战后国家重建。采取何种经济体制成为当时必须首先解决的问题。

战后的日本处在美国占领军的统治之下，为了消灭军国主义，美国开始了以经济自由化为目标的民主改革，如实行农地改革、消灭财阀、禁止垄断、保护劳工立法、实行劳资关系民主化等，使日本确立了与欧美各国几乎完全相同的自由市场制度。但是，战后的日本经济千疮百孔，完全仿照欧美的自由市场制度困难重重，财政货币体制需要政府重建，企业的恢复生产需要政府多方面的支持，人民的基本生活需要政府出面帮助解决，紧缺的资源必须由政府统一调配，经济的全面发展需要政府来构筑基本框架、进行全面指导等，加之日本统制经济的传统影响，在日本经济恢复期，采取的是不同于欧美的政府干预政策，并最终成为“政府主导型”的市场经济体制，这种体制有以下几方面特征：

（1）注重市场机制的调节作用。军国主义及由此而导致的二次世界大战，给日本人民带来了深刻灾难，统制经济的种种弊端也为日本政府充分认识，他们看到了市场机制、有效竞争、价格调节的优势，并在日本的经济生活中强调竞争的重要性、注重价格的形成和价格机制在调节供求、引导资源配置等方面的作用，力求在保持市场机制的效率和活力的基础上发挥政府的作用，并通过政府来营造良好的市场竞争环境。

（2）加强政府的宏观经济指导，并进行适当的行政干预。政府的“主导作用”主要体现在三个方面，一是使用行政手段直接干预企业运作。二是进行间接干预。三是介于直接干预和间接干预之间，对私人企业进行“行政指导”。日本政府通过财政、金融、计划、法律和行政等多方面的手段来发挥自身的作用。政府干预的范围、手段、力度和作用都多于其他主要市场经济国家，甚至有人将日本经济戏称为官民一体的“大日本股份公司”。

（3）政府干预与自由市场机制有机地结合。这是日本“政府主导型”市场经济的成功所在。日本经济的运作是在市场竞争的环境下尽可能的发挥政府的作用，将政府干预限制在暂时的、补充的和间接的位置上，尽可能使政府干预能够为市场竞争所接受和消化，使政府的各项经济政策和经济计划贴近市场、反映市场并能适应市场的发展方向。日本政府认为，国家干预在实质上并没有破坏市场经济制度。日本经济在以市场竞争为主、国家干预为辅的前提下，实现了竞争与经济政策和经济计划的彻底融合。

（二）日本的企业结构

企业是日本经济发展的基本动力。从所有制结构看，日本有公营企业和私营企业。按照企业规模又可分为中小型企业和大企业或企业集团。

1. 日本的公营企业。

日本的公营企业是指由国家或地方政府出资建立的企业。日本是一个私人企业占绝对多数的国家，公营企业的数量很少，大多数是为国民生活提供基础性服务的重要产业部门。按经营方式又可分为：国家直接经营的企业，地方政府经营的企业和国家或地方政府出资依据特别法律设立的特殊法人企业。特殊法人企业由国家全部或部分出资，接受政府监督，担负政府交给的责任，同时又实行企业化经营，具有经营自主权和灵活性。

日本的公营企业出现于明治维新初期，但其大规模产生却在五六十年代日本经济高速成长期，是这一时期国家干预经济、实现经济管理职能的必然产物。另外公营企业都是需要大量资金，利润率又很低的行业，只有政府才能够有力量建设和经营。

公营企业为日本的经济飞速发展作出过巨大贡献，但由于政府限制过死、干预太多，并且最终经营结果无论盈亏都由政府负责，受到政府保护，因此公营企业不可避免地失去活力，人浮于事，效率低下。从80年代开始，日本就着手对公营企业进行全面改革，将一些公营企业分割或民营化，改变其经营管理体制，引入市场竞争机制，以进一步发挥原有公营企业的作用。

2. 大企业、企业集团。

二战结束后，美国占领军开始解散日本财阀、削弱乃至摧毁日本垄断资本的改革，日本政府也颁发了《禁止垄断法》和《禁止经济力量过度集中法》以分割日本的垄断性巨型托拉斯，在一定程度上削弱了日本垄断资本的统治力量。但除三井物产公司等个别大企业外，其他财阀所属大企业并没有遭到严重打击，特别是日本的银行资本被完全保存了下来，导致日本的旧财阀以银行资本为中心形成独特的战后“垄断企业集团”。50年代中期以后，随着日本经济发展速度加快，社会财富逐渐向大企业集中，这些大企业彼此相互结合，一方面进一步壮大了原来财团型企业的实力，另一方面一些新财团，如第一劝业、芙蓉等，得以迅速崛起，并最终形成日本六大财团型企业集团在日本经济、政治生活中起着举足轻重作用的局面。

财团型企业集团通过成立“经理会”，集团内成员企业之间相互持股，强化财团内人事关系上的结合等一系列手段，来增强财团的聚结力和竞争力。

除财团型企业集团外还有以新日铁、松下电器为代表的独立系企业集团，即以一个独立的大垄断企业为中心，把数以百计的子公司或关联公司结合在一起构成的独立企业体系，独立系企业集团一般集中在资本密集型，投资利润率较高，代表着经济、技术发展方向的部门。这些部门资本需要量大，单个财团已无力经营，而是要财团进行联合投资，由于这些部门的投资收益有保证，使得独立系企业能够真正独立于个别财团而发展。

3. 中小企业。

虽然日本是一个大企业、企业集团占主导地位的发达资本主义国家，但同时也是中小企业最多的国家之一。

中小企业经营规模小，设备技术比较落后，资金不足，在同大企业的竞争中处于极为不利的地位。但是，日本的中小企业不仅没有被挤跨，反而日益壮大。这一方面得益于政府的保护和扶持，也是中小企业经营灵活、应变能力强的优势的体现，更与日本许多中小企业选择了联合发展的道路密不可分。

联合的形式多种多样，但比较普遍的有同行业内中小企业的联合和加入大企业系列化生产体系。中小企业间的联合一般是通过建立“事业协同组合”实现的，参加联合的中小企业就特定的经营活动进行联合，但不相互持股，各自企业保持独立的法人地位，如联合生产、加工、订货、采购、销售、运输和管理等。

加入大企业系列化生产体系，以大企业为顶点，以中间企业为骨干，以广大中小企业为基础组成的“垂直型”的协作方式。这使小企业由与大企业直接竞争转变为“协调”竞争，与大企业结成了“命运同共体”，从属式依附于大企业，以求得自身发展。

（三）日本的市场体系

日本有着完整的市场体系，商品市场、金融市场、劳动力市场、技术市场、房地产市场等相互依存、相互制约形成了有机的统一体。日本“政府主导型”经济体制有着自身的特点，其市场体系也表现出很不同于欧美市场的特殊性。

1. 商品市场。

日本的商品市场是市场机制作用比较充分的市场，日本政府提倡和保护“商业自由”，生产企业可以根据个人意志自由地生产和销售产品。“商业自由”是日本商品市场的基本原则，同时商品市场又是政府运用经济、法律手段严格控制的市场。商品市场可分为批发市场和零售市场。

日本的批发市场发展很快，但批发企业一般规模较小。其突出特点是多层次批发，商品从生产到零售企业一般要经过三至四道批发。这是由于一系列的经济、社会原因造成的，但这种多层批发使得生产企业与销售企业的关系更为复杂，一些新企业的产品，特别是国外的进口产品要想打入日本市场极为困难。

二战后，随着日本经济的飞速发展，居民收入和消费水平大幅度提高，作为联结生产、流通和消费环节的零售市场得到了很大发展，使得日本成为商业极为发达、零售网络密度最大的国家，零售商业的类型也多样化，百货商店、超级市场、连销商店、专业商店、方便店、商店街及各种由小生产者和消费出资联合组成的协同组合如“综合农业协同组合”（简称农协）和“消费协同组合”（简称消协）等共同组成日本的零售网络，80 年代以后又出现了邮购、自动售货机销售、电视购物、信用销售等形式。

日本数量巨大、规模各异、类型多样的零售网，为方便居民消费生活，促进经济循环和发展起到了积极作用，也激化了零售市场的竞争。

2. 金融市场。

日本金融市场主要包括股票市场、债券市场和货币市场。以日本银行为核心，以商业银行为骨干，其他各类金融机构为补充构成其金融主体。金融商品多种多样，主要有：现金（包括银行券和辅币），存款，信托，债券，股票，保险等。金融主体和金融商品一起构成日本的金融市场。经战后几十年的发展，已成为世界金融市场的重要组成部分。与“政府主导型”市场经济体制相适应，日本的金融市场也有其自身的特色：

（1）金融市场受到政府的全面干预。虽然日本实行市场经济，金融市场按市场机制运作，但日本政府对金融市场进行着直接或间接的控制，这主要表现在：1）政府直接控制利率，对各种存贷款利率、期限进行了严格的限制；2）外汇管制；3）限制个人和非金融机构参与票据贴现、活期放款等金融活动；4）对各金融机构的业务活动范围严格限制；5）严格规定各种债券的发行及其利息等。政府在金融市场上的突出作用，成为日本金融市场的一个显著特征。

（2）金融市场的规模相对狭小。战后日本金融市场发展很慢，各种债券、证券、股票发行量较小，由于日本的低利率政策和政府对企业发行证券的严格限制，使得日本企业更多地依赖自身积累和向银行借款，同西方发达国家相比，日本的金融市场处于较为落后的位置，这种状况在 80 年代以后开始有所改观。

（3）政府债券绝大部分为日本银行和政府信托基金局持有，使得国债二级市场流通值和交易量都很小，短期金融市场的主要交易品种是金融机构债券，债券市场融资力度小，这些都与美英等国有明显的不同。

（4）金融市场竞争激烈。日本金融市场虽然金融商品很多，但数量不足，各金融主体严格分工，大企业自有资金增加，对银行贷款需求不足，居民对消费信贷缺少兴趣，使得金融市场上夺争客户、抢夺业务的竞争异常激烈。

3. 劳动市场。

劳动力市场是劳动力资源配置的主要场所，由于日本经济的发展，加剧了劳动力和人才的竞争，并形成了独特的终身雇佣制，即企业除非有特殊原因，如长期旷工，犯有损害企业名誉的行为或严重犯罪等，一般不得在退休年龄之前解雇职工。与终身雇佣制相配套，日本企业采取了年功系列工资制，工龄越长，学历越高，工资也就越高。日本的雇佣制度与工资制度对于加强企业在劳动力市场上的竞争地位，强化职工“以企业为家”的思想，形成企业与职工的命运共同体等方面都十分有效，但也不可避免地存在着一些问题，如劳动力和人才的流动性差，等级森严不利于优秀人才脱颖而出，重资历不重能力等问题。

（四）日本的竞争政策

日本是经济发达的市场经济国家，政府十分重视市场机制、竞争机制在资源配置和提高企业经营效率方面的积极作用，将良好的竞争机制作为企业活力和经济发展的源泉，并通过《禁止垄断法》

等法律手段及其他经济、行政的手段来维护竞争。

日本在保护竞争的同时，强调合作，培养团队精神，将全社会的力量通过全面的合作形成经济发展的动力源泉。这种合作是全方位的：中小企业联合成“事业协同组织”，小企业与大企业联合形成系列化生产体系，大企业联合形成大财团或企业集团，企业与银行的长期合作关系，企业与职工联合结成命运共同体，企业与政府的协作形成所谓的“大日本垄断公司”等。

在激烈竞争的基础上进行全方位多层次的合作、协作是日本竞争政策的核心，也被人们视作日本经济奇迹的关键。

二、日本的竞争法体系及公正交易委员会

（一）竞争法体系

日本的竞争法以《禁止垄断法》为核心，包括《中小企业基本法》、《不正当竞争防止法》、《不公正交易法》等。

1.《禁止垄断法》。

《关于禁止私人垄断和确保公平交易的法律》，简称《禁止垄断法》，是在美军占领时期实施经济民主化的改革过程中，以美国的反托拉斯法为样本制定的。该法制订之初规定了全面禁止卡特尔活动，限制企业间的结合，不得设立控股公司及原则上禁止事业公司持股，金融机构持股率不得超过对方公司的5％等条款。可见，该法的基本原则在于禁止垄断，保护公平竞争。但是，随着日本经济的恢复发展，这种严格的限制阻碍了企业间的联合，因此，日本公正交易委员会于1949年对此法进行了第一次修改，主要是放宽了对持股、兼职、合并和企业转让及管理方面的限制。第二次修改是1953年至1954年日本爆发经济危机期间进行的，主要修改的内容：一是允许建立反萧条卡特尔，批准建立合理化联合企业，二是放宽对控股和合并的限制。这次修改在较大程度上放松了对垄断的限制，几乎使《禁止垄断法》名存实亡。第三次修改在1977年。针对1973年“石油危机”过后，大企业秘密组成卡特尔，抬高物价，引起物价上涨，消费者极力反对，普遍要求加强禁止私人垄断的实际情况，恢复了企业分割的条款，加强了对垄断的限制。通过上述几次修改，形成了较为完整的体系化的《禁止垄断法》。

《禁止垄断法》共有10章114条，第一章是该法的目的和重要事项的定义；第二章至第五章是对私人垄断、不正当的限制交易、持有股份、高级职员兼任、合并、营业转卖、不公正的竞争方法等规则的具体规定；第六章至第十章是关于损害赔偿、公正交易委员会、诉讼、罚则等规定。

《禁止垄断法》从保护自由企业制度和经济民主化的基本立场出发，为保护自由竞争的市场秩序，规定了以下几方面的主要内容：

(1) 明确提出了《禁止垄断法》的目的，正如该法第一条所述："是通过禁止私人垄断、不正当地限制交易和不公平的交易方法，防止企事业支配力量过份集中，排除用联合、协定等方法对生产、销售价格和技术不正当的限制以及其他一切对企事业活动的不当约束，从而促进公平和自由的竞争，发挥企业者的创造性，繁荣企事业活动，提高雇佣和国民实际收入水平，以确保一般消费者的利益，同时促进国民经济民主、健康地发展。"

(2) 界定了私人垄断、不正当的限制交易和不公正的交易方法。该法第二条第五款规定："本法所说私人垄断，是指企事业单位单独地或同其他事业者结合或通谋以及采取其他任何方法，而排挤其他企事业活动或对其进行支配，从而违反公共利益，在一定交易领域内实质上限制竞争。"第七款规定："一个企事业的市场占有率超过二分之一，或者两个企事业者的合计市场占有率超过四分之三，使新办属于该企事业领域的其他企事业者感到非常困难，该企事业获得了显著超过政令规定的该种类利润率的利润；同一般标准相比，新办企事业者支付着过多的销售费和一般管理费。"这都属于私人垄断状态。

关于"不正当交易"，该法第二条第六款规定，"是指企事业者通过合同、协定或以其他名义，与其他企事业者决定、维持或提高价格，或限制数量、技术、产品、设备或交易方法等手段，相互约束或者促进其企事业活动，从而违反公共利益。在一定交易领域内实质上限制竞争"。

关于"不正当交易方法"，该法第二条第九款指出"不正当地歧视地对待其他企事业者；以不正当的价格进行交易；不正当地引诱或者强制竞争者的顾客同自己交易；以不正当地约束对方的企事业活动为条件进行交易；不正当地利用自己的交易地位同对方进行交易；不正当地妨碍与自己有竞争关系者同其他交易对方所进行的交易等。”

（3）规定了禁止私人垄断、反对不正当的限制交易和不公正的交易方法的具体措施。

在禁止私人垄断方面，主要是限制企业的联合，以防止事业支配力的过份集中。1）禁止共同行为卡特尔，禁止组成统治集团，禁止国际协约。第六条规定：“企事业者不得以符合不正当地限制交易或者不公平的交易方法的事项为内容签订国际协定或国际合同。”2）不准建立持股公司，对大规模事业公司持股份总额加以规定；限制公司持有股份；并限制金融公司持有股份等等，以保证公正的行为规范。3）限制兼任其他公司职务。第十三条规定公司负责人或工作人员，由于兼任国内公司负责人职务，在一定交易领域内实质上限制竞争时，不得兼任负责人职务。4）限制公司合并。第十五条规定“国内公司，由于合并，在一定的交易领域内实质上限制竞争时，或在用不公平的交易方法进行合并时，则不得合并。”

为反对不正当的限制交易，《禁止垄断法》提出了以下三方措施：1）禁止企事业者间的不正当的限制交易，包括：在行业内与同业者通过契约或协议相互勾结起来进行活动；本来每个企事业者各自决定的价格、数量、技术设备等活动，采取了共同限制的办法，相互约束各自的活动；在市场方面出现了没有竞争的状态；事业者不得缔结含有不正当的限制交易国际协定，即参加国际卡特尔。2）对企事业者团体的限制。当企事业者团体是由同行业的大部分人组成的时候，如果团体决议让会员减产，或者决定提高产品价格，并通知会员执行，就会产生实质上与不正当的限制交易（企事业者的卡特尔）完全相同的后果。因此，企事业者团体的这种行为被列为第一违禁行为。企事业者团体的其他违禁行为有：在一定的行业中限制现在或将来的企事业者数目的行为；限制会员企事业者的职能或活动；对非会员企事业者实行不公正的交易方法；通过企事业者集团缔结的国际协定或国际合同，实行瓜分国际市场等国际卡特尔和国际不公正交易方法。3）对国际协定或国际合同的限制。《禁止垄断法》规定，企事业者（包括企事业者团体）缔结的国际协定或国际合同，不得包含在一定领域中实际上限制竞争或属于不公正限制交易的事项。国际协定或国际合同中所有的非一次性交易，均需于签约后 30 日内向公正交易委员会申报。公正交委员会根据标准审查其申报内容，如果认为某一条款有问题，则通过行政指导（而不是诉讼程序）要求签订合同的日方当事者予以修正或删除。

《禁止垄断法》指出了以下六种不公正交易方法，并加以限制：

（1）不正当地对其他企事业者区别对待；（2）以不正当的价格进行交易；（3）以不正当的手段将竞争对手的顾客引诱或强制与自己交易；（4）以约束对方企事业活动条件的不正当手段进行交易；（5）不正当地利用自己交易方面的地位与对方交易；（6）自己或自己是公司的股东、高级职员，不正当地妨碍竞争对手与其他交易对方的交易，或该企事业者是公司时，对其股东或高级职员采取不正当的引诱手段或强制手段，进行不利于该公司的活动等。

2. 其他竞争法规。

除《禁止垄断法》之外，日本的竞争法规还包括：

（1）《不正当竞争防止法》和《不公正交易法》。分别于 1975 年和 1982 年颁布，其目的是约束不正当的竞争手段，如竞价争购、廉价倾销、仿冒商标、损害他人商誉等行为。

（2）《中小企业基本法》。1963 年 7 月由自民、社会、民社三党提案而通过的立法。当时，正是日本经济的高速发展时期。国民经济经过了一段高速发展之后，出现了劳动力不足和工资上升的情况，而且随着技术革新的进展，生产逐渐集中，物价上升，加之贸易自由化范围逐渐增大，日本极需加强企业的国际竞争力。这一形势不仅要求大企业合并，而且要求众多中小企业调整产业结构。因此 1963 年，在过去的一些中小企业法的基础上，通过了《中小企业基本法》。该法保护了中小企业利益，维持了竞争秩序。

（3）《下请代金支付迟延等防止法》。1956 年颁布，简称《下请法》。所谓下请代金是指大公司由于委托中小企业进行半成品加工、装配、维修等业务而支付的加工费、修理费等。承揽大公司这些业务的中小企业也被称为“下请企业”。《下请法》的立法目的就是为了在这种经济往来关系中维护和保障中小企业利益，保护公平竞争。

(4)《不当赠品及不当表示防止法》。1962 年颁布，并在 1973 年做了修改。其目的是为了防止在交易过程中通过不正当的赠送礼品和表示来引诱顾客，确保公平的竞争，保护一般消费者的利益。本法中所谓的赠品，是指作为引诱顾客的手段（无论其方法是直接的还是间接的），在交易过程中附带向对方提供的物品、金钱及其他经济上的利益。所谓“表示”，是指作为引诱顾客的手段，企事业者对自己提供的商品、提供服务的内容、交易条件或其他与交易有关的事项所作的广告宣传及其他表示。

（二）公正交易委员会

1. 公正交易委员会的性质。

日本公正交易委员会是为实施《禁止垄断法》而设置的。它效仿美国的行政委员会组织机构，既具有行政职能，又具有司法职能。公正交易委员会由内阁总理大臣领导，在行政组织上既是总理府的一个部门，又具有独立行政委员会的性质。它不受其他人的指挥监督，只按照《禁止垄断法》独立行使职权，有一定的审判权，在这一点上与独立于行政体系的法院相似，即公正交易委员会按照《禁止垄断法》调查经济实际状态，审查申报的内容等，不仅能够进行行政性指导、劝告，而且在对违反行为拥有搜查权限的同时，还拥有审查其违法行为、进行审判的司法权限。

2. 公正交易委员会的组成。

公正交易委员会，由委员长和四名委员组成。人选由内阁总理大臣提名，并经国会同意后任命，委员长的任免须经天皇认证，任期 5 年，是合议制的行政机构。委员会的办事机构是事务局，下设办公室、经济部、交易部、审查部。此外，在札幌、仙台、名古屋、大阪、广岛、高松、福冈等地设立 7 个地方事务所，在冲绳的冲绳综合事务所中设立公正交易室。

经济部主要管理企业、事业者团体等经营活动和国际契约活动。下设5个课，即调整课（包括起草经济法令）、调查课（产业调查）、企业课、团体课、国际课。

交易部主要管理流通领域的批发、转包、零售等经营活动和样品中的问题。下设4个课，即交易课、转包课、样品表示指导课、样品监视课。

审查部负责案件的审处。下设4个审查机构，第一审查室负责部内的综合业务，包括案件的受理、罚金的审查等。二、三、四室专门审查违法案件。为审查处理案件，“禁止垄断法”规定，事务局可配备5名以内法官，在事务局中挑选有处理审判手续所需的法律及经济知识和经验，并能做出公正判断者的职员予以任命。同时配有一批检察官。

3. 公正交易委员会的任务和权限。

公正交易委员会的任务是负责执行《禁止垄断法》，监督企事业者的行为，接受有关投诉，对违反行为进行调查和处罚。具体表现为：(1) 禁止私人垄断；(2) 限制不正当交易；(3) 限制不公正交易方法；(4) 垄断状态的确定；(5) 制定某一交易领域内实际上限制竞争行为的、可能阻碍竞争的、防止事业控制能力过度集中以及约束其他不正当业务活动的规定，并对经济实际状态、事业活动进行调查，及对经济法令进行调整等。

公正交易委员会在必要时，可命令公务机关、依照特别法令设立的法人、事业者或者事业者团体以及这些部门的职员，出面接受调查，提出必要的报告、情报或资料。

公正交易委员会须通过内阁总理大臣每年向国会报告禁止垄断法的执行情况。

4. 公正交易委员会的执法程序。

(1) 案件的来源，大致有4个方面：一般人告发；公正交易委员会发现的违法事件；从中小企业厅得到的报告；总检查长的通知。在案件的来源中，主要是一般人的告发。在审处中，要将申告者揭发的具体事实摘录在报告纸上，当案件处理后把结果通知申告人。

（2）对案件的调查研究。由公正交易委员会派职员进驻有关企业，对案件的事实内容、可靠性、背景等进行现场调查，要求企业提供材料或传问有关人员听取意见。

（3）审查。在审查中，要确保被处理者有申诉的机会。审判手续类似法庭审判，由委员会或者审查官主持。审查官（公正交易委员会的职员）提出违反行为的证据，被审人进行辩护。审判原则上是公开进行的。如确认属垄断状态，则公正交易委员会要将情况通知该经营事业的主管大臣，主管大臣可就是否属于垄断状况和采取措施提出意见。审查结果认为有违反行为，有 3 种处理方式：一是警告，对情节较轻者，提请被审人注意其交易行为。二是劝告，要求被审人停止违反行为，若被审人同意接受，就以劝告审决。若不听从劝告，则按审判手续正式审决。三是告发，考虑审决时间较长，其违反行为必须及时排除的案件，委员会可向东京高等法院建议发紧急制止令。但自公正交易委员会成立以来，向东京高等法院告发的只有 7 件，其中 3 件是第一次石油危机时期与石油卡特尔有关的案件。

（4）判决。判决分劝告判决、同意判决和正式判决。被审人承认开始审判决定书上记载的事实和法律裁决，提出了排除违法行为的计划，并认为是合理的，以同意判决形式处理。公正交易委员会经过审判后，认为被审人有违反行为，必须以判决命令使被审人采取措施，则以正式判决形式处理。审决效力自审决书复本送达被审人之日起生效。如被审人不同意正式判决。可向东京高等法院或最高法院诉讼。

5. 公正交易委员会对违法案件的处罚。

（1）命令其排除违法行为。对违法行为较轻者，令其采取必要措施，消除违法行为的影响。

（2）罚款。凡实行价格卡特尔的，对参加卡特尔的企业和事业者团体的会员，处以罚款。

（3）损害赔偿。不正当限制交易、私人垄断、不公正交易方法引起的损害，被害者可要求损害赔偿。即使事业者证明其非故意或无过失，也不能免除其赔偿责任（即无过失损害赔偿责任）。这种损害赔偿是在公正交易委员会审决确定以后进行的。损害赔偿诉讼由东京高等法院专门处理。法院接到诉讼后，先征求公正交易委员会对违法行为引起损害金额的意见，然后进行判决。

（4）罚则。对严重违反《禁止垄断法》的行为，以犯罪行为给以刑罚处理。这是由公正交易委员会告发，东京高等法院专门处理的。接受刑罚处理的是违反行为的责任者。例如企业进行卡特尔活动，是处罚企业中决定卡特尔的责任者。罚款主要条件如下：私人垄断、不正当交易、企事业者团体限制竞争行为，处 3 年以下徒刑，500 万日元以下罚金；违反国际协定，事业者团体数量限制以及违反正式判决，处 2 年以下徒刑，300 万日元以下罚金；持股公司的设立，限制公司股份保有量，处 1 年以下徒刑，200 万日元以下罚金；没有向公正交易委员会报告，或者提供假的报告，处 200 万日元以下罚金；拒绝或妨碍检查，处 6 个月以下徒刑，20 万日元以下罚金；违反判决，处 50 万日元以下过失费；违反紧急停止命令，处以 30 万日元以下过失费。

三、日本对市场价格、广告和商标的监督管理

（一）价格管理

日本的价格管理体系是在《物价管制令》的基础上发展起来的。其特点是：

1. 价格受政府的影响较大。

由于日本实行的是“政府主导型”市场经济体制，政府对价格的干预程度也较许多市场经济国家高，其形式有：一是政府直接定价，如各种公共事业收费。二是间接介入，即通过对生产者、生产量和销售量以及进口量的管理，间接地调节价格。三是确定支持价格区间，如农产品的支持性定价等。

2. 对价格进行法制管理。

1946 年 3 月日本就发布了《物价统治令》，以后又根据实践的需要，先后 8 次修改，对价格的形成、价格行为、价格违法行为的处罚等都做出了法律规定，在很大程度上将物价管理纳入了法制化的轨道。

3. 多层次的灵活有效的价格管理体系。

日本价格管理组织是以内阁首相主持的物价问题阁僚会议为最高决策机构，以“国民生活安定审议会”、“物价安定政策会议”为决策咨询机构，以经济企划厅物价局为核心，各省厅物价管理部门为主体，以财政、银行、公正交易委员会为协调、监督的多层次的物价管理体系，各机构职责分明、运转高效、物价信息通畅。同时，日本政府管理物价的方式方法灵活多样，首先是合理划分物价管理的种类，（1）对电力、交通、能源等重要资源及水、大米、房屋等关系民众生活的重要产品直接进行价格管制；（2）对除大米以外的其他农产品、石油及与石油有关的产品的价格进行所谓“严格的物价控制”；（3）对纤维、化学制品、金属及金属制品价格进行“间接的一般控制”；（4）其他产品的“自由定价”。除对产品的定价进行灵活分类，日本的价格管理政策措施也十分灵活：（1）控制需求的政策；（2）控制供给的政策；（3）保护正常流通秩序的政策；（4）提高流通效率、降低流通成本的政策；（5）开展物价监督的政策等等。政策手段也多样化：财政政策、金融政策、法律手段等。

4. 价格调查监视体系十分健全。

日本的价格监视体系十分健全，资料完整，信息反馈迅速，一般按月编制和公布消费者价格指数和批发价格指数，对多种物品进行定期的全方位调查、预测和分析，为公众、企业和物价管理部门提供准确及时的价格信息。

（二）广告管理

日本广告业起步较晚，但发展很快，现已成为仅次于美国的第二广告大国，并形成了政府管理，广告业自律，消费者监督的全方位的广告管理体系。

政府对广告的管理包括政府立法和对广告的审查。在日本的《宪法》、《民法》、《刑法》、《禁止垄断法》、《消费者保护法》、《药物法》、《食品卫生法》、《户外广告法》等许多法律中都涉及非法广告的界定及处罚条款。1974 年成立的日本广告审查机构——JARO，直接负责审查广告的内容与实际商品服务的一致性，受理有关广告的投诉，有权停止某些广告的刊登。

广告业的自我管理是日本广告管理的重要组成部分。日本广告界建立了各种各样的行业组织，每个组织都制订了各种广告伦理纲领、业务准则、条例、公约等行为规范。虽然不是法律，但有很强的约束力。

日本的主妇联合会、消费者协会等消费组织对广告的监督、对保证广告的真实性、确保公平竞争、保护消费者自由选择商品、保障正确的商品知识的传播和普及等方面都起了重要使用，成为日本广告管理不可忽视的力量。

（三）商标管理

日本的最高商标管理机构是特许厅（归属通产省）。特许厅在全国几个大城市均设有分支机构，但分支机构仅负责宣传、咨询、转呈有关商标申请等事宜，不具有其他管理职能。特许厅只管商标注册的审查，不负责对商标违法案件的查处，违法案件由法院审判。对特许厅审查结论不服的，还可以向法院提出审判请求。

复习思考题

1. 美国的反托拉斯法律的主要内容是什么？
2. 德国的反对限制竞争法的主要内容是什么？
3. 德国的反对不公平竞争法的主要内容是什么？
4. 日本的竞争法体系的主要内容是什么？
5. 如何借鉴外国的经验来改善我国的工商行政管理工作？

后　记

经全国高等教育自学考试指导委员会同意，由经济管理类专业委员会负责高等教育自学考试经济管理类专业教材的组编工作。

《工商行政管理学概论》自学考试教材由中国人民大学许光建教授担任主编、刘晓梅副教授担任副主编，本书各章的编写人有：许光建（第一章第一、三、四节及第二章）、李辉华（第一章第二节）、沈久　（第三章及第五章）、黎玖高（第四章）、苏汝鹣（第六章及第十章）、刘晓梅（第七章、第八章及第九章）。

参加本教材审稿讨论会并提出修改意见的有：中国人民大学刘成瑞教授（主审）、国家工商行政管理局杨沫和高级经济师、北方交通大学李文兴教授。在此一并表示感谢。

全国高等教育自学考试指导委员会
经济管理类专业委员会
2000 年 5 月

附

工商行政管理学概论
自学考试大纲

全国高等教育自学考试指导委员会 制定

出版前言

为了适应社会主义现代化建设事业对培养人才的需要，我国在20世纪80年代初建立了高等教育自学考试制度，经过近20年的发展，高等教育自学考试已成为我国高等教育基本制度之一。高等教育自学考试是个人自学、社会助学和国家考试相结合的一种新的高等教育形式，是我国高等教育体系的一个组成部分。实行高等教育自学考试制度，是落实宪法规定的“鼓励自学成才”的重要措施，是提高中华民族思想道德和科学文化素质的需要，也是造就和选拔人才的一种途径。应考者通过规定的考试课程并经思想品德鉴定达到毕业要求的，可以获得毕业证书，国家承认学历并按照规定享有与普通高等学校毕业生同等的有关待遇。

从80年代初期开始，各省、自治区、直辖市先后成立了高等教育自学考试委员会，开展了高等教育自学考试工作，为国家培养造就了大批专门人才。为科学、合理地制定高等教育自学考试标准，提高教育质量，全国高等教育自学考试指导委员会（以下简称全国考委）组织各方面专家对高等教育自学考试专业设置进行了调整，统一了专业设置标准，全国考委陆续制定了几十个专业考试计划。在此基础上，各专业委员会按照专业考试计划的要求，从造就和选拔人才的需要出发，编写了相应专业的课程自学考试大纲，进一步规定了课程学习和考试的内容与范围，有利于社会助学，使自学要求明确，考试标准规范化、具体化。

全国考委根据国务院发布的《高等教育自学考试暂行条例》，参照教育部拟定的普通高等学校有关课程的教学大纲，结合自学考试的特点，组织制定了《工商行政管理学概论自学考试大纲》，现经教育部批准，颁发试行。

《工商行政管理学概论自学考试大纲》是该课程编写教材和自学辅导书的依据，也是个人自学，社会助学和国家考试（课程命题）的依据，各地应认真贯彻执行。

全国高等教育自学考试指导委员会

2000 年 3 月

Ⅰ. 课程性质与设置目的

《工商行政管理学概论》课程是全国高等教育自学考试工商行政管理专业的专业课，是为培养和检验自学应考者的工商行政管理专业的基础知识和应用能力而设置的一门专业课。

工商行政管理学是一门有中国特色的经济管理科学，它以邓小平理论为指导，主要研究在社会主义市场经济体制下工商行政管理的规律性和方法，具有一定的理论性。本课程与其他专业课程关系密切，是学习其他几门专业课程的基础，在自学考试命题时应充分注意到这一点。

设置本课程的目的要求是：使自学应考者比较系统地掌握工商行政管理学的基本理论、基本知识和基本方法，认识工商行政管理的规律性，了解国家关于工商行政管理的方针、政策和制度，培养和提高正确分析和解决工商行政管理问题的能力，以使学生毕业后能更好地适应工商行政管理工作的要求。

Ⅱ. 课程内容与考核目标

第一章　工商行政管理的任务和特点

一、学习目的和要求

通过本章的学习，理解工商行政管理的概念和特点，明确工商行政管理的任务。熟悉工商行政管理的主要内容。了解工商行政管理在国民经济管理中的地位及其和其他方面管理的关系，掌握工商行政管理的手段。

二、课程内容

第一节　工商行政管理的内容

（一）工商行政管理的含义和特点

管理的概念。管理的功能。经济管理的概念和分类。企业管理的概念。行政管理的概念。工商行政管理的概念。工商行政管理是新中国成立以后在经济管理实践中逐步形成的一个有特定含义的概念。是政府为了建立和维护市场秩序，运用行政的和法律的手段，对市场经营主体及其市场竞争行为的监督管理。工商行政管理的特点。工商行政管理的主体是政府及其授权机构。工商行政管理的对象是市场经营主体及其市场竞争行为。工商行政管理的任务是建立和维护市场秩序。工商行政管理的性质是经济行政监督。工商行政管理与企业管理的区别。工商行政管理与行政管理的区别。

（二）工商行政管理的内容

工商行政管理的一般内容。市场经营主体资格的确认。进入市场的商品和服务的管理。市场竞争行为的管理。违法市场竞争行为的查处。工商行政管理的具体内容。企业登记注册和营业登记。商标和广告管理。合同管理。不正当竞争行为的监督检查。消费者权益保护。个体和私营经济的监督管理。经济体制改革和工商行政管理内容的变化。

第二节　工商行政管理的任务

（一）市场秩序的含义

市场秩序的含义。在不同的经济体制中市场秩序的含义。市场秩序与市场经营秩序、经济秩序的关系。

（二）市场秩序的内容

市场规则的含义和类型。正式市场规则。法律规则。行政规则。非市场规则。市场规则的内容。市场准入规则。市场交易规则。市场竞争规则。

（三）市场秩序的建立和维护

建立市场秩序的含义。建立市场秩序的依据和原则。维护市场秩序的含义。维护市场秩序的原则和方法。在社会主义市场经济体制中工商行政管理的主要任务是维护市场秩序。

（四）建立和维护市场秩序的基本条件

市场管理法规的健全。经济管理体制的合理。管理人员素质的提高。管理手段的现代化。

第三节　工商行政管理的地位

（一）国民经济管理体系

国民经济的含义。宏观经济和微观经济的含义。三次产业的划分。国民经济管理的含义。宏观经济管理的含义。国民经济管理的任务和目标。国民经济管理组织结构。经济体制改革和国民经济管理组织结构的改革。现行国民经济管理机构的设置。

（二）工商行政管理在国民经济管理中的地位

工商行政管理是国民经济管理体系的重要组成部分。工商行政管理与宏观经济管理的关系。宏观经济管理的任务和目标。工商行政管理与专业（行业）经济管理的关系。专业（行业）经济管理的任务和目标。经济监督的概念和分类。政府的经济监督。社会的经济监督。企业的自我监督。行业自律。审计监督。金融监督。税务监督。海关监督。价格监督。质量监督。卫生监督。工商行政管理部门和价格监督、质量监督等其他政府经济监督部门的关系。

第四节　工商行政管理的手段

（一）国民经济管理的主要手段

法律手段的概念、类型、特点和适用范围。经济手段的概念、类型、特点和适用范围。行政手段的概念、类型、特点和适用范围。在社会主义市场经济中行政手段的必要性和作用。运用行政手段需要注意的问题。其他管理手段。在国民经济管理中各种管理手段的协调和综合运用。

（二）工商行政管理的主要手段

工商行政管理的性质和任务决定了手段的运用。工商行政管理中的法律手段。工商行政管理中的行政手段。行政执法的含义和内容。

三、考核知识点

（一）工商行政管理的内容

（二）工商行政管理的任务

（三）工商行政管理的地位

（四）工商行政管理的手段

四、考核要求

（一）1. 识记：（1）经济管理的含义。

(2) 行政管理的含义。

(3) 工商行政管理的含义。

2. 领会：(1) 工商行政管理概念形成的社会经济条件。

(2) 工商行政管理的内容。

3. 应用：分析不同经济体制中工商行政管理的内容。

(二) 1. 识记：(1) 市场秩序。

(2) 市场规则。

(3) 正式市场规则和非正式市场规则。

2. 领会：工商行政管理的任务。

3. 应用：分析建立和维护市场秩序的基本途径。

(三) 1. 识记：(1) 国民经济管理。

(2) 宏观经济管理。

(3) 经济监督。

2. 领会：工商行政管理在国民经济管埋体系中的地位。

(四) 1. 识记：(1) 法律手段的含义。

(2) 经济手段的含义。

(3) 行政手段的含义。

2. 领会：国民经济管理的各种手段的特点。

3. 应用：工商行政管理中行政手段的运用。

第二章　工商行政管理的对象和环境

一、学习目的和要求

通过本章的学习，理解市场运行的基本规律。了解市场体系的内容。理解市场供给、市场需求和市场价格的相互关系，理解决定市场供求的主要因素。理解生产成本的主要类型。了解成本函数和成本曲线。理解市场结构的主要类型和特征。理解市场机制运行的基本条件。理解市场失灵的内容和政府对市场干预的原则和方式。理解工商行政管理在解决市场失灵问题中的重要作用。

二、课程内容

第一节　市场体系

（一）市场体系的含义和内容

市场体系的含义。市场体系的内容。商品市场。消费品市场。生产资料市场。批发市场。零售市场。现货市场。期货市场。生产要素市场。资本市场。劳动市场。技术市场。房地产市场。地方市场。全国市场。国际市场。

（二）市场体系的培育、发展和完善

市场体系的发展过程。市场体系的进一步完善。

第二节　供给、需求与价格

（一）市场需求

市场需求的概念。影响需求变动的因素。价格。收入。偏好。

预期。需求函数。需求规律。需求曲线。需求价格弹性。需求交叉弹性。需求收入弹性。

（二）市场供给

市场供给的概念。影响供给的主要因素。价格。成本。技术。预期。供给规律。供给曲线。供给价格弹性。

（三）市场价格

市场均衡。均衡产量。均衡价格的形成和变动。均衡价格理论的应用。最高限价的含义和应用。最低保护价的含义和应用。

第三节　生产成本

（一）成本的含义和构成

成本的含义。个别成本和社会平均成本。成本在企业经营管理和定价中的作用。成本的构成。工业企业成本构成项目。商业企业成本构成项目。

（二）成本函数和成本曲线

成本函数。短期成本和长期成本函数的区别。总成本。固定成本。可变成本。平均成本。边际成本。各种成本曲线的形状和特点。

第四节　市场竞争与垄断

（一）市场结构的含义和划分标准

市场结构的含义。研究市场结构的意义。市场结构的划分标准。

（二）完全竞争市场

完全竞争市场的含义。完全竞争市场的特征。完全竞争市场上价格和产量的决定。

（三）完全垄断市场

完全垄断市场的含义。完全垄断市场的特征。完全垄断市场上价格和产量的决定。价格歧视的含义和类型。

（四）垄断竞争市场

垄断竞争市场的含义。垄断竞争市场的特征。垄断竞争市场上价格和产量的决定。

（五）寡头垄断市场

寡头垄断市场的含义。寡头垄断市场的特征。寡头垄断市场上价格和产量的决定。

（六）各种市场结构的比较

不同市场结构上价格水平的比较。不同市场结构上的产量水平比较。

第五节　市场机制的运行

（一）市场机制正常运行的基本条件

微观经济主体条件。市场体系条件。宏观调控体系条件。信息系统条件。

（二）市场失灵的含义和类型

市场失灵的含义。市场失灵的类型。垄断与市场失灵。公共产品和市场失灵。外部影响与市场失灵。信息不对称与市场失灵。

（三）市场失灵与政府对市场的干预

政府干预的必要性。政府干预的主要内容。对垄断行为的干预。对公共产品的干预。对外部影响的干预。政府干预的适当范围。工商行政管理与市场失灵。

三、考核知识点

（一）市场体系

（二）市场需求及其影响因素

（三）市场供给及其影响因素

（四）均衡价格及其变动

（五）生产成本

（六）市场结构主要类型及其特征

（七）市场机制及其运行条件
（八）市场失灵与政府干预

四、考核要求

（一）1. 识记：（1）市场体系。
（2）商品市场。
（3）生产要素市场。
（4）期货市场。
2. 领会：我国市场体系进一步完善的方向和途径。

（二）1. 识记：（1）需求的含义。
（2）需求规律。
（3）供给的含义。
（4）供给规律。
（5）价格弹性。
（6）均衡价格。
2. 领会：（1）影响需求的主要因素。
（2）影响供给的主要因素。
（3）影响价格的主要因素。
3. 应用：分析供给、需求和价格的相互关系。

（三）1. 识记：（1）成本。
（2）社会平均成本。
（3）成本函数。
（4）固定成本。
（5）可变成本。
（6）边际成本。
（7）平均成本。
2. 领会：成本在企业经营管理中的地位和价格形成中的作用。

（四）1. 识记：（1）市场结构的概念。
（2）完全竞争市场的含义和特征。

(3) 完全垄断市场的含义和特征。
(4) 垄断竞争市场的含义和特征。
(5) 寡头垄断市场的含义和特征。
(6) 价格歧视的含义和类型。

2. 领会：(1) 划分市场结构类型的依据。
(2) 各种市场结构的主要区别。

3. 应用：在不同市场结构中企业决定产量和价格的基本原则。

(五) 1. 识记：(1) 市场机制的含义。
(2) 市场失灵的含义。
(3) 公共产品。
(4) 外部影响。

2. 领会：(1) 市场机制正常运行的条件。
(2) 市场失灵的主要原因。
(3) 政府对市场进行干预的必要性。

3. 应用：工商行政管理在解决市场失灵方面的作用。

第三章　工商行政管理法律、法规

一、学习目的和要求

通过本章的学习，了解工商行政管理法规的含义、特征。熟悉主要的工商行政管理法规的内容。了解制定工商行政管理法规的主要原则与内容。理解实施工商行政管理法规的主要内容和方式。

二、课程内容

第一节　工商行政管理法律、法规体系

（一）工商行政管理法律、法规的概念和作用

工商行政管理法律、法规的含义。工商行政管理法律、法规是指以工商行政管理为内容或工商行政管理部门在行政执法中所依据的各种法律、法规的总称，因此工商行政管理法律、法规的含义和范围是不断变化和发展的。工商行政管理法律、法规调整的对象。工商行政管理法律、法规的特征。工商行政管理法律、法规的作用。规范市场主体的行为。调整市场主体间的关系。为工商行政管理机关依法行政提供依据。保护公民、法人和其他经济组织的合法权益。

（二）工商行政管理权和工商行政管理法律关系

工商行政管理权的含义和特点。工商行政管理法律关系。

（三）工商行政管理法律、法规体系的构成

工商行政管理法律、法规体系的含义。工商行政管理法律、法规的分类。按照法律、法规的法律效力层次划分。按照法律、法规调整的法律关系划分。按照法律、法规的内容划分。按照法规制定

的目的和依据划分。工商行政管理法律、法规体系的完善。

第二节　工商行政管理法律、法规的制定

（一）工商行政管理法律、法规制定的主体

工商行政管理法律、法规制定的主体。国家工商行政管理机关规章制定的任务和范围。研究拟定工商行政管理立法规划，组织和承担工商行政管理规章制度的拟定、协调和发布。

（二）工商行政管理法律、法规制定的原则

符合社会主义市场经济的客观要求。相对稳定和适时调整的原则。全国统一与因地制宜的原则。与相关法律、法规协调一致的原则。

（三）工商行政管理法律、法规制定的基本程序

编制立法规划。起草法规文稿。广泛征求意见，协商和协调。审查和审议。通过。签署和发布。

（四）工商行政管理法律、法规的法律效力。

工商行政管理法律、法规具备法律效力的条件。工商行政管理法律、法规制定的主体必须具有立法权。工商行政管理法律、法规的内容必须限定在立法机关的权限范围内。工商行政法律、法规的内容不得与宪法、法律以及比其效力高的法规相冲突。制定程序合法。形式符合规范要求。工商行政管理法律、法规的法律效力的范围。工商行政管理法律、法规的时间效力。工商行政管理法律、法规的区域效力。工商行政管理法律、法规所涉及的部门或行业效力。工商行政管理法律、法规所涉及的人的效力。工商行政管理法律、法规所涉及的物的效力。工商行政管理法律、法规所涉及的行为的效力。

第三节　工商行政管理法律、法规的实施

（一）工商行政管理法律、法规实施的概念

工商行政管理法律、法规实施的含义和重要意义。工商行政管

理法律、法规的遵守。工商行政管理法律、法规的运用。工商行政管理机关依照有关法规赋予的权限进行行政执法的内容，包括对市场活动进行监督检查和对违法行为进行查处。工商行政管理法律、法规实施的监督。

（二）工商行政管理法律、法规实施的特点

无须执法请求。具有自由裁量权。必须发布命令。必须接受监督。

（三）工商行政管理法律、法规实施的手段和方式

行政执法的主要手段。行政监督检查的含义和内容。设定义务。赋予和剥夺。许可和免除。通知。确认。受理。奖励和处罚。行政强制执行。行政处罚的类型。行政复议。行政诉讼。

三、考核知识点

（一）工商行政管理法律、法规的含义和作用

（二）工商行政管理法律、法规体系

（三）工商行政管理法律、法规的制定

（四）工商行政管理法律、法规的实施

四、考核要求

（一）1. 识记：（1）工商行政管理法律、法规。
（2）行政法规。
（3）部门规章。
（4）地方性法规和规章。
2. 领会：（1）工商行政管理法律、法规的作用。
（2）工商行政管理法律、法规体系的内在联系。
（3）工商行政管理法律、法规制定的原则。
（4）工商行政管理法律、法规制定的程序。

（二）1. 识记：（1）工商行政管理法律、法规的实施。

（2）行政处罚的类型。

（3）行政复议。

（4）行政诉讼。

2. 领会：工商行政管理法律、法规实施的方式。

3. 应用：对违反工商行政管理法律、法规行为进行行政处罚应注意的问题。

第四章　工商行政管理体制

一、学习目的和要求

通过本章的学习，理解工商行政管理体制的含义与内容。了解工商行政管理机构的设置及其职能。了解工商行政管理体制改革的过程。

二、课程内容

第一节　工商行政管理体制的内容

（一）工商行政管理体制的概念

工商行政管理体制概念。工商行政管理体制和整个经济体制的关系。

（二）工商行政管理体制的内容

工商行政管理机关的设置。各级工商行政管理机关的权限划分。工商行政管理的主要制度。

第二节　工商行政管理机关

（一）工商行政管理机关的含义和分类

工商行政管理机关的含义。工商行政管理机关的性质。

（二）工商行政管理机关的主要职责

工商行政管理机关的一般职责。国家工商行政管理局的主要职责。地方工商行政管理局的基本职责。各级工商行政管理机关职责划分的原则。

第三节　工商行政管理体制的改革

（一）工商行政管理体制的历史沿革

我国工商行政管理体制的历史演变过程和评价。

（二）工商行政管理体制的改革

我国工商行政管理体制改革的主要内容。对省以下工商行政管理机关实行垂直领导的意义和基本框架。

三、考核知识点

（一）工商行政管理体制

（二）工商行政管理机关

（三）工商行政管理体制的改革

四、考核知识点

（一）1. 识记：工商行政管理体制的概念。

2. 领会：工商行政管理体制的主要内容。

（二）1. 识记：（1）工商行政管理机关的性质。

（2）工商行政管理机关的主要职责。

2. 领会：（1）各级工商行政管理机关管理权限的划分依据。

（2）工商行政管理体制改革的内容和意义。

第五章　对市场经营主体的监督管理

一、学习目的和要求

通过本章的学习，了解市场经营主体的主要类型。明确企业法人登记管理制度和营业登记管理制度的主要内容。理解对市场经营主体进行监督管理的意义。熟悉对企业法人监督管理的方式。

二、课程内容

第一节　市场经营主体概述

（一）市场经营主体的概念和特征

市场主体的概念和类型。市场经营主体的概念。企业法人。自然人。市场经营主体的特征。营利性。独立性。竞争性。平等性。合法性。

（二）市场经营主体的类型

按所有制划分的类型。国有企业的含义。集体企业含义。私营企业的含义。个体工商户的含义。混合所有制企业的含义。外商投资企业的含义。按企业组织形式划分的类型。个人独资企业的含义。合伙企业的含义。有限责任公司的含义。股份有限公司的含义。按经营规模划分的类型。

（三）市场经营主体的经营目标

利润目标。竞争目标。市场目标。信誉目标。社会目标。

（四）市场经营主体的权利和义务

市场经营主体的权利。登记是市场经营主体取得权利的前提。市场经营主体的义务。权利和义务的关系。

第二节　对市场经营主体监督管理的原则和内容

（一）市场经营主体监督管理概述

市场经营主体监督管理的含义。市场经营主体监督管理的依据。市场经营主体监督管理的对象和方式。

（二）市场经营主体监督管理的必要性

对市场经营主体进行监督管理有利于市场经营主体增强自我约束机制，有利于形成良好的市场秩序和市场环境，有利于维护经营者、消费者的合法权益和国家利益。

（三）市场经营主体监督管理的原则和内容

市场经营主体监督管理的原则。市场经营主体监督管理的内容。

（四）对企业法人监督管理的方式

年检制度。年检制度的形式。年检报告。年检注册。其他专项管理制度。

第三节　企业法人登记注册管理

（一）企业法人和企业法人登记注册的概念

企业法人的含义。企业法人的特征。企业法人登记注册的概念。

（二）企业登记注册管理的范围

（三）企业法人登记注册的原则

登记注册管理主体明确的原则。依法独立核准登记注册的原则。分级登记管理和授权管理的原则。准则主义和审核相结合的原则。

（四）企业法人登记注册的条件

企业法人登记注册的一般条件。外商投资企业申请企业法人登记注册的条件。公司企业法人登记注册的条件。股份有限责任公司登记注册的条件。

（五）企业法人登记注册事项
公司企业法人登记注册事项。非公司企业法人登记注册事项。
（六）企业法人登记注册的程序
企业法人设立登记的阶段。企业法人登记注册程序。

第四节 营业登记管理

（一）营业登记的概念
营业登记的概念。营业登记与企业法人登记注册的区别。
（二）营业登记的范围和程序
营业登记管理的范围。营业登记注册的程序。
（三）申请营业登记的条件和登记事项
申请营业登记的条件。营业登记的事项。
（四）营业登记的法律效力和法律责任
营业登记的法律效力。营业登记的法律责任。

三、考核知识点

（一）市场经营主体
（二）企业法人登记管理
（三）营业登记管理

四、考核要求

（一）1. 识记：（1）市场经营主体的概念。
（2）市场经营主体的特征。
2. 领会：（1）市场经营主体的分类及其依据。
（2）市场经营主体的经营目标。
（3）市场经营主体的权利和义务。
（二）领会：对市场经营主体监督管理的必要性和原则。
（三）1. 识记：（1）企业法人的含义。

(2) 企业法人的特征。

(3) 企业法人登记注册的概念。

(4) 企业法人登记注册的条件。

(5) 企业法人登记注册的事项。

(6) 企业法人登记注册的程序。

2. 领会：企业法人登记注册管理的原则。

(四) 1. 识记：(1) 营业登记的概念。

(2) 营业登记的范围。

(3) 营业登记的程序。

(4) 营业登记的事项。

2. 领会：营业登记与企业法人登记注册的区别。

第六章　对市场竞争行为的监督管理

一、学习目的和要求

通过本章的学习，了解市场竞争行为的含义和各种类型，熟悉不正当竞争行为的各种类型。理解不正当竞争行为的危害性。理解保护和促进市场竞争的重要意义。掌握反不正当竞争行为的法律、法规和政策的内容。熟悉工商行政管理部门在反不正当竞争行为工作中的地位和作用及其和其他监督管理部门的关系。熟悉工商行政管理部门在监督检查不正当竞争行为时的职权。

二、课程内容

第一节　市场竞争行为的含义和类型

（一）市场竞争行为的含义和特征

市场竞争行为的含义。市场竞争行为的特征。市场竞争行为是市场经营主体的行为。市场竞争行为的目标是利润最大化。

（二）市场竞争行为的类型

部门内竞争和部门间竞争。价格竞争和非价格竞争。完全竞争和不完全竞争。正当竞争和不正当竞争。

第二节　对不正当竞争行为的监督管理

（一）不正当竞争行为的含义和特征

不正当竞争行为的含义。不正当竞争行为的特征。不正当竞争行为是违反商业道德的行为。不正当竞争行为的结果是损害了竞争对手和消费者的利益。不正当竞争行为破坏了市场秩序。不正当竞争行为是一种违法行为。

（二）不正当竞争行为产生的原因

经济利益驱动。商业道德意识差，缺乏法制观念。竞争法规不健全。

（三）不正当竞争行为的类型和表现形式

假冒行为。对商品质量作出引人误解的虚假表示。公用企业或者具有独占地位的经营者限制竞争的行为。政府及其所属部门滥用权利限制竞争的行为。商业贿赂行为。侵犯商业秘密行为。低价倾销行为。搭售或附加不合理交易条件的行为。不正当有奖销售行为。虚假宣传行为。商业诽谤行为。串谋招标、投标行为。

第三节　对市场竞争行为监督管理的手段

（一）不正当竞争行为的危害

破坏市场竞争秩序。损坏其他经营者的合法权益。侵犯消费者的合法权益。损坏社会公共利益。

（二）对不正当竞争行为进行监督管理的意义和原则。

对不正当竞争行为进行监督管理的意义。对不正当竞争行为进行监督管理的原则。

（三）对不正当竞争行为进行监督管理的手段

法律手段。对不正当竞争行为进行监督管理的有关法律法规。执法机构及其执法权限。司法机关的权限。工商行政管理部门的权限。价格管理部门、技术监督部门和其他部门的权限。不正当竞争行为的法律责任。民事责任。行政责任。刑事责任。监督管理过程中的例外。执法人员的违法行为和法律责任。行政监督和行政处罚。

三、考核知识点

（一）市场竞争行为

（二）不正当竞争行为

（三）对市场竞争行为的监督管理

四、考核要求

（一）1. 识记：(1) 市场竞争行为的含义。

(2) 市场竞争行为的特征。

(3) 市场竞争行为的类型。

2. 领会：区分市场竞争行为的主要依据。

（二）1. 识记：(1) 不正当竞争行为的含义和特点。

(2) 不正当竞争行为的主要类型及其表现。

2. 领会：不正当竞争行为产生的原因。

3. 应用：正确划分和确定各种不正当竞争行为。

（三）1. 领会：对不正当竞争行为进行监督管理的意义和手段。

2. 应用：在对不正当竞争行为进行监督管理中工商行政管理部门和其他监督管理部门的权限划分。

第七章　合同管理

一、学习目的和要求

通过本章的学习，了解合同的含义、构成和类型。了解合同订立的含义和程序，合同应具备的主要条款。了解合同履行的概念，合同履行的原则，合同履行的程序。了解合同的变更和转让的概念、条件、程序及效力，合同变更和解除的原则及责任赔偿。明确合同管理的主要内容，熟悉工商行政管理部门对违法合同行为的查处规定。

二、课程内容

第一节　合同的概念、特征和种类

（一）合同的概念及其构成要素

合同的概念。合同的构成要素。合同的主体。合同的标的。合同的内容。

（二）合同的特征

合同是民事法律行为。合同是双方（或多方）当事人意思表示一致的协议。合同当事人的法律地位平等。合同的目的是设立、变更、终止民事权利义务关系。

（三）合同的种类

买卖合同。供用电、水、气、热力合同。赠与合同。借款合同。租赁合同。融资租赁合同。承揽合同。建设工程合同。运输合同。技术合同。保管合同。仓储合同。委托合同。行纪合同。居间合同。

第二节　合同的订立

（一）合同订立的概念和原则

合同订立的概念。合同订立的原则。合同主体必须有法定资格。当事人的委托代理必须合法。合同形式必须符合法定形式。

（二）订立合同的程序

要约。承诺。

（三）合同应具备的主要条款

当事人的名称或者姓名和住所。标的。数量。质量。价款或报酬。履行期限、地点和方式。违约责任。解决争议的方法。

（四）合同的效力

合同生效的概念和生效条件。无效合同。

第三节　合同的履行

（一）合同履行的概念和原则

合同履行的概念。合同履行的原则。诚实信用原则。全面履行原则。协作履行原则。

（二）合同履行的程序

双务合同履行中的抗辩权。合同履行的主要步骤。交付。验收。结算。

（三）合同的变更和转让

合同变更的概念。合同变更的条件。合同变更的程序及效力。合同转让的概念。合同转让的条件。合同转让的类型。

（四）合同的担保

合同担保的概念。合同担保的方式。

第四节　合同的监督管理

（一）合同管理的概念、体制和原则

合同管理的概念及特征。合同管理体制。合同管理的原则。

（二）工商行政管理机关对合同的监督管理

工商行政管理机关对合同监督管理的主要内容。合同鉴证。合同争议的行政调解。

（三）其他有关政府部门对合同的管理

金融监管机构对合同的管理。建设主管部门对合同的管理。科技主管部门对合同的管理。国家公证机关对合同的管理。

（四）对利用合同进行的违法行为的查处

利用合同进行违法行为的分类和表现。工商行政管理机关对违法合同行为的查处。

三、考核知识点

（一）合同的概念、特征和种类

（二）合同的订立

（三）合同的履行

（四）合同的管理

四、考核要求

（一）1. 识记：（1）合同。
（2）标的。
2. 领会：合同的种类。

（二）1. 识记：（1）合同订立的概念。
（2）合同定立的原则。
（3）合同订立的程序。
（4）合同应具备的主要条款。
2. 领会：订立合同的要求。

（三）1. 识记：（1）合同履行。
（2）合同的变更。
（3）合同的转让。

2. 领会：合同履行的主要步骤。

（四）1. 识记：（1）合同管理的概念。

（2）合同鉴证。

2. 领会：工商行政管理部门对合同进行监督管理的主要内容。

3. 应用：对违法合同行为进行查处的程序。

第八章　广告与商标管理

一、学习目的和要求

通过本章的学习，了解广告的含义、种类和作用，理解广告管理的主要内容，熟悉对广告违法行为的查处依据和手段。了解商标的含义、分类与作用，熟悉商标管理的主要内容，了解商标注册的重要内容，熟悉商标审查的主要内容，理解对注册商标专用权的保护内容和方式。

二、课程内容

第一节　广告管理

（一）广告的概念、分类

广告的概念。广告的特征。广告的分类。商业广告。广告的作用。广告活动主体。广告主。广告经营者。广告发布者。

（二）广告管理的内容

广告准则。广告的一般准则。广告内容的准则。广告形式的准则。有关广告的专门准则。涉及专利权广告的准则。药品、医疗器械广告的准则。农药广告的准则。烟草广告的准则。食品、酒类、化妆品广告准则。广告审查的含义。

（三）广告经营者的登记管理

广告经营者应具备的条件。申请登记的主要事项。营业执照和广告经营许可证。

（四）若干特殊商品广告的管理

医药卫生广告的管理。食品广告的管理。化妆品广告的管理。

（五）广告违法行为及其查处

广告违法行为的含义和表现形式。虚假广告。非法经营广告。对广告违法行为的处罚。

第二节　商标管理

（一）商标的概念、种类和作用

商标的概念。商标的特征。商标的不同分类。商标的作用。商标管理的含义、机构和主要内容。

（二）商标注册的申请、审查和核准

商标注册的申请。商标注册的审查。形式审查和实质审查。我国商标法的禁用条款。商标注册的驳回与核准。

（三）注册商标的续展、变更、转让、注销与撤消

注册商标的续展。注册商标的变更。注册商标的转让。注册商标的撤消。

（四）注册商标争议的裁定

商标评审委员会的机构与职权。对注册商标争议的裁定。

（五）商标使用的管理

使用注册商标的管理。使用未注册商标的管理。商标使用许可合同管理。对商品质量的监督管理。商标印制管理。

（六）注册商标专用权的保护

商标侵权行为的表现形式。商标侵权行为的认定。对侵权行为的处理。对假冒商标行为的处理。

三、考核知识点

（一）广告管理

（二）商标管理

四、考核要求

（一）1. 识记：（1）广告的含义。

（2）广告的特征。

（3）广告的分类。

（4）广告主。

（5）广告经营者。

（6）广告发布者。

（7）广告管理的含义。

（8）广告准则。

（9）广告审查。

（10）广告违法行为的含义。

（11）虚假广告。

（12）非法经营广告。

2. 领会：我国有关法律对广告违法行为的具体规定。

（二）1. 识记：（1）商标。

（2）商标管理。

（3）商标注册的申请。

（4）商标注册的审查。

（5）我国商标法的禁用条款。

（6）注册商标的续展。

（7）注册商标的变更。

（8）注册商标的转让。

（9）注册商标的注销和撤消。

2. 领会：（1）商标管理的主要内容。

（2）工商行政管理部门在商标管理中的作用。

3. 应用：（1）如何保护注册商标专用权。

（2）如何认定和查处假冒商标行为。

第九章　消费者权益保护

一、学习目的和要求

通过本章的学习，理解消费者的含义和特点。消费者权益保护的意义和内容。熟悉保护消费者权益的法律和法规的内容。熟悉工商行政管理机关对消费者权益进行保护的主要职责。了解消费者组织的基本情况。

二、课程内容

第一节　消费者及其权利

（一）消费者的定义

国外立法和有关解释中对消费者的定义。我国法律关于消费者的界定。消费者的含义及其解释。消费者是为了满足生活消费需要而购买、使用商品或者接受服务的、由国家专门法律予以确认的个体社会成员。

（二）消费者问题和消费者运动

消费者问题的含义。消费者问题产生的主要原因。消费者问题的危害。消费者保护运动。

（三）消费者权利

消费者权利的概念。国外消费者权利概念的发展变化。我国有关法律对消费者权利的具体规定。

第二节　消费者权益的保护

（一）法律对消费者权益的保护

我国消费者权益保护法律、法规体系。消费者权益保护法的特点。对消费者给予特别保护的依据。消费者在交易过程中的弱者地位。

（二）工商行政管理部门与消费者权益保护

工商行政管理部门是保护消费者权益的主要部门。工商行政管理部门保护消费者权益的主要内容。

（三）其他有关政府部门与消费者权益保护

技术监督部门的职责。卫生监督部门的职责。进出口商品检验部门的职责。价格监督部门的职责。行业主管部门的职责。

第三节　消费者组织

（一）消费者组织及其特征

消费者组织的概念。消费者组织的特征。

（二）消费者协会

我国消费者协会的产生与发展。消费者协会的任务和主要职能。

（三）国际消费者组织

国际消费者联盟组织。欧洲消费者同盟机构。

第四节　消费者权益争议

（一）消费者权益争议的概念

消费者权益争议的概念、性质和具体表现。

（二）消费者权益争议中的求偿主体

生产者。销售者。服务者。经营者变化情况下的求偿主体。受虚假广告损害的求偿主体。

（三）消费者权益争议的解决途径

与经营者协商和解。请求消费者协会调解。向有关行政部门申诉。提请仲裁机构仲裁。向人民法院提出诉讼。

第五节　侵害消费者权益的法律责任

（一）侵害消费者权益的内容及其责任主体

侵害消费者权益的内容及其责任主体。

（二）侵害消费者权益的法律责任

侵害消费者权益的民事责任。侵害消费者权益的行政责任。侵害消费者权益的刑事责任。

三、考核知识点

（一）消费者及其权利

（二）消费者权益的保护

（三）消费者组织

（四）消费者权益争议

（五）侵害消费者权益的法律责任

四、考核要求

（一）1. 识记：（1）消费者的含义。

（2）消费者问题。

（3）消费者运动。

（4）消费者权利。

2. 领会：我国有关法律对消费者权利的具体规定。

（二）1. 识记：工商行政管理部门保护消费者权益的任务。

2. 领会：国家保护消费者权益的综合体系构成。

（三）1. 识记：（1）消费者组织。

（2）消费者协会。

2. 领会：消费者组织的性质和职能。

（四）1. 识记：消费者权益争议。

2. 领会：消费者权益争议的解决途径。

3. 应用：工商行政管理部门在解决消费者权益争议中的作用。

（五）领会：侵害消费者权益的法律责任。

第十章　外国市场监督管理概述

一、学习目的和要求

通过本章的学习，了解西方发达国家对市场经营主体的监督管理，对市场竞争行为的监督管理，明确如何借鉴外国市场管理的经验，以进一步完善我国的工商行政管理工作。

二、课程内容

第一节　美国的市场监督管理

（一）美国的市场运行基础

美国的企业结构。美国的市场体系。

（二）美国的反托拉斯法

美国反托拉斯法产生的历史背景。美国的反托拉斯法的主要内容。

（三）美国的反托拉斯法的执法机构和诉讼程序

美国的反托拉斯法的执法机构。美国的反托拉斯法的诉讼程序。

（四）美国的价格、广告、商标管理

美国的价格管理。美国的广告管理。美国的商标管理。

第二节　德国的市场监督管理

（一）德国的市场体系和竞争政策

德国的社会市场经济体制。德国的企业结构。德国的竞争政策。

（二）德国的反对限制竞争法

反对限制竞争法的主要内容。反对限制竞争法的执行机构。

（三）德国的反对不公平竞争法

反对不公平竞争法的主要内容。反对不公平竞争的执行机构。

（四）德国的价格管理和商标管理

德国的价格管理。德国的商标管理。

第三节　日本的市场监督管理

（一）日本的经济运行基础

日本的政府主导型市场经济。日本的企业结构。日本的市场体系。

（二）日本的竞争法体系及公正交易委员会

日本的竞争法体系的主要内容。日本公正交易委员会的性质和任务。

（三）日本政府对市场价格、广告和商标的监督管理

日本的价格管理。广告管理。商标管理。

三、考核知识点

（一）美国的市场监督管理

（二）德国的市场监督管理

（三）日本的市场监督管理

四、考核要求

（一）领会：（1）美国的反托拉斯法的主要内容和实施方式。

（2）美国的价格、广告和商标管理。

（二）领会：（1）德国的竞争政策。

（2）德国的反对限制竞争的法律。

（3）德国的反对不公平竞争的法律。

（三）领会：（1）日本的反对垄断的法律。

（2）日本的价格、广告和商标的管理。

Ⅲ. 有关说明与实施要求

为使本大纲的规定在个人自学、社会助学和考试命题中得到贯彻、落实，现对有关问题作如下说明，并提出具体实施要求。

一、关于考核目标的说明

为使考试内容要求标准化，本大纲在列出考试内容的基础上，对各章规定了考核目标，包括考核知识点和考核要求。明确考核目标的目的在于，其一，使自学应考者能够进一步了解考试内容和要求，有目的地、系统地学习教材；其二，便于考试命题者明确命题范围，更准确地安排试题的知识能力层次和难易程度。

本大纲在考核目标中，按照识记、领会、应用三个层次规定其应达到的能力层次要求。三个能力层次之间是递进的等级关系。各能力层次含义如下：

识记：知道并能够正确认识和表述有关名词、概念、知识的含义。是低层次的要求。

领会：在识记的基础上，全面把握基本概念、基本原理、基本方法。掌握有关概念、原理、方法的区别与联系。是较高层次的要求。

应用：在领会的基础上，能运用基本概念、基本原理、基本方法，分析、解决有关理论问题和实际问题。其中“简单应用”，是指在领会的基础上，能用学过的一两个知识点分析和解决简单的问题；“综合应用”，是指在简单应用的基础上，能用学过的知识点，综合分析和解决比较复杂的问题，是最高层次的要求。

二、关于自学教材

全国考委组编本：许光建主编：《工商行政管理学概论》，北京，中国人民大学出版社，2000。

推荐教材：马建敏、段仁远主编：《工商行政管理概论》，南京，河海大学出版社，1997。

三、自学方法指导

1. 通过全面系统的学习，掌握本课程的基本理论、基本知识。本课程内容涉及工商行政管理的基础理论和基本内容，知识范围广泛，各章之间既有联系又有区别。自学应考者首先要全面系统地学习教材的各章，记忆应当识记的基本概念，理解基本理论；其次，要把握各章之间的联系，注意区分相近的概念和类似的问题，并掌握它们之间的联系；第三，在全面系统学习的基础上掌握重点，有目的地深入学习重点章节。

2. 把学习工商行政管理理论和方法有机结合起来。自学应考者应在学习工商行政管理理论的同时掌握工商行政管理的各种方法，学会正确应用这些方法去分析和解决有关现实问题。

3. 理论与实际相结合，结合工商行政管理实践学习工商行政管理理论。本课程阐述的内容来源于工商行政管理实践，与我国市场经济运行密切相关。自学应考者在学习中应把课程内容同我国市场经济现实联系起来，通过比较分析，增强感性认识，更深刻地领会教材内容，将所学知识转化为实际操作能力，提高自己分析问题和解决问题的能力。

四、对社会助学的要求

1. 社会助学者应根据本大纲规定的考试内容和考核目标，认真研究指定教材，准确把握本课程与其他课程的不同点和学习要求，对自学应考者进行切实有效的辅导，引导他们防止自学中的各种偏向。

2. 正确处理基础知识和应用能力的关系，引导自学应考者将识记、领会同应用紧密结合起来，把基础知识和理论转化为应用能力，在全面辅导的基础上，着重培养和提高自学应考者分析问题、解决问题能力。

3. 正确处理重点和一般的关系。虽然课程内容有重点与一般之分，但考试内容是全面的，而且重点与一般是相互联系，不可分割的。社会助学者应指导自学应考者全面系统地学习教材，掌握全部考试内容和考核知识点，在此基础上再突出重点。总之，要把重点学习同兼顾一般结合起来，切勿孤立地抓重点。

五、关于命题考试的若干要求

1. 本课程的命题考试，应根据本大纲所规定的考试内容和考试目标来确定考试范围和考核要求，不要任意扩大或缩小考试范围，提高或降低考核要求。考试命题要覆盖到各章，并适当突出重点章节，体现本课程的内容重点。

2. 本课程在试题中对不同能力层次要求的分数比例，一般为：识记占 20%；领会占 35%；简单应用占 30%，综合应用占 15%。

3. 试题要合理安排难度结构。试题难易度可分为易、较易、较难、难四个等级。每份试卷中，不同难易度试题的分数比例一般为：易占 20%；较易占 30%；较难占 30%；难占 20%。必须注意，试题的难易度与能力层次不是一个概念，在各能力层次中都会存在不同难度的问题，切勿混淆。

4. 本课程考试试卷采用的题型，一般有单项选择题、多项选择题、简答题、论述题等。各种题型的具体形式可参见本大纲附录。

附录　题型举例

一、单项选择题（在每小题列出的四个选项中，只有一个选项是符合题目要求的，请将正确选项前的字母填在题后括号内。）

1. 工商行政管理的含义是（　　　　）。

A. 工商企业的行政管理

B. 政府对工业和商业企业的市场行为的管理

C. 政府对各类市场经营主体及其市场行为的管理

D. 工商企业主管部门的行政管理

2. 垄断竞争市场与完全竞争市场的惟一区别是（　　　　）。

A. 是否具有很多的生产者

B. 产品是否具有差别性

C. 进入市场是否比较容易

D. 交易双方是否具有完全的信息

二、多项选择题（在每小题列出的五个选项中，有二至五个选项是符合题目要求的，请将正确选项前的字母填在题后括号内。多选、少选、错选均无分。）

1. 在市场经济条件下，存在市场机制失灵的领域有（　　　　）。

A. 住宅建设　　B. 义务教育

C. 城市规划　　D. 非义务教育

E. 生态环境保护

2. 消费者和经营者发生消费者权益争议的，可以（　　　　）。

A. 与经营者协商和解

B. 请求消费者协会调解

C. 向人民检察院控告

D. 向人民法院提起诉讼

E. 根据与经营者达成的仲裁协议提请仲裁机构仲裁

三、简答题

1. 工商行政管理中的法律手段的特点是什么？

2. 合同管理的主要内容是什么？

四、论述题

1. 试论如何综合运用各种手段来维护市场秩序。

2. 试论工商行政管理部门在保护消费者权益工作中的作用和职责。

后　记

1998 年 8 月由教育部高等教育自学考试办公室召开了全国高等教育自学考试课程大纲、教材编前会，会上确定了《工商行政管理学概论》课程自学考试大纲编写的指导思想、基本原则和要求。

本大纲由中国人民大学许光建教授负责编写。大纲写成后，参加审稿的有：中国人民大学刘成瑞教授、国家工商行政管理局杨沫和高级经济师、北方交通大学李文兴教授。在此一并表示感谢。

全国高等教育自学考试指导委员会
经济管理类专业委员会
2000 年 3 月

图书在版编目（CIP）数据

工商行政管理学概论/许光建主编，刘晓梅副主编
北京：中国人民大学出版社，2000.

全国高等教育自学考试指定教材
工商行政管理专业（专科）、行政管理专业（专科）
ISBN 7-300-03571-X/G・715

Ⅰ. 工…
Ⅱ. ①许… ②刘…
Ⅲ. 工商行政管理学-高等教育-自学考试-教材
Ⅳ. F203.9

中国版本图书馆 CIP 数据核字（2000）第 67737 号

全国高等教育自学考试指定教材
工商行政管理专业（专科）
行政管理专业（专科）
工商行政管理学概论
（附：工商行政管理学概论自学考试大纲）
全国高等教育自学考试指导委员会　组编
主　　编　许光建
副 主 编　刘晓梅
责任编辑　高本辉　宋炳忠　熊成乾
版式设计　王坤杰

出　　版：中国人民大学出版社
（北京海淀路 157 号　邮编 100080）
E-mail：rendafx@public3. bta. net. cn
印　　刷：北京市鑫霸印务有限公司

开本：880×1230 毫米 1/32　印张：13
2000 年 10 月第 1 版　2022 年 4 月第 3 次印刷
字数：366 000

定价：29.00 元
本书如有质量问题，请与教材供应部门联系。